8° Le 1 85 6

Paris
1882

Gambetta, léon

Discours et plaidoyers politiques

11vol

DISCOURS

ET

PLAIDOYERS POLITIQUES

DE

M. GAMBETTA

VI

PARIS

TYPOGRAPHIE GEORGES CHAMEROT

19, RUE DES SAINTS-PÈRES, 19

DISCOURS

ET

PLAIDOYERS POLITIQUES

DE

M. GAMBETTA

PUBLIÉS PAR M. JOSEPH REINACH

VI

QUATRIÈME PARTIE

(SUITE)

(1ᵉʳ Août 1876 — 4 Mai 1877)

ÉDITION COMPLÈTE

PARIS

G. CHARPENTIER, ÉDITEUR

13, RUE DE GRENELLE-SAINT-GERMAIN, 13

1882

DISCOURS

SUR

LE BUDGET DES DÉPENSES ET DES RECETTES POUR L'EXERCICE 1877

Prononcés

Le 4 avril 1876 (SÉANCE D'OUVERTURE DE LA COMMISSION DU BUDGET)
Le 17 avril (DISCUSSION GÉNÉRALE)
Le 1er août (PROJET DE LOI PORTANT OUVERTURE AU MINISTÈRE DE LA GUERRE, SUR L'EXERCICE 1876, D'UN SUPPLÉMENT DE CRÉDIT)
Les 3, 5, 7 et 9 août (BUDGET DE LA GUERRE)
Les 7 et 9 novembre (BUDGET DE LA MARINE)
Le 11 novembre (BUDGET DES AFFAIRES ÉTRANGÈRES)
Le 13 novembre (BUDGET DE L'INTÉRIEUR)
Le 20 novembre (IMPRIMERIE NATIONALE)
Les 24 et 27 novembre (BUDGET DES CULTES)
Les 1er et 2 décembre (BUDGET DES TRAVAUX PUBLICS)
Et le 15 décembre (BUDGET DES RECETTES)

A LA CHAMBRE DES DÉPUTÉS

Le jour même de la constitution du cabinet du 14 mars, le projet de loi portant fixation du budget général des dépenses avait été déposé par M. Léon Say [1] sur le bureau de la Chambre des députés. « Ce budget, disait le ministre des finances dans son exposé des motifs, marque un temps d'arrêt. La loi des finances pour 1877 est d'une extrême simplicité. Aucun impôt n'est aggravé, mais aucune réforme n'est proposée... En effet, la totalité des ressources actuelles

---

1. M. Say était ministre des finances depuis le 11 mars 1875.

est nécessaire et les seules questions qui puissent être traitées sont des questions de meilleure assiette, de meilleure répartition, de péréquation, etc., toutes questions qui doivent être résolues sous la condition nécessaire que le budget n'ait pas à en souffrir. Si on peut ainsi s'exprimer, nous avons besoin de tout l'argent qui est dans nos lois d'impôts, et les seuls changements qu'on puisse poursuivre sont des changements qui ne touchent pas à cet argent. Dans ces conditions, le budget doit être voté avant d'aborder aucun problème économique. » — Les dépenses du budget présenté par M. Léon Say s'élevaient à 2,667,296,751 francs et les recettes à 2,672,140,530, ce qui constituait un excédent de 4,843,479 fr. L'excédent du budget de 1876 (Dépenses : 2,570,505,513 fr. Recettes : 2,575,028,582) avait été 4,523,069 francs. Les augmentations principales du budget de 1877 portaient sur le ministère de la guerre (35,625,270 francs), sur le ministère de la marine (20,081,527 francs), sur le ministère de l'Instruction publique et des beaux-arts, (4,068,392 francs) et sur le ministère des travaux publics, (13,079,757 francs.) — Les augmentations de recettes pour 1877 étaient évaluées par M. Léon Say à 97,111,948 francs.

La commission chargée d'examiner le projet de loi portant fixation du budget de l'exercice 1877 fut nommée le 3 avril dans les bureaux de la Chambre. Elle se constitua le 4 en choisissant pour président M. Gambetta, pour vice-présidents MM. Albert Grévy et Henri Germain, pour secrétaires MM. Tirard, Turquet, Antonin Proust et Richard Waddington. Les sous-commissions furent ainsi formées : 1° *Finances* : MM. Mathieu Bodet, président, Dutilleul, de Soubeyran, Marcel Barthe, Wilson, Menier, Cochery et Rouvier ; 2° *Intérieur, Algérie, Affaires Étrangères* : MM. Albert Grévy, président, Floquet, Proust, Parent et Lambert; 3° *Guerre et Marine* : MM. Gambetta, président, Girerd, Riondel, Langlois, Raoul Duval, Farcy et Turquet; 4° *Justice, Cultes, Instruction Publique et Beaux-Arts* : MM. Bardoux, président, Lepère, Cornil, d'Osmoy, Roux et Lecherbonnier; 5° *Travaux publics, Agriculture et Commerce* : MM. Labadié, président, Tirard, Guyot, Sadi-Carnot, Richard Waddington et Le Pomellec. Une commission spéciale, composée de MM. Gambetta, Cochery, Proust, Guyot et Le Pomellec, fut chargée de préparer un rapport sur la réforme de l'impôt.

M. Gambetta, en prenant possession du fauteuil, prononça l'allocution suivante :

Messieurs,

Je suis très touché de l'honneur que vous m'avez fait, et je vous en exprime toute ma reconnaissance. Mais, avant d'ouvrir nos délibérations, il me semble utile d'indiquer dans quel esprit la Chambre des députés a procédé à la formation de la commission du budget.

Jeune, nouvelle, sortie d'un mouvement d'opinion républicaine sans précédent dans notre histoire, dès ses premiers actes, la Chambre a voulu dissiper les appréhensions intéressées des esprits chagrins ou hostiles.

A mesure que les affaires se développeront devant elle, qu'elle sera appelée à résoudre des questions financières, économiques, commerciales, elle multipliera les preuves du changement opéré dans la politique nationale. (*Très bien! très bien!*)

Nous avons, à cette heure, un gouvernement donnant toute sécurité aux intérêts légitimes, une République sage, ordonnée, progressive, donnant à tous des garanties que seuls les esprits de désordre pourraient trouver insuffisantes.

Sortis enfin de la période militante, débarrassés des problèmes de la politique pure, nous devons porter notre sollicitude et tous nos efforts sur le développement des intérêts matériels et moraux, sans lequel la République ne répondrait pas aux exigences légitimes de cette nation française, si courageuse dans ses revers, si étonnante dans les prodigieux efforts qu'elle a faits depuis cinq ans pour réparer ses pertes, et rendre son crédit le premier du monde.

Nous avons voulu entrer dans la commission du budget pour nous mettre face à face avec les réalités,

étudier de plus près les détails de notre régime financier. sans illusion et sans précipitation. Uniquement
inspirés par l'esprit d'économie, de maturité et de sage
réforme, nous nous garderons de rien livrer à l'aventure, persuadés qu'en ces délicates matières, on ne
devance ni le temps ni l'opinion. (*Vive approbation.*)
C'est sous ces inspirations, Messieurs, que j'ai l'honneur d'ouvrir vos travaux.

Les travaux de la commission du budget, commencés le
4 avril, furent terminés le 13 juillet. Le 17, au début de la
séance de la Chambre, M. Gambetta demanda la parole :

M. LE PRÉSIDENT. La parole est à M. Gambetta, président de la commission du budget.

M. GAMBETTA. — Messieurs, j'ai reçu de la commission du budget le mandat d'exposer en quelques mots
le sentiment de l'unanimité de ses membres, sur
l'ordre de discussion qu'elle soumet à la ratification
de la Chambre.

Votre commission, Messieurs, qui a été, si vous
vous en souvenez, saisie du projet de budget à la date
du 4 avril, est entrée immédiatement en fonctions,
et, malgré le mois de vacances, elle s'est livrée sans
désemparer à l'étude de votre loi de finances.

La commission, dans sa séance de samedi dernier, a
terminé non seulement l'examen du budget, mais la
lecture de tous les rapports. Après le dépôt que va
faire l'honorable rapporteur M. Cochery, du rapport
relatif aux recettes, tous les travaux auxquels a donné
lieu d'examen de la loi de finances seront déposés sur
le bureau de la Chambre.

Je dirai, à cette occasion, que la commission que
vous aviez honorée de ce mandat a suffisamment répondu à certaines accusations qui se sont produites
au dehors, de la part de gens qui ne sont pas au courant de ses travaux, et qu'elle pourrait établir qu'elle

a apporté dans l'étude de ce budget une activité qu'on est bien injuste de contester. (*Très bien! très bien!*)

Si, en effet, on met en comparaison l'examen des cinq budgets qui ont été étudiés dans les circonstances douloureuses qu'a traversées l'Assemblée nationale, on s'aperçoit que la commission actuelle, malgré la minutie de son examen, a accompli sa tâche juste en la moitié du temps qu'avaient pris les commissions du budget antérieures. (*Marques d'assentiment.*) Les chiffres ont été publiés; je n'insiste pas. Seulement, pour cette Assemblée et pour votre commission, je voulais faire justice de ce reproche tout à fait mal fondé. (*Très bien! très bien!*)

Maintenant, vous savez que la commission du budget a été saisie d'une série d'amendements extrêmement importants, soulevant beaucoup de problèmes économiques, financiers, dont le nombre s'élève à cent onze.

Elle les a examinés, mais elle n'a pas pu entendre les auteurs de tous ces amendements. Cependant, comme c'est un droit pour eux d'être entendus, elle se propose d'appeler successivement devant elle, — et elle a déjà commencé à le faire, — tous les membres de cette Chambre qui l'ont saisie de diverses propositions de réformes, de réductions, d'augmentations ou de modifications dans l'assiette de nos impôts.

M. ERNEST DRÉOLLE. — Mais puisque les rapports sont terminés, cela me semble difficile!

M. DE TILLANCOURT, *s'adressant à l'orateur qui est à la tribune.* — Parlez à la Chambre et ne répondez pas aux interruptions. (*Exclamations à droite.*)

M. ERNEST DRÉOLLE. — Il n'est donc pas permis de demander un renseignement?

M. GAMBETTA. — Tout le monde a le droit de demander un renseignement, et je m'empresse de satisfaire à l'observation qui m'a été adressée. (*Très bien! à droite.*)

En effet, les rapports ont été faits, mais c'est ici
que se place l'observation principale que je veux présenter à la Chambre.

Nous avons pensé que pour le premier budget soumis à cette Chambre, où la majorité républicaine est
incontestée, la Chambre devait se préoccuper avant
tout d'assurer les services publics, de ne tenir en sus-
pens ni l'exécution des obligations de l'État, ni l'expédition des affaires, ni la dotation des services, et
d'en subordonner le fonctionnement à la solution des
problèmes multiples et divers qui ont été soumis à la
commission du budget.

Et alors nous avons divisé notre tâche en deux parties : l'une qui, par le règlement du budget pour 1877,
assure, — permettez-moi l'expression familière, mais
qui rend ma pensée, — le ménage même de la France ;
l'autre, au contraire, qui vous sera soumise aussi
promptement que possible, et à la prochaine réunion
de l'Assemblée, consistera précisément dans la discussion des solutions qui auraient été proposées pour les
modifications à apporter dans les lois d'impôts et des
diverses théories de remplacement des impôts qu'on
voudrait supprimer. Et alors vous pourrez, en toute
maturité, faire votre choix et indiquer dans quelle
voie de réformes vous voulez voir engager le système
économique et financier de la France.

M. ERNEST DRÉOLLE. — Ce système est très bon.

M. GAMBETTA. — Ce système a un double avantage :
il assure l'équilibre du budget, en dotant suffisamment tous les services publics ; et en même temps il
réserve les idées de réforme, de progrès à accomplir.

Mais cette méthode impose un mode de discussion :
il est bien évident qu'à l'heure où nous sommes arrivés, vous ne pourrez pas discuter le budget de 1877
dans toutes ses parties. Aussi, la commission du budget vous propose-t-elle d'aborder immédiatement la
discussion générale du budget de 1877. Cette discus-

sion générale, la commission vous propose de la fixer à lundi prochain. Voici les raisons qu'elle en donne. Il faut que le rapport général sur les recettes, qui est le dernier à déposer, vous soit soumis. Il est imprimé, il est prêt à vous être distribué, mais il reste cependant des modifications à faire, pour faire correspondre les chiffres avec ceux qui résultent, pour chaque département ministériel, de l'examen auquel se sont livrées les sous-commissions. Par conséquent, votre rapporteur général a été obligé d'attendre que les chiffres de chaque rapport particulier fussent définitifs afin de les faire figurer dans le rapport général.

C'est ce travail tout à fait de la dernière heure, travail de classement et de modification de chiffres, qui reste à faire. Ce travail réclame au plus trois ou quatre jours; M. Cochery est en état d'y satisfaire.

Nous demanderons deux ou trois jours pour que vous puissiez prendre connaissance de ce rapport, et lundi prochain, nous pourrons ouvrir la discussion générale sur le budget. (*Très bien!*) Quand vous aurez, dans une discussion générale, examiné votre loi de finances pour 1877, proposé vos avis, enregistré ou contesté les décisions de la commission du budget au point de vue de l'ensemble, vous pourrez aborder le budget des dépenses en ce qu'il présente de plus urgent. La commission vous propose, puisque vous ne pouvez tout faire, de voter d'abord les budgets de la guerre et de la marine, puis le budget de l'instruction publique, et enfin le budget de l'Algérie et celui de la justice.

Lorsque vous aurez consacré un certain nombre de séances à exécuter le programme que vous soumet la commission du budget, vous sentirez vous-mêmes la nécessité de vous séparer, parce que la date de la session des conseils généraux arrivera. Vous rejeterez pour le moment du retour, dont la fixation sera l'œuvre du ministère et du pouvoir exécutif, la discussion des autres budgets de dépenses qui resteront à voter, et en même temps l'examen de tout ce qui touche aux contributions indirectes; car il est bien entendu que vous ne pouvez pas vous séparer sans avoir voté les articles relatifs aux quatre contributions directes, afin de permettre aux conseils généraux de faire la répartition du contingent de ces contributions.

Voilà, Messieurs, le programme que j'ai l'honneur de vous présenter dans toute sa simplicité, et je dirai même dans toute sa modestie, mais je puis ajouter aussi dans toute son efficacité. (*Très bien! très bien!*)

M. Léon Say, ministre des finances, accepte le programme proposé par M. Gambetta.

La discussion du budget de 1877 commença le 27 juillet par une courte discussion générale où quelques bonapartistes, dont M. Haentjens, eurent l'imprudence de reprocher au budget de la République de présenter des chiffres plus élevés que celui de l'Empire (700 millions d'augmentation sur la dette publique). M. Léon Say leur répondit avec une légitime indignation : « Je puis répéter ici, dit le ministre des finances au milieu des acclamations de la gauche, je dois répéter ici ce que M. Thiers a dit un jour à l'Assemblée nationale : Je ne vous en parle pas, mais lorsque l'empire vient se dresser devant nous, cela me donne le droit de dire que ces impôts pèsent sur la population parce que vous les avez rendus indispensables; lorsque vous venez réclamer des diminutions d'impôt, alors que vous savez bien qu'il est impossible de réduire ces impôts en présence des charges que vous nous avez imposées, j'ai bien le droit de dire que ces impôts sont la rançon de la guerre que vous avez faite... »

Nous allons résumer brièvement la discussion des différents chapitres du budget de 1877.

MINISTÈRE DE L'INSTRUCTION PUBLIQUE

La discussion du budget du ministère de l'instruction publique occupa les séances des 27, 28, 20 et 31 juillet. Ce budget fut augmenté de 12 millions. Dans la séance du 30, le crédit affecté à la Faculté de théologie de Rouen fut supprimé. Cette Faculté comptait plus de professeurs que d'étudiants. L'amendement qui décidait cette suppression fut brièvement défendu par M. Paul Bert et par M. Gambetta.

MINISTÈRE DE LA GUERRE

La discussion du budget du ministère de la guerre commença le 1ᵉʳ août et se prolongea jusqu'au 12. Un débat important précéda cette discussion : la Chambre avait à statuer sur un projet de loi portant ouverture au ministère de la guerre, sur l'exercice 1876, d'un supplément de crédit de 32,510,308 francs. Ce projet de loi soulevait une question grave. En vertu d'un décret du 25 décembre 1875, ayant pour objet d'unifier la solde dans les armes de l'artillerie, du génie, de l'état-major et pour les officiers sans troupes, l'administration de la guerre avait engagé, depuis le 1ᵉʳ janvier 1876, une dépense de 32 millions excédant les crédits votés par l'Assemblée nationale et elle en demandait après coup la régularisation. Comme il y avait dans ce fait une méconnaissance absolue de la prérogative la plus essentielle du parlement, la commission du budget avait décidé de rappeler l'administration de la guerre au respect de la loi par un avertissement sérieux, et elle avait fait subir au crédit demandé une réduction de 220,000 francs. M. Margaine ayant combattu cette réduction, tout en manifestant son désir qu'à l'avenir rien ne pût être changé aux tarifs de solde sans l'intervention du pouvoir législatif, M. Langlois, rapporteur du budget de la guerre, et M. Gambetta lui répondirent pour affirmer les principes inviolables de la comptabilité publique. M. Gambetta s'exprima en ces termes :

M. GAMBETTA. — Messieurs, la question qui se traite actuellement devant la Chambre est une pure question de droit. Permettez-moi de dégager le point principal sur lequel la commission du budget désire une résolution de la part de la Chambre.

Ce que la commission du budget conteste, c'est le droit, pour le ministre de la guerre, non pas de présenter des tarifs, non pas de les rédiger, non pas de

les faire signer par le Président de la République
comme des décrets, du tout ! ce qu'elle conteste, c'est
la réalisation des dépenses avant que les sommes nécessaires à l'exécution des tarifs, dont l'établissement
appartient absolument au pouvoir exécutif, soient
votées par les Chambres.

Ainsi, quand M. le ministre de la guerre apporte à
la commission du budget pour l'exercice 1877 un tarif de relèvement de solde pour tout ou partie des
corps et des services de l'armée, il fait une chose absolument correcte. La commission au nom de la Chambre, la Chambre après la commission, examinent si
ce relèvement est conforme aux intérêts, aux besoins
et aux ressources : rien de plus légal.

Mais si, avant que la commission ait été saisie de
la ratification des moyens pour l'année 1877, on a
déjà appliqué les décrets pour une somme considérable, si l'on en poursuit l'application pour tout un
exercice, sans autorisation ni de l'Assemblée qui a
dressé le budget de 1876, ni de la Chambre à qui on a
soumis le budget de 1877, il est certain qu'on crée un
fait accompli contre lequel toutes les rigueurs de la
comptabilité et toutes les énergies de la bonne volonté doivent nécessairement rester impuissantes.

Je réponds ainsi à la critique, en apparence très
logique, de l'honorable M. Margaine, qui dit : Ah !
j'aurais compris votre système si, ayant établi une
fois l'irrégularité et l'illégalité, non pas du décret,
mais l'irrégularité et l'illégalité du payement, du ver-
sement, vous aviez tout rejeté.

Mais, Messieurs, c'est précisément là qu'éclate la
gravité de la mesure ; elle consiste en cela que, quelle
que fût votre décision de déclarer l'application du décret absolument nulle et de nul effet, les sommes
n'en auraient pas moins été touchées régulièrement,
touchées par des parties de bonne foi, qui les ont
perçues et dépensées tout à fait régulièrement,

et, que, par conséquent, de ce chef, il y a là une situation contre laquelle vous ne pouvez pas réagir.

Et c'est la création de cette situation qui démontre
jusqu'à l'évidence combien est tutélaire la règle qui
veut qu'avant d'engager l'exécution d'une ordonnance
ou d'un décret, on ait obtenu, soit d'une Assemblée
établissant ses prévisions générales sur l'exercice 1876,
soit d'une Chambre statuant au cours de cet exercice,
les sommes nécessaires à l'exécution du décret que
l'on a rendu dans la régularité même de son pouvoir.
(*Très bien! sur plusieurs bancs.*)

Par conséquent, ce dont la commission du budget
est saisie est bien une question de légalité et de régularité. Mais elle vous dit : Vous ne pouvez pas réagir
contre le fait accompli! et, cependant, comme il faut
une sanction, la sanction qu'un pareil fait dans cet
ordre ou dans un autre ne puisse se renouveler à l'a-
venir, on fait une réduction sur le montant de la dépense engagée, qui est de 3 millions et quelque cent
mille francs au minimum, on fait une réduction de
220,000 fr., afin que soit bien établie votre ferme volonté de préserver les bonnes règles parlementaires,
sans attenter aux droits du pouvoir exécutif qui fait
les décrets et qui les fait en rendant hommage au
pouvoir législatif qui, lui, en assure et en prévoit
l'exécution. Voilà la question, elle est très simple.
(*Très bien!*)

Maintenant, en allant au fond, est-il nécessaire de
discuter ce qu'on a appelé le relèvement de solde pour
une partie seulement des états-majors, tandis qu'on
ne l'applique pas aux autres armes? Je dis que c'est
une question de fond que vous retrouverez sur le
budget de 1877. D'ailleurs vous avez présente à l'esprit
une règle générale qui a été posée par M. Langlois, à
savoir : que vous devez tendre, autant que possible,
à l'unification de la solde.

Mais le jugement que vous avez à porter aujourd'hui,

sur une demande de crédit supplémentaire, n'a pas besoin d'aller jusqu'à vider le fond de la question. Il suffit, purement et simplement, que vous ayez manifesté et établi d'une façon évidente votre droit. Vous aurez suffisamment garanti l'avenir et en même temps, dans la mesure qui convient, réprimandé le passé. (*Très bien! très bien! sur un grand nombre de bancs.*)

Après un nouvel échange d'observations entre M. Léon Renault, le général Allard et M. Le Pomellec, le général de Cissey, ministre de la guerre, demande la parole:

M. LE MINISTRE DE LA GUERRE. — Messieurs, je ne serai pas long.

Je vous déclare en toute sincérité de cœur que je reconnais parfaitement votre droit, votre droit absolu de voter les crédits comme vous le jugez à propos.

Je m'incline d'avance devant votre décision; mais je demande la permission d'insister pour que la commission du budget et la Chambre après elle veuillent bien accepter le terme moyen qui vient de vous être proposé. En votant une réduction, vous faites acte de puissance législative, vous affirmez votre droit, et, en même temps, vous prouvez à l'armée combien vous avez souci de ses intérêts et combien il est loin de votre pensée de vouloir établir des catégories dans son sein. (*Marques nombreuses d'assentiment.*)

M. GAMBETTA. — Messieurs, le débat est arrivé à sa solution la plus favorable. (*Interruptions à droite.*)

M. DE LA ROCHETTE. — Quant à moi, je ne voterai pas la proposition qui a été faite ni celle que vous allez faire. (*N'interrompez pas!*)

M. GAMBETTA. — Vous êtes libre!

M. DE LA ROCHETTE. — C'est une compromission qu'il est aussi peu digne d'accepter que de proposer. (*Bruit.*)

M. GAMBETTA. — Vous voterez, Monsieur, comme vous l'entendrez. (*Très bien! très bien!*)

M. DE LA ROCHETTE. — Ce n'est pas à vous personnellement que je m'adresse, monsieur Gambetta.

M. LE PRÉSIDENT. — N'interrompez pas! Vous répondrez!

M. GAMBETTA. — Ce qui importe, en effet, dans des
débats de cette nature, c'est d'en écarter l'esprit de
système comme l'esprit de parti. (*Approbation.*)

Ce que nous voulons établir, c'est la règle qui avait
été méconnue et qui va être redressée du consentement et de l'accord de tous les pouvoirs qui y participent. (*Très bien! très bien!*)

En conséquence, comme le chiffre auquel la commission s'était arrêtée en tant que réduction sur la
dépense engagée depuis le 1er janvier 1876, et sur la
dépense à courir du 1er août 1876 jusqu'à la fin de
l'exercice, ne paraît pas essentiel à maintenir pour
arriver à la manifestation du concert qui vient de
s'établir, la commission, au moins dans sa majorité,
est d'avis qu'il y a lieu d'accepter une proposition intermédiaire sur le chiffre de la réduction. Elle vous
propose de s'arrêter au chiffre de 30,000 fr. (*Interruptions diverses.*) Vous aviez proposé 25,000 francs, nous
avons dit 30,000.

Plusieurs membres. — Non! 3,000!

M. GAMBETTA. — Cela n'a pas d'intérêt.

Nous avions proposé 30,000 fr. parce que nous
avions entendu un chiffre de 25,000 fr. Mettons, si vous
le voulez, 3,000 fr. (*Oui! oui! — Aux voix! aux voix!*)

La réduction de 3,000 francs sur le chapitre 6 est mise
aux voix et adoptée à l'unanimité de 455 votants, dont tous
les membres du cabinet.

La séance du 3 août eut un retentissement considérable.
Comme M. Langlois, rapporteur du budget de la guerre,
avait tenu à étudier de très près les comptes et la manière
d'agir de ce département, il n'avait pas eu de peine à relever,
entre autres erreurs moins importantes, une erreur de huit
centimes sur l'évaluation du prix de la ration quotidienne

de la viande, et il avait établi dans son rapport que la rectification de cette seule erreur permettait de réaliser une
économie de treize millions. En conséquence, M. Langlois
avait proposé de scinder en trois chapitres distincts le chapitre : « Solde, vivres et fourrages, » et d'interdire ainsi au
ministre des virements abusifs.

Ce fut sur cette partie du rapport de M. Langlois que la
droite crut habile d'attaquer le travail de la sous-commission de la guerre; les chefs de groupe de l'Appel au
peuple se concertèrent avec quelques légitimistes intransi-
geants, et M. Ernest Dréolle fut envoyé à la tribune pour
déclarer que le rapport de M. Langlois n'était qu'un vul-
gaire pamphlet qui avait blessé le sentiment public et
le sentiment de l'armée. D'après M. Dréolle, la commission
avait gravement offensé le ministre de la guerre quand elle
avait examiné par le détail tout ce qui touche au matériel,
à l'habillement et à l'alimentation du soldat; la Chambre
commettrait une indiscrétion condamnable autant que pénible si elle suivait l'exemple de la commission que présidait
M. Gambetta; le budget de la guerre et celui de la marine
devaient être votés en bloc, et enfin, dans un pays sérieusement gouverné, l'armée devrait être au-dessus des institutions.

M. Gambetta répondit à M. Dréolle :

M. GAMBETTA. — Messieurs, l'orateur qui vient de
descendre de cette tribune a divisé les observations
qu'il a présentées à la Chambre en deux parties. L'une
était plus ou moins sérieusement relative à la discussion des opinions de la commission du budget sur les
divers services du matériel et du personnel de l'armée;
l'autre, dont l'esprit et la tendance n'ont échappé
à personne dans cette enceinte, n'était pas un discours sur le budget de la guerre, mais une pure
manœuvre politique qui a été percée à jour par l'Assemblée. (*Vive approbation et bravos à gauche. — Interruptions à droite.*)

M. DRÉOLLE. — Je demande la parole. (*Rumeurs
diverses.*) C'est une insinuation : j'ai le droit de répondre.

M. CUNÉO D'ORNANO. — Nous n'accordons à personne le monopole de l'insulte à notre égard.

(*M. Cunéo d'Ornano ajoute avec vivacité quelques paroles qui se perdent dans le bruit.*)

M. LE PRÉSIDENT. — Il n'y a d'insulte à l'égard de personne dans les paroles employées par l'orateur. M. Dréolle a demandé la parole, il l'aura pour répondre, et je vous engage à garder le silence.

M. GAMBETTA. — Je me propose, Messieurs, en quelques mots, de répondre à l'une et à l'autre partie des observations qui vous ont été présentées.

Sur la première, ma réponse sera courte et, je pense, décisive.

En effet, l'honorable M. Dréolle a exposé à cette tribune, sous prétexte de patriotisme, de révérence spéciale... (*Interruptions à droite*) pour l'armée, de crainte d'instruire l'étranger, une théorie, qu'il me permette de le lui dire, qui, si elle n'était pas une manœuvre, est tout au moins un enfantillage.

(*Bruyantes réclamations sur divers bancs à droite. — Assentiment à gauche.*)

M. DRÉOLLE. — C'est une nouvelle personnalité à laquelle je répondrai.

A gauche. — Oui! il a raison! — A l'ordre les interrupteurs!

M. GAMBETTA. — Quelle est, en effet, la singulière façon dont M. Dréolle a parlé du budget de la guerre? Il nous dit : « Est-ce que vous allez discuter le prix de revient de l'équipement, du fourrage, de la viande, des vivres? Mais ce sont là des choses indignes à la fois de la Chambre et de l'armée! »

M. LE BARON TRISTAN LAMBERT. — Pas indignes de l'armée, mais elles vous paraissaient telles en 1870! (*Réclamations à gauche.*)

M. LE PRÉSIDENT. — M. Tristan Lambert, je vous rappellerai à l'ordre si vous interrompez encore!

Un membre à gauche. — Ce sont des enfants! Mettez-les

en pénitence, monsieur le président! (*Exclamations à droite.*)

M. GAMBETTA. — Il est vraiment singulier qu'un homme politique puisse monter à cette tribune et parler comme il l'a fait à une Chambre qui s'occupe du budget, et du budget de la guerre, c'est-à-dire précisément de cet ensemble de détails matériels qui sont nécessaires à connaître, à apprécier, à mesurer, à contrôler, si vous voulez remplir le mandat que vous avez reçu de la nation de ne donner de l'argent que s'il est converti en matières et si, à sa distribution, préside l'esprit d'ordre et de régularité que le pays est en droit d'exiger. (*Très bien! très bien!*)

Messieurs, cette Chambre n'est pas composée de grands seigneurs qui ont le dédain de ces petites questions et de ces menus détails. (*Bravos.*) Et, à coup sûr, s'il faut que vous sachiez quelle est la nourriture du soldat, il importe que vous le sachiez avec la dernière précision. Aussi, Messieurs, nous n'avons pas manqué, pas plus que vous n'y manqueriez vous-mêmes, de nous occuper de la nourriture du soldat, dans son poids (qui, pour le dire en passant, a été porté, depuis la République, de 250 à 300 grammes par chaque ration), dans sa qualité et dans son prix, parce qu'en définitive c'est l'addition de tous ces centimes que vous avez à discuter, et qu'ils constituent le plus clair de l'épargne et de la fortune de la France. (*Approbation à gauche et au centre. — Rumeurs à droite.*)

Messieurs, il n'y a pas de petites questions dans un budget de la guerre. L'étude de ce budget consiste précisément dans l'étude de ces infimes détails. Et je suis convaincu que la prétendue défense, fort puérile et fort déplacée, qu'on est venu faire ici du ministre de la guerre et de son administration, ne rencontrera pas, sur les bancs où siègent les honorables représentants de l'administration de la guerre, l'accueil qu'on s'était flatté d'y trouver. (*Assentiment au centre.* — *Mouments divers.*)

Je suis convaincu que, loin de redouter le contrôle, loin de le trouver trop minutieux, l'administration supérieure, comme les bureaux de la guerre, y voient une preuve d'une sollicitude éclairée pour le bien-être matériel du soldat, pour l'armée et pour le pays. (*Exclamations ironiques à droite.* — *Applaudissements au centre et à gauche.*)

Et quant à nous, lorsque nous avons eu... (*Interruptions à droite.*)

Messieurs, je vous en conjure, laissez-moi répondre. Puisque vous avez de si péremptoires raisons à nous opposer, vous viendrez les substituer aux sophismes de M. Dréolle. (*Exclamations à droite.*)

Je dis, Messieurs, que, dans les nombreuses réunions que nous avons eues avec les divers représentants du ministère de la guerre, nous n'avons pas remarqué ce dédain, cette aversion pour les minuties et les détails que l'on témoignait tout à l'heure devant la Chambre. Au contraire, nous avons remarqué combien cet examen scrupuleux était utile, indispensable à l'administration elle-même pour faire prévaloir ses vues, ses demandes de crédits, pour trouver précisément l'accord et le concert indispensables avec la représentation nationale, pour justifier toutes ses opérations, tous ses actes, tous ses marchés, l'ensemble comme le détail de sa gestion, devant les représentants du pays. Car, Messieurs, donner avec cette désinvolture de gentilhomme les millions de la France (*Exclamations et rires ironiques à droite*) sans se soucier de ce qu'ils deviennent, ce n'est ni dans la volonté ni dans les habitudes du pays.

Messieurs, nous avons connu, en effet... (*Interruptions à droite.*)

M. TRISTAN LAMBERT. — Vos comptes !

M. LE PRÉSIDENT. — Monsieur Tristan, veuillez vous

taire, ou, comme je vous l'ai déjà dit, je serai obligé de vous rappeler à l'ordre.

M. GAMBETTA. — Nous avons connu, en effet, une époque où on ne descendait pas dans les détails...

Voix à gauche et au centre. — Oui, voilà la vérité!

Divers membres à droite. — Lors de la dictature, la Défense nationale!

M. GAMBETTA. —...une époque où on votait en bloc... (*Interruptions à droite.*)

Voix à gauche. — Silence à droite!

M. LE PRÉSIDENT. — Veuillez faire silence, Messieurs!

M. GAMBETTA. — ...une époque où on avait une caisse de la dotation de l'armée, qu'on vidait comme les autres caisses de l'empire qui étaient toujours vidées. (*Rumeurs à droite.*) Nous avions à cette époque-là, en effet, un fastueux décor militaire; mais, comme l'expérience terrible est venue le prouver, derrière le décor il y avait la désorganisation et le gaspillage. (*Bruits et applaudissements redoublés à gauche et au centre.*)

M. TRISTAN LAMBERT. — Nous n'avons pas destitué le général d'Aurelle de Paladines!

Un membre à droite. — Nous n'avons pas désorganisé l'armée!

M. LE BARON ESCHASSÉRIAUX. — Et les rapports de l'Assemblée nationale?

M. GAMBETTA. — Les rapports de l'Assemblée? Venez donc les discuter à cette tribune! (*Applaudissements à gauche et au centre.*)

Voix à droite. — Volontiers!

M. ROBERT MITCHELL. — Vous n'aurez pas le courage de venir les discuter. (*Bruit.*)

(M. Dréolle prononce quelques mots qui se perdent dans le bruit.)

M. LE PRÉSIDENT. — Monsieur Dréolle, c'est à vous particulièrement que je m'adresse. Quand on apporte à la tribune un discours comme celui que vous venez de prononcer, il ne faut ni s'étonner ni se plaindre qu'il y soit répondu. (*Très bien! très bien!*)

M. DRÉOLLE. — Je ne m'en plains ni ne m'en étonne.

M. LE PRÉSIDENT. — Vous pourrez avoir encore la parole, mais commencez par entendre vous-même la réponse qui vous est faite.

Plusieurs membres à droite. — M. Dréolle a été interrompu.

M. LE PRÉSIDENT. — Donnez l'exemple du silence.

M. GAMBETTA. — Messieurs, ce n'est pas la Commission du budget qui avait donné, depuis l'ouverture de ce débat, l'exemple d'introduire dans cette discussion la politique, qui aurait dû en être sévèrement bannie.

M. LÉON CHEVREAU. — Ce n'est pas de la politique, c'est la défense du gouvernement.

M. GAMBETTA. — Monsieur, le gouvernement n'a pas besoin de votre appui. (*Applaudissements à gauche et au centre.*)

M. LE COMTE DE DOUVILLE-MAILLEFEU. — Les bonapartistes défenseurs du gouvernement de la République ! Quelle plaisanterie !

M. GAMBETTA. — Ce n'est pas nous qui avons introduit la politique dans ces débats, mais il n'est pas possible de voir un certain parti...

Un membre à droite. — Toujours la même chose !

M. GAMBETTA. — ...faire cette injure à l'armée française... (*Réclamations à droite.*) C'est vous qui parlez de l'armée française !

Voix à droite. — Oui ! oui !

M. GAMBETTA. — Vous ! Vous dont il n'a pas dépendu que vous n'ayez déshonoré son drapeau et terni son lustre ! (*Applaudissements répétés sur un grand nombre de bancs. — Réclamations sur quelques bancs à droite.*)

(*Plusieurs membres se lèvent à droite en faisant des interruptions qui amènent, au centre et à gauche, de nouveaux applaudissements s'adressant à l'orateur.*)

M. Tristan Lambert. — C'est une troisième édition de la déchéance de l'empire !

M. Gambetta. — Messieurs, il n'est pas possible de laisser travestir à cette tribune la vérité et l'histoire. (*Applaudissements ironiques à droite.*)

M. Gambetta. — Écoutez bien ceci : c'est la seule réponse que je veuille faire sur la partie politique. Puisque vous parlez au nom de l'armée, il y a eu un jour, c'était le 29 octobre 1870, Metz venait de succomber, vous savez sous quelle infâme trahison. (*Applaudissements à gauche. — Exclamations à droite.*) Eh bien, voici ce qui est arrivé : il est arrivé qu'au milieu de nos officiers et de nos soldats, menés comme des troupeaux par-delà nos frontières perdues et livrées, il est arrivé que, dans les rangs de ces captifs qui pleuraient de voir la France abandonnée... (*Interruptions à droite.*)

Un membre à droite. — C'est vous qui l'avez perdue !

M. Gambetta. — ... sans cadres, sans ressources matérielles, parce qu'en fuyant et en abandonnant la patrie, vous aviez vidé ses arsenaux au profit de vos gaspillages et de vos convoitises... (*Rumeurs à droite. — Bravos et applaudissements sur un grand nombre de bancs.*) ...il est arrivé, Messieurs, que, dans les rangs de cette armée glorieusement vaincue et captive, des émissaires du même parti qui entend aujourd'hui parler au nom de l'armée... (*Interruptions à droite.*) se sont glissés et ont cherché à y fomenter l'esprit de sédition et de trouble. (*Réclamations à droite.*)

Oh ! vous écouterez la vérité, Messieurs ! Et alors il a été dressé un Livre d'or de l'armée française...

A droite. — Allons donc !

M. Gambetta. — Oui, écoutez bien... un Livre d'or de l'armée française. Les officiers captifs en Allemagne ont signé tous...

M. le baron Tristan Lambert. — Non, pas tous !

M. Gambetta — ...un acte de protestation et de désavon contre l'empire. (*Bravos et applaudissements prolongés à gauche et au centre.*)

M. LE COMTE DE COLBERT-LAPLACE. — Vous avez désorganisé l'armée de la Loire.

M. LE BARON TRISTAN LAMBERT. — Vous avez destitué le général d'Aurelle de Paladines.

M. GAMBETTA. — Et soyez convaincus que cette tache ineffaçable à votre front, de la honte de Sedan, de la honte de Metz, l'armée, qu'elle soit sous un drapeau ou sous un autre, l'armée française ne l'oubliera jamais. (*Rumeurs à droite. — Très bien! très bien! et applaudissements répétés sur un grand nombre de bancs.*)

Voilà pour la politique.

Un membre à droite. — C'est vous qui avez tout désorganisé!

M. GAMBETTA. — Je reviens maintenant à l'administration de notre armée.

Oui, il y a un devoir qui, depuis nos désastres, s'impose à tout homme public, à l'administration, au gouvernement : c'est de descendre dans les détails les plus minutieux de toutes nos affaires... (*Très bien!*) pour ne plus être surpris, pour ne plus être trompés, pour savoir au jour le jour où nous en sommes.

Et qu'on ne vienne pas parler... (*Interruptions à droite*) Et qu'on ne vienne pas parler de révélations, d'indiscrétions.

Voix à droite. — Vous en avez profité! (*Bruit.*)

M. GAMBETTA. — Nous savons à merveille ce que valent ces défaites. Nous savons que sous tous les régimes, sous le vôtre comme sous celui-ci, ceux qui ont intérêt à savoir ce qui se passe chez nous ne l'apprennent ni à cette tribune ni dans nos rapports. Ils l'apprennent par leur activité et leur vigilance. Quittez donc ce thème usé et banal; faisons les affaires du pays sérieusement (*Mouvement*) et ne nous exposez pas à ce qu'on nous dise un jour : « Nous sommes prêts pour cinq ans; il ne manque pas un seul bouton de guêtre; votre génie a tout préparé!... » Ne nous exposez pas à ce que le pays soit ainsi amené, après avoir subi la mutilation et la défaite, à l'impitoyable nécessité qui s'impose à nous de réparer vos fautes et vos crimes... (*Applaudissements répétés au centre et à gauche. — Applaudissements ironiques sur quelques bancs à droite. — Mouvement prolongé.*)

(*L'orateur, retourné à son banc, reçoit les vives félicitations d'un grand nombre de ses collègues. — La séance est suspendue pendant quelques instants.*)

Après une courte réplique où M. Dréolle se contenta de terminer une attaque inoffensive contre la Défense nationale par le vœu étrange que « M. Gambetta pût jouir complètement de son triomphe », la Chambre reprit la discussion du budget.

Suivant son habitude, le groupe de l'Appel au peuple continua à ne voir dans ce débat qu'une série de prétextes aux flagorneries électorales les plus basses. Pendant huit jours, tout le parti défila successivement à la tribune pour y développer, sous forme d'amendements, de simples réclames. Ainsi, dans la séance du 5 août, comme le rapporteur du budget de la guerre demandait que la deuxième partie du contingent fût maintenue sous les drapeaux pendant un an au lieu de six mois, et que les économies réalisées au budget de 1877 fussent partiellement affectées à cette prolongation de service, M. Cunéo d'Ornano s'empressa de déposer une proposition en sens contraire. Le député bonapartiste demandait en outre que les 13 millions d'augmentation de dépenses portées par la commission fussent affectés à des augmentations de solde.

M. Gambetta répondit à M. Cunéo d'Ornano :

M. GAMBETTA. — Messieurs, la grande préoccupation de la commission, en examinant le projet de budget qui était soumis à ses études pour l'année 1877, a été de réaliser, autant que possible, des économies dans les services sur tous les détails des divers départements ministériels. Mais il y a un budget spécia-

lement pour lequel la commission, d'accord avec le
Gouvernement, a été animée d'une sollicitude particulière : c'est le budget de la guerre. La commission
a cherché, — les uns ont dit avec rigueur, d'autres,
plus justement, diront, je pense, avec sagesse, — des
économies dans le budget pour arriver à deux choses :
doter l'instruction publique de véritables ressources
et, en même temps, donner à la loi militaire votée
par l'Assemblée nationale son efficacité naturelle et
sa force de relèvement pour le pays. (*Approbation à
gauche et au centre.*)

Les économies qu'on a pu critiquer au cours de la
discussion, on pourra en jouir par l'application qui
en a été faite précisément au budget de la guerre; et
si le ministre de la guerre n'a pas proposé, dès le début, de faire figurer, dans ses propositions, la deuxième partie du contingent pour six mois de plus, ce
n'est pas qu'il n'y ait pas pensé. Il a, en effet, répété
à satiété depuis que la loi des cadres a été faite, à l'Assemblée nationale, à cette tribune même, dans le sein
de la commission du budget, qu'il ne demandait pas
mieux, que c'était son plus vif désir d'arriver, aussitôt que possible, à l'exécution pleine et entière de la
loi des cadres. Il savait bien que la loi de 1874 lui
faisait une obligation impérieuse d'avoir constamment sous les drapeaux un effectif véritablement en
rapport avec les exigences de la loi et les nécessités
de la défense du pays, et alors il venait dire : Si vous
me donnez l'argent, si vous le trouvez, j'accepterai
avec reconnaissance et avec empressement la disposition que vous introduirez, à cet égard, dans la loi
de finances.

Et on vient aujourd'hui, sous prétexte de donner au
pays, aux classes laborieuses....

M. CUNÉO D'ORNANO. — Pourquoi « sous prétexte » ?
Je dis ce que je pense, je ne cache pas ma pensée
sous des prétextes...

A gauche. — Laissez parler !

M. CUNÉO D'ORNANO. — Il ne faut pas m'attribuer des intentions que je n'ai pas. Je ne cherche jamais un prétexte ; je parle franchement.

M. GAMBETTA. — Je dis « sous prétexte », et je justifie le mot. Quand on dit qu'il faut laisser les choses en l'état, afin de ne pas troubler le repos des populations laborieuses, ou on n'a pas le sens de ce qu'on dit... (*Rumeurs à droite.*)

M. CUNÉO D'ORNANO. — Ce langage n'est pas parlementaire, n'est pas convenable. Il ne faut pas parler dans cette Chambre comme on ne parlerait pas dans un salon.

M. LE PRÉSIDENT. — N'interrompez pas ! Vous aurez la parole pour répondre.

M. GAMBETTA. — ... ou bien cela signifie qu'on veut imposer au pays une charge qui n'est pas nécessaire.

Eh bien, je veux démontrer que non seulement cette charge est nécessaire, mais qu'elle a été prévue ; que le pays s'y attend ; que la législation qui le régit l'impose ; et, d'ailleurs, s'il n'y avait pas la législation, son patriotisme serait à la hauteur du sacrifice et mettrait à néant les accusations auxquelles on peut se livrer. (*Applaudissements à gauche et au centre.*)

On a dit qu'il valait mieux prendre ces 13 millions et les appliquer au relèvement de la solde des sous-officiers.

On n'a pas saisi combien il était contraire aux principes de l'économie apportée dans le budget de relever à tort et à travers la solde des sous-officiers. On a oublié ou ignoré même que, l'an dernier déjà, la solde des sous-officiers a été l'objet d'un relèvement, que ce n'est pas seulement la solde des sous-officiers qui doit nous préoccuper, mais encore leur situation militaire ; et, de ce chef, au cours même de la discussion du budget, M. le ministre, d'accord avec l'initiative d'un grand nombre de mes collègues dans cette Assemblée, se propose de déposer, à la rentrée, un projet de loi sur l'état des sous-officiers.

Mais il s'agit d'autre chose, comme le disait très bien un interrupteur du côté gauche de cette Assemblée: il s'agit surtout de l'instruction militaire, de la science militaire à donner, non seulement à nos sous-officiers, mais à nos officiers eux-mêmes.

Eh bien, tout le monde se plaint depuis très long-temps, — et M. Keller, qui m'a précédé à cette tribune, a fait retentir la tribune nationale de l'Assemblée qui nous a précédés de ses légitimes doléances à cet égard, — tout le monde se plaint de l'insuffisance de l'effectif. Il faut donc parer à ce mal pour trois motifs.

Je les indique brièvement, parce qu'en pareille matière, il ne s'agit pas d'insister devant une Assemblée française.

Le premier, c'est afin que les soldats de la seconde partie du contingent reçoivent une éducation militaire qui en fasse véritablement des militaires en état de défendre, à côté de ceux qui ont eu le malheur de rester plus longtemps qu'eux sous le drapeau, au jour du péril, avec efficacité, avec puissance, le drapeau national. Voilà le premier point.

M. LE BARON DUFOUR. — Il fallait alors accepter la proposition de M. Laisant.

M. GAMBETTA. — Le second motif est celui-ci : augmenter précisément l'effectif des compagnies et des bataillons, et, par conséquent, donner aux cadres, — qui, en effet, constituent le ressort le plus puissant d'une force et d'une puissance militaire, — donner à ces cadres une matière suffisante pour l'éducation, pour l'instruction, pour les manœuvres, pour le développement de toutes les parties de la science militaire pratique.

A côté de ces deux intérêts, il y en a un troisième : c'est que, précisément, plus vous augmenterez ce ré-

servoir de l'effectif, plus vous faciliterez la constitution, par la voie de la sélection, des sous-officiers,
dont vous cherchez, comme tous les bons Français, à
augmenter la pépinière et les cadres.

Voilà donc les trois motifs principaux qui ont amené
l'accord entre la commission du budget et le ministre
de la guerre, non pas pour faire des dépenses nouvelles, non pas pour créer un impôt nouveau, mais
pour autoriser, sans recourir à la création d'impôts
nouveaux, des dépenses utiles auxquelles on pourvoit
en rognant sur l'inutile et le superflu.

Je ne pense pas qu'aucune insinuation et qu'aucune
parole puissent prévaloir contre ce système. La France
sait dans quel but vous agissez; elle sait très bien que
ce que vous lui demandez, c'est pour son honneur, sa
grandeur et sa prospérité future. (*Approbation à gauche
et au centre gauche.*)

L'amendement de M. Cunéo d'Ornano n'est pas pris en
considération.

La discussion du chapitre 11 ramena M. Gambetta à la
tribune (séance du 7 août). Ce chapitre (service de marche)
portait un crédit de 9,048,007 francs, qui avait donné lieu,
dans le sein de la commission, à des débats animés. En effet,
aux termes du rapport de M. Langlois, la commission aurait
voulu supprimer le chapitre 11 tout entier et en répartir le
chiffre entre les divers chapitres. Mais le travail de répartition n'avait pu être fait à temps et, par conséquent, malgré les vives critiques dont il avait été l'objet, le chapitre
des transports généraux avait été maintenu au budget tel
qu'il avait été présenté par le ministre de la guerre. Le
général de Cissey ayant contesté quelques-unes des accusations portées par M. Langlois contre le service des transports de l'artillerie, M. Gambetta demanda la parole :

M. GAMBETTA. — Messieurs, le sentiment de la
commission du budget, en présentant à la Chambre
des critiques sur la manière dont étaient organisés

les services des transports au ministère de la guerre
n'avait pas été inspiré chez elle par la prétention de
résoudre elle-même la question.

Comme dans la plupart des chapitres qu'elle propose à la Chambre de voter sans réduction, — ce qui
est le cas ici pour les services de marche et pour les
transports généraux, — quand elle a soulevé la question, c'était pour arriver à la poser devant l'administration et devant la Chambre, afin qu'il intervînt une
étude et qu'on introduisît dans ces services une réforme qui lui paraissait désirable à raison des faits
mêmes qu'elle avait constatés.

La commission avait reconnu, en effet, que des
transports avaient été faits par grande vitesse, ce qui
ne lui paraissait pas justifié dans la période de paix
que nous traversons.

Le tarif de la grande vitesse kilométrique est considérablement plus élevé que celui de la petite vitesse,
puisque ces deux tarifs varient entre eux de 9 à 23 centimes. Cet emploi de la grande vitesse n'a pas paru
justifié à la commission; elle a pensé qu'on ne devait
pas employer un moyen aussi coûteux pour transporter, en temps de paix, en temps normal, d'un point
du territoire sur un autre, des matières qui auraient
même gagné à être transportées moins rapidement.

D'un autre côté, la commission a éprouvé une grande
difficulté à obtenir les justifications de l'ensemble des
transports. On lui a objecté que les dépenses concernant ces transports étaient faites par un soumission-
naire central; que les compagnies de chemins de fer
qui s'étaient syndiquées pour organiser les opérations
de cette nature ne présentaient leurs factures que 7,
8 et quelquefois 15 mois après le service rendu; que,
par conséquent, il se produisait, en fin d'exercice, des
mécomptes, des désillusions sur les prévisions primitives, — parfaitement légitimes d'ailleurs, — de l'administration de la guerre.

C'est ainsi que, dans une de vos dernières séances, on vous demandait, sur le budget de 1875, une augmentation de crédit de près de 3 millions, qui était applicable aux transports généraux de la guerre, et qui s'était soudainement révélée du 22 novembre 1875 au 1er janvier 1876.

Enfin, elle a trouvé des faits, — car la commission n'avait pas eu le temps de tout récoler, de tout voir. — qui, quoiqu'on puisse les expliquer aujourd'hui d'une façon plus ou moins atténuée, à cette tribune, ne méritaient pas moins d'être relevés.

Il y a, entre autres, le fait relatif à ces vieux obus qu'on a transportés de Lille à la frontière suisse, alors qu'il n'y avait pas grand emploi à en faire, et qu'on a fait voyager à un prix fort élevé, puisque, en ne tenant même pas compte de l'appréciation faite par l'honorable M. Langlois, qui disait que ces vieux obus, pesant 24,000 kilogrammes, représentaient un prix moyen de 2,000 fr., — il paraît qu'il y a une erreur ici et qu'il fallait dire 6,000 fr., — puisque, dis-je, sans tenir compte de cette appréciation, le transport de ces vieux obus, d'une valeur de 6,000 fr., a coûté 4,080 fr. de Lille dans le département de l'Ain. Je ne crois pas que cette augmentation de 80 p. 100 sur le prix d'une matière transportée qui était parfaitement inutile, soit le fait d'une bonne gestion. (*Marques d'assentiment.*)

C'est en présence de ce fait, et de bien d'autres, qu'il est inutile de rappeler devant vous, Messieurs, que la commission a pensé qu'il serait peut-être bon de rechercher un nouveau système d'application de l'ensemble des crédits affectés aux transports généraux de la guerre... (*Très bien! très bien!*) et que l'idée lui est venue de revenir à un ancien état de choses qui avait existé avant la guerre. Vous en trouvez la trace à la fin de chaque chapitre du budget de la guerre, où, pour les transports, on rappelle l'ancien chiffre, on renvoie au chapitre 11 de la loi sur les transports généraux. Cet état de choses consistait à appliquer à chaque service particulier, du génie, de l'artillerie, des subsistances, la somme en prévision des transports que ce service aurait à faire pendant l'année.

Il est évident que nous ne pouvions pas arriver à modifier les crédits en prévision pour chaque service, sans avoir l'assistance des bureaux. Nous n'avons pas pu obtenir cette assistance et nous n'avons pas pu vous présenter le montant de la somme nécessaire pour les transports de chaque service spécial.

Aujourd'hui, nous venons dire, — sans aucune conséquence budgétaire, puisque, je le répète, nous acceptons les deux crédits des chapitres 11 et 14, sans un centime de réduction, — nous venons dire : Il semble qu'il y a quelque chose à faire dans les services des transports, et nous demandons à M. le ministre de la guerre de vouloir bien prendre des mesures, ou de nous dire s'il entend prendre des mesures, pour que, à l'avenir, le bureau des transports généraux, qui est un bureau central, — mais qui ne connaît la dépense qu'après coup, quand elle a été engagée d'une façon absolument isolée, autonome par chaque service spécial, — soit renseigné au sujet du transport particulier que doivent faire les services spéciaux, afin qu'il puisse exercer un contrôle semblable à celui qui est exercé dans les chemins de fer ou dans les grandes usines par le bureau dit « de l'expédition ».

Dans ce système, le bureau des transports généraux, au ministère de la guerre, recevrait des avertissements préalables de chacun des services spéciaux au sujet de la quantité des transports qu'il entend faire, du moment où il entend les faire, de quel point à quel autre point il entend les opérer, de quelle voie rapide, moyenne ou ordinaire, il entend se servir ; de telle sorte que ni l'artillerie, ni le génie, ni les harnachements, ni les subsistances, ni les fourrages, ne pussent effectuer un transport qu'après en avoir avisé le bureau central et avoir reçu de lui une réponse, soit affirmative, soit négative, soit modificative au sujet de l'opération à entreprendre. C'est ainsi, suivant nous, qu'il serait possible d'avoir un contrôle efficace, puisqu'il se produirait sur tous les services et au moment même où les dépenses seraient engagées.

Voilà, Messieurs, comment nous entendons, non pas, — je le répète encore, et je ne saurais trop le répéter, — non pas nous imposer à l'administration, non pas nous immiscer dans tous les détails des divers services, car nous sortirions ainsi de notre rôle de membres de la commission du budget, qui n'est qu'une commission uniquement de contrôle, de révision, de comptes, d'examen de comptes, de prévisions de crédits, mais nous préoccuper de tous les détails administratifs pour provoquer l'initiative du Gouvernement dans toutes les formes profitables à l'intérêt du pays. Ce n'est nullement pour nous substituer à l'action de l'administration que nous jetons les yeux sur tous les détails ; non : c'est un sophisme qu'il faut détruire et ne pas laisser répandre dans le public. L'administration a sa tâche ; elle est suffisamment grande, lourde, pour qu'elle ait une action pleine et entière que la Chambre ne doit pas entraver.

La commission du budget ne doit donc pas empiéter sur le domaine de l'administration ; mais le respect de la séparation des pouvoirs ne doit pas interdire à une Assemblée, soucieuse de la bonne gestion, de la meilleure organisation des services de l'État, d'examiner les détails, même les plus minutieux ; car c'est de ces détails que se compose, en somme, l'admirable mécanisme qui fait vivre tous ces services. (*Très bien ! très bien !*)

M. RENAUDIN, *commissaire du gouvernement.* — Messieurs, je ne veux dire qu'un mot sur la question que l'honorable président de la commission du budget vient de poser devant la Chambre.

Il y a huit ou dix jours, cette question a été soulevée au sujet du vote des crédits supplémentaires de 1875.

La discussion du budget de la guerre nous occupe naturellement ici, et nous n'avons pas encore eu la possibilité d'étudier à fond les moyens de donner satisfaction à la demande qui nous est faite; cependant, je puis dire que dès à présent, en présence des critiques émises par la commission du budget, concernant l'énorme augmentation des frais de transport dans les années 1875-1876, nous avons cherché à combler la lacune qui nous a été signalée, et nous allons pouvoir, à la fin de chaque mois, avant que les factures des Compagnies ne soient déposées au ministère, établir des évaluations provisoires...

M. LE RAPPORTEUR. — C'est ce que nous demandons.

M. LE COMMISSAIRE DU GOUVERNEMENT. — ... qui nous permettront de déterminer approximativement le coût des transports engagés dans le courant du mois.

Le service est organisé d'une manière très rationnelle : tous les ordres sont centralisés chez les sous-intendants militaires, qui, à leur tour, les transmettent à leur chef hiérarchique; les intendants militaires en adresseront eux-mêmes le relevé à l'intendant militaire de Paris chargé de la liquidation provisoire. Au fur et à mesure que les relevés parviendront à l'intendance militaire de Paris, des calculs provisoires seront établis de manière que l'administration puisse se rendre un compte exact de l'emploi du crédit.

Maintenant, j'ajoute que les demandes de crédits supplémentaires, que nous vous avons faites pour 1875, se reproduiront probablement en 1876 et aussi en 1877.

Vous savez à quoi tiennent ces demandes : c'est à la reconstitution et à la réorganisation de notre matériel et à la nécessité où, par suite, se trouve l'administration, au fur et à mesure que ce matériel est fabriqué et réorganisé, de le transporter à l'endroit où il doit être installé d'une manière définitive. Il y avait là des prévisions difficiles à établir, et le crédit des transports a à peine été augmenté. Nous rentrerons plus tard dans des prévisions plus normales. (*Très bien!*)

M. GAMBETTA. — Messieurs, il est certain que les paroles que vient de vous faire entendre M. le commissaire du Gouvernement donnent en partie satisfaction aux vœux de la commission du budget. Seulement, je veux relever la phrase qui a terminé son observation.

M. le commissaire du Gouvernement vous a dit : Un crédit supplémentaire qui vous a paru exagéré, mais qui sera justifié après coup sur l'exercice 1875, se produira problablement en 1876 et peut-être aussi en 1877.

Il a ajouté : Vous savez bien pourquoi : c'est qu'ils sont destinés à faire face aux transports du matériel que vous êtes en train de réorganiser.

Je constate que, en effet, vous devez avoir pour les exercices auxquels vous avez fait allusion, une augmentation sur les années antérieures, en ce qui concerne le crédit nécessaire pour les transports généraux. Mais précisément la nature de la cause, le motif d'origine que vous indiquez si nettement, que la Chambre comprend et recueille à l'instant, démontrent que les prévisions sont d'autant plus faciles à à établir, puisque les augmentations dépendent d'une cause générale que vous invoquez.

Donc, ce que je réclame, ce que la Chambre doit réclamer, c'est que la prévision de la dépense pour les transports généraux, pour tous les exercices, soit, je ne dirai pas mathématiquement exacte, mais ne s'écarte pas de la réalité par des chiffres de 2, 3, 4 5 millions, comme cela est arrivé pour l'exercice 1874. (*Très bien ! très bien !*)

M. LE PRÉSIDENT. — Je mets aux voix le chapitre 11.

(Le chapitre 11 est mis aux voix et adopté.)

La séance du 9 août fut consacrée à la discussion des chapitres 12 à 20 du budget de la guerre. Sur le chapitre 12 (habillement et campement), l'administration de la guerre demandait un crédit de 30,786,357 francs, que M. Langlois proposait de réduire d'environ 1,600,000 francs. Suivant M. Renaudin, commissaire du gouvernement, qui répondit à M. Langlois, la réduction sur l'abandon des effets ne

pouvait pas dépasser 5 francs par homme, la dépense d'a-
bandon pour un soldat d'infanterie étant de 12 francs quand,
sous le service de sept ans, elle n'était que de 9 fr. 80 cent.
M. Gambetta répondit à M. Renaudin :

M. GAMBETTA. — Messieurs, les explications très
claires que vient de nous donner l'honorable commissaire du Gouvernement ont, à la fois, simplifié ma
tâche et rapproché les termes du problème qui vous
est, en ce moment, soumis. Mais, en prenant acte de
la réduction proportionnelle qui vient d'être consentie
par l'honorable organe du Gouvernement, je vous demande la permission d'exposer très brièvement les
bases sur lesquelles la commission du budget avait
calculé la réduction du prix de l'abandon des effets
laissés aux hommes libérés du service.

L'abandon de ces effets, au moment où l'homme
rentre dans ses foyers, consiste, — on thèse, car il
n'en a pas toujours été ainsi en fait, — consiste à lui
faire remise ou d'une tunique, ou d'une capote, ou
d'une veste, d'un pantalon, d'un képi et puis d'une
paire d'épaulettes.

Cet abandon, qui s'explique très naturellement par
la nécessité de ne renvoyer dans leurs foyers que des
hommes couverts, habillés d'une façon qui ne soit pas
de nature à les humilier, il a été réglementé par des
dispositions législatives, dont la plus célèbre est en
date du 10 mai 1844. Le législateur de cette époque
prescrivit, dans un intérêt d'économie pour le Trésor
et en tenant compte de la nécessité de service que je
viens d'indiquer, une durée moyenne pour les effets
à consommer par l'armée. Il fixa la durée d'une tunique à trois ans, d'une capote à quatre ans, d'un pantalon à un an, des épaulettes à trois ans, du képi, —
ou du bonnet de police qu'on portait à cette époque,
— à quatre ans. C'est sur l'usure de ces divers effets,
au cours de la prestation du service militaire, qu'est

calculée, au moment de la libération, le chiffre de l'abandon. De telle sorte qu'on doit s'arranger, dans la pratique, pour que le militaire qui rentre dans ses foyers, reçoive un pantalon qui aura déjà servi pendant la moitié au moins de sa durée réglementaire, un képi qui aura fait les deux tiers de son service, une tunique qui en aura fait les quatre cinquièmes, une capote les sept huitièmes, et une veste les quatre cinquièmes.

Voilà ce que je pourrais appeler l'état réglementaire.

En fait, il n'a pas toujours été possible de s'y conformer, par suite d'accidents, de nécessités de service, de réformes anticipées, enfin des hasards de l'existence militaire en campagne, résultant des rassemblements, des manœuvres, qui ont amené une usure plus rapide.

C'est pour réglementer autant que possible cette remise des effets aux hommes libérés, que sont successivement intervenus l'ordonnance du 10 mai 1844 et le décret du 15 février 1875 qui autorisent les chefs de corps à prononcer des réformes et des remplacements sur les effets que portent les hommes. C'est ainsi qu'on est arrivé à dresser, au ministère de la guerre, des règles pratiques pour les effets abandonnés.

Eh bien, Messieurs, quelle est la controverse entre le Gouvernement et la commission? Elle est bien simple; elle consiste en ce que la commission, contrairement à l'opinion du Gouvernement, pense que les bases sur lesquelles sont calculées les dépenses de l'abandon par le ministre de la guerre sont excessives, et à proposer de rentrer dans la règle du 10 mai 1844, au moins autant que possible, tout en tenant compte du décret du 15 février 1875. Je vais mettre sous vos yeux la base adoptée par le ministère de la guerre.

Voici quelle est pour l'infanterie, — je ne vous pro-

mènerai pas dans toutes les armes, je ne parlerai que
de l'infanterie, — la durée que les effets ont encore à
parcourir au moment de la libération des hommes :
pour la tunique ou capote, la durée est, en ce moment-là, de un an et neuf mois. Réglementairement,
ces effets doivent faire trois ans. Par conséquent, il y
a, au point de vue de la différence en chiffre, si cette
tunique, devant faire encore un an et neuf mois, était
délivrée à l'homme, un abandon par l'État d'une
somme de 13 fr. 86, tandis que, au contraire, au point
de vue de l'application de l'ordonnance, comme
l'homme devrait recevoir une tunique, elle n'aurait
plus à faire qu'un cinquième de sa durée, elle ne re-
présenterait, au contraire, que 3 fr. 96.

Je m'arrête à cet exemple, mais je pourrais démontrer que sur la capote, que sur la veste, il y a le même
écart.

Eh bien, si l'on calcule la valeur des effets à raison
de la durée qu'ils ont encore à parcourir, on obtient un
total de 36 fr. 11, tandis que, au contraire, en appli-
quant régulièrement la durée réglementaire des effets,
on obtient un total qui n'est que de 9 fr. 71. C'est donc
la balance entre ces deux chiffres qui constitue la différence entre les réductions consenties par le ministre
de la guerre, et celles proposées par la commission
du budget.

Je ne crois pas que nous puissions aujourd'hui arriver à un résultat positif, en ce sens que nous puissions
exiger l'application absolue de l'ordonnance du
10 mai 1844.

Je crois même, — et je demanderai que l'avis de la
commission soit donné sur ce point, — que, après la
réduction de plus de 2 millions, consentie par le ministre de la guerre, le système de la commission est
justifié ; car, du moment qu'on s'engage, avec cette
somme, à entretenir la seconde partie du contingent,
je crois qu'il y a lieu de demander le renvoi de cette

proposition à la commission du budget, parce qu'alors la dissidence serait terminée.

Mais, avant de conclure, permettez-moi, Messieurs, de faire une observation sur la nature de l'abandon.

L'abandon jusqu'ici a porté sur deux grands effets, comme on dit : on remet la tunique ou la capote et une veste. Eh bien, j'ai entendu dire qu'il n'est peut-être pas tout à fait nécessaire de remettre deux grands effets, qu'on pourrait n'en remettre qu'un, et que, de ce chef surtout, avec les charges considérables qu'entraîne le service universel et obligatoire, il y aurait une économie sérieuse à réaliser.

Mais il y a mieux : c'est que jusqu'ici la commission du budget était bien fondée à regarder avec un certain sentiment de curiosité le chiffre de l'abandon, 12 fr. 03, auquel on portait, depuis 1871, la remise faite aux hommes, puisque, le plus souvent, ce n'est pas avec des effets militaires, mais avec des effets de mobilisés qu'on opérait l'abandon.

De telle sorte que, pour une grande partie, ce n'était pas une dépense qu'il fallait faire apparaître, mais presque une recette. Nous n'avons pas été jusque-là, mais nous étions sur la bonne voie en disant qu'en portant au-delà de 9 fr. le chiffre de l'abandon, on commettait une exagération.

Satisfaction a été donnée sur ce premier point. Par conséquent, ne voulant pas pousser les choses à l'extrême, ne poursuivant, dans cette discussion du budget, — nous tenons beaucoup à le répéter, — aucun but politique, aucun système, ni aucun parti pris, voulant purement et simplement arriver à l'entente, à la transaction, à la conciliation avec l'administration, je ne vois aucune difficulté sérieuse à accepter, sauf examen ultérieur par la commission du budget, les propositions qui sont faites.

Il importe, en effet, de proclamer bien haut ici l'esprit qui nous anime. On dit et on répète à tort et à travers, au dehors et au dedans, qu'il y aurait de la part de la commission du budget un sentiment d'hostilité à l'égard de l'administration et du ministre de la guerre. Je proteste formellement contre ces allégations. (*Très bien! à gauche et au centre.*)

M. le ministre de la guerre est au-dessus de ce débat. Chef d'une grande administration, présidant à la réorganisation de l'armée, il est exposé aux critiques qu'entraîne une œuvre d'une telle portée et d'une telle haleine. Mais il faut qu'il soit bien entendu que la discussion d'affaires, de gestion, que nous avons ici, porte sur l'administration matérielle et pratique du département qu'il dirige, et aucunement sur sa personne ni sur sa capacité. (*Très bien! très bien! — Applaudissements sur plusieurs bancs.*)

M. LE BARON DE SEPTENVILLE. — Ce sont des paroles, tout cela; mais les actes, nous les avons vus au 4 septembre!

M. GAMBETTA. — Au 4 septembre! J'aurais bien voulu vous y voir, vous! J'aurais voulu voir quelle figure vous auriez fait dans l'administration.

M. LE BARON DE SEPTENVILLE. — En tous cas, je ne m'y serais pas emparé du pouvoir.

M. GAMBETTA. — Comment emparé!

M. LE BARON DUFOUR. — Oui, c'est vous qui avez voulu vous y mettre! personne ne vous y avait mis!

M. GAMBETTA. — Oh! ce n'est pas vous à coup sûr!

M. LE BARON DUFOUR. — Personne ne vous avait donné mandat de prendre en mains l'administration.

M. GAMBETTA. — Vous n'aviez, à ce moment-là, ni titre ni qualité pour contester un mandat...

M. LE BARON DUFOUR. — Un mandat! donné par qui?

M. GAMBETTA. — ... imposé par la nécessité et le patriotisme.

À la suite d'une courte réplique du général de Cissey, le gouvernement et la commission transigèrent. Dans la séance du 10, le crédit ouvert au chapitre 12 fut définitivement arrêté à 29,141,509 francs, et l'ensemble du budget de la guerre voté sans discussion. — Le budget des beaux-arts fut adopté dans les deux séances suivantes.

Le 12 août, un décret du président de la République prononça la clôture de la session ordinaire de 1876 du Sénat et de la Chambre, et la fin de la discussion du budget fut renvoyée à la session extraordinaire de novembre.

Nous donnons à l'*Appendice* le texte du rapport préparatoire pour la réforme de l'impôt, fait, au nom de la commission du budget, par M. Gambetta et qui fut publié, le 16 octobre, dans l'intervalle de la session ordinaire et de la session extraordinaire de 1876.

MINISTÈRE DE LA MARINE

La discussion du budget fut reprise par la Chambre dans la séance de 6 novembre. L'examen du budget de la marine et des colonies figurait le premier à l'ordre du jour. Il donna lieu à deux interventions importantes de M. Gambetta.

1° *Séance du 7 novembre.* Discussion du chapitre 5 (troupes), portant ouverture d'un crédit de 12,243,105 francs, soit une diminution de 657,191 francs sur l'augmentation de 709,141 francs demandée par le ministre de la guerre. M. Georges Perin ayant réclamé le rétablissement intégral du crédit primitif, M. Gambetta demanda la parole :

M. GAMBETTA. — Messieurs, le débat qui vient de s'élever devant la Chambre ne peut véritablement pas, à mon sens, créer des dissidences sérieuses ; car tout le monde est d'accord sur le point de départ de la question, à savoir : l'intérêt que doit inspirer à toute la Chambre le sort des troupes de marine dans nos colonies.

Mais il me semble qu'on n'a pas introduit dans la discussion une considération qui avait été présentée par les hommes les plus compétents qui siégeaient dans la commission même à laquelle on faisait allusion tout à l'heure, et qui était présidée par l'honorable et si compétent amiral Jurien de La Gravière. Cette considération, c'est celle de savoir si, dans l'organisation des divers services qui relèvent du département de la marine, il n'y a pas une idée supérieure qui doit présider à leur répartition. Cette idée, j'ose dire que c'est la suivante : enlever le moins possible des ressources annuelles du budget à la puissance de la flotte, à la puissance de combat du ministère de la marine.

On se plaint avec raison, en effet, que dans ce budget qui atteint et souvent dépasse, tous comptes faits, ordinaire et extraordinaire, la somme de 200 millions, il y ait à peine, chaque année, 115, 120, 125 millions au maximum qui aillent à l'organisation de la puissance navale réelle du pays, et alors, pour ne pas créer et entretenir d'illusion sur la puissance effective de la flotte française, ni préparer de déception, il a paru urgent à votre commission du budget d'écarter et de restreindre, dans la proportion du possible, tout ce qui, dans ce mouvement du département de la marine, était, je ne dis pas parasite, mais secondaire, accessoire, et n'avait pas réellement un caractère de force navale. C'est à ce point de vue que nous nous sommes préoccupés des colonies et des troupes de marine dites d'infanterie de marine.

Nous avons examiné cette question pour 1876 et pour 1877, et lors des crédits supplémentaires que vous avez déjà votés, Messieurs, dans le relevé de l'effectif des troupes de la marine de 2,700 hommes, nous avons déjà engagé une première discussion avec l'honorable et éminent M. Fourichon, et nous lui avons dit : Voilà un effectif qui s'enfle tous les jours! C'est un effectif qui ne donne pas réellement à la puissance militaire de la France une force en rapport avec les sacrifices que l'on fait.

En effet, qu'est-ce qu'il faut avoir? une armée de terre puissamment organisée et une force navale puissamment constituée. Mais un corps intermédiaire, comme l'infanterie de marine, qui, tour à tour, peut être absorbé par le ministère de la guerre et constituer, à certaines heures de détresse, un contingent extrêmement valeureux, un tel corps ne doit-il pas, dans un temps normal, figurer comme ressource véritable sur laquelle on puisse compter en la constituant à l'état isolé ?

C'est cette question de l'organisation auxiliaire de l'infanterie de marine qui a préoccupé la commission.

Or, dans les premières explications qui eurent lieu, M. le ministre a été d'accord avec nous pour dire que le relèvement à 2,700 hommes du contingent en 1876 ne reparaîtrait plus en 1877. Et cela, Messieurs, vous en trouverez la trace dans le crédit qui a été voté.

Aujourd'hui on dit : Nous ne pouvons suffire au service des colonies avec le contingent que nous avons fait figurer au budget de 1877 ! Et on demande d'introduire une disposition additionnelle complémentaire dans la loi de finances pour relever cet effectif. Dans quelle proportion ? exactement dans la proportion du crédit demandé pour 1876.

Je sais bien qu'on dit : Nous ne pouvons compter que 1,602 hommes. Mais ce qu'on ne dit pas, c'est qu'on reçoit 800 autres hommes qui, additionnés avec ceux qu'on réclame aujourd'hui, constituent, à peu de chose près, le même effectif que celui de 1876.

Voilà donc le premier point de départ.

Malgré les premières affirmations sur le crédit supplémentaire de 1876, on reproduit la demande d'effectif supplémentaire des troupes de la marine pour 1877. Pourquoi ? parce que l'on vient vous dire qu'on n'a pas un contingent suffisant pour faire le roulement convenable à la santé des hommes envoyés aux colonies.

Nous répondons à cette observation ce qu'on y a répondu tout d'abord : c'est que nous sommes légitimement préoccupés, comme vous, de ne pas laisser les hommes aux colonies un temps supérieur à celui qui est réglé par les ordonnances sur la matière. C'est que nous voulons, comme M. Perin, que les officiers qui reviennent de ces campagnes lointaines et cruelles aient tout le temps de se refaire en France. Seulement nous disons ceci : avec l'effectif qu'on vous a accordé, si vous le répartissez d'une manière différente, vous mettrez d'accord, à la fois, les considérations d'humanité et les exigences du service.

On nous objecte ceci : Mais nous ne pouvons pas prendre cette responsabilité, parce que les garnisons sur lesquelles vous nous demandez de porter la main sont insuffisantes !

Eh bien, quand nous avons examiné l'effectif des garnisons de certaines de nos colonies, nous avons été obligés de reconnaître, d'accord avec l'opinion publique des colonies et avec le jugement des hommes compétents en France, que, sur certains points, dans nos colonies, il fallait faire un départ.

Il y a des colonies, comme la Guyane, qui demandent à être occupées ; il y en a d'autres, comme les Antilles, où il n'est pas besoin de maintenir un effectif aussi considérable. En effet, s'il y a là comme une nécessité de protection en cas d'éventualité d'un conflit militaire, cet effectif est tellement insuffisant, que personne ne pourrait le regarder comme une ressource ; et, en temps de paix, il est absolument inutile, car il ne pare à aucune espèce de nécessité accusée ou démontrée.

Transportez les hommes sur un autre point, votre effectif ne sera pas augmenté, mais il ne sera pas diminué non plus, et vous arriverez à ce résultat que les garnisons ne prolongeront pas trop longtemps leur séjour sous un climat meurtrier.

M. le ministre intervient et dit : Mais cela rentre dans les attributions du gouvernement ! Nous le reconnaissons, et nous répondons que nous ne voulons pas empiéter sur les attributions du gouvernement. Nous savons qu'une commission du budget n'a ni titres, ni qualité, ni compétence pour cela. C'est à lui de distribuer ses garnisons, d'envoyer 1,000 hommes sur tel point, 600 hommes sur un autre point. Ce que nous demandons, c'est que le gouvernement fasse, dans la limite de son effectif, les changements de garnison, — ce dont il est absolument maître, car il n'a pas besoin pour cela des conseils d'une commission parlementaire ou extra-parlementaire. — Il sait très bien qu'une troupe qu'il entretient aux Antilles ne lui rendra pas les services qu'elle pourrait lui rendre en Cochinchine ou à la Guyane.

Et puis, il y a une autre question qui est extrêmement grave et qu'il faudra bien qu'on aborde un jour : c'est la question non seulement de la Cochinchine, mais du Tonkin, c'est la question des colonies dont on pousse peut-être l'extension au-delà des limites rationnelles. Il y a là des points de vue très divers et qui ont dû être étudiés à la suite du brillant fait d'armes accompli par le malheureux lieutenant de vaisseau Garnier sous le gouvernement de l'amiral Dupré. Mais il est certain, — et lorsque nous arriverons à l'examen du budget de la Cochinchine, vous pourrez le voir, — il est certain qu'il y a une tendance à multiplier les garnisons de ce côté-là. Je crois que c'est par là que s'écoulent ces suppléments d'effectifs qu'on vous demande. Il y a là un point sensible, un point délicat qui oblige M. le ministre à faire des efforts surhumains pour augmenter son effectif.

Je ne crois pas que le sentiment de la Chambre soit de se laisser dériver et entraîner sur cette pente.

M. Georges Perin. — Ce n'est pas le mien. Il y a longtemps que j'ai traité la question de la Cochinchine. J'ai conclu dans votre sens.

M. Gambetta. — Je le sais! j'expose la question sous ses divers aspects.

Pour me résumer, permettez-moi de dire ceci : c'est que vous ne pouvez pas croire que vous constituez une force réelle en harmonie avec les sacrifices, en développant l'effectif de l'infanterie de marine, ni au point de vue du nombre d'hommes ni au point de vue des cadres.

Et lorsqu'on parle de ces cadres, si vous posiez la question au ministre de la marine de savoir s'il va créer des cadres, si réellement les cinquante officiers dont il demande la constitution sont à créer, il vous répondrait que non, qu'on ne va pas les créer, qu'ils sont créés, qu'ils existent ; et alors vous verriez par là que vous êtes tout à fait dans l'illusion au point de vue de la constitution qu'on veut vous faire adopter.

Si nous étions bien sûrs qu'on dût s'arrêter, vous pourriez encore régulariser une situation très incorrecte ; car, si les cadres existent, on n'a plus à les constituer ; vous pourriez, dis-je, passer condamnation sur ce point de la question qui peut mettre en cause bien d'autres responsabilités. Mais comme on ne s'arrêtera pas là et si vous vous laissez entraîner par ce supplément d'effectif de 1,600 hommes, on viendra vous demander l'an prochain de le compléter à 2,000 hommes. Du moment que nous n'avons pas de garanties, qu'on peut constituer les cadres en dehors des votes parlementaires, vous allez augmenter, enfler le budget de la marine, de manière à faire croire à la France que ce budget de la marine est un budget qui lui constitue une puissance navale sérieuse, tandis que, au contraire, par des biais qui donnent bien des organisations de forces, mais enfin qui sont anormaux, excentriques, vous créerez un précédent fâcheux dont on abusera, comme on abuse contre nous des précédents qui ont été créés par nos prédécesseurs.

Je me résume en deux mots.

Vous n'avez pas le moindre souci à concevoir sur l'argument tiré du roulement, parce que le roulement peut être effectué avec le même effectif par les répartitions différentes de l'effectif. Vous n'avez pas à vous préoccuper de la nécessité de réorganiser les cadres, car ces cadres existent. Tels qu'ils sont, on les a payés jusqu'à ce jour; on peut donc les payer sans avoir recours à un supplément de crédit. Vous n'avez pas à vous préoccuper de la répartition à opérer par le Gouvernement dans l'effectif de certaines garnisons coloniales; car le Gouvernement peut, — et si vous le voulez, le Gouvernement le voudra, — faire parfaitement cette répartition rien que pour la nécessité que vous lui en avez imposée. (*Très bien! très bien! sur plusieurs bancs.*)

L'amendement de M. Georges Perin est rejeté malgré une nouvelle intervention de son auteur et du vice-amiral Fourichon, ministre de la marine.

2° *Séance du 9 novembre.* Discussion du chapitre 18 (subventions au service local des colonies), portant ouverture d'un crédit de 699,950 francs. — Le rapport de la commission du budget sur ce chapitre avait révélé les faits les plus graves. Non seulement, d'après M. Raoul Duval, l'esclavage était encore toléré dans l'île de Mayotte, mais le directeur des colonies, M. le baron Benoist d'Azy, avait profité de sa position officielle pour se livrer dans cette île aux opérations les plus incorrectes. C'est ainsi qu'en vertu d'un délai trop savamment imparti par ce fonctionnaire, un solde de crédit dépassant 60,000 francs avait été employé au profit exclusif de deux concessions appartenant à une société des Comores dont M. Benoist d'Azy était l'un des plus forts actionnaires et dont son père était président. En conséquence, et bien que les faits imputés au directeur des colonies fussent antérieurs à la nomination de l'amiral Fourichon au ministère de la marine, la commission du budget avait proposé une réduction de 66,340 francs sur le crédit demandé par le gouvernement pour le chapitre 18.

La droite chercha à tirer profit des causes apparentes de cette réduction pour créer un conflit entre la majorité et le ministre de la marine. Vivement irritée de ce que M. Benoist

d'Azy n'eût opposé au sévère réquisitoire de M. Raoul
Duval que des excuses sans dignité et sans franchise, elle se
rejeta sur une parole imprudente échappée à M. Germain
Casse au moment où le débat allait être clos, et elle l'exploita
si bien, qu'elle faillit réussir dans son dessein de compromettre l'amiral Fourichon, et de lui faire endosser la responsabilité d'une spéculation à laquelle il était totalement
étranger. M. Casse ayant compris trop tard la nature du
piège qui était tendu, il fallut l'intervention de M. Gambetta
pour dégager la situation véritable et pour déjouer la manœuvre des droites.

Nous devons, pour l'intelligence de cet incident, en reproduire, d'après le *Journal officiel*, le compte rendu sténogra-
phique *in extenso* :

M. GERMAIN CASSE. — Messieurs, après les paroles
qui viennent d'être prononcées par M. Raoul Duval,
je n'ai qu'un mot à dire. Je ne croyais pas que la
commission pût me donner une aussi grande satisfaction que celle qu'elle vient de me donner, et j'ajoute
que le vote que vous allez émettre sera un vote contre
le directeur des colonies.

M. TIRARD. — Nous n'émettons pas ici de votes
contre les personnes !

(M. le ministre de la marine monte à la tribune.)

M. GERMAIN CASSE. — Il ne s'agit pas de vous, monsieur le ministre.

M. LE MINISTRE. — Les dernières paroles que vient
de prononcer M. Germain Casse me donnent lieu de
croire qu'il y aurait une motion de blâme soumise
en ce moment à la Chambre. Suis-je dans l'erreur?

M. GERMAIN CASSE. — Il n'y a pas de blâme contre
vous !

M. LE MINISTRE. — Y a-t-il, oui ou non, une motion
de blâme ?

M. GERMAIN CASSE. — Oui, contre le directeur des
colonies; mais vous n'êtes pas en cause! (*Mouvements
divers. — Vive et bruyante agitation.*)

(M. le ministre descend de la tribune.)

M. GAMBETTA. — Messieurs...

Plusieurs membres à droite. —Mais laissez parler le ministre! —On ne lui a pas permis d'achever son discours!

Voix diverses à gauche. — Non! non! — Il est descendu volontairement de la tribune.

A droite. — On n'a pas voulu l'écouter.

M. LE PRÉSIDENT. — Il ne faut pas qu'il y ait de malentendu. Si M. le ministre est descendu de la tribune, c'est apparemment qu'il avait dit tout ce qu'il avait à dire.

A droite. — Non! non!

M. GEORGES PERIN. — Qu'en savez-vous?

M. HAENTJENS. — Il voulait couvrir son directeur, et nous ne l'avons pas entendu.

M. DE BAUDRY-D'ASSON. — Respectez au moins un ministre de la République et laissez-le parler!

M. LE PRÉSIDENT. — Si M. le ministre de la marine veut ajouter quelque chose à ce qu'il a dit, je l'invite à remonter à la tribune et je lui promets le silence. (*Très bien!*)

(M. le ministre se dirige vers la tribune. — M. Gambetta en descend.)

M. LE PRÉSIDENT. — La parole est à M. le ministre. Je réclame le silence, et un silence absolu.

M. LE MINISTRE, *à la tribune.* — M. Germain Casse, en descendant de la tribune, vous a dit, si je ne me trompe : « Le vote que vous allez émettre sera dirigé contre le directeur des colonies et non contre le ministre de la marine. » L'a-t-il dit? (*Oui! oui!*)

Eh bien, s'il doit y avoir un vote de blâme, il s'adressera à moi! (*Applaudissements à droite.* — *Vives protestations à gauche et au centre.*)

M. GERMAIN CASSE. — Je ne comprendrais pas que le directeur des colonies ne trouvât pas sa dignité engagée et qu'il ne se retirât pas devant le vote que la Chambre va rendre, je l'espère!

M. LE MINISTRE. — Que la Chambre fasse connaître
sa volonté et je lui déclare qu'elle sera respectueuse-
ment et promptement obéie. (*Nouveaux applaudissements à droite. — Nouvelles protestations à gauche et au
centre.*)

M. VILLAIN. — Il s'agit d'une question d'honnêteté;
il ne s'agit pas d'une question ministérielle!

M. GAMBETTA. — Messieurs, s'il était nécessaire de
justifier une protestation à cette tribune contre les
paroles que vous venez d'entendre, ce sont les applaudissements qui les ont accueillies. (*Assentiment
et applaudissements à gauche et au centre. — Réclamations et murmures à droite.*)

M. DE BAUDRY-D'ASSON. — Nous avons bien le droit
d'applaudir.

M. DE LA ROCHEFOUCAULD, DUC DE BISACCIA. — Nos
applaudissements valent bien les vôtres.

M. GAMBETTA. — Mais il est nécessaire pour tout le
monde de préciser la question et de l'indiquer nettement.

A gauche. — C'est cela! — Très bien!

Un membre à droite. — Ce n'est pas vous qui l'indi-
querez!

M. GAMBETTA. — Monsieur, vous viendrez à la tribune compléter mes indications si elles ne sont pas
suffisantes.

J'ai la prétention de dire des choses qui peuvent
être accueillies indistinctement sur tous les bancs, par
conséquent je ne comprends pas que, avant de les
avoir entendues, vous luttiez contre moi, comme si vous
redoutiez que j'apporte ici une parole de conciliation.

Un membre à droite. — Vous commencez par nous
insulter!

Un membre à gauche. — Chaque fois, c'est la même
chose: ces messieurs ne veulent d'apaisement en rien!

M. LE POMELLEC, *s'adressant à la droite.* — Vous avez
peur de la lumière! (*Exclamations à droite.*)

M. Gambetta. — Je dis que la question actuellement posée devant la Chambre n'est pas une question de responsabilité ministérielle.

A droite. — Ah! ah!

M. le président. — Veuillez, Messieurs, laisser parler l'orateur.

M. Gambetta. — Je dis que, quand la commission du budget a examiné les questions budgétaires sur lesquelles vous êtes appelés à statuer, elle n'a été, en aucune façon, préoccupée par une question politique.

M. de Tillancourt. — C'est évident!

M. Gambetta. — Oui, c'est évident; et ce ne sont ni les interruptions passionnées d'un côté...

Un membre à droite. — C'est vous qui êtes passionné!

A gauche. — Silence! n'interrompez donc pas!

M. Gambetta. — Si vous voulez, je dirai que ce ne seront pas... (*Nouvelle interruption à droite.*)

Cessez donc vos interruptions, Messieurs, je vous en prie.

M. le président. — Je rappellerai à l'ordre le premier député qui interrompra.

M. Gambetta. — Si le mot « passionné » vous déplaît, je dirai que les interruptions inattendues et charitables qui se sont produites à droite... (*Rires à gauche*), pas plus que la déviation qui a pu être apportée dans le débat du côté opposé, ne sauraient changer ni la nature de la question, ni le caractère du vote que vous allez rendre. Oui, c'est vrai, M. le ministre de la marine peut et doit couvrir de sa responsabilité son fonctionnaire... (*Rires ironiques à droite.*)

Mais, Messieurs, veuillez bien, je vous prie, me faire grâce de ces rires. Si c'est si risible ce que je dis, vous viendrez le démontrer avec l'esprit d'épigramme qui vous caractérise.

A gauche. — Ne répondez pas! Continuez!

M. Gambetta. — Oui, un ministre a toujours le droit et presque toujours le devoir de couvrir son subordonné ; mais il n'est pas admissible que la Chambre émette des votes de blâme direct contre les agents inférieurs de l'administration ; car, si elle entrait dans cette voie, à propos du budget, de caractériser d'une façon personnelle et nominale un fonctionnaire qui lui déplaît, à tort ou à raison, elle ne serait plus un pouvoir de contrôle, elle serait un pouvoir d'exécution. (*Approbation sur un très grand nombre de bancs et de divers côtés.*)

En conséquence, pour ma part, — et j'ai la conviction que je traduis ici l'opinion de l'unanimité de cette Assemblée, (*Oui! oui!*) — il n'y a pas lieu d'envisager plus longtemps le vote que vous allez rendre comme pouvant directement ou indirectement constituer un vote de blâme, c'est-à-dire un vote de responsabilité ministérielle. (*Nouvelle approbation sur les mêmes bancs.*)

Si cela est vrai, si cela est conforme aux règles permanentes de la séparation des pouvoirs, qu'est-ce qu'il reste dans le débat?

Il reste une question budgétaire ; et c'est à cette seule question que je vous supplie de ramener votre attention. Il ne faut pas que, par suite d'une déviation imprimée à ce débat, les conclusions financières de votre commission du budget soient frappées d'interdit, uniquement parce que la question aura été mal posée. (*Oui! oui! — Très bien!*)

Eh bien, qu'est-ce que nous vous avons proposé? Nous vous avons proposé des réductions sur les crédits qui avaient été demandés par le Gouvernement. Ces réductions, nous les avons justifiées, et j'ose dire que la démonstration a été victorieuse. Nous avons, en effet, démontré que ces réductions étaient établies conformément aux principes d'économie qui doivent présider à l'examen des divers services publics par la commission du budget. Par conséquent, laissant de côté le débat personnel, le débat politique, qui est, à tort, selon moi, intervenu, je vous prie de ne pas manquer à la règle budgétaire. Si vous trouvez que nous n'avons pas fait la preuve financière, vous n'accepterez pas nos réductions; mais, comme je crois que cette preuve a été faite, que la nature des choses, que votre volonté, la certitude que nous avons ici de ne pas faire une action politique, mais de rendre une décision judiciaire, doivent nécessairement vous y conduire, j'estime qu'en toute sécurité vous pouvez voter ces réductions.

Cela dit, M. le ministre de la marine me permettra d'ajouter que personne ici, ni à propos de lui, ni à propos d'aucun de ses collègues, n'a mis en suspicion la déférence qu'ils professent pour le régime parlementaire; mais il ne faut pas faire du régime parlementaire sans que le parlement lui-même veuille en faire. Or, dans ce moment-ci, nous n'avons pas à examiner une question de responsabilité, mais une question d'affaires; et je le supplie de vouloir bien que la Chambre la résolve uniquement à ce point de vue. (*Très bien! très bien!* — *Nouveaux et nombreux applaudissements.*)

La manœuvre de la droite était déjouée: l'amiral Fourichon déclara accepter le nouveau chapitre XVIII, qui fut adopté sans autre débat, et M. Benoist d'Azy fils donna sa démission de directeur des Colonies.

MINISTÈRE DES AFFAIRES ÉTRANGÈRES

Les séances du 10 et du 11 novembre furent consacrées au budget des ministères de l'agriculture et des affaires étrangères. — Le chapitre III du budget des affaires étrangères donna lieu à un débat important que nous reproduisons *in extenso*:

M. LE PRÉSIDENT. — Sur le chapitre III (Traitements des

agents politiques et consulaires, 7,583,200 fr.), il y avait un amendement de M. Tirard, mais il a été retiré.

M. MADIER DE MONTJAU. — Nous le reprenons.

M. LE PRÉSIDENT. — Voici le texte de cet amendement repris par M. Madier de Montjau et plusieurs autres de nos collègues :

« Supprimer le crédit de 110,000 fr. destiné au traitement de l'ambassadeur de France près le souverain pontife à Rome. » (*Mouvements divers.*)

La parole est à M. Madier de Montjau.

M. MADIER DE MONTJAU. — Je serai très bref. Je ne crois pas que la demande de prise en considération de l'amendement que mes amis et moi nous avons l'honneur de vous soumettre, ait besoin de longs développements.

Tant que le pape a été souverain temporel, une ambassade française auprès de lui avait sa raison d'être. Du jour où, le pouvoir temporel lui échappant, il n'était plus que le prince spirituel des catholiques, un ambassadeur de la France auprès de lui n'était plus lui-même qu'une négation formelle et affligeante des principes les plus vénérables de notre droit public.

La France n'est plus un pays de religion d'État; elle est laïque, et son gouvernement n'a pas plus à s'inquiéter de telle croyance que de telle autre depuis que la liberté de conscience absolue a été proclamée en 1789. De ce jour, à l'étranger comme à l'intérieur, il n'a eu à se préoccuper que d'intérêts français, pas le moins du monde d'intérêts religieux. (*Très bien! très bien! sur quelques bancs à gauche.* — *Interruptions à droite.*)

M. DE LA BASSETIÈRE. — Il n'y a pas d'intérêt plus français que celui-là.

M. LE COMTE DE DOUVILLE-MAILLEFEU. — C'est votre opinion, ce n'est pas la nôtre.

M. DE BAUDRY-D'ASSON. — La France est catholique avant tout et elle veut maintenir son ambassadeur à Rome.

M. MADIER DE MONTJAU. — Or, entretenir un ambassadeur auprès de la papauté, c'est, à la représentation des intérêts temporels suffisamment représentés par l'ambassadeur accrédité près du roi d'Italie, ajouter celle de ces intérêts spéciaux que les lois fondamentales de la France, que les principes essentiels de son droit public ne reconnaissaient pas, et qui de moins en moins doivent être officiellement reconnus et patronnés. (*Très bien! sur les mêmes bancs à gauche*.)

Mais il y a une autre raison plus décisive encore de ne pas maintenir une institution profondément regrettable, je le répète.

Quand le Concordat fut signé, le pape n'avait pas encore été proclamé infaillible. Près du souverain temporel et non infaillible, on pouvait croire à l'influence comme à l'utilité des représentants des puissances étrangères. Mais, du jour où le pape est devenu infaillible, que pouvez-vous attendre de l'influence de votre ambassadeur? (*Très bien! très bien! sur plusieurs bancs à gauche*.)

Avant, il ne pouvait pas grand'chose; depuis, il ne peut plus absolument rien. Aujourd'hui, ce fonctionnaire que vous entretenez près de la papauté est donc tout à la fois la négation des principes sacrés par excellence que notre Révolution de 1789 a proclamés, et une inutilité complète, puisque d'un infaillible vous ne pouvez et ne devez attendre ni concession ni temporisation, rien! (*Très bien! à gauche*.)

Voilà en vertu de quels principes et de quelles vérités incontestables nous venons, au nom de tous ceux qui aiment la justice et le droit, au nom tout particulièrement de tous ceux qui ne sont pas catholiques, vous demander de ne pas continuer à faire payer à ceux-ci le représentant d'intérêts exclusivement catholiques que la loi ne reconnaît pas.

Oui, au nom des libres penseurs, comme de ceux qui professent une autre religion que la religion catholique, nous vous disons : Ne nous imposez pas des charges sans compensations, la contribution à une dépense dont le plus clair avantage est de méconnaître notre véritable état politique, de violer notre droit public. (*Applaudissements sur quelques bancs à gauche*.)

M. LE DUC DECAZES, *ministre des affaires étrangères*. — J'ai eu l'honneur d'exposer devant la commission du budget les considérations qui nous faisaient penser que le maintien de l'ambassade de France près le saint-siège était d'absolue nécessité. Ces considérations ont frappé les esprits éminents auxquels je m'adressais. L'amendement a été repoussé par la commission du budget et retiré par son auteur. Je viens vous demander de vous associer au vote de votre commission et vous proposer le maintien de cette ambassade, que le gouvernement considère comme absolument nécessaire.

Cette souveraineté particulière, d'ordre spécial, j'oserai dire supérieur, puisqu'elle rayonne et fonctionne dans le monde des idées et des consciences... (*Très bien! très bien!*) et qu'elle a été appelée la souveraineté spirituelle, — cette souveraineté, dis-je, a droit à nos hommages, à nos respects, à nos déférences. Elle est l'objet du culte, la consolation et l'espoir de trente millions de catholiques en France, et nous n'entendons ni abandonner leur cause ni désoler leur cœur.

J'ajoute que, dans un autre ordre d'idées, la présence d'un ambassadeur de France près le saint-siège est encore d'absolue nécessité. Il lui faut veiller à l'observation de ce grand traité que notre honorable collègue me paraît avoir jugé trop sévèrement.

Malheureusement pour lui, ce jugement n'a pas été ratifié par l'histoire, et il ne l'est pas davantage par nos contemporains : je veux parler du Concordat qui a réglé avec tant de prévoyance et de sagesse les rapports entre l'Église et l'État et qui est la garantie de la paix religieuse. Notre ambassadeur doit aussi veiller à toutes les questions relatives à la nomination des cardinaux, à l'institution des évêques, comme au règlement de ces graves questions auxquelles donne lieu sans cesse le protectorat que nous exerçons dans l'empire ottoman sur les corporations relevant du rite latin, et, dans l'extrême Orient, sur les missions chrétiennes. Remarquez-le, Messieurs, tous ceux qui croient à la mission de charité et de civilisation que le christianisme poursuit dans le monde, ne comprendraient pas et se révolteraient à la pensée que la France abdiquât ce rôle et rompît ses relations diplomatiques avec cette grande œuvre de la protection et de la propagation de la foi. (*Très bien! très bien! à droite.*)

Enfin, voudriez-vous que la France ne fût pas représentée auprès de ces assises solennelles de la catholicité qui s'appellent les conclaves et les conciles, qu'elle ne prît pas sa place à côté des autres nations catholiques qui, elles, ont conservé la leur?

C'est ainsi que, quel que soit le point de vue auquel vous vous placiez dans l'ordre religieux comme dans l'ordre politique, vous trouverez un intérêt immédiat et considérable au maintien de notre représentation près le saint-siège, et, du moment où cette représentation doit être maintenue, vous reconnaîtrez aussi qu'elle doit rester digne de la France et digne du pouvoir auprès duquel elle est accréditée. (*Très bien! très bien!*)

M. LE PRÉSIDENT. — La parole est à M. Gambetta.

M. GAMBETTA. — Messieurs, je suis chargé par mes collègues de donner les motifs pour lesquels la commission du budget vous propose de maintenir l'ambassade du Saint-Siège; ce n'est pas que ces motifs diffèrent complètement de ceux qui ont été développés à cette tribune par l'honorable ministre des affaires étrangères, mais les raisons que M. le ministre a données ont besoin d'être complétées pour avoir toute la pensée de la commission du budget.

Votre commission, Messieurs, n'a pas cru qu'il lui appartînt de résoudre une question qui mettait en discussion l'existence d'un contrat international qui lie la France au Saint-Siège pour les rapports de l'Église de France, de la catholicité française avec le Saint-Siège. C'est là un problème d'une étendue, d'une portée considérable, semé de difficultés, qui touche à des intérêts si mêlés et si puissants, qu'une commission financière ne pouvait le trancher, ni même l'effleurer sans sortir des limites de sa compétence. (*Très bien! très bien! à gauche et au centre.*)

Je dirai cependant que les arguments par lesquels l'honorable M. Tirard a défendu son amendement, les raisons qu'il a fait valoir à l'appui, étaient d'une telle gravité, d'une telle importance, qu'ils ont causé dans la commission du budget, — je le dis à son honneur, — une hésitation véritablement significative.

Messieurs, l'argumentation de M. Tirard était fondée sur des considérations de politique extérieure, et était appuyée d'ailleurs sur des faits pris dans l'histoire des cinq dernières années, de nature à impressionner vivement une commission parlementaire, faits que notre honorable collègue avait recueillis au cours d'un voyage en Italie. C'était en quelque sorte le compte des griefs que la politique un peu trop ultramontaine suivie en France a pu faire naître en Italie, et c'est pourquoi la commission a montré cette hésitation dont je vous parlais tout à l'heure. Aussi a-t-elle tenu à dire à l'honorable ministre des affaires étrangères que, tout en maintenant l'ambassade de France auprès du Saint-Siège, elle se croyait obligée à bien dégager son sentiment à l'égard de l'Italie.

Il ne faut pas, en effet, Messieurs, qu'au-delà des monts, on puisse penser, comme certains écrivains ont cherché à le faire croire, que le maintien de l'ambassade de France auprès du Saint-Siège s'inspire en quoi que ce soit d'une passion religieuse ou d'une passion hostile à un degré quelconque à l'unité du royaume italien. (*Très bien! très bien! et applaudissements à gauche et au centre.*)

Nous estimons, au contraire, que des relations de plus en plus étroites entre l'Italie et la France sont conformes à l'intérêt des deux peuples et à l'intérêt général de l'Europe. (*Nouveaux applaudissements.*)

Par conséquent, nous ne voudrions à aucun degré qu'il pût planer une équivoque, une interprétation fâcheuse sur le vote que votre commission du budget vous propose de rendre. (*Très bien! très bien!*)

Et maintenant que nous avons isolé la question, au point de vue concordataire, qui n'est pas de notre compétence, et au point de vue de la politique extérieure, sur laquelle nous tenons à manifester énergiquement et nos sentiments et nos sympathies, que reste-t-il, Messieurs? Il reste une question de convenance gouvernementale, une question d'intérêt français, car on a beau être libre penseur, — et je le suis autant que qui que ce soit, en invoquant la liberté et la dignité de ma raison (*Très bien! très bien! à gauche*), — on ne peut méconnaître, quand on vit dans un pays qui

a le passé et l'héritage de la France, que ce serait faire
une politique détestable que de ne pas tenir un très
grand compte, dans les relations de la France avec
l'extérieur, de ce que j'appelle, avec l'histoire et avec
les traditions diplomatiques du pays, la clientèle catholique de la France dans le monde. (*Marques d'assentiment à gauche et au centre.*)

Donc, nous pensons que les évènements qui se sont
accomplis et ceux qui se préparent, qui peuvent d'un
jour à l'autre mettre en question l'exercice du droit
réservé à la France en matière d'élection papale, ne
nous permettent pas, quelles que soient nos tendances
et nos préférences, de nous désintéresser d'un aussi
grave évènement; et au nom de l'intérêt de son gouvernement et de l'intérêt de la paix intérieure du
pays... (*Très bien! très bien!*), mais pour ces raisons
uniquement, je crois que la Chambre n'hésitera pas à
ratifier les décisions de la commission du budget.
(*Applaudissements à gauche et au centre.*)

M. LE PRÉSIDENT. — La parole est à M. Tristan Lambert.
(*Aux voix! aux voix!* à droite. — *Parlez!* à gauche.)

M. LE BARON TRISTAN LAMBERT. — Messieurs, ayant la ferme
intention, dans le scrutin qui va s'ouvrir, de voter le maintien de l'ambassade à Rome, je crois devoir expliquer mon
vote, surtout après les paroles que vient de prononcer
l'honorable M. Gambetta.

En votant le maintien de l'ambassade à Rome, j'entends
voter, — je parle pour moi personnellement, bien entendu,
— le maintien de l'ambassadeur non seulement auprès du
chef suprême de l'Église et du pontife infaillible... (*Bruyantes
exclamations à gauche.*) mais aussi auprès du pontife-roi...
(*Nouvelles exclamations et rires à gauche.*) Oui, du pontife-roi!
(*Aux voix! aux voix!*)

M. MADIER DE MONTJAU. — Messieurs, lorsque, pour maintenir l'ambassade qu'il défend, M. le ministre des affaires
étrangères a parlé des vingt millions de catholiques de
France, M. le ministre des affaires étrangères s'est cru encore
en pays de religion d'État, tout au moins sous le régime

de la charte de 1830 qui, ne pouvant ressusciter la religion
d'État, la remplaçait de son mieux par la constatation du
nombre des citoyens classés dans la catégorie des catholiques et par la reconnaissance d'une religion de majorité.

Mais aujourd'hui nous pouvons dire au gouvernement :
Vous n'avez plus à vous occuper même de cette question de
nombre : vous êtes censé l'ignorer. (*Très bien ! sur plusieurs
bancs à gauche.*) C'est la seule réponse que j'aie à faire à
M. le ministre. (*Rires à droite. — Marques d'approbation sur
divers bancs à gauche.*)

Je regrette que l'honorable M. Tirard ne soit pas resté
sous l'influence des impressions qu'il avait autrefois rapportées de son voyage d'Italie, et qu'il n'ait pas cru devoir
maintenir par conséquent et défendre l'amendement qu'il
avait d'abord proposé avant nous ; car ces impressions
étaient bonnes, elles étaient conformes à celles de tous les
voyageurs animés d'un esprit libéral qui ont habité et étudié
l'Italie, et qui ont pu y voir quelle y fut en tout temps l'influence des ambassadeurs des puissances européennes sur
la papauté, quand la papauté était en désaccord avec ces
puissances et qu'elle n'était pas forcée de subir leurs volontés. Ces impressions étaient conformes aussi à celles que
fait éprouver à tout lecteur impartial la lecture de l'histoire
d'Italie des vingt-cinq dernières années, sombre histoire où
nous avons constaté, non sur les dires de radicaux, de libres
penseurs, mais sur ceux des hommes des derniers gouvernements, ce qu'on obtenait ou, pour dire mieux, à quel point
on obtenait peu de la papauté, même quand on ne lui demandait que justice ou pitié, quand on invoquait l'humanité en opposition avec la politique odieuse, cruelle, inhumaine de la cour pontificale de Rome contre tout ce qui lui
faisait seulement ombrage. (*Murmures à droite. — Applaudissements sur plusieurs bancs à gauche.*)

Il s'agit de savoir si vous voulez continuer de vous montrer officiellement, solennellement sympathiques à cette
puissance, qui compte encore çà et là quelques adhérents
fervents, mais de laquelle se sépare le monde.

M. DE BAUDRY-D'ASSON. — Ils sont plus nombreux que vous
le pensez, ses adhérents !

M. MADIER DE MONTJAU. — Et quand M. le président de la
commission du budget nous parle des éventualités en vue

desquelles il souhaite voir maintenir un ambassadeur auprès de la papauté, je lui réponds que ces éventualités seraient une des raisons principales qui me la feraient supprimer.

En effet, en présence de ce sentiment de l'Europe tout entière dont je parlais tout à l'heure, de cette tendance qui, de plus en plus, l'éloigne de la papauté moderne et infaillible, pressés par nos évêques, que vous pourrez voir à l'œuvre chaque jour, pressés par leur clientèle que je ne tiens pas, moi, à avoir derrière moi...

Que ferez-vous quand vous vous trouverez avec un ambassadeur au Vatican, ayant à agir à côté de tous les autres gouvernements européens?

Quand ils pèseront sur le conclave pour en faire sortir au moins un pape qui ne soit pas un trop ardent et trop violent ennemi de la liberté, dont l'infaillibilité ne soit pas trop lourde et trop dure au monde, que ferez-vous, vous, France? Vous ferez-vous contre eux le champion de l'ultramontanisme? Et alors quelles seront les conséquences? Prendrez-vous, au contraire, le parti de la liberté, de l'esprit moderne? Mais alors, d'autant plus ardents, plus acharnés contre vous que vous aurez voulu garder voix au chapitre, vous verriez vous attaquer, vous insulter du haut de la chaire, dans leurs mandements, partout, tous les évêques et leur clientèle catholique, qui trouveront que vous ne faites rien, si vous ne leur donnez pas, si vous ne les aidez pas, du moins, à se donner un pape jésuite.

Allons! la clientèle catholique que vous voulez conserver ne vaut pas cela! Supprimez-moi cette ambassade et mettez-vous dans le courant du monde! (*Applaudissements sur plusieurs bancs à gauche.*)

M. KELLER. — Je demande la parole.

M. LE PRÉSIDENT. — La parole est à M. Gambetta.

M. GAMBETTA. — Il est bien certain qu'on vient de donner la vraie raison pour le maintien d'une ambassade à Rome. Car l'honorable préopinant vous a dit en terminant que l'Europe, que les divers gouvernements européens s'occuperaient, dans l'éventualité que j'ai indiquée, et qui était d'ailleurs dans la pensée de la Chambre, de la nature, du caractère et de la portée de l'élection qui aurait lieu. Eh bien, je vous le demande, à moins de n'être plus un gouvernement, pensez-vous que vous puissiez vous tenir en dehors de l'action de tous les autres gouvernements ? (*Très bien! sur divers bancs.*)

Je ne relèverai pas tout ce qu'il y a d'étranger à la question qui vous était soumise, dans les termes où elle a été posée par M. le ministre des affaires étrangères, parce que ce serait rouvrir le débat, ce serait renouveler la querelle des investitures ; or, Messieurs, nous en sommes au budget et nous avons à résoudre une question essentiellement pratique. (*Marques d'approbation.*)

M. LE PRÉSIDENT. — M. Keller a la parole. (*Aux voix! aux voix! à gauche. — Parlez! parlez! à droite.*)

M. KELLER. — Messieurs, je ne puis pas laisser passer sans protestation les paroles blessantes pour le souverain pontife qui sont tombées du haut de cette tribune. (*Exclamations à gauche.*)

M. DE BAUDRY-D'ASSON. — Très bien! très bien!

M. KELLER. — Ces paroles sont blessantes non seulement pour le pape, mais pour tous les catholiques qui l'entourent de leur respect et de leur dévouement. (*Approbation à droite.*)

C'est uniquement pour exprimer ce sentiment que j'ai pris la parole.

Quant à la question romaine en elle-même, je comprends trop bien les difficultés de la situation présente, les embarras que nos derniers désastres ont légués à la France, pour penser qu'elle puisse être traitée en ce moment. Je ne vous dirai donc pas ce que je pense des évènements qui se sont passés en Italie, pas plus que je ne viendrai traiter ici la question de l'Alsace et de la Lorraine. Ce sont là des questions réservées que l'avenir seul tranchera.

En attendant, vous devez le reconnaître, ceux qui ont ressenti de la façon la plus vive et la plus douloureuse les évènements qui se sont accomplis au-delà des Alpes se sont imposé un silence patriotique... (*Très bien! sur plusieurs bancs à droite.*) et en cela, je l'affirme ici...

M. GAMBETTA — Ce n'est pas la question!

M. KELLER. — ... ils se sont inspirés des sentiments du saint-père lui-même qui, plein d'affection pour la France... (*Interruptions à gauche.*) a toujours été préoccupé de ne pas augmenter ses difficultés. (*Nouvelles interruptions à gauche.*)

Oui, Messieurs, nous avons gardé le silence lors du départ de l'*Orénoque*, et si j'ai bonne mémoire, à cette occasion, le saint-père a adressé au Président de la République une lettre touchante qui atteste les sentiments que j'indiquais tout à l'heure.

Nous avons gardé le silence, à une époque plus rapprochée de nous, lorsque l'Italie a choisi pour la représenter auprès du gouvernement français un homme dont le nom se liait aux souvenirs néfastes de Castellidardo. (*Bruyantes protestations à gauche et cris : A l'ordre ! à l'ordre ! — Très bien ! sur quelques bancs à droite.*)

M. GAMBETTA. — Je demande la parole.

M. BORAIGLIONE, *au milieu du bruit.* — Je proteste contre les paroles malveillantes que l'on vient de prononcer à l'encontre du général Cialdini, bien que, dans cette enceinte, un homme comme lui n'ait besoin d'aucune défense.

Un membre à gauche, s'adressant à M. Keller. — C'est là la réserve dont vous parliez !

A gauche. — A l'ordre ! à l'ordre !

M. LE PRÉSIDENT. — Veuillez faire silence, Messieurs, et permettre à l'orateur d'expliquer sa pensée.

M. HORACE DE CHOISEUL. — Si M. le ministre des affaires étrangères fait son devoir, il lui répondra !

A gauche. — A l'ordre ! à l'ordre !

M. KELLER. — Vous pourrez tous répondre, Messieurs ; veuillez me laisser terminer.

Sur quelques bancs que vous siégiez, vous devriez nous savoir gré de cette réserve, et elle devrait vous éviter des paroles comme celles que nous avons entendues sortir aujourd'hui de la bouche de M. Madier de Montjau. (*Exclamations sur plusieurs bancs à gauche et nouveaux cris : A l'ordre ! à l'ordre !*)

M. LE MINISTRE DES AFFAIRES ÉTRANGÈRES. — Je demande la parole.

M. LE PRÉSIDENT. — M. le ministre des affaires étrangères a la parole.

M. LE DUC DECAZES, *ministre des affaires étrangères.* — L'honorable orateur qui descend de cette tribune avait le droit, en commençant son discours, d'évoquer les souvenirs d'un passé douloureux, et il pouvait justement vous rappeler qu'alors que la France était malheureuse et que pas une voix ne s'élevait pour la défendre ni pour la consoler, du fond de la basilique de Saint-Pierre le saint-père priait et pleurait avec nous. (*Vive approbation et applaudissements à droite et au centre. — Exclamations et rires sur plusieurs bancs à gauche.*)

Vous avez grand tort, Messieurs, de vous récrier. Ceux d'entre vous, — et ils sont nombreux, — qui sur les champs de bataille ont servi le pays, doivent se rappeler avec quel bonheur les consolations et les prières étaient accueillies par les mourants. (*Nouvelles marques d'approbation à droite. — Rumeurs à gauche.*)

M. Alphonse Gent. — Elles ne partaient pas de Saint-Pierre, celles-là!

M. le ministre. — A l'heure suprême de ses souffrances, la France a recueilli des paroles de consolation, des paroles que nous ne devons pas oublier. (*Bruit à gauche.*)

M. Alphonse Gent. — Vous voulez faire passer les paroles que vous allez dire maintenant.

M. le ministre. — L'honorable collègue qui m'interrompt sent bien comme moi que nous avons un devoir de reconnaissance à remplir envers ces cœurs qui ont été tendres et affectueux pour nous, alors que tant de dévouements nous faisaient défaut. (*Très bien! très bien! à droite et au centre.*)

Mais ce n'est pas pour rappeler ces faits que je suis monté à la tribune; j'étais, hélas! condamné à un rôle plus douloureux : il me fallait protester contre les paroles qu'un de mes honorables collègues a apportées à la tribune, et qui contiennent contre le représentant d'un pays ami et allié... (*Très bien! très bien!*) une insulte directe, un outrage profondément pénible pour nous, et contre lesquels nous devons protester de toutes nos forces. (*Vives marques d'assentiment et applaudissements sur un très grand nombre de bancs.*)

Ce sont là les sentiments et les manifestations auxquels je vous demande, Messieurs, de vous associer... (*Oui! oui! — Très bien! très bien!*) Vous regretterez comme moi, nous regretterons tous profondément que de pareilles paroles aient été prononcées à une tribune française; nous en ressentons vivement l'injustice, et tous ensemble nous protesterons contre elles. (*Bravos et applaudissements prolongés.*)

M. le président. — La parole est à M. Gambetta.

M. GAMBETTA. — Messieurs, vous voyez où peuvent mener les questions mal conduites !... (*Très bien! sur divers bancs.*) A la passion et à l'injustice. Il y a une injustice qui a été commise et qui, ayant été commise d'une façon personnelle, doit être relevée d'une façon personnelle.

Le représentant que l'Italie a accrédité auprès de la France, le général Cialdini... (*Très bien!*) est, non seulement parmi nous, mais en Italie, le défenseur ferme et fidèle de la politique de son illustre chef, le roi Victor-Emmanuel. (*Très bien! très bien!*) Or, Messieurs, il n'y a pas dans toute l'Italie une âme plus française et plus dévouée à la grandeur de la France! (*Bravos et applaudissements répétés à gauche et au centre.*)

Tout à l'heure vous disiez qu'au milieu du silence lugubre de l'Europe, en 1870, une voix s'était élevée en faveur de la France au fond du sanctuaire du Vatican.

Il ne fallait pas oublier qu'une autre voix s'était fait entendre dans l'enceinte du Sénat italien, et que c'était la voix d'un homme de guerre aussi illustre sur les champs de bataille contre l'ennemi de son pays que sur ceux où il a eu la douleur de se rencontrer avec ses propres concitoyens. (*Bravo! bravo!*)

Le général Cialdini, à la tribune du Sénat italien, sentant quelle était l'importance de la lutte ouverte et engagée, non seulement faisait entendre en notre faveur, — et il y avait quelque courage à le faire à ce moment-là, — des paroles de sympathie et de consolation, mais encore réclamait une alliance, une action effective avec la France. (*Double salve d'applaudissements à gauche et au centre.*)

Voilà l'homme qu'on s'est permis de soupçonner et d'injurier dans une Assemblée française!

Messieurs, pour tout dire, pour tout résumer, quand nous votons ce crédit, nous le votons pour la France et non pour les ultramontains qui s'oublient à cette tribune. (*Nouveaux applaudissements à gauche et au centre. — Mouvement prolongé.*)

L'amendement de M. Madier de Montjau est rejeté par 363 voix contre 83.

MINISTÈRE DE L'INTÉRIEUR ET IMPRIMERIE NATIONALE.

La discussion du budget de l'intérieur commença le 13 novembre. Sur le chapitre III, la commission du budget proposait une réduction de 14,000 francs, motivée par la suppression des deux sous-préfectures de Sceaux et de Saint-Denis. M. Faye, sous-secrétaire d'État au ministère de l'Intérieur, M. de Macère, ministre de l'Intérieur, et M. Léon Say, ministre des finances, combattirent cette suppression, qui fut soutenue par MM. Benjamin Raspail, Parent et Allain-Targé. M. Say ayant déclaré que, sans la présence des deux sous-préfets de Sceaux et de Saint-Denis, le préfet de la Seine serait dans une situation très isolée, M. Gambetta demanda la parole :

M. GAMBETTA. — La question qui se pose devant la Chambre, malgré l'intervention très autorisée et très compétente de l'honorable ministre des Finances, ancien préfet de la Seine et non pas seulement de la ville de Paris, me paraît présenter une certaine exagération dans ses termes.

En effet, on discute sur les deux arrondissements de Sceaux et de Saint-Denis, comme s'il existait en France un autre arrondissement analogue. Il n'en existe aucun. Ce ne sont pas, à proprement parler, des arrondissements que les arrondissements de Sceaux et de Saint-Denis ; car, en effet, quand l'arrondissement est constitué conformément au droit administratif français, à côté du sous-préfet, du percepteur, du conseil d'arrondissement, il y a une chose qui ne fait jamais défaut, c'est un receveur particulier, c'est un tribunal d'arrondissement. Eh bien, ni dans l'arrondissement de Sceaux, ni dans l'arrondissement de

Saint-Denis, vous ne trouvez de receveur des finances, vous ne trouvez une organisation judiciaire.

Vous êtes donc en présence d'un arrondissement spécial, *sui generis*, qui a été créé pour répondre à certains besoins. Ces besoins se sont transformés ou se sont rapprochés, et ce département énorme de la Seine, qui est constitué pour les neuf dixièmes par la ville de Paris, présente un aspect absolument diffé-rent de celui de toutes les autres unités administra-tives du pays.

Vous pouvez donc, sans toucher à l'économie géné-rale de l'État, à votre organisation intérieure, sans vouloir résoudre une question de principe, puisque vous êtes dans l'exception, vous pouvez parfaitement supprimer le subside qui est réclamé annuellement pour ces deux circonscriptions administratives, *sui generis*, qu'on appelle Saint-Denis et Sceaux. Et cela faisant, est-ce que vous allez, comme le disait tout à l'heure M. le ministre des finances, isoler du palais du Luxembourg M. Ferdinand Duval, qui ne saura plus qui entendre, qui sera perdu dans ce désert adminis-tratif de la ville de Paris, qui n'aura aucune donnée, aucun renseignement, aucune espèce de solution ni de suggestions sur ce qui se passera à Sceaux et à Saint-Denis ?

Mais il y a quelque chose qui me frappe, c'est l'opi-nion de M. Ferdinand Duval lui-même. Quand on a discuté au conseil général cette question, qui a le don de prolonger l'attention de la Chambre, qu'est-ce qu'il a dit ? Est-ce qu'il a résisté ? Est-ce qu'il a dit qu'on allait troubler le service, qu'on allait le livrer à toutes les initiatives, à toutes les suggestions de ses adminis-trés, sans qu'il y eût un intermédiaire hiérarchique entre lui et la population ? Nullement, il a vu une telle unanimité dans l'expression du vœu, une telle légiti-mité dans la réclamation des populations, qu'il a re-noncé même à la combattre et qu'il l'a laissé passer sans formuler la moindre objection. Prenant un égal souci des inquiétudes administratives de l'honorable chef de l'administration dans le département de la Seine, j'écarte cet argument, et je dis que la pratique même à laquelle M. le Ministre des finances a présidé en qualité de préfet de la Seine a dû lui révéler qu'au bureau des communes, qui est fort important, on traite, on discute, on étudie les affaires, et, quand on les a étudiées, on les expédie à Sceaux ou à Saint-Denis, où les sous-préfets les réexpédient à leur destination. On ne fait que compliquer la procédure qui précède la solution des affaires administratives. (*C'est très vrai! au banc de la commission.*)

Donc, au point de vue du droit administratif, nous ne mettons nullement en question l'organisation intérieure du pays; nous sommes en présence d'une exception et nous la réglons comme une exception en disant : les affaires ont besoin d'être simplifiées dans le département de la Seine.

Par conséquent, sans embarrasser le débat de questions qu'il ne comporte pas, sans employer de grands mots qui n'y sont pas à leur place, je crois que la Chambre peut ratifier la décision de la commission du budget en toute sécurité de conscience, au point de vue judiciaire et au point de vue administratif. (*Très bien! très bien! Aux voix! aux voix!*)

M. LE PRÉSIDENT. — La commission du budget propose au chapitre III un crédit de 5,036,500 francs ; dans ce chiffre ne sont pas compris les traitements des sous-préfets de Saint-Denis et de Sceaux.

La commission présente en outre une disposition législative qui devrait prendre place dans la loi de finances; elle est ainsi conçue :

« Les attributions légales dont étaient investis les sous-préfets de Sceaux et de Saint-Denis sont transportées au préfet de la Seine. »

Par amendement, on demande que le chiffre de la

commission soit augmenté de 14,000 francs, somme
représentant les traitements des deux sous-préfets de
Saint-Denis et de Sceaux.

A la majorité de 253 voix contre 202 sur 455 votants,
l'amendement présenté par M. de Marcère, sur le chapitre III
du budget du ministère de l'intérieur, est rejeté. Le chapitre III, tel qu'il est proposé par la commission, est adopté.

M. LE PRÉSIDENT. — Je mets maintenant aux voix la disposition législative proposée par la commission et destinée
à prendre place dans la loi de finances. Je la relis :

« Les attributions légales dont étaient investis les sous-
préfets de Sceaux et de Saint-Denis seront transportées au
préfet de la Seine. »

M. DELACOUR. — Et les conseils d'arrondissement?

M. GAMBETTA. — Ils sont maintenus puisqu'on n'en parle
pas. Ils sont maintenus à cause précisément du droit de vote
dans les élections sénatoriales qui leur est conféré par les
lois constitutionnelles. (Exclamations en sens divers.)

Un membre à droite. — Qui est-ce qui les présidera? (Bruit.)

M. DELACOUR. — Je demande pardon à la Chambre d'insister; mais il me paraît véritablement très difficile de
voter au pied levé une modification aussi importante, aussi
radicale dans le département de la Seine.

On ne nous dit pas dans l'article de loi qui nous est proposé incidemment ce que deviendront les conseils d'arrondissement, s'il en existera encore ou s'il n'en existera plus.
(Nouvelles exclamations.)

M. GAMBETTA. — Du moment qu'on n'y touche pas, ils sub-
sistent.

M. DELACOUR. — Permettez! Je ne dis pas que tout ne se
passera pas parfaitement, régulièrement, mais vous ne
pouvez pas, dans une loi de finances, trancher une question
aussi grave que celle-là.

Je demande que cet article soit renvoyé à une commission
spéciale. (Rumeurs diverses.)

M. Faye, sous-secrétaire d'État au ministère de l'intérieur,
parle dans le même sens que M. Delacour. M. Gambetta lui
répond :

M. GAMBETTA. — Messieurs, je viens justifier la proposition que je vous ai faite, et certainement si elle méritait le reproche qu'on lui adresse, je ne la soutiendrais pas à cette tribune. Permettez-moi de retenir encore quelques instants votre attention pour vous faire voir que ce sont des périls absolument imaginaires. Qu'est-ce qu'on vous propose? On ne vous propose pas la suppression des arrondissements pour la raison que j'indiquais tout à l'heure dans une interruption, c'est que les conseillers d'arrondissement sont investis par la Constitution du droit de vote auquel, ce semble, il ne faut pas toucher.

En conservant, comme le fait le texte qu'on vous propose de voter, en conservant en réserve l'existence des deux conseils d'arrondissement de Sceaux et de Saint-Denis, quelle est, je vous le demande, la difficulté qui peut surgir pour établir les relations entre le préfet et le conseil d'arrondissement? On vous cite la loi du recrutement. Mais vous êtes trop habitués précisément à ces opérations du recrutement et de la révision pour ne pas savoir que, depuis 1872 et 1873, dans presque tous les arrondissements, c'est un conseiller de préfecture qui est délégué. (*Non! non! — Oui! oui!*)

M. FLOQUET. — Notamment à Paris! C'est toujours un conseiller de préfecture qui est délégué.

M. GAMBETTA. — C'est la vérité; à Paris, c'est toujours un conseiller qu'on délègue.

Maintenant vous parlez de la difficulté qu'il y aura pour le préfet de la Seine à se dédoubler pour aller présider tour à tour les conseils d'arrondissement de Sceaux et de Saint-Denis. Mais, Messieurs, encore une fois, pour ces séances qui seront très rares, il déléguera des conseillers de préfecture. Il n'y a là rien qui soit de nature à empêcher l'adoption de la proposition qui vous est soumise. Il n'y a absolument aucun inconvénient à mettre dans la loi de finances, non pas une loi, non pas une disposition organique sur les

conseils d'arrondissement et sur les arrondissements
en France, mais une disposition qui est propre et particulière au département de la Seine. Et qu'on ne
vienne pas dire que le préfet de la Seine sera obligé
de se transporter de sa personne à Sceaux et à Saint-
Denis; vous savez très bien, d'abord, qu'en fait, les
conseils d'arrondissement de ces diverses localités ne
sont pas obligatoirement réunis à Sceaux et à Saint-
Denis; rien ne les empêcherait de venir siéger au
Luxembourg, si les besoins du service y trouvaient
satisfaction plus facilement.

Ce sont là par conséquent des objections absolument étrangères au fond de la question. Ce que nous
voulons faire, sans porter aucune espèce de trouble
au service, c'est supprimer le subside qui avait été
alloué par les budgets antérieurs aux sous-préfets de
Sceaux et de Saint-Denis.

On a dit encore : Mais comment se fera cette dévolution au préfet des attributions légales conférées aux
sous-préfets par une infinité de textes de lois?... D'a-
bord, les lois en cette matière ne sont pas si nombreuses, et les attributions légales ne sont pas si multiples. Mais j'ai une réponse qui me semble topique à
adresser à M. le sous-secrétaire d'État. Comment le
préfet de la Seine va-t-il être investi des attributions
des sous-préfets de Sceaux et de Saint-Denis? Exactement comme le sont tous les préfets dans l'arrondissement du chef-lieu de département. (C'est cela! —
Très bien! à gauche.) Là le préfet est investi des fonctions de sous-préfet.

Voilà comment, par l'adoption de la proposition de
la commission, vous ne changez aucune disposition
de notre droit public, vous ne faites absolument
qu'appliquer les principes généraux qui nous régissent: et, de grâce, ne vous attardez pas à discuter
plus longtemps une question qui doit être résolue
pour tous vos esprits.

Le ministre de l'intérieur, M. Henri Germain et M. Jules Ferry répondent à M. Gambetta. M. Germain conteste que la Chambre puisse ordonner un transfert d'attributions par voie de disposition dans la loi de finances. Suivant MM. de Marcère et Jules Ferry, c'est par erreur que la proposition de M. Raspail a été renvoyée à la commission du budget. M. Gambetta remonte à la tribune :

M. GAMBETTA. — Messieurs, vous n'avez pas commis l'erreur qu'on vous reproche; vous avez purement et simplement appliqué le règlement, lorsque vous avez renvoyé à votre commission du budget la proposition de M. Benjamin Raspail. En effe', l'article 18 dit : « La Chambre peut renvoyer à une commission déjà formée l'examen des propositions et des projets de lois qui lui sont présentés. »

Or, cette commission déjà formée, c'était la commission du budget. (*Réclamations à droite.*) C'est évident !

Mais, Messieurs, dans la généralité des termes, il est certain que toute commission saisie d'un projet quelconque, se rattachant à une autre proposition (*Interruptions*)... déposée devant la Chambre, est une commission déjà formée. Il n'est pas nécessaire qu'elle soit désignée par le nom même de la matière dont elle s'occupe; sans cela, il aurait fallu que l'article 18 énumérât tous les objets sur lesquels les commissions peuvent délibérer; ce qu'il s'est bien gardé de faire, par la bonne raison que c'était impossible.

En conséquence, lorsque la commission du budget est saisie par un renvoi de la Chambre, elle statue comme aurait statué une commission spéciale sur le projet qui lui est renvoyé.

Un membre au centre. — Il faut un rapport spécial !

M. GAMBETTA. — Quant à l'argument qui consistait à dire que vous ne pouviez pas insérer dans la loi de finances une disposition législative touchant à notre droit administratif, parce que la loi de finances ne dispose que pour une année, c'est là une erreur fon-

damentale. Le budget, en effet, se divise en deux
parts bien distinctes : la votation des crédits et les
dispositions législatives qui la couronnent. Or, ces
dispositions sont permanentes et ne peuvent être
rapportées que par une autre loi ; les crédits seuls
sont annuels.

En conséquence, quand on examine l'origine de la
question, c'est-à-dire la manière dont la commission
a été saisie, on la trouve régulière ; quand on examine
la proposition qui vous est faite par la commission
du budget, de voter une disposition additionnelle, on
la trouve conforme au droit réglementaire et aux
précédents, car toutes les Chambres, lorsqu'elles ont
voulu faire prévaloir une théorie, ont inscrit dans la
loi de finances, non pas des dispositions organiques,
comme on le disait improprement, mais les dispositions spéciales dont elles voulaient assurer l'autorité
et l'exécution. (*Aux voix ! aux voix !*)

M. LE PRÉSIDENT. — Un des précédents orateurs s'était
demandé, à la tribune, si le président pouvait mettre aux
voix la disposition additionnelle proposée par la commission
du budget. Je me l'étais demandé auparavant moi-même,
et je dois faire connaître à la Chambre quelle est mon impression.

Il y a un premier fait acquis, c'est que la proposition de
M. Benjamin Raspail, tendant à la suppression des deux
sous-préfectures de Sceaux et de Saint-Denis, a été renvoyée
à une commission déjà existante, à la commission du budget ; et, quelle que soit la compétence plus ou moins contes-
table de cette commission, — question qui aurait dû s'agiter
au moment du renvoi,—ce renvoi a été parfaitement régulier.

J'ajouterai que la commission, dans son rapport, s'est
exprimée sur la proposition qui lui avait été renvoyée et
qu'elle a conclu, non pas à la disposition législative qu'elle
vient de présenter au cours de la délibération d'aujourd'hui,
mais à la suppression du crédit représentant le montant du
traitement des sous-préfets de Sceaux et de Saint-Denis.

La disposition législative présentée par la commission du

budget au cours de la délibération est une modification de
son projet, une addition à ce projet, chose qui est encore
régulière, car, à la différence des propositions émanées,
au cours de la délibération, de l'initiative individuelle des
membres de la Chambre, celles qui sont *présentées par
une commission ne sont pas soumises à la prise en considération*, par la raison bien simple que la prise en considération aurait pour effet de faire renvoyer la proposition à la
commission même qui en est l'auteur. (*C'est évident! —
Très bien! très bien!*)

A mon avis, la conclusion à tirer de tout cela, c'est que
c'est à la Chambre et non pas au président à juger si une
disposition législative, proposée au cours de la discussion
de la loi de finances, doit trouver place dans cette loi.

On a parlé des lois de finances précédentes dans lesquelles figurent nombre de dispositions qui semblaient
s'écarter considérablement du budget.

Il peut y avoir eu quelquefois des avantages dans ce mode
de procéder; je crois qu'il y a eu souvent des inconvénients.
Dans tous les cas, ce n'est pas au président à arrêter de
pareilles dispositions, c'est à la Chambre à les juger, à les
admettre, si elle pense qu'elles doivent être rattachées au
budget, et à les repousser, dans le cas contraire. (*Très bien!
très bien!*)

Je soumets donc à la Chambre la disposition additionnelle présentée par la commission du budget.

(La disposition additionnelle est mise aux voix et n'est
pas adoptée.)

M. LE PRÉSIDENT. — MM. Jules Ferry et de Sonnier dépo-
sent une proposition de loi ainsi conçue :

« Article unique. — Les sous-préfectures de Saint-Denis
et de Sceaux sont supprimées.

« Les attributions des sous-préfets de Saint-Denis et de
Sceaux seront désormais exercées par le préfet de la Seine. »

M. JULES FERRY. — Nous demandons la déclaration d'urgence et le renvoi direct aux bureaux.

M. GAMBETTA. — L'urgence est contraire au principe que
l'on invoquait tout à l'heure : à savoir qu'il fallait deux
délibérations.

M. LE PRÉSIDENT. — Je consulte la Chambre sur la déclaration d'urgence.

(La Chambre, consultée, déclare l'urgence.)

Les budgets de l'intérieur et de l'Algérie sont adoptés sans modification essentielle, et la Chambre aborde la discussion des budgets du ministère de la justice (18 novembre) et de l'Imprimerie nationale (20 novembre). Ce dernier budget est vivement attaqué par M. de Fourtou qui reproche à la Commission d'avoir fait figurer parmi les recettes de l'Imprimerie nationale le produit de l'impression du *Bulletin des communes* et d'avoir méconnu, pour porter ce budget de 6,107,000 à 6,243,000 francs, le traité qui avait concédé la publication dudit bulletin à MM. Paul Dalloz et Cie.

M. Lepère, rapporteur du budget de l'Imprimerie nationale, et M. Raoul Duval répondirent à M. de Fourtou. Outre que le traité passé par MM. de Fourtou et Tailhand, alors ministres de l'intérieur et de la justice, avec la société anonyme des publications périodiques, coûtait annuellement à l'État la somme de 52,000 francs, ce traité était au premier chef illégal et illégitime. En effet, il était en contradiction flagrante : 1° avec les décrets, non abrogés, du 12 février 1852 et du 27 décembre 1871 sur la publication du *Bulletin des Lois* et du *Moniteur des Communes* et dont l'un, le décret du 12 février 1852, était un décret-loi; 2° avec les lois de l'an II et de l'an III qui avaient établi le droit formel de l'Imprimerie nationale à imprimer le *Bulletin des Lois*, les rapports parlementaires et administratifs, etc.; et de plus, grâce à certaines combinaisons trop ingénieuses, il n'avait jamais été soumis par M. de Fourtou à une rectification sérieuse de l'Assemblée. En conséquence, la commission estimait que l'ancien ministre de l'intérieur avait outrepassé ses pouvoirs en prétendant annuler deux décrets et deux lois par sa seule signature, que le traité du 2 juillet 1871 devait être rejeté par la Chambre, et que le vote des chiffres proposés par la Commission du budget s'imposait à l'esprit de légalité de la majorité républicaine.

M. de Fourtou ayant répliqué à M. Lepère en menaçant la Chambre d'un procès, M. Gambetta monta à la tribune :

M. GAMBETTA. — Messieurs, je serai extrêmement court dans ma réponse, car je ne veux pas retarder longtemps la manifestation de l'opinion de la Chambre; mais, quand un ministre de l'intérieur vient dé-

fendre un de ses actes, affirmer à cette tribune qu'il
avait le droit de disposer du *Bulletin des communes* et
d'en faire avec une maison privée la base d'une transaction dans laquelle les pouvoirs publics n'interve-
naient pas; quand on vient, peu rassuré sur la valeur
de cette entreprise du ministre de l'intérieur sur une
chose qui avait été tranchée par un récent décret du
pouvoir exécutif, de M. Thiers, qu'on néglige pour
argumenter d'une législation qu'on prétend surannée,
alors que ce décret est là, qu'il est pour ainsi dire
présent aux yeux et qu'on détourne la tête pour ne
pas le voir, parce qu'on sait qu'il suffirait de l'évoquer pour tomber dans la confusion de la doctrine
qu'on soutient, eh bien, je dis que, quand un ancien
ministre de l'intérieur soutient une pareille doctrine,
il est nécessaire que cette doctrine soit réfutée à la
tribune et surtout par un vote du parlement. (*Très
bien! très bien! à gauche.*)

On sentait si bien tout ce qu'il y a d'exorbitant du
droit commun, de contraire aux principes les mieux
établis de notre droit public dans une pareille
doctrine qu'on s'est réfugié dans le dernier asile
des mauvaises causes, en prétendant que ce traité,
vos prédécesseurs l'avaient sanctionné, ratifié. (*Très
bien!*)

Plusieurs membres au centre. — Sans le savoir!

M. GAMBETTA. — Eh bien, non, cette théorie n'est
pas admissible. Quand une erreur de fait ou de droit
s'est glissée dans un contrat, il ne saurait être toléré
que ceux qui ont commis l'erreur puissent se prévaloir de l'illusion dans laquelle ils ont maintenu les
pouvoirs publics pour se protéger contre les recours
de la justice politique. (*Très bien! très bien!*) Ce qui
est vrai, Messieurs, c'est que, lorsqu'en 1875 on a voté
le crédit que vous avez voté vous-mêmes il y a quelques jours, on n'a pas examiné le fond de la question,
c'est qu'on a voté ce crédit. — eh! mon Dieu, ce n'est

pas le seul, — sans descendre au fond, sans voir ce qui se cachait de détails, de complications, de combinaisons, plus ou moins nettes, derrière cette ligne aride et sèche d'un budget.

Eh bien, ce qui se cachait là, votre commission l'a recherché; et quand on nous dit que tout le monde connaissait ce traité, permettez-moi de déclarer, avec une expérience récente, que personne ne le connaissait, et qu'il a fallu une persévérance, une obstination et une complaisance, qui ont mis quelque temps à se manifester, pour en avoir les termes, le texte, l'origine et les suites qu'on lui a données. (*Très bien! très bien! à gauche.*)

Voilà la vérité.

Vous menacez la Chambre d'un procès. Quant à moi, je déclare que je ne veux pas entrer et que je n'entrerai jamais dans cette voie de trancher les procès; j'ai trop le respect du droit privé et des intérêts particuliers pour m'engager jamais dans une voie aussi périlleuse. (*Vive approbation à gauche et au centre.*)

Ce que je veux, ce que j'exige, c'est l'exercice de votre droit, de votre prérogative : oui, lorsque, parcourant un département ministériel, vous voyez une somme qui figurait en recette et qui n'y figure plus, vous avez le droit de demander ce qu'elle est devenue, et lorsqu'elle a été détournée de son application et de son affectation régulières, vous l'y ramenez, c'est votre devoir, c'est votre rôle. (*Applaudissements.*)

Ce que nous vous proposons aujourd'hui, c'est de reprendre ces 52,000 francs et de les restituer au budget des recettes de l'Imprimerie nationale. Ce qu'il en résultera, Messieurs, c'est qu'on rentrera dans le droit, et, quant à ceux qui veulent avoir des prétentions contre le droit, ils les feront valoir; ils en appelleront aux tribunaux? Nous aussi, nous aurons fait notre tâche, les tribunaux feront la leur. (*Très bien! très bien! — Applaudissements prolongés sur un très grand nombre de bancs.)*

M. DE FOURTOU, *de sa place.* — Je n'ai qu'un mot à dire à M. Gambetta...

Voix diverses. — Assez ! assez ! — A la tribune!

M. DE FOURTOU *à la tribune.* — Je n'ai qu'un mot à répondre à l'honorable M. Gambetta.

Il disait, tout à l'heure, que le vote de 1875 avait été, en quelque sorte, surpris à l'attention de l'Assemblée nationale...

Quelques membres. — Il n'a pas dit cela!

M. DE FOURTOU. — Qu'il me permette de lui demander pourquoi, s'il ne le connaissait pas, il a voté contre le traité?

M. GAMBETTA. — Je vais vous le dire. J'ai voté contre, parce que j'avais une méfiance absolue de la destination du crédit! (*Très bien! très bien! — Applaudissements répétés à gauche.*)

M. DE FOURTOU. — Je remercie l'honorable M. Gambetta...

Voix à gauche. — Il n'y a pas de quoi!

M. DE FOURTOU. — Car rien ne saurait m'honorer davantage que sa défiance. (*Exclamations ironiques à gauche. — Approbation sur quelques bancs à droite. — Aux voix! aux voix!*)

A la majorité de 344 voix contre 90, le chapitre, tel qu'il est proposé par la Commission, est adopté.

MINISTÈRE DES CULTES

La discussion du budget de la Légion d'honneur (séances du 21 et du 23 novembre) donna lieu à un incident qui ne fut pas étranger à la crise ministérielle du 3 décembre [1], et la Chambre passa à l'examen du budget des cultes (Séances des

1. Nous avons rappelé (t. IV, p. 14) comment, depuis la chute de M. Thiers, les honneurs militaires avaient été refusés par le ministère de la guerre à tous les légionnaires dont les obsèques étaient célébrées civilement. Comme ces procédés insultants qui

24, 25, 27, 28 et 30 novembre). — La séance du 24 fut particulièrement importante. M. Boysset ayant développé un amendement tendant à la suppression totale du budget des cultes, M. Jérôme-Napoléon Bonaparte, député d'Ajaccio, profita de l'occasion pour apporter à la tribune, avec une déclaration de principes qui consterna les impérialistes cléricaux, quelques révélations historiques de premier ordre.

M. LE PRÉSIDENT. — La parole est à M. le prince Napoléon Bonaparte.

M. LE PRINCE JÉRÔME-NAPOLÉON BONAPARTE. — Messieurs, j'ai demandé la parole et je monte à cette tribune pour remplir un devoir, celui de signaler les empiétements successifs, que je considère comme un grand danger pour mon pays, du parti clérical. (*Mouvements divers.*)

Vous me permettrez, Messieurs, d'être aussi bref que possible, et d'examiner devant vous, au point de vue poli-

constituaient une violation flagrante du décret de messidor an XII avaient été continués sous le cabinet du 10 mars (obsèques de Félicien David), M. Floquet avait profité de la discussion du budget de la Légion d'honneur pour porter la question devant la Chambre, et M. de Marcère avait répondu par le dépôt d'un projet de loi qui démontrait une fois de plus combien le cabinet était prisonnier du parti clérical et de la coterie de l'Élysée. Au lieu d'établir que la loi française ne pouvait faire de différence entre les serviteurs de l'État qui ont accepté de rentrer dans le giron de l'Église et ceux qui ont voulu mettre leur mort d'accord avec leur vie, le projet de loi supprimait purement et simplement les honneurs funèbres accordés par le décret de messidor aux légionnaires et aux dignitaires de l'ordre civil. Ce honteux et très bas échappatoire indigna la Chambre. M. Germain, président du centre gauche, demanda l'urgence sur le projet qui avait été imposé à M. de Marcère, l'urgence fut votée d'acclamation et les bureaux nommèrent une commission unanimement hostile.

Le cabinet ne se ravisa que le lendemain du rejet de la loi sur la cessation des poursuites pour faits relatifs à l'insurrection du 18 mars par le Sénat et de la décision de M. Dufaure. Le 2 décembre, M. Grévy donna lecture à la Chambre d'un décret du président de la République portant retrait du projet de loi et M. de Marcère accepta l'ordre du jour suivant, proposé par M. Laussedat et qui fut voté par 357 voix contre 31 : « La Chambre, convaincue que, dans l'application qu'il aura désormais à faire des décrets relatifs aux honneurs funèbres, le gouvernement saura faire respecter les deux principes de la liberté de conscience et de l'égalité des citoyens, sans aucune distinction, passe à l'ordre du jour. »

tique seulement, sans entrer en quoi que ce soit dans le
domaine de la conscience, que je considère comme un sanctuaire inviolable et que personne n'a le droit d'interroger,
d'examiner, dis-je, au point de vue politique comme législateur, le chemin parcouru.

Eh bien, sérieusement, loyalement, je crois que, quelles
que soient les opinions politiques des membres de cette
Chambre, des hommes impartiaux qui veulent bien m'écouter, il est impossible de méconnaître qu'il y a un danger
considérable dans les successifs envahissements du parti
clérical.

Je ne veux, dans ce que je dirai, blesser en aucune façon
la conscience des honorables collègues qui ne pensent pas
comme moi; je veux être modéré en ne traitant, comme
je l'ai dit tout à l'heure, que le côté politique de la question.

Quand il s'agit des rapports de l'Église et de l'État, dans
notre société moderne, qu'est-ce que nous rencontrons
comme la base et le point de départ? Le Concordat. Le
Concordat, voilà le point de départ; nous verrons tout à
l'heure le point d'arrivée. Le Concordat, c'était, on l'a dit, un
acheminement, un grand progrès fait; considérant d'où l'on
partait, il s'agissait de remettre l'ordre, la tranquillité dans
ce pays. Il ne faut pas oublier toutes les conquêtes que le
Concordat a obtenues; nous serions bien heureux de les
avoir encore aujourd'hui, et cependant il y a quatre-vingts
ans que le Concordat est fait.

J'ai le droit de le dire, nous n'avons maintenant presque
plus rien des stipulations du Concordat...

L'orateur rappelle les principales dispositions du Concordat et les articles organiques, les excès du cléricalisme dans
les premières années de la Restauration, le réveil libéral
de 1828 suivi de l'expulsion des jésuites.

Les jésuites étaient expulsés en 1828; aujourd'hui ils sont
tout-puissants, aujourd'hui ils vous bravent, ils ne reconnaissent pas vos lois civiles, ils vous répondent : Nous ne les
connaissons pas! nous avons nos consciences, nos lois religieuses; le reste pour nous n'existe pas, ne nous regarde
pas; nous vous défions !

En présence de semblables provocations, je dis que la société civile doit se défendre d'une façon sérieuse.

Plusieurs membres à gauche. — Oui! oui!

M. LE PRINCE JÉROME-NAPOLÉON BONAPARTE. — *Pour suivre les idées que vous voulez bien me permettre de développer devant vous, j'arriverai à un autre fait politique constituant un point de départ fatal pour ceux qui l'ont fait, mais encore plus fatal pour la France, dont les intérêts doivent primer tous les autres : ce fait, c'est l'expédition de Rome en 1849.*

Seulement, à chacun sa part : le commencement de l'expédition de Rome n'est pas le fait de ceux qui l'ont terminée; il appartient à la République de 1848, il s'est produit sous les influences néfastes du parti clérical, du parti ultramontain, qui pesaient sur le gouvernement de la République et même sur son chef, qui n'était pas de ma famille.

Un membre. — C'est vrai !

M. LE PRINCE JÉROME-NAPOLÉON BONAPARTE. — *Cette expédition de Rome, voyez comme elle a été fatale ! La première a amené la seconde. Permettez-moi de ne pas parler de la seconde. Tout le monde sait ce que j'en pense et comment je m'en suis exprimé. Je ne dirai pas qu'il me fallait un peu de courage pour le faire. Ce que j'ai fait, tout le monde l'aurait fait beaucoup mieux que moi ; mais enfin je l'ai fait d'une façon qui témoigne d'une certaine énergie de conviction, sans reculer devant des intérêts et des amitiés qui auraient pu me retenir. C'est à mon pays seul que je songeais.*

Maintenant, Messieurs, il y a un fait saillant de notre histoire moderne et qui, malheureusement, touche à nos épouvantables désastres de 1870.

Il y a quatre ou cinq jours, à l'occasion de la discussion sur l'ambassade de Rome, j'entendais M. le ministre des affaires étrangères, avec beaucoup de modération et beaucoup d'autorité, nous rappeler les prières que le saint-père avait faites pour la France; j'en étais vivement touché et reconnaissant. Mais l'histoire nous apprend autre chose, et ici, Messieurs, je vous parle avec une grande franchise, sans précaution oratoire.

A ces allégations, il m'est douloureux, — mais c'est mon devoir d'opposer des allégations contraires et de venir révéler ce fait historique qui pourra être prouvé diplomatiquement quand on le voudra : c'est que l'issue malheureuse de la guerre de 1870 vient de l'occupation de Rome, et que le maintien du pouvoir temporel des papes nous a coûté l'Alsace et la Lorraine. Il faut que le pays le sache ! (*Vives réclamations à droite. — Très bien! très bien! sur divers bancs à gauche.*)

M. KELLER. — Je demande la parole.

M. LE PRINCE JÉROME-NAPOLÉON BONAPARTE. — C'est une vérité diplomatique et historique...

M. LE BARON DE SEPTENVILLE. — L'Alsace et la Lorraine ! C'est vous qui deviez les défendre, et comment les avez-vous défendues. (*Bruit.*)

M. LE VICOMTE DE BÉLIZAL. — Les catholiques protestent contre les paroles de l'orateur !

M. DE LA ROCHEFOUCAULD, DUC DE BISACCIA. — Oui, c'est un langage honteux !

M. LE PRÉSIDENT. — Je donnerai la parole à ceux qui la réclameront; mais je prie instamment qu'on s'abstienne d'interruptions.

M. LE PRINCE JÉROME-NAPOLÉON BONAPARTE. — ... et sans commettre aucune indiscrétion, je pourrai dire que, par ma position, je suis à même d'affirmer, ce qui a été du reste publié, — ceux qui veulent s'occuper de cette question le reconnaîtront parfaitement, — on a agi dans un bon ou dans un mauvais sentiment, peut-être dans un sentiment d'honorabilité et de délicatesse exagérées, mais le fait est incontestable.

Qu'est-il arrivé ? Vous savez dans quelles conditions cette guerre a été entreprise. Sans rien dire de ce qui est si pénible dans les souvenirs de la France, il est incontestable que si nous avions eu des alliances sérieuses, des alliances bien conduites, des alliances certaines, le résultat de la guerre eût été tout autre. Eh bien, ces alliances, tous les documents diplomatiques le prouvent, elles s'étaient faites, elles existaient; seulement il n'y avait qu'une question pendante : c'était celle du pouvoir temporel des papes. Si on avait abandonné ce pouvoir temporel, on aurait eu une alliance immédiate, et une alliance éloignée qui ne se serait pas fait attendre longtemps.

La France alors entrait en campagne avec 5 ou 600,000 hommes de plus, et elle se trouvait dans une situation qui aurait certainement gêné nos ennemis. (*Mouvements en sens divers.*)

Je ne signale pas cela à votre attention pour obtenir le

puéril avantage de constater la prévoyance de mon opposition, je dirai presque acharnée, à l'occupation de Rome, et
que quelques-uns qualifiaient par un mot bien dur; non,
c'est par un sentiment de patriotisme sincère, parce que
j'étais convaincu que c'était fatal au Gouvernement d'alors,
que je servais avec dévouement, qui avait toutes mes sympathies, et auquel j'avais prêté serment...

M. LE BARON TRISTAN LAMBERT. — Vous n'avez pas été délié
de ce serment !

M. LE PRÉSIDENT. — Monsieur Lambert, si vous interrompez
encore, je vous rappellerai à l'ordre.

M. LE PRINCE JÉRÔME-NAPOLÉON BONAPARTE. — Je continue à
vous prouver le danger et la force du parti clérical.

Sa force, c'est que, malgré deux gouvernements qui
étaient bienveillants à l'Italie, et malgré des alliances possibles, les influences cléricales ont été assez fortes pour
empêcher les conseils d'une sage politique.

Eh bien, que l'expérience éclaire notre avenir ! Prenez
garde, et voyez jusqu'où nous mènera ce parti : il n'y a pas
de limite quand c'est la passion et quand ce n'est pas la
raison qui dirige. (Interruptions à droite.)

L'orateur expose les progrès croissants du parti clérical
et termine en ces termes, après avoir repoussé la théorie
de la séparation de l'Église et de l'État :

Rappelez-vous ce mot qui mérite d'être médité :
« On ne va jamais plus loin que quand on ne sait pas où
on va ! » Eh bien, je serais désolé que le Gouvernement de
mon pays ne sût pas où il va; j'en serais désolé, mais je le
crains et je le crois, parce que les gouvernements faibles,
sans but bien arrêté, bien déterminé, bien net, m'inspirent
peu de confiance et perdent les pays. (Mouvements divers.)

Pour terminer, alors que j'ai cru devoir, comme je le
disais en commençant, appeler l'attention de l'Assemblée et
du pays tout entier sur les dangers des progrès cléricaux,
pas invisibles pour ceux qui regardent, mais invisibles pour
ceux qui ne sont pas très attentifs à la marche de la politique, au milieu de nos désastres et de nos bouleversements,
je dis : Arrêtez-vous ! Il est impossible que la France, qui a
fait la grande Révolution de 1789, soit la seule puissance cléricale de l'Europe ! Non, cela ne se peut pas ! Il y a en présence
deux politiques : la politique de la société civile et de l'ave-

nir, et la politique de réaction sous toutes les formes, la politique du passé, qui a pour drapeau le drapeau clérical. Ne suivez pas ce drapeau! Quant à moi, je resterai toujours fidèle aux grands principes de la Révolution. (*Applaudissements sur divers bancs à gauche. — Bruit et mouvement prolongé.*)

M. TRISTAN LAMBERT. — Vous vous y connaissez en révolte et en révolution! Vous êtes en révolte contre le chef de votre famille!

M. LE PRÉSIDENT. — Monsieur Lambert, il vous est interdit d'interpeller un de vos collègues.

(La séance reste suspendue pendant cinq minutes, et la Chambre est livrée à une vive agitation.)

M. KELLER monte à la tribune et attend le rétablissement du silence.

M. LE PRÉSIDENT. — La parole est à M. Keller.

M. KELLER. — Je ne comptais, Messieurs, intervenir dans cette discussion que pour soutenir les amendements que moi et mes amis nous avons eu l'honneur de présenter... (*Le bruit couvre la voix de l'orateur.*)

Voix à gauche. — On n'entend pas!

M. KELLER. — ... Mais je vous l'avoue, je n'ai pu surmonter l'émotion que j'ai éprouvée, non pas seulement comme catholique, mais comme Français et comme Alsacien, quand j'ai entendu dire à cette tribune, à une tribune française, que c'était nous, catholiques, qui étions cause de la perte de l'Alsace et de la Lorraine. (*Applaudissements sur tous les bancs de la droite.*)

Vous ne m'applaudirez peut-être pas tous tout à l'heure, mais l'histoire dira ce que je regrette d'être obligé de rappeler, — et je ne le dis pas pour blesser l'orateur qui vient de descendre de cette tribune...

Voix au centre. — Il n'est plus là!

Autres voix. — Si! si!

M. KELLER. — ...Mais moins que personne il devait réveiller ces douloureux souvenirs; car il porte un nom qui est écrit en lettres de sang dans la chair palpitante de l'Alsace et de la Lorraine! (*Applaudissements à gauche et au centre. — Les membres qui applaudissent se tournent avec des exclamations ironiques vers les bancs de la droite.*)

M. DE VALON, *de sa place.* — Vous faites une mauvaise chose, monsieur Keller!

De divers côtés à gauche. — Parlez ! monsieur Keller ! parlez !

M. DE VALON, *s'avançant au pied de la tribune,* adresse à M. Keller des interpellations directes que le bruit général couvre et empêche de saisir.

M. DRÉOLLE, *à M. Keller.* — Vous viendrez encore mendier nos voix ?

M. ROBERT MITCHELL. — Voyez d'où vous viennent les applaudissements.

(À ce moment de vives interpellations, partant de quelques bancs de la droite, sont adressées à l'orateur. — A ces interpellations répondent des acclamations et des applaudissements répétés adressés par la gauche et le centre à M. Keller.)

M. LE PRÉSIDENT. — J'invite les députés qui descendent dans l'hémicycle à regagner leurs places. Ils pourront demander la parole pour répondre à l'orateur.

M. LE BARON TRISTAN LAMBERT, *s'approchant de la tribune.* — Vous avez été, Monsieur Keller, le candidat officiel de l'empereur. C'est sous notre patronage que vous êtes entré à la Chambre en 1858 !

M. LE PRÉSIDENT. — Veuillez reprendre votre place, monsieur Lambert !

M. TRISTAN LAMBERT. — Ancien candidat officiel de l'Empire !

M. LE PRÉSIDENT. — Monsieur Lambert, je vous rappelle à l'ordre.

M. KELLER. — Vos interruptions ne prouvent rien.

A gauche. — Parlez ! parlez !

M. TRISTAN LAMBERT. — Vous recherchez les applaudissements de la gauche !

M. LE PRÉSIDENT. — Monsieur Lambert, vous me forcerez à consulter la Chambre sur votre rappel à l'ordre, si vous persistez à interrompre.

M. TRISTAN LAMBERT. — Que l'orateur se fasse applaudir par la gauche !

M. KELLER. — Je ne recherche les applaudissements de personne, je crois l'avoir prouvé plus d'une fois dans cette Chambre. (*C'est vrai!*)

Un membre à droite. — Ce n'est pas une raison pour insulter.

M. KELLER. — J'entends le mot d'insulte. (*Oui ! oui ! à droite.*)

Je n'insulte personne, Messieurs, l'histoire nous jugera les uns et les autres.

Un membre à droite. — Certainement!

M. KELLER. — Mais pour moi...

M. GAVINI. — Les hommes qui parlent comme vous justifient les excès de langage du précédent orateur.

M. LE PRÉSIDENT. — Veuillez, Messieurs, garder le silence et laisser parler l'orateur qui est à la tribune. Il ne m'a pas été permis d'entendre les interpellations et les apostrophes qui ont été adressées à l'orateur, et, par conséquent, de les réprimer si elles méritaient de l'être. Je le regrette infiniment : je vous engage, Messieurs, à garder le silence. Si l'un de vous demande à répondre à l'orateur, il aura la parole.

M. DRÉOLLE. — Je la demande... Et je vous en dirai, et vous ne m'applaudirez pas! (*Oh! oh!*)

M. KELLER. — Je laisse de côté la politique étrangère que l'avenir jugera.

Mais, puisque je suis à cette tribune, laissez-moi maintenant accomplir un autre devoir, c'est celui de rechercher avec vous ce que c'est que ce péril, ce péril suprême, ce grand péril clérical qui vous a été signalé et par l'honorable M. Boysset et par l'honorable prince Napoléon, ce péril qui provient de l'esprit et des œuvres du clergé.

(M. Keller nie le péril clérical et conclut au rejet de l'amendement de M. Boysset. M. Dréolle demande la parole :)

M. ERNEST DRÉOLLE. — *Messieurs, vous vous souvenez dans quelle circonstance tout accidentelle j'ai tout à l'heure demandé la parole. J'avoue que l'émotion sous laquelle j'étais après les paroles prononcées par M. Keller s'est singulièrement adoucie à l'audition du discours qu'il n'a pas pu achever, ce que je comprends de votre impatience.*

Plusieurs membres à gauche. — Comment, il n'a pas pu achever! Cela n'est pas exact!

M. DESCHANEL. — Il l'a parfaitement achevé!

M. LE PRÉSIDENT. — M. Keller a été interrompu des deux côtés d'une façon regrettable, mais M. Keller a dit à la tribune tout ce qu'il avait à dire.

M. ERNEST DRÉOLLE. — Nous entendions si peu ce que disait M. Keller, que je croyais qu'il n'avait pas terminé.

Dans tous les cas, Messieurs, je puis dire à M. Keller que,

étant monté à la tribune sous le coup, lui aussi, d'une émotion très vive pour répondre au discours de l'orateur qui l'avait précédé, il nous a étonnés en montrant cette émotion, et l'attitude de ce côté de la Chambre (*L'orateur désigne les bancs de ses amis à droite*) aurait dû lui indiquer que c'est par la plus profonde indifférence que nous avons accueilli le précédent orateur. (*Applaudissements sur quelques bancs à droite.*)

Un membre à gauche. — Qu'est-ce que cela nous fait ? Arrangez-vous !

M. ERNEST DRÉOLLE. — Il l'a oublié, et lui qui, tout à l'heure, en descendant de cette tribune, se plaignait des calomnies qui atteignaient ses idées et ses convictions, il a débuté en se faisant l'organe d'une infâme calomnie. (*Nouveaux applaudissements sur les mêmes bancs. — Murmures sur divers autres bancs.*)

Eh bien, quand il nous insultait, il était applaudi de ce côté (*la gauche*), et quand il s'est plaint, c'est de ce même côté qu'il était attaqué.

Je renvoie M. Keller à cette situation, et sa conscience lui apprendra sans doute ce qu'il a à faire quand il monte à cette tribune et qu'il parle de l'empire ; il n'en doit parler qu'avec respect. (*Exclamations ironiques à gauche et sur divers bancs. — Applaudissements sur quelques bancs à droite.*)

M. GAMBETTA. — Messieurs, je ne crois pas qu'il soit nécessaire de retenir longtemps la Chambre après les débats émouvants auxquels elle a assisté ; mais je pense qu'il n'est pas possible de laisser passer devant cette Assemblée certaines expressions et certaines audaces sans les relever. (*Très bien ! à gauche.*)

Quand tout à l'heure M. Dréolle a traité la noble et vigoureuse protestation de M. Keller de calomnie, il a oublié... (*Interruptions bruyantes. — MM. Dréolle, Tristan Lambert et quelques autres membres à droite se lèvent et applaudissent ironiquement en se tournant vers M. Keller.*)

M. CUNÉO D'ORNANO, *s'adressant à M. Gambetta.* — Je me suis battu pendant la guerre, et vous, vous avez fui ! Voilà votre patriotisme !

M. LE PRÉSIDENT.— Monsieur d'Ornano, veuillez faire silence! Vous n'avez pas le droit d'interrompre.

M. CUNÉO D'ORNANO. — Je ne puis pas supporter qu'on nous insulte à la tribune. Nous nous sommes battus alors qu'il a fui!

M. LE PRÉSIDENT. — Monsieur d'Ornano, je vous rappelle à l'ordre. (*Très bien! très bien! à gauche.*)

M. LENGLÉ. — Rappelez-nous tous à l'ordre!

Plusieurs membres à droite. — Oui! oui! nous tous!

M. LE PRÉSIDENT. — Monsieur, je vous rappelle à l'ordre, et je rappellerai à l'ordre quiconque troublera la discussion par des interruptions persistantes. (*Très bien! très bien! à gauche.*)

M. CUNÉO D'ORNANO.—Je le suis pour mon patriotisme; mais je tenais à dire que je n'ai pas fui devant les uhlans, que j'ai fait mon devoir pendant la guerre. M. Gambetta l'a-t-il fait, lui? (*Vive agitation.*)

M. LE PRÉSIDENT. — Vous dites, Monsieur, que vous avez fait votre devoir pendant la guerre; il vous faut maintenant faire votre devoir de député, qui consiste à ne pas interrompre, surtout avec la persistance que vous y mettez.

M. ROBERT MITCHELL. — Mais M. Gambetta n'a pas la police de la Chambre! (*Bruit.*) Il l'exerce constamment.

M. GAMBETTA. — Je n'exerce pas la police dans cette Chambre. C'est une fonction que je laisse à l'empire! (*Applaudissements à gauche.*)

Je ne fais qu'exercer mon droit...

Plusieurs membres à droite. — Nous aussi! nous aussi!

M. GAMBETTA. — J'exerce mon droit de député, qui consiste à rechercher quels sont les enseignements politiques à tirer pour le pays des combats qui viennent de se livrer à cette tribune entre la branche aînée et la branche cadette du bonapartisme. (*Applaudissements à gauche.*)

M. LE PRINCE JÉRÔME-NAPOLÉON BONAPARTE *se levant.*
— C'est une calomnie et un argument ridicule!

M. GARNIER, *à M. Gambetta.* — Vous confondez les Napoléons avec les Bourbons!

M. GAMBETTA. — Je dis, et si vous voulez me laisser parler, je ne retiendrai pas, je le répète, votre attention, et je ne dépasserai ni les limites de mon droit, ni celles des convenances parlementaires. (*Exclamations à droite.*)

Un membre. — Qui est-ce qui y manque ici?

M. GAMBETTA. — Ce sont ceux qui m'interrompent, sans savoir ce que je veux dire, qui les dépassent, ces limites.

M. DE VALON. — Je demande la parole.

M. GAMBETTA. — Demandez-la, et surtout apportez-la à la tribune.

Voix à droite. — A la question!

M. LE PRÉSIDENT. — Veuillez faire silence, Messieurs! Ce tumulte est intolérable; cela n'est pas digne de cette Chambre. (*C'est vrai! — Très bien! très bien!*)

M. GAMBETTA. — Je dis qu'en qualifiant de calomnie la vigoureuse et noble protestation de M. Keller, doublement autorisé, en sa qualité d'Alsacien et de Français, pour apporter ici les paroles qu'il a fait entendre, vous avez oublié que, dans cette Chambre, nous ne laisserons jamais mettre en contestation le décret de déchéance...

M. GRANIER DE CASSAGNAC. — Il n'y a pas de décret!

M. GAMBETTA. — ...qui n'a fait que traduire le sentiment de la nation... (*Applaudissements à gauche et au centre. — Interruptions à droite.*)

M. GAMBETTA. — ...et toutes les fois que vous protesterez contre ce décret...

M. LE BARON TRISTAN LAMBERT *et plusieurs autres membres à droite.* — Il n'y a pas de décret! Il n'y a pas de décret!

M. GAMBETTA. — ...nous vous ramènerons au respect

de la loi, et nous vous y ramenons aujourd'hui avec d'autant plus de force et d'énergie, que celui-là qui pourrait se plaindre tout à l'heure de la qualification que j'ai employée de branche cadette du bonapartisme...

Un membre à droite. — Il est de la branche cadette.

M. GAMBETTA. — Toutes les branches cadettes se valent; vous pouvez relever la parole. (*Applaudissements à gauche.*)

M. BRIERRE. — Et vous, de quelle branche êtes-vous?

M. GAMBETTA. — Je dis qu'aujourd'hui il est deux fois plus évident que l'arrêt rendu par la dernière Assemblée souveraine, au nom de l'histoire que vous invoquez, au nom du patriotisme blessé et outragé par des protestations pareilles à celles que vous voulez faire entendre aujourd'hui...

M. CUNÉO D'ORNANO. — Vous avez vous-même contesté la souveraineté de l'Assemblée nationale!

M. GAMBETTA. — ... que cet arrêt vient de recevoir à cette tribune d'une personne aussi autorisée, j'imagine... (*Interruptions à droite*) pour parler des fautes et des défaillances du bonapartisme devant l'ennemi que qui que ce soit d'entre vous, fût-il vice-empereur... (*Nouvelles interruptions à droite.*)

Et ce n'est pas la juvénile ardeur de M. Cunéo d'Ornano qui peut être mise en parallèle avec les déclarations de l'homme qui parlait tout à l'heure à cette tribune. (*Protestations à droite.*)

M. ROBERT MITCHELL. — C'est une attaque personnelle!

M. LE PRÉSIDENT. — Veuillez ne pas interrompre!

M. GAMBETTA. — Je ne vois pas ce qu'il y a d'injurieux à dire de M. Cunéo d'Ornano qu'il est jeune et ardent. Si vous tenez à ce que je change ces épithètes contre les épithètes contraires, j'y consens! (*Rires à gauche.*)

Je dis qu'aujourd'hui, plus que jamais, cet arrêt souverain, devant lequel vous protestez en vain, contre lequel vous ne protestez que parce que vous en sentez tous les jours la légitimité vengeresse... (*Vives et bruyantes exclamations sur quelques bancs à droite.*)

M. TRISTAN LAMBERT, *se levant.* — Vive l'empereur! vive l'empereur!

(Ces paroles provoquent un violent tumulte dans la Chambre. Un grand nombre de membres quittent leurs places, en criant : *A l'ordre! à l'ordre! — La censure! — La censure avec exclusion! — L'expulsion!*)

M. MADIER DE MONTJAU. — C'est la France, dont nous sommes les représentants, qui est insultée!

M. LE PRÉSIDENT. — Veuillez reprendre vos places, Messieurs, et faire silence.

(Les députés qui étaient descendus dans l'hémicycle retournent à leurs bancs. Le calme se rétablit.)

M. LE PRÉSIDENT. — La persistance avec laquelle M. Lambert a interrompu depuis le commencement de la séance, le mépris qu'il a montré pour les avertissements du président, un précédent rappel à l'ordre dont il n'a pas tenu compte, et le cri qu'il vient de proférer, me forcent à consulter la Chambre et à lui demander de prononcer la censure.

Sur un grand nombre de bancs. — Oui! oui! la censure!

Plusieurs membres à gauche. — La censure avec exclusion! — L'expulsion!

M. LE PRÉSIDENT. — Vous n'avez pas le droit de rien demander...

M. LAISANT. — Je demande la parole pour un rappel au règlement.

M. LE PRÉSIDENT. — Vous n'avez pas la parole. Il n'appartient à aucun membre de la Chambre de provoquer une peine quelconque contre un de ses collègues. Le président seul a l'initiative en pareille matière, et c'est à la Chambre de statuer.

Je mets aux voix la question de savoir si la censure sera appliquée à M. Tristan Lambert.

(La Chambre, consultée, prononce la censure.)

M. LE PRÉSIDENT. — J'espère que M. Lambert tiendra compte de cet avertissement, et qu'il ne m'obligera pas à épuiser contre lui les sévérités du règlement.

M. GAMBETTA. — Je ne fais qu'invoquer des lois, citer des textes, rappeler des décisions souveraines, et je regrette qu'on puisse élever des contestations contre ce qui a été édicté, à si bon droit et dans la plénitude de son pouvoir, par la dernière Assemblée.

Seulement, je dis qu'il s'est produit aujourd'hui un fait qu'il est important de dégager pour donner précisément une nouvelle force à cette aversion de tous les patriotes, quelle que soit leur opinion politique ou religieuse, à l'égard du parti qui proteste contre l'arrêt de déchéance. (*Vives réclamations à droite.*)

Plusieurs membres à droite. — On nous insulte!

M. GAMBETTA. — Que vous a dit l'honorable député de la Corse? (*Nouvelles interruptions à droite.*)

Il vous a dit qu'au seuil de cette guerre follement entreprise, follement préparée...

Un membre à droite. — Et plus follement continuée!

M. GAMBETTA. — ... il y avait des alliances possibles. Il vous a parlé de pièces diplomatiques sur lesquelles il avait pu former son jugement, grâce à la position qu'il occupait.

Il ne m'appartient pas de savoir à quel genre de préoccupations obéissait l'honorable orateur qui apportait ici cette affirmation que personne ne pouvait démentir. Mais il m'appartient, — c'est mon droit de Français, de député, de patriote et de républicain, — de rechercher quelle était la signification d'une pareille conduite de la part de l'empire.

Eh bien, je dis que le jour où par suite du fanatisme clérical qui animait l'Espagnole dont on avait fait l'impératrice de France... (*Nombreuses et vives protestations à droite.*)

M. SARLANDE. — Monsieur Gambetta, vous n'êtes

pas Français! Un Français n'insulte jamais une femme et surtout une souveraine dans l'exil!

M. BRISSON. — Pourquoi avez-vous fui en Espagne, cherchant un abri à Saint-Sébastien? (*Bruit.* — *Agitation.*)

M. LE BARON DUFOUR. — Il n'a été qu'un usurpateur du pouvoir! Et comment a-t-il fait les affaires du pays? (*Bruit général et confus.*)

M. GAMBETTA. — Je dis...

M. ROBERT MITCHELL. — Monsieur le président, nous voudrions savoir si M. Gambetta est au-dessus du règlement.

M. LE PRÉSIDENT. — Messieurs... (*Écoutez! écoutez!* — *Un grand silence se fait*) il y a une convenance de langage dont on ne doit jamais s'écarter à la tribune, quelle que soit la situation politique de la personne dont on parle, et je prie l'orateur de vouloir bien s'y conformer. (*Très bien! et applaudissements.*)

M. LE COMTE DE DOUVILLE-MAILLEFEU. — Ce n'est pas poli pour l'Espagne!

M. LE PRÉSIDENT. — Vous vous méprenez sur le sens et la signification de mon observation. (*Bruit à gauche.*)

M. GAMBETTA. — Si ces paroles, qui n'étaient que l'indication précise d'un fait, ont pu paraître blessantes, je ne demande pas mieux que de leur en substituer d'autres.

Je dis que le fait d'avoir appris, avec l'autorité particulière qui s'attache à la personne qui parlait ici il y a quelques instants, qu'on n'avait manqué d'une alliance nécessaire, d'une alliance indispensable, que parce qu'on avait obéi aux suggestions des partisans du pouvoir temporel dans les conseils des Tuileries, je dis que cette révélation prouve à quel point il est bon de séparer le cléricalisme de la politique, et que le parti qui aujourd'hui a véritablement ramassé la tradition impériale est bien d'accord avec lui-même quand il se fait ici à la fois le défenseur du césarisme et du cléricalisme. Eh bien, je le renvoie à ces paroles dont il ne se débarrassera jamais, à ces paroles d'un prince qui fut prince impérial, mais qui est resté Français : « C'est toi qui as perdu la France, race maudite ! » (*Applaudissements redoublés à gauche.*)

Après une courte réplique de M. Raoul Duval, la clôture de l'incident est prononcée. — L'amendement de M. Boysset est rejeté par 413 voix contre 82.

La discussion du budget des cultes continua à être fort orageuse. Bien que la Commission du budget et son président se fussent prononcés non sans courage contre l'amendement de MM. Boysset et Madier de Montjau, M. Dufaure s'obstina à tenir à la tribune un langage provocateur et dont la *République française* disait justement qu'il n'eût point été désavoué par Joseph de Maistre. Non seulement le garde des sceaux affecta de ne pas prendre au sérieux les dangers de plus en plus menaçants de la politique cléricale, mais il abandonna à plusieurs reprises le terrain du Concordat ; il déclara que, depuis l'abolition du serment politique, l'Église était déliée de son serment, enregistré par le Concordat, d'observer les quatre articles de l'ordonnance de 1682. Il n'accepta qu'avec des restrictions la proposition de M. Guichard tendant à faire dresser pour toute la France un état de toutes les congrégations autorisées et non autorisées ; il soutint tous les amendements proposés par la droite pour l'augmentation du traitement des desservants. Ce fut une lutte de tous les instants, où la gauche, justement irritée, faillit perdre patience. Dans la séance du 27, il fallut toute la modération conciliatrice de M. Gambetta, pour que la Chambre laissât au Sénat la responsabilité de la crise ministérielle qui menaçait depuis plusieurs semaines. — Il s'agissait des desservants et des vicaires fictifs [1], dont M. Dufaure avait nié l'existence et dont M. Daniel Wilson avait aussitôt présenté à la Chambre une liste détaillée. M. Wilson, excité par les applaudissements de la majorité, avait porté contre le garde des sceaux une accusation inexacte et blessante :

M. WILSON. — Maintenant, Messieurs, pourquoi n'ai-

---

1. Les desservants et vicaires fictifs sont des prêtres nommés par les évêques à des fonctions qu'ils n'exercent point, étant dispensés de résidence.

je pas donné les documents à M. le garde des sceaux?
Mon Dieu! que voulez-vous? c'est que pour mettre fin
à des abus il m'a paru nécessaire de leur donner une
certaine publicité, et que si je les avais remis à M. le
garde des sceaux, j'aurais eu peur qu'ils n'allassent
rejoindre les autres documents relatifs au clergé qui
lui ont déjà été remis. (*Approbation sur quelques bancs
à gauche. — Vives rumeurs à droite.*)

M. LE PRÉSIDENT DU CONSEIL, MINISTRE DE LA JUSTICE
ET DES CULTES. — Je demande expressément à l'honorable M. Wilson de déclarer à la Chambre quels sont les
documents relatifs au clergé que la commission du
budget m'a communiqués et qui ont disparu. (*Applaudissements à droite.*)

M. GAMBETTA. — Mais M. Wilson n'a pas parlé au
nom de la commission!

M. WILSON. — J'ai parlé des documents auxquels
M. Boysset a fait allusion hier.

A droite. — Lesquels?

M. LE MINISTRE. — Quels documents?

Plusieurs membres à droite, s'adressant à M. Wilson.
— Citez-les! citez-les!

M. GAMBETTA. — Encore une fois, M. Wilson n'a
pas parlé au nom de la commission du budget.

M. LE BARON DE SEPTENVILLE. — Parlez-nous des abus
du Gouvernement de Tours en 1870!

M. WILSON. — M. le garde des sceaux paraît n'avoir
pas compris le sens de mes dernières paroles. Je tiens
à les préciser.

J'ai dit que ces documents auraient pu rester
avec ceux auxquels M. Boysset a fait allusion hier,
et qui ont été communiqués à M. le garde des
sceaux.

M. LE MINISTRE. — Comment! Mais on ne m'en a
communiqué aucun!

J'avais dit tout à l'heure à la Chambre que l'on considérait le Gouvernement comme un adversaire contre

lequel on peut se permettre de dissimuler les actes que l'on apporte à la tribune.

Voix à droite. — C'est cela !

M. LE MINISTRE. — J'ajoute maintenant qu'on le considère tellement comme un adversaire, qu'on vient lui reprocher d'avoir dissimulé des documents sans pouvoir indiquer lesquels. (*Vive approbation et applaudissements à droite et sur plusieurs bancs au centre.*)

M. GAMBETTA. — Je ne veux dire qu'un mot, parce qu'il ne faut pas que la fin de ce débat puisse être altérée.

M. Wilson a parlé, à la fin de son discours, simplement en son nom personnel... (*Exclamations ironiques à droite.*)

M. LE BARON DE SEPTENVILLE. — Ah ! ah!

M. GAMBETTA. — Comment! ah! ah! Qu'est-ce qui peut vous surprendre dans ce que je dis? (*Vives rumeurs à droite.*)

M. LE BARON DE SEPTENVILLE. — Oui, je dis: Ah! ah! J'ai bien le droit d'exprimer ma pensée. Je suis député comme vous! (*Bruit.*)

M. GAMBETTA. — Qui est-ce qui est intéressé, sinon vous autres, à altérer la vérité que je viens rétablir? (*Vives protestations à droite. — A l'ordre! à l'ordre!*)

M. JOLIBOIS, *se levant.* — C'est vous qui altérez la vérité.

A droite. — A l'ordre! à l'ordre!

Un membre à droite. — Monsieur le président, tenez la balance égale!

M. JOLIBOIS. — Nous avons bien le droit de demander à ne pas être insultés. L'orateur a dit que d'autres que lui avaient intérêt à altérer la vérité. Il ne lui est pas permis de tenir un pareil langage à ses collègues ! (*Bruit.*)

M. LE PRÉSIDENT. — Laissez l'orateur expliquer sa pensée. (*Exclamations à droite.*)

M. JOLIBOIS. — Il ne faut pas qu'il soit permis de nous insulter!

M. LE PRÉSIDENT. — Vous avez commencé par interrompre l'orateur avant qu'il eût dit un mot. (*Rumeurs à droite.*) Veuillez le laisser s'expliquer ; mais sans attendre même qu'il l'ait fait, je puis vous dire que, si vous ne lui aviez pas adressé, avant qu'il ne parlât, des interruptions, il ne vous aurait peut-être pas adressé cette apostrophe. (*Applaudissements à gauche. — Réclamations à droite.*)

M. JOLIBOIS, *toujours debout à son banc.* — M. Gambetta n'a pas le droit de nous insulter. (*Bruit croissant.*)

M. LE PRÉSIDENT. — Je demande qu'on laisse l'orateur s'expliquer.

M. JOLIBOIS. — C'est lui qui trompe... (*Bruit.*)

M. GAMBETTA. — Je vous dis, Messieurs, qu'avant que j'eusse exprimé la pensée que je suis chargé d'exprimer au nom de la commission, et qu'il est de mon devoir et de mon droit d'apporter à cette tribune, vous m'avez arrêté par des interruptions dont je n'ai pas pu saisir le sens. Je vais répondre. (*Interruptions à droite.*)

Vous voyez bien que vous ne voulez pas me laisser parler. (*Nouvelles interruptions.*)

M. LE PRÉSIDENT. — Vous ne voulez donc pas laisser parler l'orateur ? Laissez-le expliquer sa pensée et sa parole.

M. LAROCHE-JOUBERT. — Je demande la parole.

Plusieurs voix à gauche, à M. Gambetta. — Ne répondez pas!

M. GAMBETTA. — Je veux répondre, au contraire, et je prie mes collègues de m'entendre, parce que je veux qu'ils soient persuadés que, lorsque je réponds sur le ton qui leur a déplu, c'est que je suis provoqué, mais je ne me fais pas provocateur... (*Exclamations à droite.*), et la preuve que je vais vous en donner, si vous voulez me laisser m'expliquer tout simplement, c'est que je retire les paroles qui ont pu vous blesser... (*Rumeurs à droite.*)

M. LE PRÉSIDENT. — Eh! Messieurs, que voulez-vous de plus?

M. GAMBETTA. — Laissez-moi parler, je n'ai que deux mots à dire. (*Nouvelles interruptions à droite.*)

M. DE GUILLOUTET se lève et prononce quelques paroles au milieu du bruit. (*Exclamations à gauche.*)

M. LE PRÉSIDENT. — Qu'est-ce que c'est, Monsieur?...

A gauche. — C'est intolérable!

M. LE PRÉSIDENT. — ... Vous n'êtes pas satisfaits de cette loyale explication? (*Très bien! à gauche.*)

A droite. — Si! si!

M. LE PRÉSIDENT. — Eh bien, alors, gardez donc le silence! (*Interruptions à droite.*)

A gauche. — C'est un système! — A l'ordre!

Un membre à droite. — C'est une parole de conciliation que M. de Guilloutet voulait dire.

M. DE GUILLOUTET. — Je voulais dire que, puisque M. Gambetta retire ses paroles, il n'y a pas lieu d'insister.

M. LE PRÉSIDENT. — Continuez, monsieur Gambetta.

M. GAMBETTA. — Messieurs, j'accomplis un devoir en venant déclarer, au nom de la commission du budget, que nous n'avions pas donné mandat de dire qu'il y avait un reproche à adresser à M. le garde des sceaux à propos de la non-communication de la liste des curés fictifs.

Je tiens à le déclarer, parce que je crois que M. le garde des sceaux, parlant au nom du Gouvernement, ne peut pas persister à dire et à croire que la commission du budget s'est placée sur un terrain d'hostilité...

M. LE PRÉSIDENT DU CONSEIL. — Oh! je ne persiste pas!

M. GAMBETTA. — M. le garde des sceaux sait, le Gouvernement sait que dans les discussions intérieures qui ont eu lieu sur les divers services, nous avons pu différer d'opinion; mais nous avons aussi toujours considéré que nous devions au Gouvernement et à ses ministres un concours ferme, un concours loyal qui n'empêche ni la contradiction, ni la controverse jusqu'au vote qui peut être parfaitement différent sur les questions en litige. Mais nous ne pourrions accepter que, dans un gouvernement républicain dont la Chambre républicaine constitue la principale force, on nous présentât comme des adversaires, lorsque nous ne sommes que des collaborateurs! (*Vives et nombreuses marques d'assentiment.*)

MINISTÈRE DES TRAVAUX PUBLICS

La discussion du budget des travaux publics fut moins véhémente (séances du 1er et du 2 décembre). Elle donna lieu à deux interventions du président de la Commission du budget :

1° *Séance du 1er décembre.* Discussion du chapitre XVIII (édifices publics), portant ouverture d'un crédit de 2,210,000 fr.

M. LE PRÉSIDENT. — Il y a un amendement de M. Gambetta, qui consiste à « porter de 2,210,000 fr., à 2,410,000 fr. le crédit du chapitre, l'augmentation de 200,000 fr. devant être appliquée à l'extension de la galerie de paléontologie à l'École des mines. »

M. GAMBETTA. — Messieurs, l'amendement que j'ai eu l'honneur de présenter devant la commission du budget, et qui trouvera, je crois, un accueil favorable devant la Chambre, peut se motiver en quelques mots.

Notre École nationale des mines a deux collections extrêmement importantes et très riches au point de vue scientifique, une collection minéralogique et une collection de fossiles et de paléontologie. Lorsqu'on les a installées, on a mis l'une au premier étage dans de très beaux locaux, avec tout le soin que demandait cette collection, et qui convenait aux échantillons que nous possédons.

Quant à la collection de paléontologie, on l'a mise au second étage, où se trouve un local d'égale étendue ; mais on s'est arrêté à moitié de l'œuvre, et on n'a exposé que la moitié de la collection. Le reste, on a été réduit très malheureusement à l'entasser dans des armoires, à superposer les échantillons les uns aux autres, de façon qu'à l'heure qu'il est cette collection, qui devrait être une richesse pour le monde savant, pour les étudiants, comme pour les hommes déjà avancés dans cette science, et qui devrait attirer les étrangers, cette collection se trouve dans un état qui, véritablement, n'est pas digne de la France à l'approche de l'Exposition universelle, où ne seront pas seulement exposés des produits matériels sous les yeux des visiteurs qui viendront en France. On a estimé qu'il était peut-être bon d'achever cette œuvre, qui a eu un commencement d'exécution et qui a été arrêtée au milieu de son développement.

Votre commission a délégué un certain nombre de personnes pour aller sur les lieux, et là, nous avons vu que l'on pouvait, moyennant quelques déplacements dans les services, obtenir l'espace qui nous manquait. Nous avons obtenu des indications sur les travaux et sur les prix qui seront nécessaires pour atteindre ce résultat, mais je dois dire à la Chambre que nous ne faisons absolument aucune objection sur le plan ou sur la direction des installations que nous demandons.

Le ministre des travaux publics, avec la sollicitude qu'il apporte au développement des services qui lui sont confiés, ému à juste titre de la proposition de la commission du budget, l'a fait étudier, et il vient de nous dire, au dernier moment, qu'on n'aura pas besoin de dépenser la somme proposée pour la réfection de cette galerie, ce qui nous agrée beaucoup, car si nous avons grand souci de nos richesses artistiques, nous n'en avons pas moins de l'économie de nos finances.

Dans ces conditions, je m'en remets absolument à

la direction des bâtiments civils pour organiser, selon
le procédé le plus économique, cette galerie ; mais ce
que je désire d'une façon bien marquée, c'est que les
travaux soient faits de manière que cette collection
reçoive son développement pour le rendez-vous de
l'Exposition universelle. (*Très bien !*)

Je m'en remets complètement, je le répète, à l'appréciation et à la décision qui sera prise par le service
compétent.

M. LE PRÉSIDENT. — Retirez-vous votre amendement,
monsieur Gambetta?

M. GAMBETTA. — Je maintiens mon amendement,
en modifiant seulement le chiffre.

J'accepterai le chiffre que le Gouvernement propo-
sera.

M. LE MINISTRE DES TRAVAUX PUBLICS. — Nous sommes d'accord, les auteurs de l'amendement et le gouvernement, sur
la question d'utilité scientifique, et nous ne demandons pas
mieux que d'accepter une augmentation du crédit alloué
pour le chapitre.

Nous avons pensé que la somme de 200,000 fr. qui nous
était proposée était beaucoup trop considérable, et qu'elle
engageait surtout un certain ordre de travaux qui pouvaient,
s'ajoutant à ceux qui étaient demandés à l'origine, venir
grever le budget de dépenses très lourdes.

Nous avons fait étudier très rapidement la question, car
l'amendement a été présenté au dernier moment. Il est résulté des renseignements qui nous ont été donnés par le
service technique, qu'avec une somme de 80,000 fr. nous
pouvons donner pleine et entière satisfaction à l'amendement.

M. GAMBETTA. — Très bien! J'accepte parfaitement ce
chiffre.

M. LE MINISTRE. — Dans ces termes, l'accord s'étant fait,
nous demandons à la Chambre de vouloir bien le voter.
(*Très bien! très bien! — Aux voix!*)

M. LE PRÉSIDENT. — Je mets aux voix l'amendement, réduit
à une augmentation de 80,000 fr.

(L'amendement est mis aux voix et adopté.)

M. LE PRÉSIDENT. — Je mets aux voix le chapitre porté au chiffre de 2,290,000 fr. par suite de l'augmentation de 80,000 fr. résultant de l'amendement que la Chambre vient d'adopter.

(Le chapitre ainsi modifié est adopté.)

2° *Séance du 2 décembre*. Discussion de l'article 2 des dispositions législatives faisant suite au tableau C du budget des travaux publics.

« Art. 2. — Le ministre des travaux publics est autorisé à entreprendre, par voie d'adjudication, les travaux de construction des chemins de fer énoncés à l'article 1er de la loi du 16 décembre 1875, et aux articles 1 et 3 de la loi du 31 du même mois.

« En dehors des dépenses prévues par la loi du 11 juin 1842, sont autorisées celles des travaux de superstructure, l'achat en matériel roulant excepté.

« Dans les trois premiers mois de chaque année, il sera rendu, par le ministre des travaux publics, un compte spécial des travaux exécutés en vertu de la présente loi.

« Les travaux de chacune des lignes ne seront entrepris qu'après que le ministre des travaux publics aura reçu des départements, communes ou propriétaires intéressés, des offres de concours qu'il jugera suffisantes.

« Le ministre des finances, pour se procurer les fonds nécessaires à l'exécution de ces travaux, devra émettre des obligations du Trésor semblables à celles dont la création et la négociation ont été autorisées par l'article ci-dessus. »

M. Bastid propose de remplacer le § 4 de l'article 2 par la disposition suivante :

« Il n'est rien innové aux lois des 16 et 31 décembre 1875 en ce qui touche le concours éventuel des départements, des communes ou des propriétaires intéressés. »

Cet amendement, défendu par MM. Bastid, Oudoul, Rouher et Wilson, est combattu par le ministre des travaux publics, par M. Sadi Carnot, rapporteur, par M. Henri Germain et par M. Gambetta :

M. GAMBETTA. — Je désirerais présenter une observation à l'Assemblée sur le texte même qui est l'objet de cette discussion.

Sans entrer dans les détails historiques et anté-

rieurs qui vous ont été donnés avec une compétence
devant laquelle la Chambre a montré sa sympathie
pour les questions d'affaires en dehors de la politique, je crois qu'on peut ramener la question à des
termes beaucoup plus précis.

De quoi s'agit-il? Il s'agit de voter sur une disposition présentée par la commission du budget, acceptée
par le Gouvernement, et qui laisse parfaitement en
dehors la question qui ne nous divise heureusement
plus aujourd'hui : la construction des chemins de fer
par l'État.

Il ne s'agit donc pas de comparer les législations
de 1842 et de 1865 avec ce que l'on vous propose aujourd'hui; il s'agit de se mettre en présence de la
réalité des choses. Eh bien, quelle est-elle?

On met à la charge de l'État tous les chemins de
fer d'intérêt local que, dans le système antérieur, on
était impuissant à réaliser rapidement ou qu'on ne
pouvait pas du tout réaliser. Et alors l'État, prenant à
sa charge l'exécution prompte et rapide de ces lignes
secondaires qui, tout en présentant un caractère local,
se rattachent à la fortune publique et au développement des voies ferrées pour l'ensemble du territoire,
l'État dit : Je vais améliorer votre condition dans une
proportion absolument inverse de celle qui existait
auparavant. Auparavant, il vous fallait porter à des
compagnies privées une contribution qui était des
deux tiers. Aujourd'hui, l'État se substitue à vous-
mêmes dans la construction de ces chemins de fer
d'intérêt local qu'il élève à la qualité de chemins d'intérêt général, pour les réaliser.

Et alors, que dit-il aux communes et aux départements? Est-ce qu'il a la prétention de ne tenir aucun
compte des sacrifices antérieurs, de ne pas se conformer à la loi de justice distributive et proportionnelle à laquelle on faisait légitimement appel tout à
l'heure? Nullement.

Mais il a une prétention, c'est de ne pas laisser de côté des ressources disponibles qui doivent contribuer, dans une proportion qui reste à apprécier, à la construction de cette source de richesse, non seulement locale, mais générale, et il dit : Laissez-vous imposer une contribution obligatoire non seulement dans son caractère, mais dans son chiffre...

Un membre. — Dans son quantum.

M. GAMBETTA. — Dans son quantum, comme on le dit fort bien.

L'État dit : Vous ne contribuerez que par votre offre de concours, dont vous ferez vous-mêmes l'appréciation.

Et alors, pour ne pas livrer l'État à des demandes sans aucune espèce de concours financier de la part des individualités locales qui peuvent fournir des ressources, on ménage, dans l'intérêt des finances de l'État, — dont il faut bien aussi que vous ayez souci, — on ménage le droit d'appréciation du chef du département des travaux publics.

M. MALARTRE. — Et si l'on ne peut rien donner?

M. GAMBETTA. — Je vais vous le dire, monsieur Malartre, si vous avez quelque patience. Si vous aviez lu avec attention le texte même de la résolution qui forme l'article 2, vous auriez vu qu'il ne faut pas grossir le débat, le laisser s'égarer, qu'il ne faut pas parler de rupture d'équilibre entre les pauvres et les riches, mais que, dans cette rédaction, on a pris et on a réalisé le dessein de favoriser la construction rapide de ces chemins, tout en ménageant les forces contributives des départements sur lesquels ces voies doivent être établies. En effet, quelle est la disposition? On vous l'a dite : « Les travaux de chacune des lignes ne seront entrepris qu'après que le ministre des travaux publics aura reçu des départements, des communes, des propriétaires intéressés, des offres de concours qu'il jugera suffisantes. »

C'est ici que se trouve le siège de la dissidence, et je tiens à vous expliquer comment on était arrivé à cette rédaction. Les uns, et c'est une opinion que nous n'avons pas du tout partagée, disaient : Il n'y aura jamais lieu à aucune espèce de concours de la part d'aucune des communes, d'aucun des grands industriels ou des grands propriétaires intéressés.

Nous avons trouvé que cette méthode était beaucoup trop coûteuse pour les finances de l'État, et enfin qu'elle constituait une injustice très appréciable.

D'autres nous disaient : Eh bien, prenez une proportion; dites aux départements qu'on exigera un concours qui sera basé sur l'état de leurs centimes départementaux.

La commission n'a pas voulu établir une règle pareille. Pourquoi? Précisément dans l'intérêt des départements pauvres. Il est bien évident que, si vous aviez voulu établir une règle exigeant un concours, une contribution basée sur les centimes départementaux, vous auriez exclu tous ceux qui n'auraient pas pu atteindre à cette proportion, et c'est cette mesure que nous avons écartée dans l'intérêt de ces départements pauvres, qui ont besoin de chemins de fer, qui ont droit à en avoir, et pour lesquels l'État s'engage s'ils n'ont pas les ressources nécessaires pour y subvenir. Et alors, au lieu de prendre cette tarification obligatoire, préalable, indispensable dans son chiffre et dans son origine, la commission a dit qu'on s'en rapporterait à l'appréciation équitable du pouvoir ministériel, qui est responsable, à qui on pourra demander compte tous les jours de l'entreprise et de l'exécution de ces lignes, avec lequel on pourra discuter publiquement sur la force contributive du département intéressé.

Et, Messieurs, la rédaction, à dessein, est tellement large, libérale, que, si un département, par suite de ses charges, est dans cette situation de ne pouvoir

offrir qu'un concours à peine appréciable, le chemin
pourra être fait néanmoins. (*Très bien! très bien!*)

Par conséquent, vous avez la garantie d'une justice
distributive, basée sur les sacrifices antérieurement
consentis et respectés.

Mais vous avez une autre garantie qui n'est pas
moins importante : c'est que si les départements ou
les communes traversés sont réellement riches, pros-
pères, et veulent avoir ces chemins de fer, s'ils sont
en état de les payer, ce serait au détriment de la justice générale et de bonnes finances de l'État si l'on
n'exigeait pas d'eux une contribution. (*Assentiment.*)

Voilà l'économie du projet, il est évident qu'il ne
peut avoir qu'un inconvénient, auquel l'honorable
M. Rouher faisait allusion tout à l'heure, c'est-à-dire
l'embarras, les difficultés au milieu desquelles aura
à se débattre le ministre; mais ce sont là affaires de
ministre, et, en en prenant l'honneur, on doit en assumer la charge. (*Sourires.*)

Je me résume en deux mots : comparé à la situation
de 1865, il est certain que le système qu'on vous propose vous soustrait aux obligations onéreuses qu'a-
vait organisées la loi de 1865, et vous place sous une
législation beaucoup plus libérale. Il est bien certain
que les contributions ne seront plus proportionnelles
aux ressources, mais aux besoins, et que les offres de
concours financier de la part des départements et des
communes, si minimes qu'elles soient, dès qu'il y
aura un intérêt particulier à l'exécution, seront toujours un moyen d'y satisfaire.

Réduite à ces termes, précisée dans ces limites, je
ne comprendrais pas que, voulant faire une œuvre de
justice, vous ne préfériez pas la législation que votre
commission vous propose à la législation antérieure,
qui était infiniment plus rigoureuse. (*Très bien! très
bien! sur divers bancs. — Aux voix! aux voix!*)

L'amendement de M. Bastid est rejeté par 244 voix contre 221, et la Chambre adopte l'ensemble de l'article 2 des dispositions législatives.

Le budget du ministère des finances est adopté sans discussion importante dans la séance du 4 décembre. La Chambre décide, sur la proposition de M. Léon Say, que le budget des dépenses formera une loi distincte qui sera transmise immédiatement au Sénat.

BUDGET DES RECETTES

La discussion du budget des recettes occupa huit séances (7, 8, 9, 11, 12, 14, 15 et 16 décembre). L'article 2 (abolition de la surtaxe sur le sel) donna lieu à un vif et intéressant débat entre le ministre des finances et le président de la Commission du budget[1] (séances du 14 et du 15 décembre).

M. LE PRÉSIDENT. — Je donne lecture de l'article 2 du projet de loi.

« La surtaxe de 2 décimes et demi sur le sel, établie par l'article 6 de la loi du 2 juin 1875, est supprimée. »

M. LE MINISTRE DES FINANCES. — Je demande la parole.

M. LE PRÉSIDENT. — La parole est à M. le ministre des finances.

M. LÉON SAY, *ministre des finances*. — Messieurs, je ne me dissimule pas que je viens demander à la Chambre de faire un acte très considérable, en n'acceptant pas l'article 2 du projet de la commission. Je regrette beaucoup, étant arrivé à ce point de la discussion, après avoir été constamment d'accord avec la commission du budget, après avoir reçu d'elle une aide si efficace, je regrette d'être en désaccord avec elle sur ce point; mais je croirais manquer à tous mes devoirs, si je ne venais pas vous demander de maintenir l'impôt de 2 décimes et demi établi sur le sel en 1875.

Je crois que la question doit être envisagée à un point de vue très général.

J'espère que la Chambre voudra bien se mettre au point

---

1. L'article 1er était ainsi conçu : « *Continuera d'être faite, pour 1877, au profit de l'État, conformément aux lois existantes, la perception des droits, produits et revenus énoncés dans l'état annexé à la présente loi.* »

de vue où se place naturellement un ministre des finances, et auquel aussi doit se mettre une Chambre quand elle est animée du désir du bien public.

Je vous demande, Messieurs, de ne pas toucher prématurément à nos impôts. Je ne crois pas que le budget de 1877, tel qu'il vient d'être établi, soit un budget suffisamment en équilibre pour que nous puissions aujourd'hui dégrever l'un quelconque de nos impôts. Enfin, si nous devons opérer des dégrèvements, je crois qu'il ne faudrait le faire qu'après avoir discuté d'une manière très approfondie notre système fiscal et réglé l'ordre particulier des dégrèvements à adopter.

Et, d'abord, je demanderai à la Chambre la permission de lui dire qu'un ministre ne vient pas faire de démonstration, de déclaration. Il ne m'appartient pas de venir déclarer que j'ai tel sentiment économique, que j'adopte tel principe en matière d'impôt; je me borne à présenter des projets de lois.

Est-ce que la majorité ne devrait pas faire de même? Je comprends, jusqu'à un certain point, la démonstration d'un sentiment, d'une opinion de la part de la minorité. Lorsqu'un parti n'a aucun espoir d'arriver au pouvoir, lorsque, par conséquent, il n'a aucune responsabilité, il peut lui paraître quelquefois naturel de demander des réformes qu'il sait ne pas devoir obtenir. (*Mouvements en sens divers.*)

Nous avons vu souvent de pareilles démonstrations. Il n'est pas bien d'agir ainsi, mais enfin tous les partis successivement ont eu recours à ces habitudes parlementaires et ont employé ce moyen.

Je ne veux pas leur en reprocher trop amèrement l'emploi, mais je dis que ce moyen ne peut pas être adopté par une majorité, parce qu'elle est responsable de ses actes. Car, Messieurs, vous ne devez pas vous y méprendre, vous êtes responsables de vos actes. Et, quand je vois la majorité de la commission du budget, qui est l'expression de la majorité de cette Chambre, faire une proposition de réduction comme celle qui nous occupe, je me demande si elle a bien pesé sa responsabilité, si elle ne s'est pas laissé entraîner à ce désir de faire une démonstration de ses sentiments, et si elle a bien pensé qu'elle assumait une charge très considérable, en voulant vous faire entrer dans une voie qui peut être extrêmement dangereuse.

La commission du budget est-elle bien sûre que notre budget de 1877 soit dans un équilibre sérieux? Est-elle bien sûre que le budget que nous avons voté soit parfaitement normal?

Croit-elle absolument qu'un dégrèvement est possible? N'y a-t-il pas un doute dans son esprit? N'est-elle pas, comme moi-même, préoccupée d'une situation qui est difficile?

On m'a dit que j'étais pessimiste et que, jusqu'à un certain point, c'était mon devoir. Je ne suis pas pessimiste; mais j'ai la prétention de voir les choses telles qu'elles sont.

La commission du budget vous a demandé un grand nombre de crédits. Elle sait, la Chambre sait aussi, qu'il y a d'autres crédits, qui ne sont pas compris dans le budget de 1877, qu'il faudra ouvrir à partir de la semaine prochaine; d'ici à huit ou dix jours, nous vous aurons présenté un certain nombre de ces crédits. J'en ai fait l'énumération; la commission a été d'accord avec moi : je demande la permission d'en parler encore.

Il y a des crédits pour le ministère de la marine, pour les troupes coloniales. Ces crédits sont maintenant discutés par la commission du budget, qui paraît avoir donné un avis favorable.

De ce chef, il y aura quelque chose comme 1 million à vous demander.

Il y a la question du Tong-King qui a été réservée. On a fait entrer 2,200,000 francs dans les recettes budgétaires; c'est avec cela qu'on a établi l'équilibre, mais on n'a rien prévu pour une dépense correspondante qui sera certainement faite.

L'honorable rapporteur de la commission du budget disait l'autre jour : Ce ne sera pas 2,200,000 francs. — Il est possible qu'on trouve moyen de réduire, mais si ce n'est pas 2,200,000 francs, ce sera 1,500,000 ou 1,000,000 fr. peut-être.

M. GAMBETTA. — D'après le compte du gouverneur, ce ne serait que 800,000 francs.

M. LE MINISTRE DES FINANCES. — 800,000 francs si vous le voulez; je ne discute pas le chiffre du crédit.

977,889 francs, près de 1 million d'un côté, et 800,000 francs de l'autre, cela fait 1,800,000 francs.

Enfin, pour les travaux publics, il y aura plus de 3 millions qui devront être ajoutés au budget de 1877.

La commission du budget a reconnu avec nous qu'il n'y avait pas moyen de faire autrement.

La même observation s'applique à un autre crédit de 2 millions pour le ministère de l'intérieur, relatif à la réforme télégraphique.

Vous avez certainement au budget un crédit pour lequel les ressources actuelles n'ont pas été calculées jusqu'à concurrence des dépenses que vous connaissez, et par conséquent, si vous supprimez l'une des ressources, vous pouvez être certains que votre budget ne pourra s'équilibrer qu'avec des espérances. Les espérances, vous pouvez les concevoir, vous pouvez être optimistes au lieu d'être pessimistes; dire comme M. Labadié qu'il y aura probablement des plus-values considérables; vous pouvez équilibrer votre budget avec des plus-values et non avec des espérances.

Cette dernière méthode est mauvaise, et c'est la méthode qui a été employée par la commission du budget.

Si vous supprimez les 7,500,000 fr. de l'impôt sur le sel, si vous supprimez les 2 fr. 50, en sus des 10 fr. qui grevaient déjà le sel, si vous supprimez les 2 fr 50 résultant de la loi de 1875, vous avez un budget qui n'est pas en équilibre actuellement.

Sera-t-il en équilibre à la fin de l'exercice?

Messieurs, quand on ouvre un exercice, on ne sait pas comment cet exercice se réglera. Sans doute, beaucoup de budgets, réglés en équilibre, sont arrivés, au bout de leur carrière, à être en déficit, tandis que d'autres budgets, réglés très difficilement, comme celui de 1875, sont arrivés, au contraire, à l'équilibre. Je le sais; mais au moment où vous faites un budget, il faut le faire *bona fide*, avec les ressources que vous avez en mains. Si vous faites un budget qui repose sur des espérances, il ne faut plus faire de budget, il faut purement et simplement établir la quotité de toutes les dépenses que vous voulez faire, ne plus vous occuper du rapport entre les recettes et les dépenses, et vous contenter de l'espoir que les recettes seront suffisantes pour couvrir les dépenses.

Je crois que ce système est extrêmement fâcheux, extrêmement mauvais; il n'est pas conçu, je le disais tout à l'heure, dans un esprit gouvernemental. Et ce qui me paraît le plus dangereux dans la manière dont ce budget a été établi, c'est que je crains d'y voir le commencement d'un système qui pourrait conduire à la destruction de nos finances et produire ainsi un mal irrémédiable ; je suis convaincu que si nous entrons dans le déficit, nous ne saurons plus en sortir.

La question n'est pas de savoir si nous ne serons pas en déficit ; la question est de savoir si vous pouvez faire certaines choses ; si le sentiment de votre responsabilité ne doit pas vous empêcher d'entrer dans une voie au bout de laquelle il n'y aurait plus de finances, plus de gouvernement possible.

Je demande instamment à la Chambre de ne pas consentir à réduire la taxe sur le sel, et, suivant que la Chambre le jugera convenable, j'entrerai soit maintenant, soit lorsque M. Guyot aura parlé, dans quelques détails à ce sujet.

M. GUYOT. — Parlez, monsieur le ministre!

M. LE MINISTRE. — La surtaxe de deux décimes et demi qui a été ajoutée à l'impôt déjà existant sur le sel a été vivement discutée. L'impôt était autrefois de 10 fr.; on a cherché à le porter à 20 fr. L'Assemblée nationale n'y a pas consenti. On a cherché ensuite à le porter à 15 fr. L'Assemblée nationale n'y a pas consenti davantage. C'est alors qu'on a pensé qu'il était possible d'assujettir le sel à la loi générale du double décime et demi, auquel toutes les autres taxes des contributions indirectes avaient été assujetties. C'est par cette formule générale appliquée au sel comme à d'autres objets tarifés dans les douanes et les contributions indirectes du double décime et demi, qu'on est arrivé à la taxe actuelle de 12 fr. 50.

Cette taxe de 12 fr. 50 a été une taxe à laquelle on pouvait, on devait faire beaucoup d'objections, et l'objection principale, la grosse objection, celle qui a dû toucher et a touché certainement la plupart de ceux qui ont voté contre la loi, c'est que, pour faire entrer 2 centimes et demi dans les caisses du Trésor, on ferait très probablement sortir de la poche des contribuables 3 centimes. C'était le grand défaut de la loi.

En effet, si vous recherchez quel est le prix du sel dans les diverses régions, vous voyez que, s'il est vrai que le prix du sel n'a pas sensiblement augmenté dans quelques parties de l'Est, il est vrai aussi qu'il a augmenté dans une proportion plus forte que l'impôt dans un grand nombre de localités, et surtout dans les localités du Midi.

C'est là, je le reconnais, un inconvénient très considérable. Mais êtes-vous bien sûrs, si le mal a été fait, que vous en veniez à bout, aujourd'hui, en diminuant l'impôt, et que, après la diminution, il ne restera pas, entre le prix auquel le sel sera vendu au public et le prix de revient aux marchands, y compris l'impôt, un écart analogue à celui qui existe maintenant?

Il est possible que le bénéfice que les intermédiaires se sont attribué leur reste. Vous savez comme moi que le commerce de détail des denrées d'épicerie est un commerce tout spécial, dans lequel le bénéfice n'est pas proportionné à la valeur de la marchandise. Telle denrée est une marchandise sur laquelle on gagne beaucoup; telle autre, une marchandise sur laquelle on gagne peu; telle autre, une marchandise sur laquelle on ne gagne pas du tout; de telle sorte qu'une fois établi, il est difficile de revenir sur le prix de vente.

Je ne serais pas étonné, pour ma part, que les 2 centimes et demi ayant produit le mauvais effet que, très certainement, ils ont produit dans certaines localités, ce mauvais effet ne se perpétuât, et que vous ne puissiez arriver à rétablir l'état de choses qui existait autrefois.

Mais, nous dit-on, — je passe rapidement, parce que ces questions sont très connues de la Chambre, et que je ne crois pas qu'il soit nécessaire de trop les développer, — mais l'élévation de l'impôt du sel a cet inconvénient que, en augmentant le prix du sel, on a réduit la consommation, et qu'en réduisant la consommation, on a établi une prévision plus considérable dans le budget, et on n'a pas, en réalité, touché davantage.

Il est vrai qu'il y a une réduction très sensible dans les acquittements sur le sel. A quoi tient cette réduction? Est-ce à une diminution dans la consommation? Je ne le crois pas.

D'abord, il a suffi que l'amendement de M. Guyot fût pris en considération par la commission du budget, pour arrêter les transactions, et il s'est produit ce fait que vous rappelait tout à l'heure l'honorable M. Labadié, quand il vous parlait des savons et des huiles.

Il est évident que, lorsqu'on a appris que la commission

du budget était favorable au projet de dégrèvement du sel, on a acheté le moins possible; et cela devait arriver. En effet, tous les marchands qui pouvaient vivre sur leurs approvisionnements se sont bien gardés de faire des achats nouveaux.

Il en est résulté une baisse toute naturelle, peut-être moins forte que plusieurs ne l'imaginent, mais enfin une baisse assez sensible. Ce phénomène n'est pas nouveau : pendant que la question de l'augmentation des droits sur le sel était agitée devant l'Assemblée nationale, nous avons vu déjà des perturbations de ce genre se produire dans les quantités vendues, et cela, par le fait même que le maintien ou l'élévation de ces droits était un objet de discussion.

Lorsqu'on craignait une augmentation de droits, à partir d'un certain 31 décembre, — celui de 1873 par exemple, — on s'empressait de faire des approvisionnements pour ne pas être soumis aux gros droits qu'on redoutait. C'est pour cela que, tandis que, en 1872, la quantité de kilogrammes sur laquelle la perception avait eu lieu était de 322 millions, elle s'est élevée en 1873 à 357 millions. Cependant personne n'a prétendu que la consommation, en 1873, avait été plus étendue qu'en 1872. En 1874, par contre, puisque les approvisionnements avaient été faits, on est retombé à 282 millions de kilogrammes. De sorte que l'année 1873 a été beaucoup au-dessus de la moyenne et l'année 1874 beaucoup au-dessous.

En 1875, on remonte à 306 millions de kilogrammes, ce qui paraît être la consommation moyenne du sel en France.

En 1876, il est très probable qu'on sera beaucoup au-dessous, sauf à rétablir l'équilibre lorsque la situation du droit sur le sel sera définitivement réglée par vous dans un sens ou dans un autre.

Je ne pense donc pas qu'il y ait lieu de s'inquiéter, au point de vue de la consommation, de ces perturbations, car si elles sont, pour quelques années, assez considérables en chiffres, elles ne sont pas proportionnellement très grosses en moyenne.

En effet, le relevé des acquittements qui ont eu lieu dans les premiers mois de chacune des trois dernières années présente la même moyenne. J'ai trouvé un écart très peu sensible, une diminution de 1 1/2 à 2 p. 100.

La moyenne des acquittements de janvier à octobre, pendant les années 1867, 1868 et 1869, a été de 232 millions de kilogrammes.

La moyenne des acquittements de janvier à octobre en 1872, 1873 et 1874 a été de 232 millions 993,000 kilogrammes, c'est-à-dire la même moyenne.

Je dois faire remarquer que les chiffres de 1867 à 1869 de 232 millions de kilogrammes ont été établis, réduction faite de 5 p. 100 représentant la consommation de l'Alsace-Lorraine. J'ai voulu établir un chiffre de comparaison avec les chiffres que j'employais de 1872 à 1874 : avant 1870, 232 millions de kilogrammes pour les dix premiers mois; après 1870, 232 millions de kilogrammes pour les dix premiers mois, et pour les dix premiers mois de 1870, nous avons 228 millions de kilogrammes.

Vous le voyez, il y a une différence de 4 millions de kilogrammes, différence peu sensible, et qui peut tenir ou ne pas tenir à cette augmentation sur le prix, mais dont on ne peut guère arguer pour le fond de la question.

Je crois qu'on peut conclure de là, d'un côté, que l'augmentation de droit de 10 fr. à 12 fr. 50 qui s'est produite dans les prix actuels, n'a pas eu une action sensible sur la consommation, et, d'un autre côté, que l'on n'est pas sûr de faire disparaître l'inconvénient résultant de la surtaxe, c'est-à-dire la cherté de la denrée, en prononçant la suppression de cette surtaxe.

Dès lors, il ne reste plus qu'une question d'équilibre budgétaire, celle de savoir si, pour satisfaire un vœu que je trouve légitime, vous devez abandonner un principe que je trouve supérieur et qui avait été adopté par la commission du budget au commencement de ses travaux, celui de rester dans le *statu quo* pour le budget de 1877. Et la commission du budget avait si bien senti l'avantage qu'il y aurait à ne pas s'écarter de ce principe, que, après avoir déclaré vouloir s'en tenir, pour 1877, au *statu quo*, elle a demandé à étudier d'une manière tout à fait générale notre système fiscal, et que le membre le plus important de cette commission l'a saisie d'une proposition d'ensemble.

Je n'ai pas refusé d'examiner et de discuter ce projet. J'ai dit l'autre jour, en discutant l'amendement de M. Rouvier, que le projet me paraissait bien posé; que je n'acceptais

pas les conclusions auxquelles il tendait, mais que je dis-
cuterais sur le terrain qui était choisi, parce que, sur ce
terrain, nous pourrions aller au fond des choses, voir s'il
était ou s'il n'était pas possible de renoncer à notre système
actuel d'impôts pour en adopter un nouveau, et, dans ce
dernier cas, quel système devrait être adopté.

Mais, Messieurs, avant d'avoir pris un parti, diminuer le
budget d'une somme de 7 millions, alors qu'on n'est pas
sûr de n'avoir pas besoin de cette somme de 7 millions, cela
me paraît une imprudence grave, grave surtout de la part
d'une majorité qui, ayant en mains le pouvoir de faire ce
qu'elle veut, viendrait ici, oubliant sa responsabilité, présenter des propositions que peut-être elle ne ferait pas si
elle avait la responsabilité immédiate du pouvoir, et surtout
si elle se mettait à la place de celui qui est chargé de défendre pour elle et pour son compte les intérêts du Trésor.
(Très bien! très bien!)

M. HAENTJENS. — Et la diminution des taxes postales!

M. LE RAPPORTEUR. — Ce n'est pas maintenant que peut
venir la discussion sur les taxes postales!

M. GAMBETTA. — Oh! l'argument est bon, et nous le ferons
valoir!

M. LE MINISTRE DES FINANCES. — Si vous le voulez, je vais
vous répondre.

M. HAENTJENS. — Toute la question est de savoir s'il vaut
mieux diminuer les taxes sur le sol que les taxes sur les
lettres!

M. LE RAPPORTEUR. — On peut diminuer les unes et les
autres!

M. GAMBETTA. — Il n'y a pas de question d'alternative sur
ce point! .

M. LE MINISTRE. — Messieurs, la question des postes est
absolument différente. J'ai choisi un produit sur lequel une
diminution considérable a été proposée à la commission du
budget; je ne m'inquiète pas des autres propositions. Je
prends celle, — je ne sais pas quelles en seraient les conséquences, — qui a été conçue de façon à abandonner les
plus-values des postes. La réforme postale, c'est l'abandon
des plus-values que vous pouvez toucher dans l'avenir, pas
autre chose. Vous voyez, comme je vous l'ai déjà dit, qu'il
est bien différent d'abandonner les plus-values de l'avenir

sur un point spécial, ou d'abandonner un impôt qui, tous les ans, produit des ressources qui peuvent être affectées à des dépenses.

Je crois qu'il ne sera pas difficile d'établir, quand nous discuterons la question postale, que, après avoir dépensé une somme une fois payée, — somme que nous trouverons par les moyens que nous vous ferons connaître plus tard, — nous pourrons obtenir une plus-value dont nous profiterons.

Y a-t-il d'autres impôts de consommation qui eussent pu produire ce même résultat de donner une plus-value après dégrèvement?

C'est là une question très intéressante à discuter, mais elle ne se pose pas à l'occasion de l'impôt du sel.

Personne, je crois, ne pourrait prouver ici qu'en abandonnant les deux décimes et demi sur le sel, qui produisent 7 millions de recettes, je trouverais une plus-value résultant de l'augmentation de la consommation. De telle sorte que la question de la réforme postale est absolument différente de la question du sel, telle qu'elle est posée par la commission du budget. (*Très bien! très bien!*)

M. Gambetta répondit à M. Léon Say dans la séance du 16 décembre :

M. GAMBETTA, *président de la commission du budget.* — Messieurs, nous sommes à peu près arrivés à la fin de notre tâche budgétaire.

Un dissentiment que je considère comme très léger, et comme facile à faire disparaître, s'est élevé hier entre la commission du budget et l'honorable et éminent ministre des finances.

J'ai demandé au dernier moment la parole, parce que M. le ministre a introduit, dans le développement des raisons qu'il faisait valoir devant vous, une série d'observations, de réflexions, de griefs contre la commission du budget, qui, présentés avec sa verve et son autorité, m'ont paru de nature à produire sur la Chambre une influence plus étendue que ne le comporte la cause qu'il soutenait.

C'est pourquoi, Messieurs, sans prétendre à faire

un discours à l'heure où nous sommes parvenus, je crois qu'il est bon de présenter, en réponse aux observations de M. le ministre des finances, l'explication sincère et complète des motifs qui ont déterminé la très grande majorité de votre commission du budget à régler la loi de finances avec un dégrèvement de 7,500,000 fr. dégrèvement qu'elle a cru devoir vous présenter aussi bien dans l'intérêt des contribuables que dans l'intérêt de l'équilibre rigoureux de nos finances. (*Très bien! très bien!*)

Je ferai d'abord remarquer, Messieurs, que si les observations qui vous ont été présentées hier reposaient sur des raisons vraiment irréfragables, si elles n'étaient pas excessives, si, entraîné par la chaleur de son esprit, par cette habitude de pousser jusqu'au bout un argument, M. le ministre des finances n'avait pas dépassé la réalité de ce qui ressort de l'examen de nos finances, assurément ce n'est pas nous qui viendrions ici le contredire.

Mais qu'a-t-il dit? Quelles raisons a-t-il alléguées? Elles sont de deux ordres, Messieurs; la première est une raison que j'appellerai de théorie et de doctrine gouvernementales, la seconde est une raison d'ordre budgétaire et fiscal.

Je dois dire, — et l'expérience que M. le ministre a bien voulu reconnaître avoir faite de compte à demi avec la commission du budget prouve que mon observation est bien fondée, — je dois dire que sur ces deux points de vue, en tant que points de vue, il n'y a pas de dissidence entre l'honorable ministre des finances et la commission du budget. Nous croyons en effet avec lui qu'avant tout la majorité républicaine doit être une majorité gouvernementale, qu'elle ne doit se laisser aller ni à des entraînements, ni à des vues purement théoriques et chimériques, qu'elle doit avoir le souci de sa responsabilité et porter sa vigilance scrupuleuse sur l'équilibre des finances et sur la dotation assurée de tous les services publics.

Si M. le ministre des finances avait borné là ses réflexions doctrinales, sur la profonde justesse desquelles personne ne songe dans la majorité à élever la moindre critique, je ne serais pas à cette tribune; mais, qu'il me permette de le lui dire, il a poussé le sentiment de la contradiction peut-être un peu plus loin que ne le comportait le sentiment de gratitude qu'il professait pour la commission du budget.

En effet, Messieurs, vous savez dans quelles conditions cette commission a été nommée par vous; vous savez quelle charge énorme pesait sur elle. Cette charge était double : il fallait faire comprendre au pays avec quelle dure et patriotique nécessité il devait se résigner à supporter les charges véritablement écrasantes qu'avaient léguées les évènements de 1870 et de 1871. (*Assentiment sur divers bancs.*)

Mais cette commission, en tenant le plus grand compte, un compte supérieur, de la nécessité pour le crédit public de faire honneur aux engagements de l'État, d'assurer la marche régulière de tous les services, avait une autre préoccupation : c'était de donner, à ceux de ces services qui affectent plus particulièrement, qui touchent plus intimement aux sources mêmes de la régénération nationale, une dotation jusque-là trouvée insuffisante et médiocre.

La commission du budget, en même temps qu'elle avait à se livrer à l'examen des dotations des services publics, avait assumé devant le pays une autre charge et une autre responsabilité : c'était de marquer que, au point de vue de la défense du pays, au point de vue de l'instruction militaire de la France, au point de vue du développement de ses travaux publics, au point de vue de la renaissance et de la réorganisation de son éducation nationale, il y avait des sacrifices immédiats à accomplir. (*Très bien! très bien! à gauche.*)

Ces sacrifices, la commission du budget les a accomplis avec votre concours et aux applaudissements du pays, qui voyait bien qu'on ne faisait pas tout, mais qui voyait aussi qu'on affirmait ainsi la volonté de faire mieux et de tout accomplir en y mettant le temps nécessaire, indispensable dans des entreprises de cette haleine et de cette importance. (*Marques nombreuses d'approbation à gauche.*)

Eh bien, c'était ce budget qui nous était présenté, et, je tiens à le dire, quand ce budget nous a été apporté, nous l'avons examiné et adopté. Nous l'avons examiné au point de pouvoir y réaliser 30 millions d'économie. Ce sont ces 30 millions que nous avons répartis d'après les principes que nous venons d'exposer, et dont une partie a été prise aussi par les crédits rectificatifs qui sont venus de la part des différents ministères ; car ce budget présente cette singularité que, proposé avec certains chiffres, examiné sur ses bases primitives, à son point de départ commun, lorsqu'il a été fait, réglé, ainsi adopté, il s'est accru incessamment. Oui, Messieurs, c'est quand le budget est voté que l'on vient, sous forme de budget rectificatif, faire pénétrer dans les dépenses déjà arrêtées, une certaine quantité de dépenses qui enflent le budget voté et qui diminuent dans la proportion même de leur *quantum* le chiffre de l'excédent, et c'est ainsi qu'on peut voir, à mesure que la session extraordinaire dure, non pas l'équilibre dérangé et détruit, mais l'excédent diminué pour ainsi dire proportionnellement au nombre de vos séances.

Évidemment, nous ne sommes pas là en face de conditions normales ; aussi, Messieurs qu'a fait la commission du budget ?

Obéissant au sentiment qui l'avait inspirée tout d'abord, elle a dit : Nous ferons deux parts des crédits que vous apportez : ceux qui véritablement sont immédiatement nécessaires, nous les introduirons, par voie rectificative, dans le budget de 1877 et nous ajournerons les autres, à l'aide de crédits supplémentaires, sur l'exercice 1877.

On ne pouvait pas procéder autrement, car que s'est-il passé sur les budgets de 1876 et de 1877, au moins pour les crédits spéciaux?

M. le ministre des finances tirait argument hier soir de ce que, à côté des crédits réglés, il y avait, comme derrière le paravent, des crédits relatifs au Tong-King, à l'infanterie de marine, des crédits relatifs aux travaux publics qui n'étaient pas votés, qui ne figuraient pas dans la loi de finances de 1877, mais qui étaient là à l'état d'invasion assez prochaine et auxquels cependant il faudrait faire honneur.

Un mot d'explication sur chacun de ces crédits.

En ce qui touche l'infanterie de marine, vous avez voté le budget de l'infanterie de la marine; vous avez reconnu qu'il y avait, pour un bataillon d'infanterie de marine, une absence de justification qui ne permettait pas de le faire figurer dans la loi de finances 1877, réservant avec le ministre de la marine la question de dislocation possible dans les colonies d'outre-mer; cette question est pendante; elle pourra être résolue, et je me demande si elle ne peut pas être résolue par voie de crédits supplémentaires.

Je passe au Tong-King. C'est ici que nous sommes véritablement en pleine fantaisie, car enfin, le Tong-King ne figurait en aucune manière dans le budget de 1877; il n'y était mentionné que sous son expression géographique. Quant à une analyse de ce qu'il coûte, des services qu'il réclame, de l'affectation particulière à telle ou telle branche de l'administration du Tong-King, aucune justification! et il y avait si peu de justifications possibles que, lorsque nous avons demandé au département de la marine de vouloir bien nous dresser l'état des dépenses ultérieures du Tong-King, auxquelles nous ne refusions en rien de pourvoir, sauf examen, qu'est-ce qu'on nous a répondu?

On nous a répondu en nous apportant l'évaluation des dépenses sur le Tong-King. Malheureusement on avait laissé figurer, dans le dossier qui accompagnait cet état relatif au Tong-King, une lettre du gouverneur général du Tong-King ou de la Cochinchine, s'expliquant sur le Tong-King et présentant une différence de 50 pour 100 sur la somme qu'il était nécessaire d'allouer pour le Tong-King sur le budget de 1877. Nous avons fait remarquer l'énorme contradiction qui apparaissait rien que de cette première communication de pièces, et on nous a dit qu'avant de nous rendre une réponse définitive, on avait besoin de consulter le gouverneur du Tong-King.

Vous voyez que les opérations relatives au Tong-King ne peuvent pas figurer dans la loi de finances de l'exercice 1877. Quand le gouvernement aura répondu, dans deux ou trois mois, la Chambre, par voie de crédits supplémentaires, sera appelée à examiner ce qu'il y a à faire pour le Tong-King.

En ce qui concerne les travaux publics, il y a une somme de 2,400,000 fr., je crois, que l'on veut nous faire inscrire dans le budget de 1877. Je prie mes collègues, de quelque opinion qu'ils soient, de bien retenir ce que je vais dire.

Cette somme de 2 millions et quelques centaines de mille francs, qu'on veut faire figurer dans le budget de 1877, est la même qui a été soumise à la Chambre au mois d'août 1876, comme devant être alimentée par les crédits supplémentaires à prendre sur les plus-values de l'exercice de 1876. Or, il était impossible de faire figurer au budget de 1877 un crédit destiné à faire face à des dépenses nées en 1876, et que le Gouvernement lui-même avait imputées sur l'exercice 1876.

Par conséquent, par ce motif, il faut écarter ce troisième grief. (*Très bien! très bien!*)

J'ajoute que ces dépenses se rattachent aux désas-

tres, orages, tempêtes qui ont sévi pendant le prin-
temps de 1876, et, par conséquent, à un ordre de faits
absolument exceptionnel, puisque, Messieurs, il était
climatérique, et que, dès lors, il était bien naturel
que ce soit l'année dans laquelle l'accident s'est produit qui devait y faire face par ses ressources propres.

Voilà donc ce qu'on appelle l'invasion sur le budget de 1877, mais, Messieurs, il y a plus; lorsque
nous avons fait ce budget de 1877, nous l'avons fait
avec la conscience la plus entière de rester toujours
d'accord avec le Gouvernement sur l'idée fondamentale de notre œuvre, nous avons reconnu, proclamé
cette nécessité de premier ordre, que, avant tout, il
fallait faire face aux exigences de l'année qui allait
s'ouvrir, et pour cela, nous avons prêté au Gouvernement qui le réclamait le concours qui caractérise les
majorités gouvernementales en présence de propositions dont les unes n'étaient pas mûres, dont les autres, au contraire, étaient soutenues par des esprits
très autorisés qui pouvaient faire valoir en leur faveur
les arguments les plus graves, les plus déterminants:
nous avons dit non, il faut, avant tout, d'une part,
assurer le fonctionnement de l'exercice 1877, et, d'autre part, se mettre à l'œuvre pour trouver dans une
meilleure répartition, dans une meilleure combinaison de l'assiette de l'impôt, des ressources nouvelles.
Mais c'est là œuvre de temps, d'examen, de discussion, de délibérations approfondies; nous ne voulons
pas confondre, mêler, compromettre les deux œuvres:
d'abord les finances de 1877; ensuite l'examen et la
discussion des réformes possibles.

A cela, on vous a dit : Mais vos projets, apportez-
les; nous les discuterons.

Ah! je sais bien que nous avons le bonheur de
posséder un ministre très compétent, très friand de
ces débats où il brille; je sais que le jour où nous
pourrions ouvrir ici un tournoi, assurément, il se

produirait des passes charmantes où nous ne refuserions pas de prendre part, où nous apporterions un travail auquel M. le ministre lui-même a rendu hommage ; et n'eussions-nous fait que cela, nous n'aurions certes pas perdu notre temps, il y aurait déjà quelque chose d'accompli.

Mais, Messieurs, ce n'est pas une raison, parce que cette discussion sur l'assiette des contributions directes n'est pas épuisée, parce que votre commission travaille, qu'elle y consacre plusieurs délibérations par semaine, qu'elle ne se séparera pas sans avoir porté un jugement et sans avoir déposé un rapport motivé sur le bureau de la Chambre ; ce n'est pas une raison, dis-je, pour se dérober aux mesures possibles, praticables, réalisées, en disant : Ne touchons à rien, absolument à rien, ajournons la discussion sur les propositions de réformes de la commission ou de la sous-commission du budget.

En cela, à mon avis, l'esprit, d'ordinaire si sagace et si réservé de l'honorable ministre des finances, s'est laissé aller à l'exagération. En effet, la commission du budget ayant repoussé, ayant ajourné pour des motifs divers, qui vous ont été successivement donnés par l'honorable rapporteur de la commission et par ses collègues, nous nous trouvons en présence d'une résolution prise par la commission du budget, résolution que les uns qualifient de trop modeste et que les autres trouvent presque illusoire ou tout au moins en disproportion avec les exigences du pays et de l'opinion, tandis que d'autres, au contraire, comme M. le ministre des finances, la jugent tellement grave, tellement dangereuse, qu'ils vont jusqu'à prédire l'ère des déficits indéterminés, et à accuser la commission et même la majorité, si elle devait la suivre, de manquer du sentiment de la responsabilité et de l'esprit de sagesse gouvernementale.

Eh bien, Messieurs, je ne voudrais pas que la Cham-

bre ni le pays restassent sous l'impression de paroles
dont je crois que M. le ministre des finances doit lui-
même regretter le caractère un peu excessif. En effet,
il est bien entendu qu'il n'y a dans mon langage aucune espèce de critique ni contre la personne ni
contre le représentant du Gouvernement. Tout ce que
je dis n'a absolument qu'une valeur de discussion.
Voyons donc cette œuvre.

On nous dit d'abord : Vous avez là un impôt ou au
moins une surtaxe, — car nous ne discutons pas sur
le fond des choses, — et c'est encore, ce me semble,
une raison qui devrait porter M. le ministre des finances à se montrer à notre égard et à l'égard de la
Chambre beaucoup plus facile, beaucoup plus acces-
sible aux considérations que nous faisons valoir ;
nous luttons pour l'abolition de la surtaxe des deux
décimes et demi, et alors nous disons : Pour la première fois dans ce budget si chargé, au milieu de ces
contributions indirectes si lourdes et qui, grâce au dévouement, à l'énergie, à l'ardeur du pays entier, à
l'épargne et à la production, grâce aux faveurs de la
nature, ne fléchit pas, mais au contraire accuse tous
les jours, pour le bonheur du pays, pour l'affermis-
sement de son crédit, accuse tous les jours des ren-
dements supérieurs dans tous ces impôts, dans toutes
ces surtaxes, nous en avons rencontré une qui nous
a paru désignée par son origine, par son augmentation et, permettez-moi de le dire, par son peu de retentissement sur les finances générales de l'État, par
son caractère impopulaire, par le peu d'influence que
donnerait son maintien à l'équilibre futur du budget ;
car, comme on nous l'a démontré, — je ne veux pas
rentrer dans la question, — mais, comme on nous
l'a très bien démontré, il y avait là une sorte d'accroissement de la consommation du sel, qui fait que
ces 7 millions vous les retrouverez, ou à peu près,
dans l'extension de la consommation, au lieu de les

percevoir sous une forme plus rigoureuse qui, en
réalité, n'enrichit pas le Trésor, mais l'intermédiaire.
Je laisse soigneusement, d'une façon absolue, toutes
les considérations qu'on peut s'opposer les uns aux
autres, la question de savoir si c'est l'épicier qui en
profite, si la diminution que vous allez opérer con-
duira réellement à l'abaissement général du prix; je
laisse ces choses-là de côté, parce que ce n'est pas là
pour moi le point important. Ce que doit faire la
Chambre, c'est un acte à la fois politique et économique. (*Très bien ! très bien! à gauche.*)

Ce que je crois vrai, c'est que, sans toucher à l'é-
quilibre du budget, sans toucher en aucune façon au
bon ordre de nos finances, ne se préoccupant que de
l'équilibre du budget, faisant face à toutes les demandes, aux demandes justifiées comme aux demandes
qui viendront après, vous avez pu donner cette
marque de bon vouloir, de l'orientation de vos idées
économiques et de votre volonté pour l'avenir, de
toucher à une taxe qui en elle-même n'est pas productive et qui a le triple tort d'être un impôt qui porte
sur l'alimentation publique, un impôt indirect, et un
impôt qui, sous tous les gouvernements et à toutes
les époques, a été notoirement un impôt impopulaire. (*Applaudissements à gauche.*)

M. Eugène Farcy. — Voilà le cachet de cet impôt!

M. Mathieu-Bodet. — Je demande la parole.

M. Gambetta. — Si cela est, Messieurs, je ne crois
pas que le Gouvernement et le cabinet puissent trouver mauvais que, ayant assuré tous les services publics, ayant pris en mains la responsabilité, — et
nous ne la déclinons ni avec vous ni sans vous, ni
dans le passé ni dans l'avenir, — nous fassions con-
corder nos préoccupations théoriques avec les intérêts
généraux de l'État, du moment qu'il n'y a aucune
espèce de danger ni d'inconvénient, mais qu'au contraire il y a des avantages qu'il est inutile de faire re-

luire plus longtemps devant les yeux de la Chambre ;
je dis que vous le pouvez en toute sécurité, et que le
Gouvernement qui est assis sur ces bancs ne peut pas
trouver mauvais que, puisqu'il est remis à des mains
républicaines, on lui offre, comme don de joyeux
avènement, l'abolition de la surtaxe sur le sel. (*Vifs
applaudissements à gauche et au centre.*)

M. Mathieu-Bodet répond brièvement à M. Gambetta, et
M. Léon Say monte à la tribune :

M. LE MINISTRE DES FINANCES. — Messieurs, au point où la
discussion est arrivée, je crois qu'il est nécessaire de répondre en quelques mots aux observations qui ont été présentées tout à l'heure à la Chambre par M. le président de
la commission du budget.

L'honorable président de la commission du budget a
écarté toutes les questions difficiles, je le reconnais. Il y a
entre la commission du budget et le ministre des finances
un accord presque complet ; par conséquent, la question
qui nous occupe en ce moment est une question toute spéciale sur laquelle nous devons nous expliquer complètement.
(*Très-bien ! très-bien ! — Parlez !*)

Je ferai remarquer à la Chambre que je ne peux pas considérer du même point de vue que M. le président de la
commission du budget ce qu'il a appelé les crédits rectificatifs, ces crédits qui sont derrière le paravent. Je ne peux pas
non plus considérer du même point de vue l'économie de
30 millions que la commission du budget aurait faite. On a
même employé l'expression « réalisé 30 millions d'économie ».

Oui, je le reconnais, la commission du budget a fait un
travail considérable ; elle a étudié dans le détail, plus qu'aucune autre commission du budget depuis quelques années,
tous les crédits et toutes les dépenses du budget. (*Très bien !
très bien !*) Mais il y a lieu de distinguer entre les économies.

Il y a deux sortes d'économies : la première provient de
la suppression de telle ou telle opération, c'est là une économie réelle ; la seconde provient de ce que telle ou telle
dépense a été évaluée d'une autre façon par la commission
du budget que par le Gouvernement.

Ainsi, le prix de la viande pour l'armée, porté à 39 centimes par le Gouvernement, a été réduit à 31 centimes par la commission, et celle-ci inscrit dans ses tableaux un chiffre beaucoup moins considérable que celui que le ministre de la guerre avait inscrit dans les siens. La différence, dans ce cas, entre les deux chiffres est de 14 millions. Mais a-t-on fait une économie de 14 millions? Non. On a fait une évaluation qui est peut-être plus qu'une autre rapprochée de la vérité, l'avenir nous l'apprendra; mais on ne peut pas dire qu'on a réalisé absolument une économie. Ce n'est pas que je veuille dire qu'on a eu tort d'évaluer à 31 centimes le prix de la viande pour l'armée.

M. GAMBETTA. — Nous avons fait cette évaluation d'accord avec les syndics de la boucherie qui se sont engagés à faire les fournitures au prix que nous avons indiqué.

M. MALARTRE. — Les syndics de la boucherie ne connaissent pas l'avenir!

M. GAMBETTA. — Ils peuvent le prévoir aussi bien que vous, monsieur Malartre. (*Rires sur divers bancs.*)

M. MALARTRE. — Et même quelquefois mieux! Je demande la parole.

M. LE MINISTRE. — La question n'est pas de savoir si la commission du budget, les syndics de la boucherie et M. Malartre ont bien ou mal évalué le prix de la viande pour l'année prochaine; je voulais simplement faire remarquer à la Chambre que, lorsqu'on diminue les évaluations, on a moins de marge dans le budget, et que, le jour où viennent les crédits supplémentaires, ils pèsent plus lourdement sur le règlement de l'exercice.

Je ne veux pas dire le moins du monde qu'il ne faut pas régler les crédits comme on croit devoir les régler, c'est-à-dire en s'inspirant des faits que l'on connaît; mais je veux dire que la commission du budget, par cela même qu'elle est plus exacte dans ses évaluations, fait un budget dont le règlement sera plus difficile, dans lequel, par conséquent, elle aurait dû réserver une marge, avoir un écart plus considérable entre les recettes et les dépenses.

M. GAMBETTA. — Je demande la parole.

M. LE MINISTRE. — La commission a bien fait d'entrer dans la voie où elle est entrée; je crois que c'est une bonne chose que de faire des budgets aussi exacts que possible, évalués aussi près que possible de la vérité; mais elle doit reconnaître qu'il sera bon de réserver quelque chose pour l'imprévu.

Cependant, en même temps qu'elle fait un budget plus serré, elle fait un budget dans lequel il y a moins de marge, dans lequel il y a une réserve moins grande. Est-ce que la commission du budget ne sait pas qu'il y a là un danger d'autant plus grand qu'un certain nombre de crédits supplémentaires doivent être apportés bientôt devant la Chambre? La commission ne peut pas l'ignorer.

La commission du budget se dégage des crédits rectificatifs en disant : Ils viendront après le budget supplémentaire.

Oui, ils viendront après les crédits supplémentaires, non seulement après les crédits supplémentaires que vous connaissez déjà, mais peut-être aussi après d'autres que vous ne connaissez pas encore; et, lorsque ces crédits viendront, ils se trouveront en présence d'un budget qui aura été réglé avec une telle rigueur qu'il n'y aura plus de place pour la liquidation d'un exercice très difficile à équilibrer, ou à clore avec un déficit qui ne soit pas trop considérable. Je n'insisterai pas davantage sur les détails.

L'honorable président de la commission du budget a parlé d'un crédit pour l'infanterie de marine; il a reconnu avec moi qu'un certain crédit devrait être rétabli de ce chef : je ne veux retenir que cette partie de son discours.

Il a parlé également du Tong-King; il a dit : Les dépenses du Tong-King ne figuraient en aucune façon dans le budget primitif présenté par le ministre des finances. Pourquoi donc le ministre des finances s'étonnerait-il qu'elles ne figurent pas dans le budget que nous avons préparé?

Mais, Messieurs, si je n'ai pas parlé antérieurement de la recette correspondante, c'est par la raison bien simple qu'elle figure d'une manière particulière dans votre budget. Je n'avais pas porté de recette correspondant à ces dépenses, parce que vous reconnaissez la recette; elle est inscrite dans votre budget, elle fait partie de l'excédent du budget.

Vous dites que je ne m'étais pas occupé des dépenses.

Je ne m'étais pas occupé des dépenses, c'est vrai; mais je ne m'étais pas occupé non plus des recettes qui concordaient à ces dépenses; et, à ce point de vue, vous

vous mettez dans une situation bien différente de celle où je m'étais placé moi-même.

Vous parlez de certains travaux publics, et vous dites que les crédits afférents à ces travaux sont applicables à l'exercice 1876 et que vous les maintiendrez à l'exercice 1876, parce qu'il s'agit des inondations et d'autres événements qui se sont produits dans le cours de l'année 1876. Vous ajoutez que le ministre l'a reconnu lui-même, puisqu'il les a présentés au mois d'août.

Oui, j'ai présenté ces crédits au mois d'août, parce que j'espérais que les dépenses seraient faites au mois de septembre, mais, en réalité, vous ne les avez pas votés au mois d'août, et la dépense n'a pas été faite dans l'année 1876. Vous ne trouverez pas de moyen de comptabilité quelconque, — étant données nos règles de comptabilité, — pour faire cette dépense en 1877 en la laissant au budget de 1876. Par conséquent, vous serez obligés de l'appliquer en 1877. Vous prendrez donc sur l'exercice 1877 un certain quantum de dépenses que vous payerez pour réparer des dommages résultant d'événements qui se sont passés en 1876.

S'il se produit de nouveaux événements malheureux en 1877, alors que ferez-vous? Vous n'aurez plus en 1877 les recettes que vous aurez déjà supprimées. Il y aura donc une charge complémentaire pour 1877 qui sera assez importante.

Est-ce tout? non : vous aurez les crédits rectificatifs ; vous aurez ces crédits supplémentaires si attaqués dans la commission.

Quand je parlais, hier, des crédits supplémentaires, on m'a dit : Non, vous n'aurez pas de crédits supplémentaires, nous vous les refuserons.

Vous ne les refuserez pas plus que les autres Assemblées.

M. GAMBETTA. — Nous n'avons jamais dit que nous les refuserions ! Nous avons dit que nous les contrôlerions !

M. LE RAPPORTEUR. — Nous les admettrons, s'ils sont justifiés !

M. LE MINISTRE. — On vous présentera des crédits supplémentaires; peut-être vous en présentera-t-on qui ne seront pas assez justifiés; mais il est certain que la plupart seront des crédits qu'on vous présentera parce qu'on ne pourra pas faire autrement, en d'autres termes, des crédits

nécessaires. Il est facile de savoir à l'avance quels sont les
éléments des crédits supplémentaires; et si vous n'avez pas
de réserves dans votre budget pour y faire face, vous serez
obligés de vous en fier à la théorie de M. Labadié, et de
dire : Nous aurons du bonheur; nous ferons face à ces crédits supplémentaires avec du bonheur. (*Rires sur divers
bancs.*)

On dit que je suis pessimiste. Non, Messieurs, je désire
comme vous que nous ayons des excédents considérables.
J'espère que nous en aurons; je crois qu'il est probable que
nous en aurons, et il serait bien malheureux qu'il en fût
autrement. Si nous ne devions pas avoir d'excédents, nous
serions dans une situation extrêmement triste, extrêmement
difficile; car, si nous ne devions pas avoir de plus-values sur
les *évaluations qui sont portées au budget, comme je suis*
parfaitement certain qu'il se produira un grand nombre de
crédits supplémentaires, nous nous trouverions on ne peut
plus embarrassés.

Mais nous ne pouvons pas préparer un budget en comp-
tant sur les plus-values; cela ne s'est jamais fait, cela ne
doit pas se faire régulièrement.

Ainsi, vous le voyez, le budget est réglé avec très peu de
marge. Vous savez que c'est le secret de la commission...

M. GAMBETTA. — Comment! la commission aurait des se-
crets que vous ignoreriez?

M. LE MINISTRE. — Si ce n'est plus un secret, je puis le dire,
alors. (*On rit.*)

La commission du budget vous a dit qu'elle relèverait les
évaluations de manière à arriver à l'équilibre juste. Au lieu
d'avoir, je crois, 200,000 francs d'insuffisance de recettes, on
aura près de 600,000 francs d'excédent au moyen de la
vénalité des offices ministériels qu'on se propose d'introduire en Algérie. C'est un procédé que, pour ma part, je ne
puis guère approuver; à ce compte, on pourrait peut-être
créer aussi en France quelques charges nouvelles que l'on
vendrait pour en tirer produit.

Je crois que c'est là un mauvais système, qui ne me paraît
pas beaucoup plus applicable en Algérie qu'en France, au
cas où il y aurait lieu de créer de nouvelles charges.

Maintenant, qu'il y ait un excédent de 600,000 francs ou
qu'il n'y en ait pas, cela est un détail, puisqu'il s'agit d'un

budget de 2,736 millions. On peut donc dire qu'il est établi en équilibre tout juste, c'est-à-dire sans aucune espèce d'écart. C'est un très grand danger, et, au point de vue de la régularité de nos finances, je crois que, nous trouvant dans cette situation, vous ne devez pas faire de dégrèvement sans vous inquiéter de la nature de ces dégrèvements.

Je dis que nous ne sommes pas dans une situation à faire des dégrèvements, et, étant donnée cette situation, dois-je, — je le dis tout naturellement comme je le pense, parce que j'aurais combattu tous les dégrèvements que vous auriez proposés, — dois-je ne pas combattre le dégrèvement sur le sel uniquement pour cette raison qu'il s'agit ici de la suppression d'une surtaxe que nous ne voterions peut-être pas aujourd'hui s'il était question de l'établir? Oh! je ne puis accepter la question sur ce terrain!

Il ne s'agit pas aujourd'hui de voter deux centimes et demi sur le sel, il s'agit de savoir si nous pouvons faire un dégrèvement, et, si nous pouvons le faire, il s'agit de savoir si nous devons l'appliquer au sel ou à autre chose. Je le répète, je ne crois pas qu'on puisse faire de dégrèvements; et celui dont il est question, si nous le faisions, nous gênerait, non seulement pour l'exercice 1877, mais encore pour l'exercice 1878, il nous gênerait pour toutes les opérations que nous avons préparées.

On m'a fait des reproches très différents; M. Labadié a dit hier: Vous avez eu tort de parler des savons et des huiles, cela a produit un temps d'arrêt dans les spéculations et, par contre-coup, dans la fabrication.

M. Rouvier m'a dit: Il faut venir parler à la tribune des huiles et des savons, — ce n'est pas un secret, cela; — il est certain en effet que nous étudions une transformation par un remplacement quelconque de l'impôt sur le savon. Si nous n'avions pas à craindre un dégrèvement sur le sel, nous pourrions faire cette opération.

Mais je retire absolument, pour mon compte, tout ce que j'avais préparé, si vous m'enlevez une ressource sur laquelle je comptais et dont j'ai besoin. (*Très bien! sur plusieurs bancs.*) Il n'y a pas là d'argument spécial, ce n'est pas un argument d'audience, ce n'est pas au point de vue du triomphe de ma cause que je me place, mais c'est un fait absolu. Si je n'ai pas dans mon budget cette somme de 7 millions qui me

manque, comment voulez-vous que je fasse? Je suis obligé
d'abandonner ce que j'avais préparé. Je crois que, dans le
remaniement de notre tarif général, nous pouvons retrouver quelque chose. Ce quelque chose était appliqué dans
ma pensée à un dégrèvement sur la fabrication, sur certains droits : mais, s'il me manque dans mon budget une
somme, cette plus-value sera appliquée tout naturellement
à venir combler le vide que vous aurez produit.

Ce n'est pas une menace en quoi que ce soit, c'est un fait
évident, patent, que je suis obligé d'énoncer. Non seulement vous nous gênez dans cette préparation du budget de
1878, mais est-ce que vous ne nous gênez pas dans la préparation des dépenses? Est-ce que vous ne voyez pas que,
dans cette discussion, vous tirez sans savoir exactement ce
que vous atteignez? Est-ce que vous êtes sûrs que vous
n'allez pas produire des conséquences que vous ne connaissez pas, que vous ne pouvez pas connaître dans ce moment?
Je vous l'ai déjà dit, je suis en train de discuter avec tous
mes collègues à propos de demandes de crédits considérables. Ces demandes, je les repousse, parce que je n'ai pas
de ressources; si j'ai des ressources, je les admettrai; si je
n'en ai pas, je ne puis les admettre. Et, parmi ces dépenses,
il y en a peut-être que vous trouveriez très intéressantes.

Plusieurs de nos collègues me disent : Si vous refusez les
crédits, la Chambre pourra bien les rétablir. Est-ce que la
Chambre les rétablira quand elle aura détruit les ressources?
Est-ce qu'elle ne me donne pas le meilleur argument possible pour ne pas comprendre dans le budget ces demandes
qu'on me sollicite d'y faire entrer maintenant?

Je vous assure qu'il y a là une question extrêmement
grave au point de vue de la pratique, au point de vue du
mécanisme de nos budgets, et quelque chose de tout particulier sur lequel j'appelle votre attention.

L'honorable président de la commission du budget a dit
tout à l'heure : « Il faut faire un acte à la fois politique et
économique. » Qu'est-ce que cela veut dire, faire un acte
politique? Si cet acte politique est une simple démonstration, nous n'en avons pas besoin. Nous faisons des lois
quand nous trouvons bon de les faire.

Est-ce que c'est faire un acte économique que de nous
mettre dans l'embarras pour l'équilibre du budget? Est-ce

que notre premier principe n'est pas d'avoir des recettes si solidement établies, qu'elles ne puissent donner lieu à la discussion? Est-ce que l'équilibre de notre budget n'exerce pas une influence considérable sur les affaires?

Je crois donc que c'est un acte politique et économique de ne rien faire qui puisse détruire l'équilibre d'un budget que nous avons si fort à cœur de maintenir.

Je ne voudrais pas parler de questions particulières, mais, vous le savez, cet impôt du sel est un impôt qui est pesant, je le reconnais, non seulement sur le consommateur, mais qui est pesant sur certains intermédiaires, à cause des difficultés spéciales qu'on rencontre dans telle ou telle partie du commerce. Vous savez bien que nous étudions toutes ces questions avec soin.

M. Estignard voulait nous parler de la question des sels de l'agriculture. Est-ce que nous ne pouvons pas étudier ces questions-là? Est-ce que, s'il y a un sacrifice à faire, il ne vaut pas mieux le chercher dans les études spéciales, dans les études de ce genre? Si nous avons à étudier la question des déchets, ne faut-il pas que nous soyons libres d'étudier cette question avant que l'impôt ait été atteint, car, si nous avions quelques pertes à faire de ce côté, il faudrait encore les prendre sur des sommes nettes.

Si nous avions à traiter la question du sel, si nous avions à traiter la question des sucres, serions-nous libres de le faire, lorsque nous aurions réduit considérablement les produits de l'impôt et s'il ne nous restait aucune recette avec laquelle nous puissions faire face aux difficultés?

Dans cette question du sel, il y a beaucoup de questions particulières, il y a beaucoup de questions que nous devons aborder, que nous aborderons; mais, enfin, ne nous gênez pas dans l'étude de ces questions en diminuant prématurément les produits d'un impôt qui nous est nécessaire.

Vous voyez, Messieurs, que je vous ai exposé, très rapidement, ces questions, au point de vue pratique. Vous tiendrez compte, je l'espère, de ces observations, et je vous demande en conséquence de repousser l'article 2 de la commission. (*Très bien! sur plusieurs bancs.*)

M. GAMBETTA. — Messieurs, la question me paraît avoir fait un pas, et, malgré les nouveaux arguments

qu'a produits ici M. le ministre des finances, je crois
qu'il vient de nous donner à l'heure qu'il est de nouvelles ressources. Il ne faut pas s'en étonner : il en est
si plein, qu'il en fournit même à ses adversaires. (Sourires.)

En effet, voyez ce qu'il a dit sur cette surtaxe. Il
a dit : « S'il fallait la voter, nous ne la voterions peut-
être plus ; » ce qui est un argument sérieux en faveur
de ceux qui vous disent : « Vous pouvez la supprimer,
car vous n'en avez plus besoin. » (Rumeurs à droite.)

Permettez, Messieurs... Je vous fais observer que
le raisonnement de M. le ministre des finances repose
tout entier sur cette assertion : que le dégrèvement
proposé par la commission du budget est impossible
dans l'état actuel de nos finances. Or, je dis que les
preuves qu'il a apportées à l'appui de sa prétention se
retournent contre lui.

En effet, qu'est-ce qu'il vous a dit? Il vous a dit,
un peu à bout de logique : Il y a dans cette Chambre
une série d'auteurs de propositions qui ont été battus;
eh bien, si nous faisions la coalition des battus; si nous
faisions luire à leurs yeux la perspective qu'en nous
accordant l'impôt du sel, nous pourrions, l'année
prochaine, leur donner la satisfaction qu'on leur a
refusée cette année ; mais que, s'ils commettaient cette
imprudence d'accorder le dégrèvement du sel, adieu
pour la chicorée, adieu pour les sucres, adieu pour les
savons tout espoir de dégrèvement! (Rires et applaudissements sur divers bancs.)

Un membre. — Et les papiers !

M. GAMBETTA. — Je dis que c'est un argument extrêmement ingénieux, mais qui n'a qu'un défaut, c'est
qu'il n'a pas de lendemain. En effet, je suis bien convaincu que si la surtaxe du sel avait eu la malechance
de venir la première, c'est à elle que l'on ferait appel
pour se retourner contre les huiles de M. Labadié ou
sur les sucres de M. Fouquet.

La vérité vraie, c'est que l'on ne veut pas de dégrèvement du tout. (*C'est cela! — Très bien!*) Et comme nous pensons, quoi qu'en ait dit le spirituel ministre des finances, que l'on peut mettre d'accord l'économie politique et la politique, nous disons qu'il faut faire un dégrèvement si vous avez un tempérament budgétaire en état de le supporter. C'est là toute la question.

M. CUNÉO D'ORNANO. — Ce serait une économie politique!

M. GAMBETTA. — Parfaitement! Ce serait une économie politique; j'accepte le mot. (*Rires approbatifs sur divers bancs.*)

Eh bien, Messieurs, pour vous prouver que votre budget n'est pas en état de supporter ce dégrèvement que tout le monde sollicite sous des formes diverses, mais qui a eu le tort, ou du moins la mésaventure d'être rejeté sous les diverses formes qu'il a affectées jusqu'à ce moment du débat, on vous a dit : Oui, peut-être que votre budget est en équilibre, mais vous n'avez pas assez de marge.

Voilà que, maintenant, nous en sommes à la marge!

Eh bien, Messieurs, je crois qu'il n'est pas nécessaire, ni pour la politique, ni pour l'économie politique, ni même pour l'économie sociale, de donner à nos budgets le luxe d'une grande marge. Il y a peut-être même intérêt à ce qu'ils aient le moins de marge possible... (*Approbation sur divers bancs.*) parce que le budget ne perd rien à être strict, à être rigoureux. (*C'est cela!*)

Au contraire, c'est une bonne habitude pour les Chambres, habitude meilleure encore pour les ministres. Et ce n'est pas M. le ministre des finances qui peut s'en plaindre. Cela tient à l'aménité de son caractère ; tout le monde sait qu'un ministre des finances doit être féroce, et il est difficile à M. Léon Say de prendre cet air. (*Sourires.*)

Je crois, Messieurs, qu'au fond vous rendrez un
véritable service au ministre des finances lui-même
en ne laissant pas de marge, parce que cette marge
n'est pas pour lui, elle est pour les autres, et peut-être
qu'elle n'est même pas tout entière pour les autres.
Mais je passe sur ce point. Ce que je tiens à dire, c'est
que nous aussi nous voudrions une marge. Mais cette
marge nous l'avons, non pas dans le budget ordinaire,
non, — dans le budget ordinaire, nous avons voulu
tout marquer avec sincérité, avec rigueur, avec franchise, — mais nous l'aurons, au courant de l'exercice
1877 ; grâce à la méthode de la commission du budget,
méthode que vous n'avez pas toujours reconnue aussi
bien que vous venez de le faire tout à l'heure, cette
marge ne vous fera pas défaut.

Écoutez, Messieurs. Nous avions des prévisions
qui nous étaient présentées pour établir le chiffre
approximatif des recettes à percevoir. Nous avions les
chiffres du ministère des finances ; nous les avions re-
gardés comme religieux, comme sacro-saints, comme
indéfectibles. Nous les avions respectés à ce point, que
nous aurions peut-être résisté à toutes les suggestions
venues du dehors qui nous disaient : Si vous manquez
de marge, majorez le chiffre d'une recette. Il y a là,
par exemple, un chiffre pour les tabacs qui s'est élevé
à 23 millions de plus que le chiffre prévu pour 1876.
Vous faites un budget dans des conditions par trop
bourgeoises, ajoutait-on ; vous vous contentez de 2 à
300,000 fr. seulement de marge. Eh bien, donnez-nous
de la marge et, pour le faire, majorez de 3, 4 ou 5 millions les recettes possibles sur les tabacs. Vous ne
pourrez pas éprouver de déception, puisque vous avez
23 millions de plus en 1876 qu'en 1875 sur le chiffre
de 1874.

Eh bien, cette commission du budget que l'on
disait hier... comment dirai-je?... peut-être peu commode, et l'on ajoutait, par épigramme, qu'elle avait

pour méthode de calculer avec des plus-values et des espérances, cette commission a repoussé cette méthode ; je crois qu'elle est mauvaise.

En effet, la commission a bien fait. Il y a ici des membres, entre autres M. Mathieu-Bodet, qui ont défendu la surtaxe du sel, qui peuvent nous servir de témoins : ils savent que, lorsqu'on a proposé de majorer, d'élever certains chiffres, nous nous y sommes opposés, parce que nous avons dit que c'était un moyen détestable, un moyen contraire à la tradition, à la franchise, à la sécurité des finances, et nous avons maintenu les premiers chiffres.

Nous les avons maintenus avec cette sécurité que donne la connaissance que nous avions des recettes de 1876.

En effet, ces recettes, pour les onze premiers mois, nous donnaient sur les boissons, malgré le désastre essuyé l'année dernière sur les bouilleurs de cru, — je ne le regrette pas, j'ai voté contre, — malgré ce déficit apparent, les boissons donnaient 31,450,000 fr. de plus, et les tabacs 23 millions de plus.

Par conséquent, nous sommes absolument dans la sagesse, dans la prudence, dans la circonspection financière. Et, quand nous venons vous dire : A côté de ce budget dans lequel nous n'avons rien majoré, rien exagéré, rien augmenté, nous avons un excédent qui est suffisant, qui est rigoureux, qui est une lisière pour les ministres comme pour les Assemblées, nous disons que ces 7,500,000 fr. ne sont pas nécessaires. Je crois que nous l'avons démontré, il faut faire ce dégrèvement qui est le dégrèvement de la justice et de la nécessité. (*Très bien! très bien! — Applaudissements.*)

Et ici je veux dire que nous ne sommes pas pour une politique de démonstration : on ne peut pas cependant nous condamner au jeûne et à l'abstinence politique : les Assemblées sont faites pour faire de la politique un peu partout : il est de tradition constante que le budget et la politique ne doivent pas être trop séparés pour qu'on soit traité de novateur quand on veut les assembler, les marier en faisant un mariage de raison.

Je suis donc bien tranquille sur les effets de ce dégrèvement, et bien sûr que vous retrouverez à peu de chose près les 7,500,000 fr.; car ce n'est pas M. Léon Say qui peut longtemps soutenir que, lorsqu'on dégrève un objet de consommation, celle-ci reste stationnaire, que, quand on enlève ce poids qui pèse sur la consommation, elle ne retrouve pas en élasticité, en augmentation, une force au moins égale à celle qu'elle a perdue.

Mais je ne veux pas vous retenir plus longtemps sur les calculs matériels de l'entreprise. Je crois que vous pouvez avoir toute sécurité sur ce point. Ce sur quoi je veux fixer votre esprit, c'est sur l'indication qu'il est bon de donner de vos intentions, de votre opinion à tous et particulièrement de celle des membres qui ont vu échouer les amendements qu'ils avaient présentés relativement à divers impôts, de cette pensée dominante dans cette Assemblée, quelles que soient les opinions politiques, qu'il est temps de rétablir l'équilibre entre les impôts indirects et les impôts directs, voilà la vérité. (*Très bien! très bien!*)

Eh bien, nous manifestons cette pensée. Nous ne croyons pas pour cela déployer un drapeau qui puisse troubler le pays; nous avons, au contraire, la conscience que le pays nous en saura gré, et que nous y étions engagés par notre mandat. Et on ne peut pas, la question étant réduite à ces termes, engagée de cette façon, nous en faire un bien violent reproche sur les bancs du Gouvernement.

Mais, Messieurs, il y a mieux, on nous dit : Permettez! vous oubliez toujours les crédits supplémentaires.

Eh bien, je veux m'expliquer une bonne fois sur ces crédits supplémentaires.

D'abord, je proteste contre cette opinion que la commission ait pu jamais dire que les crédits supplémentaires seraient écartés. Du tout! la commission a dit : Le contrôle n'est pas le refus ; le contrôle, c'est l'examen des crédits supplémentaires que vous apportez un peu précipitamment, qu'on force le ministre à accepter, qu'il apporte un peu lui-même avec difficulté ; car ce n'est qu'en seconde instance, pour ainsi dire, que nous en sommes saisis : on les a déposés d'abord à son tribunal, et il nous apporte comme le résidu de l'action qu'on a plaidée devant lui. Il ne peut trouver mauvais que nous fassions le même travail de critique et d'examen auquel je suis certain qu'il s'est livré lui-même. Par conséquent, il n'y a pas de préjugé défavorable dans la commission contre ces crédits supplémentaires qui peuvent nous être apportés ; nous les admettrons dans la mesure où nos lumières, aussi faibles que vous voudrez, mais à coup sûr sincères, nous permettront d'apprécier la justesse, l'opportunité des réclamations qui nous seront faites.

Quant à la nature même des crédits, permettez-moi de relever ce qui a été dit sur le crédit relatif au Tong-King.

Il y avait là 2,200,000 fr. que nous avons fait figurer aux recettes, et qui étaient employés, en vertu d'une affectation assez obscure, n'ayant pas pour elle une légalité très précise et très claire, aux dépenses du Tong-King.

On a dit : Vous reprenez la recette, et vous ne nous donnez pas le crédit pour la dépense corrélative !

C'est une erreur ; en reprenant ces 2,200,000 francs, nous en avons affecté la moitié aux crédits rectificatifs, soit 1,100,000 fr. Puis, en ce qui concerne les affaires du Tong-King, nous avons dit : Nous sommes prêts à régler les affaires du Tong-King, mais au moins que le ministère de la marine nous donne des explications à cet égard. Il est résulté des explications que nous avons eues qu'il n'y avait pas accord entre le gouverneur de la Cochinchine, chargé d'administrer le Tong-King, et le département de la marine. On nous a répondu qu'il fallait écrire, en référer, et que, la Cochinchine n'étant pas à nos portes, cela exigerait du temps.

Nous avons dit : S'il faut deux mois, trois mois, peut-être plus, qu'on les prenne ; nous examinerons la question à propos des crédits supplémentaires qui seront demandés sur l'exercice 1877 ; la marge que nous révèlent les plus-values du budget de 1876 vous met absolument en sécurité pour les 800,000 francs ou le million qu'il faudrait pour le Tong-King.

Maintenant, et j'insiste sur ce point, je ne peux pas accepter la théorie de l'honorable ministre des finances qui dit : En ce qui touche les travaux publics, je reconnais que ces travaux ont eu pour cause des dégâts, des incendies, des accidents climatériques ; on avait présenté une demande de crédit au mois d'août 1876 et les fonds devaient être pris sur les ressources de l'exercice courant ; or, nous voilà au mois de décembre, et le crédit n'est pas voté : par conséquent il est absolument impossible que la dépense ne soit pas imputée sur l'exercice 1877.

Je lui demande bien pardon, cela se fait tous les jours, et nous avons le bonheur dans la commission de posséder un membre éminent de l'ancien département des finances, l'honorable M. Dutilleul, qui nous a fort bien expliqué que cela se faisait tous les jours et que c'était chose toute simple que de faire porter le crédit supplémentaire en question sur l'exercice 1876, qui doit normalement y faire face, et de reporter la dépense, l'application de ce crédit, à un exercice ultérieur.

Par conséquent, nous pouvons affirmer, sous le couvert de cette autorité, qu'il y a là une erreur de fait qui ne doit pas arrêter la Chambre.

M. LE MINISTRE DES FINANCES. — Il n'y a pas d'erreur de fait.

M. GAMBETTA. — Enfin, on a jeté dans le débat, sous le voile de l'allusion, le secret plein d'horreur que vous connaissez maintenant, et sur lequel le ministre a eu l'attention fixée depuis longtemps. Il ne s'agit pas de la vénalité des offices ministériels, comme on l'a dit, ni de quelque chose comme le rétablissement dans nos colonies de la paulette; mais c'est purement et simplement l'assimilation de l'Algérie à la mère patrie au point de vue des règles qui régissent les offices ministériels. M. le ministre des finances trouve la chose mauvaise en France; nous serons avec lui quand il voudra abolir la vénalité des charges en France. Mais en attendant nous demandons le droit commun pour l'Algérie.

Je passe donc sur ce point qu'on tranchera ultérieurement quand on voudra trancher une question de principe, et je me place au point de vue d'une assimilation législative et financière de l'Algérie à la France.

Je conclus en terminant par un dernier mot.

On nous a dit : Si nous entrions dans cette voie-là, nous rencontrerions de très grandes difficultés pour régler définitivement l'exercice 1877.

Eh bien, Messieurs, permettez-moi de vous dire que de deux choses l'une : ou en 1877 on modérera les crédits supplémentaires, ou si, au contraire, on s'y livre avec la même activité qu'en 1876, ce n'est pas avec la surtaxe du sel que vous y ferez face.

M. LANGLOIS. — C'est évident!

M. GAMBETTA. — Il y a, en effet, quelque chose de juste dans les crédits supplémentaires; mais je crois que, jusqu'à plus ample informé, il y a aussi quelque chose d'excessif dans ce fait que, sur un exercice qui avait donné et qui donnera une plus-value de près de 110 à 150 millions, on ait imputé plus de 125 millions de crédits supplémentaires. Eh bien, je crois qu'il y a

là un vice auquel le vote que vous allez rendre ne sera
pas inutile pour porter un remède. (*Très bien! très bien!*)

Et, Messieurs, quant aux économies faites dans les
évaluations de dépenses par la commission du budget,
on a cherché à vous faire craindre, redouter, que l'avenir ne vînt pas justifier les prévisions de la sous-commission du budget de la guerre ; et pour cela on a argu-
menté du prix de la viande. C'est à ce sujet-là qu'une
interruption s'est produite de la part de M. Malartre
en opposition avec l'opinion des bouchers de Paris.

M. MALARTRE. — Permettez! je demande la parole.

M. GAMBETTA. — Vous aurez la parole!

M. MALARTRE. — Je la demande. Vous citez ce que
j'ai dit et...

M. GAMBETTA. — Je vous cite parce que vous avez
une grande autorité en ces matières. (*Rires et rumeurs.*)

M. MALARTRE. — Vous êtes bien aimable, mon cher
collègue!

M. GAMBETTA. — Je dis qu'en matière de dépenses
comme en matière de recettes, la commission du budget a cru qu'il fallait avoir des chiffres sincères, et elle
a demandé au ministre de la guerre lui-même, — je
ne fais que le rappeler, car c'est une discussion qui a
été fort longue devant nous, — la justification du prix
de la viande, et il s'est trouvé que le chiffre qui figurait
au budget de temps immémorial était un chiffre qui,
dans aucun des marchés, n'avait été atteint. Nous avons
opéré sur le chapitre une réduction qui n'est pas une
économie réalisée, comme le disait M. le ministre,
mais qui, constituant une prévision de diminution
dans les dépenses, est certainement une invitation à
l'économie ; et je crois que, à moins qu'on ne veuille se
donner le puéril plaisir, au ministère de la guerre,
de chercher à mettre en opposition les votes de la
Chambre et les nécessités du service, ce chiffre sera
consacré. En effet, comme je l'ai dit, la commission
n'a agi qu'après avoir consulté les hommes spéciaux.

Je crois donc qu'en toute sécurité vous pouvez suivre la commission du budget dans la proposition de dégrèvement qu'elle vous soumet. C'est là une orientation, je le répète; il est nécessaire que la Chambre s'engage dans cette voie, et pour ma part je crois que M. le ministre des finances ne peut s'en étonner. (*Très bien! très bien! — Aux voix!*)

M. LE MINISTRE DES FINANCES. — Messieurs, je demande la permission de donner trois chiffres; je ne veux pas rentrer dans la discussion; à l'heure où nous sommes arrivés, je crois qu'elle est épuisée. Mais, comme certaines assertions pourraient être gênantes pour la suite de la discussion et même pour le règlement du budget, je crois devoir les faire.

M. Gambetta vous a parlé des excédents de 1876 et peut-être ce chiffre a-t-il eu de l'influence sur votre esprit. M. Gambetta a parlé d'un excédent de 31,450,000 fr. sur les boissons et de 23 millions sur les tabacs.

M. GAMBETTA. — Pour onze mois!

M. LE MINISTRE. — Oui, pour onze mois.

Mais ce que nous devons rechercher, c'est la plus-value véritable de l'année 1876, par rapport aux recouvrements de 1875.

Eh bien, pour onze mois, la plus-value des tabacs est de 8,649,000 fr. et pour les boissons de 6,991,000,

Il n'y a donc pas la marge que croyait avoir trouvée M. Gambetta.

Un mot maintenant sur les exercices antérieurs.

Lorsqu'une dépense n'a pas été faite dans un exercice et qu'elle est commencée dans l'exercice suivant, on est obligé d'imputer cette dépense à l'exercice suivant, et M. Dutilleul n'a pas pu dire le contraire.

Mais, lorsqu'une dépense a été faite dans un exercice et qu'on la solde plus tard, elle est imputée à l'exercice dans lequel elle a été faite, pourvu qu'elle ne dépasse pas certaine période.

Quant aux travaux, comme ils n'ont pas été commencés pendant l'exercice 1870, la dépense ne saurait être imputée à cet exercice 1870.

Enfin, un mot seulement que je suis obligé d'ajouter sur la question du Tong-King, de peur qu'il n'y ait quelque malentendu à ce sujet.

J'ai dit : Vous n'avez pas les recettes, et vous donnerez plus tard les dépenses ; je crois que cela est certain, et cela est même si certain, qu'aujourd'hui, pour attendre la réponse du gouverneur général de la Cochinchine, on continuera à faire les dépenses sur des recettes qui ne seront pas versées jusqu'au jour où nous arrivera le règlement de ces recettes. Tant que la question ne sera pas réglée, les dépenses se feront sur les recettes inscrites précédemment.

M. GAMBETTA. — On ne peut pas dépenser s'il n'y a pas de crédit voté.

M. LE MINISTRE. — C'est un incident sur lequel il est bon de s'expliquer ici.

On ne peut pas interrompre les dépenses qui se feront dans huit jours en Cochinchine ; on doit suivre le règlement ancien et employer les recettes à solder les dépenses, jusqu'au jour où une décision sera prise.

Je ne crois pas que la commission du budget et le rapporteur aient pu comprendre autrement cette question ; mais, s'il en était ainsi, il serait nécessaire, avant la clôture de la discussion, que la commission s'entendit avec le ministre de la marine ; je passe pour aujourd'hui sur cet incident.

Quant à la question de la marge du budget, M. Gambetta dit : Ne faites pas de marge, c'est une entrave. Mais il y a une grande différence : dans un cas les crédits seraient portés à la dotation régulière, dans l'autre cas à la dette flottante, ce qui serait fâcheux.

M. GAMBETTA. — Je dis que pour la Cochinchine ils sont en avance, puisque, d'après les comptes présentés à la commission, les 2 millions affectés au Tong-King étaient loin d'avoir été dépensés pendant les trois dernières années, et cependant l'excédent n'est pas rapporté en recette au budget de 1877 : il reste au Tong-King.

M. LE MINISTRE DES FINANCES. — Il y a là un fait sur lequel je suis obligé de faire des réserves et qu'il sera nécessaire d'examiner à nouveau dans le sein de la commission du budget. (*Aux voix! aux voix!*)

L'article 2 est mis aux voix et adopté par 377 voix contre 103.

L'ensemble du budget des recettes est adopté à l'unanimité de 483 votants.

DISCOURS

SUR

UNE INTERPELLATION DE M. TURQUET

Prononcé le 22 juillet 1876

A LA CHAMBRE DES DÉPUTÉS

Nous avons raconté (t. V, page 260) que le Sénat, dans la séance du 20 juillet 1876, avait rejeté par 144 voix contre 130 un projet de loi de M. Waddington sur le retour de la collation des grades à l'État, et que ce vote, complément de celui qui avait fait de M. Buffet un sénateur inamovible, avait produit une vive irritation dans le parti républicain. Mais l'attitude hostile et provocante prise par le Sénat n'était pas, au mois de juillet 1876, la seule cause de colère ou d'alarme. On s'inquiétait encore du manque de direction de la Chambre et de ses divisions. On reprochait au cabinet d'avoir engagé sa liberté vis-à-vis du maréchal et d'en avoir donné par deux fois la preuve en posant la question de confiance dans la discussion de la loi des maires, et en conservant la plupart des fonctionnaires de l'ordre moral. On était surtout ému par les rumeurs plus ou moins mal fondées, et par les commentaires plus ou moins perfides, dont la « politique de l'Élysée » était devenue le constant objet. On commençait à savoir quel avait été exactement le rôle du maréchal de Mac-Mahon, dans la discussion de la loi des maires. Le *Times* avait raconté [1] qu'il avait dit à M. de Marcère dans le conseil des ministres du 1er juillet : « Vous, Monsieur de Marcère, vous êtes ma limite extrême. Je n'en dirai pas davantage. Si l'on veut une dissolution, on l'aura, car j'ai confiance dans le pays. » Et non seulement l'agence Havas n'avait

---

1. Numéro du 5 juillet 1876.

opposé à ce récit qu'un démenti évasif, mais le ministre de
l'intérieur, dans la séance du 11 juillet, avait publiquement
évoqué, en répondant à M. Gambetta, la nécessité d'assurer
la paix, « la paix dans la rue, *la paix aussi dans les hautes
sphères du pouvoir* ». Enfin, il était certain que la coterie de
l'Élysée avait applaudi au rejet de la proposition de
M. Waddington, ainsi qu'à la nomination de M. Buffet, et
qu'elle défendait à outrance, contre MM. de Marcère et Léon
Say, tout le personnel administratif du 24 mai, les plus
compromis parmi les cléricaux et les plus déclarés parmi
les bonapartistes.

Telle était la situation complexe qui avait succédé au mois
de juillet à la situation claire et simple qui avait été créée
par le vote du 20 février, et nous avons dit à quelle série de
fautes il convient d'attribuer cette transformation. Comme
de juste, les réactionnaires de la Chambre et du Sénat
s'étaient mis en mesure d'en tirer profit. Encouragés
par les nombreuses dissidences qui s'étaient fait jour de
toutes parts, ils dressèrent un plan de campagne qui ne
manquait pas d'habileté et qui consistait à séparer le maréchal du ministère Dufaure-de Marcère, pour amener par là
une rupture ouverte entre le maréchal et la majorité républicaine de la Chambre. Prudemment exécuté, ce plan eût
rendu la position du parti républicain très critique, et le
pays, lassé, aurait bien pu en devenir dupe. Mais, par bonheur, si le duc de Broglie était un chef d'opposition et un
conspirateur très redoutable, la plupart de ses lieutenants
se distinguaient par une maladresse rare, et ses alliés
bonapartistes de la Chambre compromettaient à plaisir les
machinations les plus délicates par les éclats les plus vul-
gaires et les plus brutaux.

Dans les circonstances que nous venons de rappeler, ce
fut M. Paul de Cassagnac qui prit sur lui de démasquer, avec
une imprudence puérile autant que grossière, les desseins
des conjurés. Il offrit ainsi aux *leaders* du parti républicain l'occasion la plus favorable de faire appel au patriotisme du maréchal et de cimenter à nouveau, dans la haine
de la bande de Décembre, l'union de tous les républicains
et, en général, de tous les honnêtes gens. M. Gambetta
n'eut garde de laisser échapper l'occasion.

Cet incident, dont le retentissement fut considérable, se

produisit au cours de la séance du 22 juillet 1876. Déjà, dans
une précédente séance (8 juillet), M. Paul de Cassagnac avait
pris prétexte de la discussion sur la vérification des pouvoirs de M. Peyrosse, pour accuser le cabinet du 10 mars de
trahir le président de la République, et pour mêler aux plus
indignes outrages contre le gouvernement l'éloge le plus
bizarre du maréchal. Cette sortie aussi inconsidérée qu'imprudente avait consterné toute la fraction sérieuse de la
droite, et M. Keller avait été chargé par ses collègues du
centre droit de protester énergiquement contre le langage
et contre l'attitude scandaleuse du député bonapartiste.
Mais M. de Cassagnac ne se laissa pas arrêter, et dès le 22,
développant une question sur la nomination de M. Deupèz
comme maire de Valence, il déclara, après avoir fait du
coup d'État une apologie effrontée, que M. Dufaure et
M. de Marcère abusaient de la confiance du maréchal et que
celui-ci était amené par son cabinet « à perdre tous les jours
la confiance et le respect qui l'entouraient lors de son avènement au pouvoir ». Cette fois la mesure était comble. Comme
M. Paul de Cassagnac, en posant une simple question,
n'avait cherché qu'à se dérober à la sanction du scrutin, la
gauche se concerta rapidement, et M. Turquet demanda à
la Chambre de transformer cette question en interpellation.
La Chambre ayant accepté cette proposition à la presque-
unanimité des voix, M. de Marcère réfuta en quelques paroles énergiques les calomnies portées à la tribune contre
M. Deupèz par M. de Cassagnac, et M. Albert Grévy monta
à la tribune pour déposer un ordre du jour que M. Gambetta
devait se charger de développer.

M. ALBERT GRÉVY. — L'honorable M. de Cassagnac
s'est trompé s'il a cru qu'il dépendait de lui d'échapper aux conséquences que ses discours comportent.
(*Applaudissements à gauche.*)

J'ai l'honneur, au nom de M. Lepère, de M. de Ré-
musat et au mien, de déposer sur le bureau l'ordre
du jour motivé suivant :

« La Chambre des députés, affirmant de nouveau sa
confiance en M. le ministre de l'intérieur, et convaincue que, dans le choix des fonctionnaires de la Répu-

blique; le cabinet n'oubliera jamais les devoirs que lui impose le décret de déchéance du 12 mars 1871, passe à l'ordre du jour. » (*Acclamations et applaudissements répétés au centre et à gauche. — Vives rumeurs sur plusieurs bancs du côté droit.*)

M. Paul de Cassagnac se présente à la tribune...

A gauche. — La clôture! la clôture! Assez!

M. le président. — M. Paul de Cassagnac a la parole sur l'ordre du jour motivé.

M. Paul de Cassagnac. — Je viens prouver à l'honorable M. Albert Grévy que je n'ai pas l'habitude de me soustraire aux conséquences de mes paroles.

Pour ce qui concerne l'ordre du jour, sur lequel la parole vient de m'être donnée par l'honorable président, je dirai simplement qu'aucun de mes collègues qui siègent à droite, dans cette Chambre, ne s'y opposera, et aucun de nous n'y trouve le moindre inconvénient. Nous l'avions prévu, j'ai eu l'honneur de vous le dire tout à l'heure, et vous devriez me remercier de vous avoir fourni l'occasion d'étayer un peu le ministère. (*Ah! ah! à gauche.*)

M. de Tillancourt. — Il n'est pas ébranlé.

M. Paul de Cassagnac. — Quant à la dernière phrase prononcée par M. Albert Grévy et concernant la déchéance, permettez-moi de vous dire que si cette déchéance, qui fut prononcée à Bordeaux contre l'empire, était bien sérieuse, vous n'y reviendriez pas si souvent. (*Applaudissements sur divers bancs à droite. — Bruyantes protestations à gauche et au centre.*)

M. Bamberger se présente à la tribune.

M. Gambetta. — Je demande la parole.

(M. Bamberger descend de la tribune et il y est remplacé par M. Gambetta.)

M. Cunéo d'Ornano. — Ah! nous attendions M. Gambetta!

M. Paul de Cassagnac. — M. Gambetta a le droit de parler.

M. GAMBETTA. — M. Cunéo d'Ornano m'attendait, me voici.

Plusieurs membres à droite. — Nous vous écoutons !

M. LE PRÉSIDENT. — Cessez, Messieurs, de vous interpeller ainsi.

A droite. — Nous n'avons pas interpellé !

M. LE PRÉSIDENT. — Si vous n'aviez rien dit, l'orateur n'aurait pas répondu.

M. GAMBETTA. — C'est bien clair, mais enfin il y a des vanités qui ne peuvent se satisfaire qu'au détriment de l'attention générale des Assemblées et de la fatigue qu'elles imposent à la Chambre. (*Très bien ! très bien ! à gauche.*)

Messieurs, puisque vous m'attendiez, permettez-moi de répondre en deux mots à l'orateur qui descend de cette tribune.

Il est certain que le débat auquel vous venez d'assister, qui a été introduit avec la réserve et la tendance qu'on vous a d'ailleurs très nettement expliquées, commandait de la part de la Chambre une réponse. Cette réponse s'est formulée dans un ordre du jour qui visait à la fois les sentiments de la majorité, la confiance qu'elle a dans le ministère que, tout spécialement de ce côté (*La droite*), on s'obstine à ébranler, en s'adressant, au mépris de la Constitution... (*Interruptions à droite.*)

Un membre à droite, se levant. — Nous aimons la France, nous !

M. GAMBETTA. — Il y a une manière d'aimer la France, c'est de la servir et non pas de l'agiter. (*Très bien ! très bien ! à gauche.* — *Vives exclamations à droite.*)

Plusieurs membres à droite, se levant. — C'est ce que nous avons fait ! — Nous avons rempli notre devoir devant l'ennemi !

M. LE COMTE D'AULAN. — Quand on aime la France, on ne fait pas de révolution !

M. LE PRÉSIDENT. — Messieurs, veuillez ne pas interrompre. Ce n'est pas la peine de se lever pour dire qu'on aime la France. Personne ici n'a le droit de s'attribuer un pareil privilège, et de dire qu'à la différence de ses collègues, il aime la France. (*Très bien! très bien!*)

N'interrompez pas davantage.

M. GAMBETTA. — Messieurs, il ne faut pas se laisser aller à des irritations par suite de ce système d'interruptions collectives et agitées. Nous savons très bien avec quel soin messieurs les bonapartistes cultivent les colonnes du *Journal officiel*.

Plusieurs membres à droite. — En quoi? en quoi?

M. GAMBETTA. — En quoi? En passant vos journées à collaborer avec les sténographes pour faire insérer des interruptions au compte rendu. (*Très bien! à gauche. — Réclamations à droite.*)

Taisez-vous une bonne fois. Chargez l'un de vous de me répondre, et ne parlez pas trente ensemble. (*Murmures à droite.*)

M. LE BARON TRISTAN LAMBERT. — Combien de fois n'avez-vous pas interrompu dans une de nos dernières séances?

M. BERLET. — Monsieur le président, rappelez les interrupteurs à l'ordre.

Une voix à droite. — M. Gambetta n'est pas ici comme à Saint-Sébastien, sous les orangers!

M. GAMBETTA. — Ah! oui, parlez donc des orangers de Saint-Sébastien! Cela prouve que vous ignorez deux choses : les motifs qui m'ont fait aller là, et la géographie du lieu, car il n'y a pas d'orangers à Saint-Sébastien. (*Applaudissements et rires à gauche.*)

M. DE BAUDRY-D'ASSON, *avec vivacité.* — Si! il y a des orangers à Saint-Sébastien. Du reste, vous êtes si fort en géographie! vous l'avez si bien prouvé pendant la guerre!

Plusieurs membres. — N'interrompez pas!

M. DE BAUDRY-D'ASSON, *se levant de son banc et s'avan-*

çant vers a tribune. — Et quand on a failli perdre le pays en demandant la guerre à outrance...

M. LE PRÉSIDENT. — Monsieur de Baudry-d'Asson, veuillez reprendre votre place et garder le silence.

M. DE BAUDRY-D'ASSON, *continuant avec animation.* — On n'est pas aussi fier que vous paraissez l'être.

(Plusieurs membres de la droite s'approchent de M. de Baudry-d'Asson et l'engagent à reprendre sa place.)

M. LE PRÉSIDENT. — Je prie M. de Baudry-d'Asson de ne pas oublier où il est et dans quelle Assemblée il siège. L'attitude qu'il prend ici...

M. DE BAUDRY-D'ASSON. — Je n'ai fait que répondre aux observations de M. Gambetta.

M. GAMBETTA. — C'est moi qui interromps M. de Baudry-d'Asson !... (*On rit à gauche.*)

M. LE PRÉSIDENT. — Monsieur de Baudry-d'Asson, si vous ne vous rendez pas aux observations du président, cédez du moins aux conseils de vos amis.

M. DE BAUDRY-D'ASSON, *regagnant sa place.* — Je ne disais rien, et je n'ai interrompu que pour répondre à l'interpellation de M. Gambetta.

M. GAMBETTA. — Je voudrais trouver une formule qui pût arracher à mes interrupteurs obstinés une patience de quelques minutes.

M. PAUL DE CASSAGNAC. — Parlez ! parlez !

M. GAMBETTA. — Je disais, caractérisant le débat auquel vous avez assisté, et que M. Paul de Cassagnac a continué, qu'il était nécessaire, non pas pour faire justice d'accusations chimériques, mais pour faire un acte vraiment politique, que la Chambre exprimât sa confiance dans le cabinet.

En effet, Messieurs, vous avez sans doute remarqué, et le pays commence à s'en émouvoir... (*Mouvement et bruit à gauche.*)

Comment ! c'est de ce côté à présent que je suis interrompu !

A gauche. — Non ! non ! Parlez !

M. ROBERT MITCHELL. — C'est par opposition à notre silence !

M. GAMBETTA. — Je dis que vous avez sans doute remarqué, et le pays commence à s'en émouvoir comme nous, une tactique nouvelle des adversaires de nos institutions, tactique qui consiste à troubler le pays et l'esprit public par des manœuvres absolument contraires à la Constitution du 25 février 1875... (*Bruit à droite.*)

Ayez quelque patience, Messieurs...

Un membre à droite. — Nous en avons beaucoup !

M. GAMBETTA. — Vous n'en aurez jamais assez !

On fait intervenir constamment dans les débats de cette Chambre, dans la presse, dans les discussions politiques de tout ordre, la personne autorisée du chef de l'État. C'est à lui qu'on a la prétention de s'adresser en passant par-dessus la tête des ministres ; c'est lui qu'on vise ; c'est lui que l'on représente comme l'espoir secret des partis hostiles à la Constitution ; c'est à lui qu'on dénonce ou qu'on prétend dénoncer les agents fidèles et loyaux des pouvoirs publics dont il a la garde. (*Applaudissements sur plusieurs bancs à gauche.*)

Cette tactique, Messieurs, s'est fait jour d'une façon qui révèle l'esprit de système de ce côté de la Chambre (*La droite*), et il se produit à cette tribune d'une manière incessante.

Il faut donc qu'un ordre du jour catégorique, instruisant le pays, instruisant surtout ceux... ou plutôt, pour être clair, instruisant celui à qui vous prétendez adresser vos avertissements, lui apprenne que cette Chambre, tout en respectant la Constitution, sait y rappeler tous ceux qui s'en écartent. (*Applaudissements à gauche.*)

Eh bien, pensez-vous qu'il soit bon pour la paix publique que l'on puisse compromettre à ce point le chef du pouvoir exécutif? Pensez-vous qu'il soit même conforme aux bonnes règles de la loyauté parlementaire, de la justice politique, du respect dû aux institutions, de venir se livrer ici à ces puériles récriminations, consistant à dire : Tel jour, quand M. le président de la République fut porté au pouvoir, tel nom ne se trouvait pas dans l'urne qui lui décernait la suprême magistrature?

Un membre à droite. — C'est de l'histoire!

M. GAMBETTA. — C'est de l'histoire, c'est vrai; mais ce n'est pas l'histoire en ce moment qui vous préoccupe. (*Rires à gauche.*)

Ce qui vous préoccupe, c'est de faire naître dans l'esprit du premier magistrat de la République des soupçons, des aversions, des défiances, et de prêter la main à ce système de malentendus et de collisions au moyen duquel on cherche sans cesse à fomenter l'agitation autour du pouvoir suprême dans un pays électif. (*Approbation à gauche.*)

Voilà le but que vous poursuivez, et nous pouvons le dire nettement, car il y a une épithète que vous lui avez donnée après coup, — elle était venue d'un autre parti avec lequel, malgré vos efforts, vous ne parviendrez jamais à vous confondre, le parti légitimiste, — cette épithète de « loyal » dont vous qualifiez le Maréchal.

Eh bien, je crois qu'il est temps d'en finir avec ces tentatives qui ne tendraient à rien moins qu'à prêter au chef de l'État un rôle qui serait en contradiction manifeste avec l'épithète même dont vous le saluez. (*Applaudissements à gauche.*)

M. ALBERT JOLY. — Très bien! Défendez le Maréchal contre les insinuations injurieuses des bonapartistes!

M. GAMBETTA. — Messieurs, je dis non seulement que cela n'est pas conforme à la dignité et à la justice politiques, mais je dis que c'est attentatoire à l'équilibre et au respect des pouvoirs publics, tels qu'ils sont sortis de l'œuvre de l'Assemblée nationale. (*Assentiment à gauche.*)

Je sais bien que vous disiez tout à l'heure, avec ce langage sérieux dont vous avez le secret... (*Rires à gauche.*), que le décret de déchéance qui a été rendu par la même Assemblée dont est sortie la République, vous ne l'avez jamais considéré comme important...

Quelques membres à droite. — Ce n'est pas un décret! — Il n'y a jamais eu de décret de déchéance au *Journal officiel!*

M. GAMBETTA. — Je sais bien que vous n'avez jamais considéré cette loi comme sérieuse. Tout mauvais cas est niable, et c'est le vôtre. (*Rires et applaudissements à gauche.*)

Les mêmes membres à droite. — Il n'y a jamais eu de déchéance promulguée!

M. TRISTAN LAMBERT. — La nation, dans tous les cas, ne l'a pas enregistrée!

M. HENRI VILLAIN. — Vous vous trompez! Elle l'a enregistrée sur le grand livre de la dette publique !

M. GAMBETTA. — Je dis, Messieurs, que le décret de déchéance, contre lequel on peut bien protester, mais que non seulement la nation, mais le monde entier a ratifié... (*Vif assentiment et applaudissements à gauche.*)

M. LE BARON DE SAINT-PAUL. — Consultez donc la nation, si vous l'osez!

M. GAMBETTA. — La nation a été consultée au 20 février, et elle vous a irrévocablement condamnés en ratifiant le décret de déchéance... Je dis que ce décret restera, avec la fondation de la République, comme le véritable titre d'honneur, de patriotisme de l'Assemblée nationale. (*Protestations sur divers bancs à droite. — Vifs applaudissements au centre et à gauche.*)

Eh bien, dans cette Constitution, qu'a-t-on fait, Messieurs?

On a, avant tout, cherché à assurer l'indépendance des pouvoirs publics, et surtout le respect du régime

parlementaire. On a voulu que cette démocratie républicaine et libérale, représentée dans une Assemblée
élue par un suffrage universel débarrassé des falsifica-
tions du césarisme... (*Protestations sur divers bancs à
droite. — Vive adhésion à gauche*), on a voulu que cette
majorité eût un organe supérieur et toujours maître
de ses volontés, de ses choix, c'est-à-dire un cabinet
responsable; et la Constitution, en même temps qu'elle
fondait la responsabilité parlementaire, la responsabilité ministérielle, proclamait dans un article spécial,
qui est le statut fondamental pour le pays, l'irrespon-
sabilité et l'inviolabilité du chef de l'État. (*Applaudissements au centre et à gauche.*)

Eh bien! alors que vous venez, aussi souvent que
vous le pouvez, à propos des plus misérables, des plus
mesquines querelles...

A gauche. — Oui! c'est cela!

M. GAMBETTA.... — de bourgs et de villages, apporter
ici l'écho de vos passions, de vos rancunes, de vos convoitises... (*Vives protestations à droite. — Applaudissements répétés à gauche et au centre*), je dis que vous vio-
lez la Constitution. (*Protestations sur plusieurs bancs à
droite. — Assentiment à gauche.*)

Oh! je sais que vous connaissez une autre manière
de violer les Constitutions. (*Applaudissements à gauche
et au centre. — Rumeurs sur plusieurs bancs à droite.*)

Quelques membres à droite. — Et le 4 Septembre?

M. GAMBETTA. — J'entends prononcer ces mots :
« Et le 4 Septembre? » J'en parlerai plus tard, du 4
Septembre; patientez, Messieurs. Je ne peux pas tout
dire à la fois!

A gauche. — Très bien! très bien!

M. GAMBETTA. — Je dis que cette violation de la
Constitution, si elle peut se produire, ici, impunément,
parce que nous savons tous la faiblesse qui se joint à
votre jactance, il n'est cependant pas possible de ne
pas la dénoncer au pays et de ne pas lui dire que celui

qui a la garde de la Constitution n'est pas l'élu de tels
ou tels parlementaires, mais qu'il est le premier magistrat de la République, que le choix qui a été fait de
sa personne est lié à sa fidélité et que, dès lors, nous
pouvons vivre tranquilles à l'abri de la Constitution.
(*Applaudissements à gauche. — Interruptions diverses à
droite.*)

Un membre à droite. — Et le Sénat?

M. GAMBETTA. — J'entends, dans les interruptions
de droite : « Et le Sénat ! »

Eh bien, je vais vous dire toute ma pensée sur ce
grand corps de l'État.

J'ai contribué à la constitution du Sénat, — je ne le
regretterai jamais ; — et ce n'est pas un accident pas-
sager de la vie parlementaire, entendez-le bien ; ce ne
sont pas quelques voix déplacées et recrutées à l'aide
de quelles intrigues, on le sait, ce ne sont pas les votes
de trois ou quatre personnages que le suffrage restreint ou le suffrage universel avait destinés à des loi-
sirs moins agités que ceux de la Chambre haute, qui
pourront faire changer mon opinion, ni diminuer la
confiance que la France doit avoir dans le bon sens
des hommes politiques qui siègent, en grand nombre,
dans la Chambre haute.

Vous pouvez, vous, Messieurs, qui m'interrompez,
compter sur le Sénat comme sur une pierre d'attente
de dissensions intestines ; je dis, moi, que l'opinion,
à qui reste toujours la dernière victoire, que le pays
qui a ici ses représentants autorisés, qui fait le compte
des accidents politiques, qui sait que la politique n'est
pas un chemin sans difficultés, le pays sait que, à
force de sagesse, de prudence, d'esprit politique, nous
viendrons à bout de réaliser les engagements que nous
avons pris de le débarrasser des hontes de l'empire et
de fonder une France prospère. (*Protestations et murmures sur plusieurs bancs à droite.*)

Et ne dites pas qu'on n'a pas consulté la nation ! La

nation a été consultée le 20 février, et la nation a répondu, par toutes les voix que vous connaissez, qu'il
y avait un décret de déchéance; la nation a répondu
comme vous allez répondre vous-mêmes... (*Vives et
bruyantes exclamations sur divers bancs à droite.*)

MM. LOUIS ROY DE LOULAY ET LE BARON TRISTAN LAM-
BERT, *descendant dans l'hémicycle et s'adressant à l'orateur.* — Consultez-la, la nation! Nous acceptons son
jugement! (*Bruit général.*)

A gauche. — Attendez le silence!

M. GAMBETTA. — ... la nation a répondu comme vous
allez répondre vous-mêmes : qu'on peut bien se rire
des décrets de déchéance, mais qu'il y a une chose
qu'on n'effacera pas, une tache indélébile qu'on n'arrivera jamais à supprimer... (*Nouvelles et plus bruyantes
exclamations sur les mêmes bancs.*) Non! jamais! et cette
chose, cette tache, c'est un crime! (*Cris et interruptions
à droite.*) Un crime! un crime! (*Nouveaux cris à droite.*
— *Applaudissements à gauche.*) Et ce crime, vous ne
l'effacerez pas de la mémoire de la France! Elle dira...
(*Les exclamations partant d'une partie du côté droit deviennent de plus en plus bruyantes et finissent par couvrir la
voix de l'orateur.*)

Voix à gauche. — Attendez le silence!

M. GAMBETTA. — Messieurs, vous direz ce qu'a dit
la nation, ce qu'a déjà dit l'histoire, c'est qu'il y a une
honte et un crime que vous n'effacerez jamais : un
crime, le 2 Décembre! et une honte, la perte de
l'Alsace et de la Lorraine! (*Bravo! bravo! et applaudissements à gauche et au centre.*)

La clôture demandée est mise aux voix.

L'ordre du jour motivé, déposé par M. Albert Grévy.
est adopté à l'unanimité de 350 votants.

DISCOURS

Prononcé le 27 octobre 1876

A BELLEVILLE

***

La *République française* du 28 octobre publiait le compte rendu suivant :

« M. Métivier ouvre la séance et expose en ces termes l'objet de la réunion :

« Hier soir, a eu lieu à la salle Graffard, à Ménilmontant, une réunion privée organisée par les soins du comité électoral républicain qui a soutenu la candidature de M. Gambetta, lors des élections du 20 février.

« Quatre mille électeurs environ assistaient à cette réunion. M. le docteur Métivier, membre du conseil municipal et président de l'ancien comité électoral républicain, a ouvert la séance à huit heures et demie.

« L'entrée de M. Gambetta a été saluée par de chaleureux applaudissements. »

M. Métivier. — Citoyens, en ma qualité de président du comité électoral républicain du XXe arrondissement et de président de la réunion électorale du boulevard de Charonne, le député du XXe arrondissement, le citoyen Gambetta, m'a fait l'honneur de m'adresser la lettre suivante :

« Mon cher Métivier,

« Conformément à nos habitudes, je vous prie de vouloir bien réunir nos amis avant la date fixée pour la rentrée des Chambres. Je serais bien aise de pouvoir, avant la nouvelle session, exposer la situation politique telle qu'elle découle des élections du 20 février dernier, et la marche politique

suivie et à suivre pour assurer à ce grand acte de la volonté
nationale toutes ses conséquences légitimes.

« Croyez à ma sincère amitié.

« Léon GAMBETTA.

« Paris, ce 10 octobre 1876. »

Pour me conformer au désir exprimé par le citoyen Gambetta, je vous ai convoqués en aussi grand nombre que
possible ; mais, avant de lui donner la parole, je vous demande la permission d'exposer brièvement la nature et
l'étendue du mandat que vous lui avez confié. Et, pour le
faire, le moyen le plus simple et le plus logique est de recourir aux termes mêmes du mandat et de vous lire les
conclusions de ce qu'on a appelé le manifeste de Belleville,
qui résume les sentiments de l'immense majorité des républicains du XXᵉ arrondissement.

Voici, citoyens, ce que nous disions dans ce manifeste :

« Dans une de nos dernières réunions, vous nous avez dit :
Le mandat tient-il toujours?

« Eh bien oui, tel qu'il s'est transformé sous l'action impérieuse des évènements et des circonstances, le mandat
tient toujours et plus que jamais.

« Au point de vue des indications actuelles, nous le résumons :

« La Constitution de 1875 comme point de départ ;

« Sa pratique sincère et loyale jusqu'en 1880 ;

« Le développement pacifique et régulier des améliorations qu'elle-même a prévues et qu'elle contient en germe
pour arriver à constituer progressivement la République
démocratique.

« Certains trouveront que ce mandat est large et peu défini dans ses termes.

« Nous le faisons ainsi en connaissance de cause et avec
préméditation.

« Nous indiquons et vous acceptez le but : la République
définitive, progressive et largement démocratique.

« Des voies et moyens, ni les uns ni les autres nous ne
sommes maîtres.

« Tout est subordonné aux modifications de l'esprit public
et aux évènements qu'il serait téméraire de vouloir pressentir.

« Et d'ailleurs entre vous et nous il y a un lien qui nous est cher et que nul ne voudrait rompre : vous êtes né à la vie politique ici. Ce sont les républicains du XX° arrondissement, les Bellevillois, pour emprunter à la réaction un de ses plus chers vocables, qui vous ont donné votre premier mandat. Nous nous honorons d'avoir contribué à votre fortune politique, et nous vous disons : Vous avez notre approbation pour le passé ; pour l'avenir, vous avez notre confiance, et vous en userez pour le bien de la France et la constitution définitive de la République. » (*Applaudissements et cris nombreux de : Vive la République !*)

C'est là un blanc-seing bien plutôt qu'un mandat dans l'acception ordinaire et rigoureuse du mot ; mais blanc-seing ou mandat défini, cet acte, tel qu'il a été délibéré et voté à l'unanimité du comité électoral, a été acclamé par l'Assemblée du 14 février ; il a été accepté par le candidat et ratifié par le vote souverain de plus de 22,000 électeurs.

Le XX° arrondissement, que des liens puissants et déjà anciens attachent au citoyen Gambetta, a compris qu'il lui devait de donner son adhésion la plus nette, la plus formelle et la plus absolue à la politique républicaine qui a été suivie pendant les cinq années que nous venons de traverser, à cette politique à laquelle le citoyen Gambetta a pris la plus grande part, à cette politique qui porte à son actif l'organisation de la défense nationale, la conservation de notre honneur et la fondation de la République. (*Très bien ! très bien ! — Applaudissements.*)

Ce mandat est un mandat de confiance, de confiance absolue et sans réserve, et c'est pour vous en rendre compte que le citoyen Gambetta m'a prié de vous réunir et que je lui donne la parole. (*Nouveaux applaudissements.*) »

M. GAMBETTA. — En me rendant au milieu de vous...

Une voix. — Je demande à adresser une question au citoyen Gambetta.

Une autre voix. — Et la nomination du bureau !

Un grand nombre de voix. — Écoutez ! — Laissez parler ! (*Interruptions diverses.*)

M. GAMBETTA. — Ne commençons pas dans le tu-

~~multe, nous finirions dans le désordre, et, quels que~~
soient ici nos sentiments, le désordre dans une réunion républicaine serait un dommage pour l'idée républicaine (*Bravos.*) S'il y a ici des hommes qui veulent poser des questions, ils auront la parole. (*Très
bien! très bien! — Marques d'approbation.*)

Je suis venu ici sous l'empire de deux sentiments :
le premier, c'est celui d'avoir intégralement et fidèlement rempli le mandat dont on vous retraçait tout à
l'heure les termes énergiques et précis. Je crois avoir
montré, dans ma vie politique, par des gages assez
éclatants, que je ne déclinais pas les responsabilités,
et je ne commencerai pas à m'y soustraire dans une
assemblée populaire, et précisément dans celle à laquelle j'ai le plus à cœur d'inspirer confiance. (*Marques d'approbation et applaudissements.*)

Permettez-moi de vous dire, mes amis, — autorisez-
moi à vous donner ce titre, — que je sais quelles
passions vous travaillent et quelles dissidences se sont
glissées dans vos cœurs et vos consciences; mais, en
homme politique sincère, j'ai tenu à venir ici, au milieu de vous, à mon heure, — car j'ai tenu à choisir
mon heure (*Très bien! — Bravos*), — pour examiner
ce qui peut nous diviser et ce qui doit nous réunir
dans un intérêt supérieur, dans l'intérêt du pays.
Lorsque j'ai opté pour Belleville, et posé ici à la fois
et mon berceau et mon assiette politiques, croyez-
vous que j'ignorasse à quelles difficultés, à quelles
contradictions et à quels incessants efforts de démonstration et de clarté je serais condamné?

Croyez-vous que je ne connais pas, aussi bien que
les plus ardents d'entre vous, ce qui peut traverser
la pensée des masses et faire bondir les entrailles du
peuple? Mais je sais aussi ce que les lois de la politique exigent d'attention, de fermeté et de prudence,
et, quant à moi, je mettrai mon honneur à n'avoir
jamais de faiblesse quand il s'agira des intérêts de la

démocratie française tout entière. (*Vive adhésion. —
Applaudissements répétés.*)

Je vous ai dit que je ne rétracterais jamais ce mot
de démocratie, je vous ai dit que j'étais, avant tout,
d'un parti politique dans ce pays, du parti de la démocratie républicaine ; mais, ayant consacré à son
triomphe tout ce que la nature m'a départi d'énergie,
d'intelligence, de patience et de dévouement au travail, j'ai la prétention de connaître, aussi bien que
personne, les voies et moyens à l'aide desquels on
peut assurer son établissement définitif, à l'abri des
retours de la réaction ou des surprises de l'ignorance.
(*Marques d'assentiment. — Bravos.*)

Quant à la contradiction, non seulement je l'admets
entière, mais je la sollicite ; seulement je demande
que nous y mettions de l'ordre et de la convenance,
parce que nos réunions sont le point de mire de tous
les esprits aigris et de tous les vaincus de la réaction.

Prenons pour exemple ce Congrès ouvrier, qui a
su toucher aux questions les plus brûlantes sans donner prise un seul jour à nos ennemis aux aguets.
(*Applaudissements prolongés.*)

Je viens donc vous rendre mes comptes. Ce mot me
plaît, et je suis peut-être le premier qui l'ait employé
dans la ville de Paris, car, on le rappelait tout à
l'heure, et je ne l'oublierai jamais, c'est à Belleville
que j'ai fait alliance avec vous ; mais permettez-moi
d'ajouter que l'exécution du contrat est soumise aux
changeantes nécessités du temps, et, pour employer
un mot que l'on blâme sans le comprendre, à d'inévitables négociations ; car, retenez bien ceci : je ne
connais que deux manières de faire de la politique :
il faut négocier ou se battre. (*Vive approbation. — C'est
cela ! — Très bien !*)

Eh bien, moi, je suis pour les négociations, je suis
contre la bataille, contre la violence ; et je les répudie,
je les réprouve pour des motifs que je ne veux pas

dérouler devant vous, parce que je ne veux pas, à
mon tour, soulever vos colères. Mais c'est assez des
crises douloureuses à travers lesquelles la France a
développé ses tentatives de réforme depuis cent ans;
c'est assez, c'est trop longtemps usé de la violence
dans les paroles, qui mène à la violence dans l'action;
presque toujours cette violence a été stérile et souvent criminelle. Et qu'en est-il résulté? Beaucoup de
temps perdu, beaucoup de sang versé, et le recul de
l'idée qu'on voulait servir. C'est une politique néfaste
qu'il faut condamner, non seulement au nom de l'expérience, mais encore au nom de la dignité du suffrage universel, car le suffrage universel n'est rien, ou
il est le triomphe de la raison par le nombre, de la
libre volonté de tous exprimée dans les urnes publiques. (*Marques d'assentiment et applaudissements.*)

Je le répéterai sans cesse, ce que j'ai voulu et ce
que je veux, c'est instituer la politique du suffrage
universel, c'est séparer le sentiment, le tumulte de la
rue, les mouvements désordonnés d'avec la politique,
c'est, permettez-moi le mot, exclure de la politique la
déclamation.

Et je le dis sans être inquiet du retentissement que
peuvent avoir mes paroles, fort de la sincérité de mes
intentions, bien sûr, comme vous l'avez dit, de ne
jamais trahir votre confiance; je pourrais, je le sais,
me préparer à n'avoir pas toujours la faveur populaire; mais je l'aurai, parce que je démontrerai que
j'ai raison, et raison précisément dans votre intérêt.

Eh bien, quelle politique avons-nous suivie? On dit
que c'est une politique de transaction. Oui, c'est vrai,
parce que les hommes ne se gouvernent que par des
transactions; on dit que c'est une politique de résultats; et on raille ces résultats! Ils sont là pourtant :
ils crèvent les yeux. Il n'y a pas un an, nous avions
l'état de siège, nous avions les ministres dont vous vous
souvenez; vous vous rappelez également leurs actes

~~et leurs tentatives; vous savez entre quelles~~ mains le
pouvoir avait été placé dans les mairies. Regardez,
dites vous-mêmes s'il y a de quoi se railler des résultats obtenus. (*Applaudissements.*)

Ces résultats, vous les avez faits vous-mêmes. C'est
cette majorité qui siège à Versailles, — et qui, je l'espère, n'y siégera pas toujours, — qui a débarrassé le
pays du réseau dans lequel il étouffait. Le pays a dit
à cette majorité lorsqu'il l'a élue : Fondez la République ; nous désirons la paix et la tranquillité dont
nous avons tant besoin non seulement pour refaire
notre grandeur menacée, mais aussi pour améliorer
en quelque chose la situation morale et matérielle du
plus grand nombre.

Et croyez-vous que, lorsque cette politique a abouti,
quand elle a été sanctionnée, quand, tous les jours, on
voit les indifférents ou les timides venir s'y rallier et
lui apporter le contingent de leurs forces, croyez-
vous que je vais l'abandonner sous les invectives des
uns ou les rancunes des autres? Non, car c'est notre
abri.

Mais si, aujourd'hui, la République est constituée ;
si elle est soutenue par une majorité républicaine, sur
laquelle nous pouvons toujours compter, il n'est pas
dit que vous en ayez fini avec les périls, que vous ayez
échappé pour jamais à tous les pièges. Oh ! certes, il
est admirable de se proclamer tout de suite vainqueur,
de dire qu'on va changer le monde et de croire qu'il
suffit pour cela d'un peu d'audace dans l'imagination,
d'une rame de papier et d'une fiole d'encre. Messieurs,
la société humaine n'est pas aux ordres de ces enchan-
teurs, elle ne se fait ni ne se réforme par un coup de
baguette magique. Il y a des obstacles, des résistances,
et vous, qui lisez les journaux, qui connaissez la politique, car vous êtes parmi l'élite de la démocratie française, vous connaissez assez ces résistances. Vous n'i-
gnorez pas non plus les violences passionnées de nos

ennemie, dont je suis loin de me plaindre, — au contraire, car elles sont, pour eux, une cause de discrédit
dans le pays. Quand on rapproche leurs violences de
la modération et de la sagesse du parti républicain,
croyez bien que non seulement le pays, mais l'Europe
tout entière, se prononcent pour le parti républicain.
(*Assentiment unanime. — Applaudissements.*)

Cette politique du 20 février, que contenait-elle
donc lorsque la France l'a ratifiée? Quel mandat le
pays a-t-il décerné à ses élus? Quels vœux a-t-il mani-
festés? Quelle ligne de conduite a-t-il tracée à ses députés?

Nous sommes encore, pour ainsi dire, tout chauds
de cette grande épreuve du suffrage universel. Mes
collègues qui ont bien voulu venir à cette réunion savent, pour les avoir entendues résonner dans le pays,
quelles paroles ont été échangées entre les députés et
les électeurs. On leur a dit : Avant tout, sauvez la République, affermissez-la, développez-la, améliorez-la :
mais surtout gardez-la d'une main vigilante. Ne com-
mettez aucune faute; ne vous laissez ni éblouir par le
triomphe ni exaspérer par les lenteurs que vous pourrez éprouver dans la réalisation de vos vœux. Soyez
patients, persévérants, modérés, ce qui n'empêche
pas d'être énergiques et fidèles.

Le pays a dit encore à ses élus : Portez vos préoccupations sur les choses solides et fondamentales. Jetez
les assises d'une démocratie véritablement maîtresse
d'elle-même. Mettez la main aux affaires; ne perdez pas
de vue un moment l'éducation nationale, inquiétez-
vous de la reconstitution de la puissance militaire du
pays. Occupez-vous de faire disparaître les entraves
qui pèsent encore sur la liberté d'écrire et de penser;
luttez contre le retour offensif du cléricalisme audacieux; n'épargnez ni temps, ni soucis, ni veilles, pour
développer, en les réglant, le droit de réunion, le
droit d'association, les plus indispensables de tous à

une démocratie ; car ceux qui travaillent doivent éla-
borer, poursuivre eux-mêmes la solution des questions
économiques et sociales, une à une, avec sagesse, avec
maturité, en tenant compte de toutes les difficultés et
des intérêts de tous. Hâtez-vous surtout d'amener certaines réformes. Marchez droit à l'ennemi, et ne prenez pas l'ombre pour la proie. Et la proie, c'est avant
tout la réforme dans plusieurs lois et la réforme dans
le personnel. (*Vifs applaudissements.*)

Qu'est-ce que vos mandataires ont fait dès qu'ils ont
été réunis? Une seule pensée les animait alors, et
c'est pourquoi nous avons proposé, — j'ai proposé, et
je crois que j'avais raison, — de ne former qu'un grand
parti républicain dans la Chambre, de négliger et
d'oublier nos nuances, d'abjurer nos dissidences, pour
ne former qu'une armée, qui aurait eu son avant-
garde, son centre et même ses traînards, mais une
armée compacte, unie, sans petits groupes, sans petites chapelles, lesquels ont leur raison d'être quand
on lutte contre un pouvoir despotique, mais non pas
quand on est un parti de gouvernement et qu'on prétend l'exercer.

C'est avec une pareille constitution du parti républicain dans la Chambre qu'aurait pu être résolue tout
de suite la question de l'administration de l'État, car,
quant à moi, je ne suis pas satisfait des changements
insuffisants qui ont été faits; j'ai toujours protesté contre ces timidités, j'ai toujours dit que c'était là le pro-
logue de toutes les questions à résoudre. En effet, on
a beau faire des lois, quand les fonctionnaires chargés
de les appliquer ne sont pas fidèles et loyaux, c'est
comme si l'on travaillait à la toile de Pénélope. (*Très
bien! très bien! — Applaudissements prolongés.*)

Nous avons siégé pendant quatre mois, et l'on rencontre des gens qui disent : Comment se fait-il que,
pendant ces quatre mois, vous n'ayez pas changé la
face de la terre? (*Hilarité.*) Non, nous n'avons pas pu

changer la face de la terre en quatre mois, nous ne le pourrons pas davantage en quatre ans, mais nous avons labouré et tracé le sillon, nous y avons déposé le bon grain, et, si vous persévérez, d'autres viendront le faire lever et la moisson sera pour vous. (*Vive approbation.*)

Je sais bien qu'il y a une question qui nous divise, qui vous passionne, et je suis trop habitué à la politique démocratique pour ne pas distinguer sur vos lèvres ce mot d'amnistie..... (*Mouvement.*)

Quelques voix. — Ah! ah!

Un grand nombre de voix. — Silence! Écoutez!

M. GAMBETTA. — Vous imaginez-vous, par hasard, que je recule devant la question? Je vous connais trop pour l'ignorer : vous faites de ce mot une sorte de cri d'opposition, car nous avons nos oppositions, et je ne m'en plains pas : elles avertissent et elles éclairent : toutefois les oppositions, dont il faut toujours tenir compte, ne sont pas toujours faites pour être suivies. (*Rires.*)

Mais enfin ce qui vous passionne, c'est cette question de l'amnistie, sur laquelle je ne me suis jamais expliqué. Je n'ai jamais voulu m'en expliquer, et je vous en dirai la raison ; mais je trouve que le moment est venu d'en parler, et je réclame de vous un peu de tolérance et, pour moi, une entière franchise. (*Très bien! — Bravos. — Parlez! — Mouvement d'attention.*)

Je comprends et j'ai partagé avec beaucoup de mes amis cette opinion que l'heure de la clémence avait sonné ; qu'une large politique, une politique intelligente n'aurait pas laissé poser la question, qu'elle eût devancé le sentiment public et, dans une large mesure, fait une amnistie. L'amnistie n'aurait pas soulevé de divisions, elle n'eût pas suscité de dissidences, parce que la mesure eût été large si le gouvernement en avait pris l'initiative, et que l'opinion, dont il fallait faire à cet égard l'éducation, l'eût acceptée avec reconnaissance.

Mais les uns n'ont pas compris l'opportunité de cette mesure, et d'autres l'ont exagérée. C'est ici que je me suis séparé de mes collègues : je n'étais pas, je ne suis pas partisan de l'amnistie telle qu'on l'a réclamée dans certaines formules, et cela pour bien des motifs, mais le principal, c'est que je voyais qu'on allait compromettre et perdre la question même de l'amnistie ; c'est que je voyais qu'en la présentant dans ces termes absolus et violents, sans distinctions ni catégories, on allait surexciter le sentiment contraire, et qu'on n'obtiendrait ni peu ni prou, justement parce qu'on demandait tout. (*Murmures dans quelques parties de la salle.*)

Et c'est ce qui est arrivé.

Je vous ai dit, Messieurs, que j'étais tout disposé à entrer en discussion avec quiconque le voudrait ; mais je demande qu'il ne se produise pas, sous la forme de rumeurs, de réponses collectives qui n'arrivent pas jusqu'à moi et qui ne font que troubler l'ordre de ma discussion. (*Très bien — Parlez!*)

Il me faut maintenant vous donner la raison de mon opinion au point de vue républicain, au point de vue national et au point de vue spécial où je me trouve.

Je dis qu'il existait une opinion très habile et très perfide qui, s'emparant des évènements de la Commune, les transformait en une sorte d'explosion et de manifestation d'une école ou d'une secte politique, alors qu'on savait parfaitement que cette insurrection du 18 mars n'était, au contraire, qu'une sorte de convulsion de la famine, de la misère et du désespoir.

Une voix. — Je demande la parole. (*Laissez parler! — N'interrompez pas !*)

M. GAMBETTA. — S'emparer de cette opinion pour prétendre que l'insurrection criminelle du 18 mars constituait la véritable expression du parti républicain et pour confondre, de proche en proche, les républicains avec les hommes les plus tarés et les plus souillés dans les évènements insurrectionnels du 18 mars; considérer comme leurs complices ou leurs collaborateurs des membres du même parti, voilà une opinion qui pouvait se produire, et il n'y avait qu'un moyen de la réduire au silence, d'empêcher qu'elle ne se propageât dans le pays, qu'elle ne portât la terreur sur beaucoup de points en même temps qu'un coup redoutable à l'édifice républicain.

Il importait, dis-je, de rompre avec cette opinion en demandant l'amnistie partielle, qu'il fallait faire aussi large que possible. Il fallait établir des catégories, des distinctions, prendre enfin une mesure sage, prudente et politique. C'est ce que j'ai fait, dans l'intérêt commun de la justice et de la bonne politique, en signant une demande d'amnistie partielle. Je n'ai pas cru, je ne crois pas encore à cette heure, qu'il fût possible d'aller au delà; j'ai pensé que le faire était commettre une faute qui pouvait devenir irréparable. Je crois que nous avons véritablement servi l'intérêt républicain en arrachant à nos ennemis une arme dont ils faisaient déjà un emploi funeste.

Est-ce à dire que, parce qu'on a mal pris la question, parce qu'on l'a mal posée, parce que, permettez-moi le mot, on a présenté le glaive par la pointe au lieu de le présenter par la garde, est-ce à dire que tout soit fini, qu'il n'y ait plus de mesure de conciliation possible, et qu'il ne faille pas faire une distinction entre les innocents, les égarés et les criminels? Non. Et je dis qu'à cause précisément des retards, des hésitations et de la parcimonie qui nous ont été opposés, il est plus que temps, au contraire, d'en finir avec cette lourde et inhumaine question. Je suis d'avis qu'il faut prendre tous les moyens pour y arriver.

Voilà tout ce que j'avais à vous dire sur cette question. Il est, je ne l'ignore pas, des gens qui, ne tenant pas compte de la situation politique du pays ni de celle de Paris, ne se préoccupent que d'un seul point de la ville et, n'apercevant rien au delà, réclament encore aujourd'hui l'amnistie totale et absolue. Ceux-là, qui veulent l'amnistie totale, se divisent en deux parts : il y a d'abord ceux qui sont mus par une générosité de sentiments : — j'en connais, je compte parmi eux des amis qui sont ici, — mais qu'ils me permettent de leur dire qu'ils sont dupes de leur cœur, et qu'ils trahissent, bien à leur insu et contre leur gré, les intérêts mêmes qu'ils pensent servir.

Il y a ensuite ceux qui font de cette question un moyen de désordre et d'agitation sans fin. (*Murmures et réclamations sur quelques bancs. — Très bien! et marques d'approbation sur un grand nombre de bancs. — Interruptions diverses.*)

Eh bien, cette question, nous allons la retrouver à la rentrée de la Chambre sous la forme d'une proposition de cessation de poursuites, qui répond en partie à nos sentiments de pacification et de justice, et là, comme nous serons en face d'une mesure politique, juridique et nécessaire, je donnerai mon concours à cette proposition, comme j'ai l'habitude de le donner, sans compter. Mais, entendez-le bien, je suis résolu à ne jamais dépasser, tant que je penserai avoir raison, tant qu'on ne m'aura pas démontré que j'ai tort, les limites fixées par ma conscience et par ma raison. (*Mouvement. — Très bien! très bien!*)

A cette question s'en joignaient d'autres. Il y avait, — il y a encore, — une question de liberté communale à résoudre. Vous savez comment nous l'avons traitée.

Nous étions assurés d'exprimer une pensée politique et véritablement nationale en restituant à toutes les communes de France, sans distinction, le droit d'élire leurs maires. Et comme nous étions là sur un terrain où l'immense majorité des Français se trouvaient unis par un vœu commun, et qu'ils s'étaient assez clairement expliqués par le verdict du 20 février, il n'y avait pas à hésiter : nous avons soutenu le principe dans son intégrité.

Il en est ainsi toutes les fois que nous sommes sûrs d'avoir le pays avec nous ; c'est ici la clef de cette politique qu'on a appelée d'un mot plus ou moins bien fait, qui vient d'Italie, de même que le mot intransigeant vient d'Espagne ; — je voudrais bien qu'on restât en France sans aller chercher des mots par-delà les monts. — La clef de cette politique, qualifiée avec un dédain assez ridicule d'opportuniste, consiste à ne s'engager jusqu'au bout dans une question que lorsqu'on est sûr d'avoir, sans conteste, la majorité du pays avec soi. Mais, quand il y a des hésitations, quand le pays n'a pas manifesté sa volonté, quand il est divisé, quand il répugne à une mesure, quand l'adoption de cette mesure jetterait le trouble dans le suffrage universel, en même temps qu'elle serait une cause de faiblesse et de ruine pour le gouvernement, quelle que soit alors l'ardeur qui nous pousse, je résiste et je résisterai toujours. (*Applaudissements. Interruptions sur quelques bancs.*)

Il y a, dans la politique de la démocratie, un devoir supérieur à tout autre devoir : c'est la conservation de la République elle-même ; c'est, avant tout, de ne jamais donner barre à ses ennemis contre l'édifice qui nous abrite encore. Oh ! il serait trop commode de se draper dans la toge des anciens Romains et de mourir comme Caton à Utique. Quel profit a retiré la République romaine de la mort de Caton à Utique ? (*Rires.*) Moi, je suis pour lutter jusqu'au bout quand César est vivant, ou pour empêcher le retour de César. (*Longs applaudissements.*)

Vous m'avez connu à une autre époque, et l'on attestait, tout à l'heure, dans quel esprit vous m'aviez choisi. Eh bien, il y en a parmi vous, peut-être, qui se sont trompés sur mon caractère et qui, jugeant de l'ardeur et de la passion que j'ai toujours mises et

que je mettrai toujours, quel que soit le nom de l'u-
surpateur dynastique qui puisse se présenter devant
nous, à combattre et à renverser son pouvoir, et qui
peut-être se sont imaginé que j'étais un homme de
sédition et de faction, que je ne pouvais pas me contenter d'un gouvernement lentement réparateur, ni
m'accommoder d'une marche prudente et progressive
dans les idées, que je pouvais me laisser éblouir par
je ne sais quel prestige de popularité, jusqu'au point
de sacrifier le bien de l'État et le repos de l'avenir : il
faut que vous perdiez cette illusion, si vous l'avez.
(*Applaudissements.*)

Je vous le disais sous l'empire, en prenant le mandat que vous m'avez confié ; je l'ai répété lors de ce
coupable plébiscite dont la France saignante paie
encore la rançon, je vous disais : Ce que je rêve pour
mon parti, ce ne sont pas les héroïques aventures de
la rue, c'est le gouvernement de la France par elle-
même, parce qu'il y a quelque chose que je place plus
haut peut-être que toutes mes convictions politiques
et philosophiques , c'est la France. (*Applaudissements
prolongés.*)

Au surplus, ce que je dis ici, je ne l'adresse pas à
la majorité dans cette enceinte, car j'ai la conviction
que cette majorité est avec moi.

Voix nombreuses. — Oui ! oui !

M. Gambetta. — J'ai confiance qu'elle sait bien que,
lorsque je passe par les sentiers les plus difficiles, ce
n'est pas certes de gaieté de cœur, mais parce que ce
sont les chemins qui vont au but. Elle sait bien, cette
majorité, qu'elle peut faire fonds sur son représentant ; elle ne le saurait pas, qu'il l'en faudrait plaindre.
(*Marques d'approbation.*)

Et maintenant je vous dis ceci : c'est qu'il faut jeter
les regards autour de vous, et que, si vous m'avez toujours trouvé confiant, plein d'espoir dans l'avenir de
notre cause, si vous n'avez pas oublié les paroles que

je venais vous apporter aux heures tragiques, aux
heures funèbres, à ces heures où ceux qui emplissent
aujourd'hui la rue du bruit qu'ils font n'apparaissaient
pas, où on ne les connaissait que pour avoir à les
consoler, lorsqu'à ce moment-là je vous apportais ces
paroles, c'est qu'il fallait donner confiance ; mais aujourd'hui, non, je ne suis pas optimiste.

Non, je le répète, je trouve que jamais la prudence,
la circonspection, l'union et la cohésion de toutes les
nuances du parti républicain n'ont été plus nécessaires ; pourquoi ? Mais parce que nous assistons à
une recrudescence inouïe de passions réactionnaires,
et dont la France n'avait pas eu d'exemple depuis 1815
ou 1816 ; parce que nous avons sous les yeux le spectacle bizarre de n'avoir plus de parti politique proprement dit à combattre, de n'avoir plus qu'un parti, ou
plutôt une cohue : il n'y a plus d'étendards politiques,
ils sont tous cachés ; il ne s'agit plus de restauration
de maisons royale ou impériale ; il s'agit de sauver la
foi, la religion, comme si la religion n'était pas distincte du fanatisme et de la théocratie ; il n'y a qu'un
ennemi : il englobe tout, apparaît partout, surgit partout, il nous enveloppe de tous les côtés, et c'est
le moment que vous prenez pour faire de la dissidence
et susciter des divisions ! (*Salve d'applaudissements.*)

Eh bien, il y a un parti qui ne fait pas de division ;
bien au contraire, il concentre et ramasse toutes ses
forces, il soude bout à bout tous ses instruments de
combat et de guerre, il étend tous les jours la portée
de son action ; ce parti, vous le connaissez : il se permet de revendiquer le droit, non plus d'entrer dans
l'État, mais de gouverner l'État lui-même, et l'on voit
ses représentants officiels se réunir, conciliabuler,
rédiger des manifestes, parler aux puissants du jour,
discuter des ordres, usurper sur le pouvoir public le
droit de remontrance. Tantôt c'est une loi dont il
n'est pas satisfait, tantôt c'est tel parti qu'il dénonce ;

il étend la main sur l'administration, sur l'armée, sur la magistrature ; et c'est quand ces choses-là sont permises, tolérées, qu'elles proviennent non pas seulement de la faiblesse du pouvoir, de la complaisance d'un libéralisme exagéré, mais du progrès de la caste et de la gent cléricale, lentement poursuivi depuis cinquante ans, c'est à la veille de la suprême bataille qu'on vient équivoquer sur les mots, faisant des arguties misérables, ne jetant en pâture à l'intelligence populaire rien de ce qui peut l'assouplir et la fortifier, et ne lui donnant que ce qui peut l'abêtir, c'est ce moment qu'on choisit pour diviser toutes les forces du parti républicain ! Je dis que ce n'est ni raisonnable ni habile ; je suis bien près de dire que cela est impie. (*Applaudissements répétés.*)

Oui, cela est impie, si c'est volontaire. Mais je ne crois pas que cela puisse être volontaire. Et, pour en finir par un seul mot, je ne connais qu'une politique, celle que nous avons suivie, politique ██████ dération, politique de concorde, politique de raison, politique de résultats, et, puisqu'on a prononcé le mot, politique d'opportunité. En vérité, il est étrange et je dirai que c'est presque une honte pour l'esprit français d'en être réduit à ceci : qu'il faudrait faire une politique d'inopportunité pour satisfaire certaines individualités. (*Hilarité.*)

Comprenez-vous qu'il ne faudrait tenir compte ni des circonstances, ni du vent qui souffle, ni de l'arrimage du navire ; le pilote devrait tourner le dos, et tout cela pourquoi faire ? Pour ne pas faire une politique d'opportunisme ! Je la connais, cette politique : c'est la politique des désastres et du naufrage.

Et permettez-moi de vous rappeler que, lorsque nous sommes nés à la vie politique, il y a de cela quelque vingt ans, nous nous sommes trouvés seuls, isolés, sans guide, sans patron, sans rien qui pût nous indiquer la route à suivre ; nous arrivions dans les

ténèbres, et quelles ténèbres ! les ténèbres que faisait
l'ombre des ailes de l'aigle déployées sur la France !
Sensation.)

Nous étions là sans personne pour guider nos pas :
nous demandions à quelque survivant de 1848 des
nouvelles des hommes de ce parti républicain qui
avait avant nous fait l'essai de la République, et alors
nous apprenions que, dispersés à tous les vents, fu-
gitifs, misérables, ils traînaient au dehors une existence qui, si elle n'était pas sans dignité, était sans
profit pour la France : et quand nous demandions la
cause de ce crime triomphant qui les avait chassés,
— car il y a des causes, Messieurs, aux crimes qui
triomphent ; les crimes politiques ne réussissent pas
quand on n'a pas d'avance façonné les nations à les
voir s'accomplir ; les crimes qui sont tentés sans que
déjà on ait brisé les ressorts d'un peuple, ces crimes-là
restent des échauffourées et ne servent jamais de fondement à des dynasties, — savez-vous ce qu'on nous
répondait ? On nous répondait que ce qui avait rendu
l'attentat possible, c'était la peur suscitée dans le pays,
la terreur provoquée par les violences de parole de
braves gens qui, au fond, étaient les plus débonnaires
du monde. Mais la terreur avait tellement troublé les
cervelles, qu'on n'attendait plus qu'un maître : ce
maître, cet aventurier, ce caporal obscur et louche
passa, et il suffit de lui pour arrêter, pendant vingt
ans, l'essor de l'humanité. (*Vifs applaudissements.*)

Savez-vous alors ce que nous nous sommes dit ?
Nous nous sommes dit qu'après avoir lutté contre ce
César d'aventure, si jamais on pouvait en débarrasser
la France, pour nous commencerait une nouvelle politique, une politique de sagesse, une politique de
mesure, qui ne livrerait rien au hasard et qui aurait
surtout pour axiome fondamental de rassurer les intérêts et de rallier les esprits. C'est là la politique à
laquelle on veut bien donner le nom d'opportuniste ;

peu nous importe: la France l'a sanctionnée, et je tiens à honneur que dans Belleville, que précisément dans ce centre toujours noblement ardent et généreux, elle conquière droit de cité. C'est pour cela que j'ai tenu à rester votre représentant quand je pouvais choisir; je tenais à pouvoir parler d'ici à la France entière pour lui dire : Oui, c'est dans ce réduit où il y a le plus d'emportement généreux, où il y a dans les cœurs la plus grande ardeur de sentiments, où s'élève si haut l'esprit de sacrifice, où il y a eu le plus de martyrs dans le passé, c'est dans ce réduit que je veux poser ma tribune, pour n'y faire entendre que des paroles sincères et que l'expression d'une politique sage et progressive.

On a appelé quelquefois, Messieurs, cette colline de Belleville le mont Aventin de la démocratie française : eh bien, l'expression est digne d'être relevée, mais non pour en faire un lieu d'agitations stériles et vaines, pour en faire au contraire le sommet le plus élevé sur lequel on puisse avec confiance inviter la France à tourner les yeux en lui disant : Vois, le drapeau ne tremble pas, tu peux dormir et travailler tranquille. (*Double salve d'applaudissements.*)

M. BUFFENOIR. — Je demande la parole. (*Agitation.*)

M. LE PRÉSIDENT. — M. Buffenoir a la parole.

M. BRALERET. — M. Buffenoir n'est pas du XXᵉ arrondissement.

M. LE PRÉSIDENT. — On me fait observer que M. Buffenoir n'est pas du XXᵉ arrondissement; si cela est, il ne peut prendre la parole.

Quelques voix. — Si! si! qu'il parle!

De toutes parts. — Non! non! (*Bruit et interruptions diverses.*)

M. GAMBETTA. — Permettez, Messieurs. M. Buffenoir demandant la parole, je n'admets pas qu'on puisse poser la question de savoir si, oui ou non, il parlera. Il faut qu'il parle.

Voix diverses. — Non! non! — Si! si!......... ... .

M. LE PRÉSIDENT. — Faites silence, s'il vous plaît.

M. GAMBETTA. — Je tiens à dire que M. Buffenoir n'est pas électeur du XX° arrondissement, mais que, malgré cela, je demande qu'on lui accorde la parole. (*Marques d'assentiment.*)

Un grand nombre de voix. — Non! non! — Il ne peut pas parler!

Quelques voix. — Si!

M. LE PRÉSIDENT. — J'ai donné la parole à M. Buffenoir; veuillez l'écouter.

M. BUFFENOIR. — Après le puissant orateur que vous avez entendu... (*Interruptions nombreuses.* — *Assez!*)

M. LE PRÉSIDENT. — Écoutez l'orateur.

Plusieurs membres. — Non! non! — Il n'est pas de l'arrondissement. (*Agitation.*)

M. GAMBETTA. — Laissez M. Buffenoir poser la question qu'il a à m'adresser; nous aurions déjà fini, si vous ne l'aviez pas interrompu; il ne faut pas, dans l'intérêt de nous tous, et surtout de cette réunion, qu'on puisse dire que l'on a empêché les personnes qui ont des questions à me poser, de le faire. Je vous en prie donc, écoutez-le. (*Très bien! très bien!*)

M. BUFFENOIR. — Je disais donc, citoyens, qu'après le puissant orateur que vous venez d'entendre, il y a peut-être quelque témérité à moi de prendre la parole dans cette assemblée; cependant, il n'est donné à personne de faire reculer les hommes de principe devant l'expression de ce qu'ils croient la vérité, et je me permettrai, si vous voulez bien, de soumettre quelques observations à l'assemblée au sujet des paroles très sincères, je n'en doute pas, qu'a prononcées le citoyen Gambetta.

Appartenant au parti radical avancé... (*Murmures et interruptions diverses*) nous sommes comme lui; nous ne sommes pas des agitateurs; nous voulons la conciliation aussi, seulement nous la voulons sur des

principes; comme les opportunistes, nous détestons
les bonapartistes, les cléricaux et les partis déchus
qui ont régné autrefois sur la France; mais nous voulons de plus que ce qu'on entend par le mot République soit nettement défini. (*Assez! assez!*)

Un membre. — A la question!

Un autre membre. — Posez votre question!

M. BUFFENOIR. — Je voulais dire au citoyen Gambetta que sa politique, que pour mon compte je crois
très sincère... (*Bruit.*)

Un membre. — Vous avez déjà dit cela!

M. BUFFENOIR — ... ne nous conduirait pas au but
auquel tend la démocratie, c'est-à-dire au gouvernement direct du peuple par le peuple.

Un membre. — Vous faites un discours. A la question!

M. BUFFENOIR. — Je dis que sa politique est une politique qui maintient encore l'ancienne tradition qui
consiste à donner à une nation un maître; qu'il s'appelle président de la République ou non, peu importe
le mot, c'est toujours un maître : il donne des fers,
et les fers sont toujours des fers... (*Bruits et rires.*)

De toutes parts. — Abrégez! — Concluez! — A la
question!

M. BUFFENOIR. — J'arrive, pour abréger, à la question que je veux poser au citoyen Gambetta. (*Ah! ah!*)

J'ai demandé tout à l'heure la parole au moment
où il parlait de l'amnistie; il a dit que le mouvement
communaliste de 1871 était une convulsion. Je dis,
moi, que c'était la manifestation légitime... (*Exclamations nombreuses. — Vive agitation. — Réclamations
et interruptions.*)

M. GAMBETTA. — Un mot. Il n'est pas possible, dans
une réunion française... (*Le bruit qui n'a pas cessé couvre la voix de l'orateur.*)

Il faut que vous entendiez ce que j'ai à vous dire.
On vous a dit, rappelant une parole dont je venais de

me servir, que j'avais qualifié l'insurrection du 18 mars une convulsion n'ayant rien qui ressemble à une manifestation d'un parti politique.

Eh bien, puisque la réaction me somme de parler, je vais le faire.

Écoutez bien. Voilà un homme qui parle de la Commune et qui dit que la Commune est la manifestation légitime d'un système, d'une idée politique. Or, savez-vous ce que c'est que cet homme? (*Oui! oui! — Non! non! — Agitation et marques d'attention.*) Il est bon de savoir quels sont ceux qui osent parler ainsi devant le peuple. Quand on prononce des paroles comme celles que vous venez d'entendre, qui, si elles pouvaient être l'expression d'une pensée sérieuse, se retourneraient cruellement et contre vous et contre vos idées, il est bien nécessaire de connaître ceux qui les prononcent. Eh bien, le citoyen que voilà, je le connais...

Une voix. — Ce n'est pas un citoyen.

M. BUFFENOIR. — Je proteste.

M. GAMBETTA. — Vous protesterez après. Quand je suis revenu à la Chambre des députés, lorsque vous m'eûtes rendu mon mandat après la guerre, j'ai reçu la visite de monsieur que voilà, et ce monsieur qui trouve que la Commune était l'expression d'une idée légitime, savez-vous où il était au moment de la Commune? Eh bien, il était entre les mains des cléricaux qu'il servait. (*Exclamations nombreuses. — Rires. — Agitation.*)

Il est venu me trouver, moi, pour l'aider à en sortir; il m'a apporté à cette époque-là une pièce de vers qu'il m'a dédiée, — je la lui rends. (*Hilarité.*) — Et ce monsieur, qui dit de pareilles choses, était uniquement préoccupé, non pas, comme il dit, du radicalisme communaliste, mais d'écrire, dans un journal que je venais de fonder, n'importe quoi, sur n'importe quel sujet; il n'y a pas d'adulations et de platitudes qu'il n'ait adressées à votre serviteur pour s'y faire admettre ; mais rien n'y a fait, je flairais le personnage... et le voilà. (*Hilarité générale et applaudissements.*)

(M. Buffenoir descend de la tribune.)

M. LE PRÉSIDENT. — Citoyens, avant de terminer la séance, je vous demande une salve d'applaudissements au député du XX° arrondissement. (*Salves d'applaudissements. — Cris de : Vive la République! Vive Gambetta!*)

Le journal *l'Homme libre*, dirigé par M. Louis Blanc, ayant critiqué sur plusieurs points le discours prononcé par M. Gambetta à Belleville, la *République française* lui répondit en ces termes dans son numéro du 1er novembre :

« Le discours prononcé par M. Gambetta à Belleville provoque, de la part de l'*Homme libre*, une critique spéciale qui contient plutôt une réclamation qu'une objection. M. Gambetta a rappelé la situation où se trouvaient les républicains nés à la vie politique sous l'Empire, et à qui manquaient les conseils des hommes qui les avaient précédés dans la carrière. M. Gambetta a déclaré également qu'en politique il vaut mieux négocier que livrer bataille sans nécessité.

« L'*Homme libre*, à cette occasion, évoque tout le passé d'héroïsme et de sacrifice du parti républicain ; il énumère les grandes journées de la Révolution, les crises qui ne pouvaient être terminées que par le sort des armes. Il se donne une peine superflue pour protéger un passé qui n'est attaqué que par nos ennemis communs, et dont nous n'avons jamais perdu, pour notre compte, l'occasion de faire ressortir la grandeur et de revendiquer les gloires ; mais, parce qu'il est des abus enracinés de longue date dont on ne peut avoir raison que les armes à la main, parce qu'il est des despotismes avec lesquels on ne peut ni se réconcilier, ni traiter, parce qu'il y a des coups de force, des violations de la loi auxquels le devoir commande de résister par tous les moyens, est-ce à dire que l'héroïsme puisse tenir lieu de politique à un grand parti, et qu'il soit permis de laisser grossir les réactions et se préparer les catastrophes en prenant soin de sauvegarder sa pureté et en se reposant sur l'assurance qu'on a de ne point laisser entamer sa dignité personnelle? Faut-il toujours combattre, combattre la République elle-même, dès que cette République ne réalise pas d'emblée l'idéal politique et social qu'on s'en est fait? Nous croyons, quant à nous, qu'il est des situations insolubles, où il faut payer d'héroïsme; mais nous croyons non moins fermement que la politique consiste à éviter ces situations.

« Sans doute, en un temps de défaillance universelle, il peut être d'un exemple consolant pour la dignité humaine, salutaire pour les races à venir, que quelques hommes refusent de fléchir le genou. Mais ce dernier refuge des situations désespérées, des Républiques expirantes, ne suffit pas à l'avenir d'un grand pays. C'est dans l'intérêt de la nation tout entière que nous voulons le maintien de la République, et l'on ne peut demander à une nation de se préparer à l'exil ou à la mort. Quand on a la République, il faut avant tout s'étudier à la conserver, lors même qu'elle ne réaliserait pas de prime abord tout ce qu'on s'est habitué à attendre d'elle. Il est plus facile de l'améliorer que de la faire revenir après qu'elle a été écrasée; l'expérience a dû en convaincre les rédacteurs de l'*Homme libre*. Les réformes peuvent s'accomplir lentement; l'inconvénient de ces lenteurs ne saurait se comparer au recul produit par une réaction violente et tyrannique. Ce n'est pas seulement de longues années qu'on perd dans cette succession de péripéties violentes, dans ce va-et-vient des principes proclamés et des libertés détruites, c'est la force, c'est la vitalité d'un pays. Sans doute, il est des hommes fiers, dont la volonté survit à l'énergie physique; les approches mêmes de la mort ne tireraient pas d'eux une bassesse; mais ils meurent, et avec eux s'en va le sang le plus pur, le plus généreux. La France n'a pas manqué de héros dans les crises qui la déchirent depuis le XVIIᵉ siècle, pour ne pas remonter au-delà des luttes de la pensée moderne; il est pourtant incontestable qu'elle s'y est affaiblie. Est-ce à dire que notre respect et notre salut aient jamais manqué aux hommes qui ont honoré notre parti, maintenu ses doctrines et ses traditions? La proscription n'a pas frappé seulement les vaincus de décembre, mais ceux qui sont venus après eux et la France républicaine tout entière. Est-ce donc rabaisser la proscription que de constater, comme l'a fait M. Gambetta, que les proscrits, dont le despotisme n'avait pu atteindre la dignité, étaient

réduits à une existence sans profit pour la France? Ah!
certes, nous savons bien que la plupart d'entre eux ont
rehaussé au dehors l'estime du nom français, nous savons
bien qu'il y avait parmi eux de nobles esprits qui, en tout
temps et dans toutes les situations, eussent honoré le pays ;
c'est une élite qui se trouvait surtout frappée par la plus
brutale des tyrannies. Nous savons bien que les *Châtiments*
et la *Légende des siècles*, que l'*Histoire de la Révolution*, que
Merlin l'Enchanteur, que ces œuvres qui ont tant contribué
à conserver au génie français son prestige européen, nous
sont revenues par les chemins de l'exil. Mais s'il fallait invoquer le témoignage des victimes prises en masse, elles
avoueraient sans doute que la moindre des douleurs de la
proscription n'était pas le sentiment de leur inaction forcée.
Nous honorons les proscrits ; mais nous ne voulons pas les
voir reprendre le chemin de l'exil, et il ne nous suffirait
même pas de les y trouver résignés. La tâche qui se présente à nous, ce n'est pas de nous ensevelir sous les ruines
de la République, c'est de la faire vivre, non seulement pour
l'honneur de quelques individualités, mais pour le bien de
tous. Pour accomplir cette tâche, on est obligé de descendre
aux détails, d'entrer dans la voie des transactions. Cela peut
avoir ses ennuis, et certains caractères seraient plutôt dis-
posés à ne tenir aucun compte des nécessités passagères, et
à compter, en dernière analyse, sur une inflexibilité qui
préserverait leur fierté. C'est là une noble variété du fata-
lisme, que notre respect ne saurait nous empêcher de combattre, car nous la croyons pleine de périls, et, le jour où
vous n'auriez que l'amère satisfaction de votre austérité
échappée au naufrage, le pays ne saurait sans injustice vous
refuser son admiration, mais il serait dans l'impossibilité
de vous suivre. »

DISCOURS

SUR

LA PROPOSITION

TENDANT A METTRE FIN AUX POURSUITES POUR FAITS RELATIFS
A L'INSURRECTION DU 18 MARS

Prononcés les 3 et 4 novembre 1876

A LA CHAMBRE DES DÉPUTÉS

Nous avons exposé plus d'une fois, dans les notices qui précèdent, quelle était la cause principale et permanente de la faiblesse politique du cabinet du 10 mars : bien que sincèrement dévoué à la cause de la République, il n'avait jamais osé s'inspirer franchement des volontés de la majorité républicaine de la Chambre, il n'était pas libre. Dans la question cléricale comme dans la question des réformes économiques, sur l'application du décret de messidor an XII comme dans l'affaire de l'amnistie, surtout dans la grande question du remaniement administratif, il s'était toujours laissé arrêter, au moment de faire le second pas, par la crainte du Sénat et par le souci de la politique de l'Élysée. Or, c'était ce second pas qui lui eût assuré en toutes circonstances l'appui énergique et résolu de la Chambre, ce second pas qu'il aurait dû faire toujours sans hésitation, d'abord parce que l'intérêt de la République le commandait, — ensuite parce que le premier pas avait suffi à accroître l'irritation de la *coterie*, et que des hésitations, qui ressemblaient à de la crainte, ne faisaient qu'enhardir les amis du duc de Broglie et de l'évêque d'Orléans. Les ministres du 10 mars avaient oublié que donner et retenir ne vaut, et ils passaient

leur temps, dans leurs triples rapports avec le président de
la République, le Sénat et la Chambre, à donner et à retenir.
Certes, nous n'entendons pas dire qu'entre une Chambre
jeune et ardente, un Sénat divisé et un chef de l'État dominé
par quelques intrigants, la position du cabinet présidé par
M. Dufaure ait jamais été bien aisée. Mais, si cette position
était assurément difficile, elle n'était nullement inextricable,
et, en tous les cas, plus la réaction s'agitait autour du maréchal de Mac-Mahon, et plus une seule conduite eût été
véritablement digne et politique. C'était celle que M. Thiers
et M. Gambetta ne cessaient de recommander aux ministres
dont ils étaient les amis, et qui consistait à dire ouvertement
au président de la République : « Que le jour était venu de
prendre parti et de se décider soit à suivre la Chambre soit
à la dissoudre. » — Les ministres ne se laissèrent pas convaincre. Très adroitement circonvenus par le duc Decazes,
ils s'imaginèrent qu'il était possible de vivre d'expédients,
d'où il résulta qu'ils ne réussirent qu'à mourir avant l'heure
et sans le prestige qui se fût attaché à une franche retraite
devant des exigences anticonstitutionnelles et illégales.

Ce fut sur la question de l'exécution du décret de messidor
an XII et sur la proposition tendant à mettre fin aux poursuites pour faits relatifs à l'insurrection du 18 mars, que
ces exigences se manifestèrent avec le plus de force, et
que le cabinet s'effondra assez tristement, pour n'avoir pas
voulu leur résister avec quelque fermeté. Comme il était
notoire que les ministres de la justice et de l'intérieur par-
tageaient sur ces deux questions le sentiment presque
unanime de la majorité, il avait semblé évident, quelles que
furent les plaintes et les menaces de la coterie, que MM. Dufaure et de Marcère tiendraient bon et se croiraient engagés
à rester d'accord non seulement avec les trois gauches, mais
encore et surtout avec eux-mêmes. Il n'en fut rien. Ils cé-
dèrent l'un et l'autre devant les prétentions du maréchal, et,
quand ils comprirent la faute qu'ils avaient commise, il était
trop tard.

On a vu plus haut (tome V, page 57) qu'au cours de la période électorale de janvier et de février 1876, la question de
l'amnistie pour les crimes et délits se rattachant à l'insurrection de la Commune avait été agitée avec passion dans tous
les grands centres et qu'elle avait figuré à la première place

de leurs programmes [1]. Proposée au Sénat par Victor Hugo
et à la Chambre par MM. F.-V. Raspail, Maurice Rouvier et
Allain-Targé, l'amnistie (plénière ou partielle) avait été re-
poussée dans l'une et l'autre Chambre après de retentissants
débats [2]. Mais s'il avait paru à beaucoup d'excellents républicains que l'heure de l'amnistie n'avait pas encore sonné,
le parti républicain tout entier était d'avis que l'heure était
venue d'user, à l'égard des condamnés de 1871, d'une large
clémence, et surtout qu'il était temps de mettre fin à des
poursuites dont la menace, toujours suspendue sur une partie
de la population de Paris, de Lyon et de Marseille, constituait un véritable danger politique et une injustice. « Ce que
nul ne peut méconnaître, avait dit M. Dufaure dans la séance
du 20 mai, c'est qu'il existe un grand nombre de personnes
qui, dans les rangs de la garde nationale, pendant la durée
de la Commune, ont pris une part presque inconsciente dans
les batailles qui se sont livrées au milieu de nos rues; ce
qu'il y a de vrai, c'est que beaucoup n'ont pas été recher-
chées ou n'ont pas été trouvées. Que chacune de ces personnes ait l'appréhension d'une poursuite qui n'est pas
commencée, mais qui peut les atteindre d'un jour à l'autre,
rien n'est plus naturel. Mais dans toutes les situations semblables, lorsqu'il s'est trouvé un grand nombre de personnes
dont la culpabilité était ignorée ou incertaine, et qui pouvaient être exposées à des poursuites; dans tous ces cas,
après avoir fait justice des véritables, des grands coupables,
on s'est demandé si l'on ne devait pas être plus indulgent
pour d'autres et limiter le temps pendant lequel on pourrait
encore les poursuivre. A toutes les époques, on a cru qu'il
pourrait y avoir un instant où il deviendrait convenable
d'abréger pour ces personnes le temps des prescriptions
ordinaires établies par nos lois. » Ces paroles avaient été si
bien considérées comme la conclusion des débats de la
Chambre sur l'amnistie que cent quarante-neuf députés,
appartenant à tous les groupes de la gauche, s'étaient

1. Nous nous proposons de résumer l'historique de cette question dans le commentaire du discours prononcé par M. Gambetta
le 20 juillet 1880, discours à la suite duquel la Chambre des députés et le Sénat ont voté l'amnistie plénière.
2. Séances des 17, 18, 19 et 22 mai 1876.

empressés de signer une proposition sur la cessation des poursuites (26 mai).

Tout à coup M. Dufaure changea d'avis. La Chambre avait à peine adopté le rapport de M. Spuller sur la prise en considération de la proposition de cessation des poursuites (7 juin) que le garde des sceaux se rendit aux objections du président de la République et qu'il se déclara opposé à toute solution législative du problème. Ce fut en vain que la commission chargée de l'examen du projet s'efforça de lui démontrer que les députés avaient le droit de chercher des garanties, en sorte que les engagements admis par les hommes au pouvoir puissent survivre à ces hommes en acquérant la fixité d'une loi. M. Dufaure s'obstina dans la transaction à laquelle il avait consenti, et le maréchal de Mac-Mahon adressa la lettre suivante au ministre de la guerre :

Versailles, 27 juin 1876.

« Mon cher Ministre,

« Un grand nombre de personnes ayant pris part à l'insurrection de 1871 et n'ayant pas été condamnées, ont vécu jusqu'à ce jour dans la crainte d'être découvertes et poursuivies. Cependant, en fait, depuis près de deux ans, l'autorité militaire s'est abstenue d'intenter des poursuites nouvelles, si ce n'est contre des individus qui s'étaient rendus coupables de crimes de droit commun, tels que l'assassinat, le pillage et le vol, ou qui avaient joué un rôle prépondérant dans l'organisation et la conduite de l'insurrection.

« Les statistiques que vous m'avez communiquées établissent que, dans le cours de l'année 1875, le nombre des poursuites n'a pas excédé le chiffre de 52, et que, dans les cinq premiers mois de 1876, 10 poursuites seulement ont été ordonnées. Je remarque que 22 de ces poursuites avaient pour cause des crimes d'assassinat, que 17 se rapportaient à des arrestations illégales, 13 à des faits de pillage, 6 à des crimes d'incendie et 4 seulement à des faits insurrectionnels proprement dits.

« Il ressort évidemment de ces chiffres que l'œuvre de la justice militaire, en ce qui concerne la répression de l'insurrection de 1871, peut être considérée comme terminée, sauf en ce qui concerne les contumaces. Désormais aucune poursuite ne doit avoir lieu, si elle n'est commandée, en quelque sorte, par le sentiment unanime de tous les honnêtes gens, à quelque opinion qu'ils appartiennent.

« La conscience publique s'alarmerait avec raison de voir reparaître au grand jour ceux qui n'ont respecté ni la vie ni la liberté des personnes, ni les propriétés, pour satisfaire leur vengeance ou leur cupidité, ou ceux qui ont préparé, organisé et dirigé le mouvement insurrectionnel, alors que d'autres, moins criminels, ont été sévèrement frappés. Mais, en dehors de ces cas exceptionnels qu'une loi pourrait difficilement déterminer à l'avance, je pense que nous devons laisser tomber dans l'oubli tous les faits qui se rattachent à la fatale insurrection de 1871.

« Afin de dissiper à cet égard toutes les appréhensions et de rendre la sécurité à ceux qui se croient encore menacés, je vous prie d'inviter les généraux placés sous vos ordres et auxquels appartient l'exercice de l'action publique, à se pénétrer de la distinction que je viens d'établir, à accorder le bénéfice de l'oubli à ceux qui n'ont été qu'égarés, et, dans tous les cas, à ne plus délivrer d'ordres d'informer ou de mise en jugement sans vous en avoir préalablement référé. Si des faits d'une gravité particulière et rentrant dans une des catégories que j'ai indiquées étaient signalés à votre attention, vous voudriez bien en saisir le conseil des ministres et lui faire connaître les motifs qui vous paraîtraient rendre une poursuite nécessaire.

« J'espère que nous parviendrons ainsi à calmer toutes les inquiétudes, en faisant la part la plus large possible à l'indulgence et à l'oubli, sans porter atteinte aux principes et aux grands intérêts dont la défense nous est confiée.

« Recevez, mon cher ministre, la nouvelle assurance de mes sentiments affectueux.

« Maréchal de Mac-Mahon,

« Duc de Magenta. »

La commission chargée de l'examen du projet sur la cessation des poursuites pouvait-elle se contenter des assurances un peu vagues de cette lettre? Il était évident que non. D'abord, parce que le système transactionnel adopté

par M. Dufaure avait un double vice : il n'était pas juridique
et il manquait le but « éminemment politique » qui avait
été si bien défini à l'origine par le garde des sceaux lui-
même. Ensuite, parce qu'en refusant de présenter un projet
de loi, le cabinet reconnaissait implicitement une impuissance gouvernementale que la Chambre ne devait pas tolérer plus longtemps. La commission continua ses travaux.
Le 22 juillet, M. Lisbonne déposa sur le bureau de la Chambre
la proposition suivante, qui modifiait considérablement le
texte primitif de la proposition sur la cessation des poursuites.

« ARTICLE 1er. A partir de la promulgation de la présente
loi, les faits se rattachant à l'insurrection de 1871 ne pourront, soit à Paris, soit dans les départements, donner lieu
à de nouvelles poursuites, ni autoriser la continuation de
poursuites commencées, qu'à l'encontre des individus inculpés, comme auteurs principaux ou comme co-auteurs, du
crime d'assassinat, du crime d'incendie, ou du crime de vol.

« ART. 2. — Ces accusés seront traduits devant la cour
d'assises, conformément aux dispositions du droit commun.
La procédure sera reprise à partir du dernier acte utile de
l'information déjà ouverte.

« La cour d'assises sera saisie, en vertu de l'ordre de mise
en jugement s'il a été déjà prononcé conformément à l'article 108 du code de justice militaire et de l'article 1er, § 5,
de la loi du 7 août 1871.

« Dans le cas contraire, la cour d'assises sera saisie par
l'arrêt de renvoi de la chambre des mises en accusation.

« ART. 3. Les individus condamnés par contumace comme
auteurs principaux, co-auteurs ou complices pour crimes
politiques ou de droit commun, à raison de faites énoncées
en l'article 1er de la présente loi, purgeront leur contumace
devant le jury, s'ils se présentent ou s'ils sont arrêtés avant
que la prescription ait éteint la peine prononcée contre
eux.

« Il sera procédé, à leur égard, conformément à l'article
précédent, et aux articles 178 du code de justice militaire,
476 et suivant du code d'instruction criminelle. »

La discussion sur cette proposition commença le 3 novembre. Vivement attaquée par M. Dufaure, elle fut défen-
due par M. Gambetta, dans le discours suivant :

M. GAMBETTA. — Messieurs, c'est avec une profonde tristesse que j'entre dans ce débat pour répondre à M. le président du conseil.

Je ne croyais pas que, après les efforts tentés par toutes les fractions de la majorité, sans exception, pour trouver à ce douloureux problème qui nous occupe, depuis notre réunion, une solution capable de satisfaire et la justice et l'humanité, je ne pouvais pas croire, dis-je, qu'après trois mois de méditations, le gouvernement viendrait, à cette tribune, dire qu'il n'a rien trouvé, et se contenterait d'opposer les uns aux autres les divers projets émanés de l'initiative parlementaire.

Je pensais, au contraire, qu'on nous apporterait un projet juridique se rapprochant beaucoup de celui de la Commission et n'exposant pas le moins du monde la société, qui, en effet, demande la paix et l'apaisement, à ces aventures, à ces évocations des mauvaises journées de la Commune et de la Terreur que redoutait tout à l'heure l'honorable garde des sceaux.

Car, Messieurs, dans la critique qu'on vous a présentée, aussi bien de la proposition primitive que du projet de votre Commission, je dois dire que ce qui m'a le plus frappé, c'est l'exagération très habile, sans doute, très redoutable à laquelle s'est laissé entraîner l'honorable garde des sceaux. Pour ma part, il me semble facile de démontrer que l'adoption du projet de votre Commission, — je ne parle pas de la proposition présentée par M. Gatineau, mais du projet de la commission tout entière, — que cette adoption, dis-je, ne violerait nullement les règles de notre droit pénal, qu'elle n'enlèverait à aucun intérêt légitime la protection qui lui est due et qu'elle ne saurait avoir pour conséquence de transformer le prétoire de la cour d'assises de la Seine, ou ceux des autres parties de la France, en des arènes de déclamation pour ou contre la Commune.

Que vous dit-on, en effet, sur le projet en discussion ?
On vous ramène, Messieurs, à l'origine de ce projet
de loi que l'on appelait, que l'on caractérisait d'un
mot passé aujourd'hui dans les habitudes de cette tribune : le projet sur la cessation des poursuites. Ce n'é-
tait pas, comme a cherché à l'insinuer l'honorable
garde des sceaux, une sorte de moyen d'échapper pour
toujours à la politique d'oubli, à la politique de concorde et d'apaisement, et de se réfugier uniquement
dans l'exercice du droit de grâce. Je ne veux pas critiquer l'exercice du droit de grâce; pas plus que personne dans cette enceinte, en dehors des membres du
gouvernement, je n'ai les éléments qui seraient nécessaires pour en discuter la portée, la valeur, l'étendue; mais, s'il est permis d'en juger par les résultats
qu'on en peut connaître par soi-même, je puis dire
que beaucoup de mes collègues m'ont informé qu'ils
avaient transmis un grand nombre de recours en grâce,
et que, sur le nombre, fort peu ont été accueillis.

À gauche. — C'est vrai ! c'est vrai !

M. GAMBETTA. — Mais ce n'est pas là votre domaine,
et je ne veux pas rechercher, manquant des éléments
nécessaires, je le répète, si 706 grâces accordées dans
l'espace de six mois constituent vraiment, comme l'a
dit M. le garde des sceaux, un usage du droit de grâce
plus complet, plus large qu'aucun de nous ne pouvait
le supposer. Je crois pouvoir affirmer, au contraire,
sans crainte d'être démenti, que, lorsqu'on parlait à
cette tribune du droit de grâce et qu'on le revendiquait
avec une légitime fierté pour le pouvoir exécutif, tout
le monde pensait que certainement à la rentrée les
propositions qu'on pourrait vous soumettre seraient
devenues à peu près sans objet, tant le droit de grâce
aurait été exercé d'une manière plénière et complète.
(*Vives marques d'adhésion à gauche.*)

Mais, Messieurs, je le répète, ce n'est pas là le point
sur lequel nous sommes en dissidence avec l'honora-

ble garde des sceaux. La controverse qui s'élève entre nous doit porter uniquement, d'abord sur la cessation des poursuites, sur les personnes ou plutôt sur les délits et les crimes qui seront encore retenus, ensuite sur la juridiction qui doit être appelée à en connaître et, enfin, sur la possibilité d'appliquer les diverses prescriptions de la loi qui vous est proposée, sans porter aucune atteinte aux principes généraux de notre droit pénal et de notre droit public.

Eh bien, que vous propose votre Commission, Messieurs? Elle vous propose de déclarer que toutes poursuites cesseront à partir de la promulgation de la présente loi, sauf pour les crimes de droit commun tels que l'incendie, l'assassinat, le pillage ou le vol qualifié, c'est-à-dire qu'elle veut, dans la mesure qui correspond à la sagesse politique, sans retomber dans l'amnistie, faire une œuvre efficace d'apaisement, car c'est là-dessus qu'il faut se mettre d'accord. Si vous reconnaissez qu'au bout de six ans le moment est venu non pas de ruser, non pas de se débattre contre la pression de l'opinion, mais de faire un acte véritablement large, efficace, pratique, agissez en conséquence; sinon, si nous ne sommes pas d'accord là-dessus, il est inutile de discuter, (*Applaudissements à gauche.*) car les arguties, les difficultés juridiques se multiplieront, et alors le gouvernement, opposant tous les projets les uns aux autres et n'apportant pas ici, comme c'était son devoir... (*Applaudissements à gauche*), un texte, un projet sur lequel on puisse s'entendre, vous aboutirez encore une fois à l'impuissance, et l'impuissance, quand on en donne trop longtemps le spectacle, ce ne sont pas seulement les Assemblées qui en souffrent, mais aussi les gouvernements ! (*Nouveaux applaudissements à gauche.*)

Eh bien, je dis que l'article. 1er du projet présenté par votre Commission est parfaitement conforme à la législation, qu'il ne porte atteinte à aucun principe de droit pénal. Vous vous trouvez, depuis cinq ans, en présence d'une immense poursuite qui a porté sur plus de 50,000 têtes; vous avez examiné tous ces dossiers, vous vous êtes livrés à une œuvre dure, difficile, terrible, qui a été accomplie, je tiens à le proclamer hautement ici pour prévenir toute insinuation et toute prévention mauvaise, avec dévouement, avec sagesse, avec l'esprit militaire qui en vaut bien un autre lorsqu'il s'agit de l'honneur, de la liberté et de la vie des citoyens. Ce n'est donc pas une critique contre la juridiction militaire qu'il faudra voir dans les développements auxquels se livreront les défenseurs de la proposition, c'est le retour aux principes fondamentaux de notre droit criminel, le retour au droit commun.

Messieurs, je dis que, depuis cinq ans, vous avez examiné tous ces dossiers, vous avez rendu une infinité de décisions et vous êtes même arrivés à cet état — c'est vous-mêmes qui venez de le déclarer à cette tribune — que, depuis quelques mois, vous n'avez eu à entamer que deux poursuites nouvelles. Mais alors, je vous le demande, où est l'intérêt de votre résistance? (*Très bien! à gauche.*)

Et, s'il est vrai que vous ne vouliez pas faire de poursuites nouvelles, que vous n'en faites pas, je vous le demande, est-ce pour le plaisir de constater notre désaccord que vous résistez? Vous résisteriez pour le plaisir de résister! (*Applaudissements à gauche.*)

Mais on nous dit, — car nous sommes dans la discussion générale, et je demande la permission de toucher çà et là à tous les points; je ne croyais pas avoir à répondre si promptement à l'éminent président du conseil, — on nous dit: On ne fait pas beaucoup de poursuites, cela n'est pas nécessaire; de plus, nous tenons un engagement qui a été pris, et pris solennellement, par le président de la République qui, dans une lettre célèbre, engageant la responsabilité de ses ministres, a donné l'ordre au ministre de la guerre et à la juridiction militaire d'arrêter les poursuites dans des cas spécifiés ; par conséquent, ces égarés, ces coupables secondaires dont vous parlez doivent se rassurer puisqu'on leur a dit par lettre qu'ils pouvaient se rassurer.

Messieurs, dans un pays comme le nôtre, si profondément troublé par les épreuves qu'il a traversées, où la peur et l'exagération ont tant de prise, ce n'est pas avec des lettres qu'on rassure les esprits, c'est avec des lois ! (*Vifs applaudissements à gauche.*)

Oui, il faut une loi, et, cette loi, nous voulons la faire aussi modérée que vous voudrez ; mettez-y toutes les restrictions que vous jugerez nécessaires, mais apportez-nous un projet. Nous en discuterons les termes, nous tâcherons de nous mettre d'accord, en ayant soin de ne laisser de place pour aucune surprise qui, plus tard, exposerait à des contestations les contumax destinés à se présenter devant les tribunaux, car nous voulons faire une œuvre aussi pondérée que vous le désirez vous-mêmes, mais faisons-en une ! Or, ce que vous avez porté à cette tribune, c'est l'inaction. (*Applaudissements à gauche.*)

Pourquoi donc, Messieurs, repousseriez-vous ce premier article qui réserve tous les crimes de droit commun ? Pourquoi le repousseriez-vous, s'il est vrai, — car il faut en bien comprendre la portée, — que, pour ceux qui, jusqu'à ce jour, n'ont été l'objet d'aucune poursuite, d'aucune information, vous reconnaissez que le moment est venu de les couvrir par une espèce de préemption ; si vous reconnaissez qu'à moins qu'ils ne soient coupables ou prévenus de crimes spécifiés dans l'article premier, le moment est venu de les arracher à l'inquiétude et au trouble ? Eh bien, alors, que faites-vous ? Mais, Messieurs, vous faites une chose très simple, très correcte. Vous dites : *Je retiens tout ce qui est crime de droit commun, tous les dossiers qui restent.* Et, comme il s'agit de crimes de droit commun, à qui allez-vous en renvoyer le jugement ? Mais à la juridiction de droit commun, j'imagine, car on ne comprendrait pas que, ne retenant que les crimes de droit commun, vous voulussiez les faire juger par des tribunaux exceptionnels. (*Marques d'approbation sur plusieurs bancs à gauche.*)

Eh ! Messieurs, c'est précisément de cette disposition de l'article 1er, arrêtée par la majorité de votre Commission, — que dis-je ? je crois que c'est par l'unanimité, — qu'est née tout naturellement la législation des paragraphes 2 et 3. Car il n'était pas possible, vous le comprenez, de faire que les crimes de droit commun fussent restitués aux juridictions de droit commun, et que les crimes politiques commis par les contumax fussent traités d'une façon plus inégale, avec la violation flagrante des garanties qui sont dues à tous les accusés, et dont le Code a pris soin de vous dire quelle est la situation spéciale. En effet, quand un condamné par contumace se présente, sa situation consiste à voir s'anéantir tous les effets de la condamnation qui a été prononcée contre lui ; car sans cela il ne comparaîtrait pas comme un accusé, mais comme un condamné devant ses juges, c'est-à-dire qu'il n'y aurait plus de justice pour lui.

Si cette situation que vous faites aux contumax est véritablement la situation légale, je vous demande à l'aide de quel raisonnement on peut vous empêcher de leur restituer la juridiction du droit commun, c'est-à-dire le jury ?

Et, ici, je réponds d'un mot à l'objection qu'on a élevée en ce qui concerne le jury de la Seine, ou le jury du domicile. Vous savez très bien que vous pouvez mettre dans la loi une disposition qui obligera l'individu purgeant sa contumace à se présenter devant le jury du domicile auquel il appartient.

Mais, dit-on, voulez-vous obliger le jury de la Seine, qui ne peut juger que 850 affaires par an à Paris, à

prendre connaissance des 3,000 ou 3,300 dossiers de
contumax qui existent ?

Eh bien, quand cela serait, comme ce serait l'application stricte de la loi et du droit commun, il faudrait s'y soumettre. Mais rassurez-vous, il n'est pas
plus difficile de faire juger les contumax devant le
jury de la Seine que devant le conseil de guerre de la
rue du Cherche-Midi. Je dirai plus : le jury est permanent, il se reforme tous les quinze jours, et, à
d'autres époques, on a vu diviser le jury en deux sec-
tions. (*Très bien ! très bien ! à gauche.*)

Ce sont là de misérables questions de détail, et, s'il
n'y a que celles-là qui vous embarrassent, nous les
trancherons aisément, mais mettons-y de la bonne
volonté et de la résolution. (*Nouvelle approbation sur
les mêmes bancs.*)

Je vais plus loin. On dit : Mais vous allez laisser
échapper les plus grands criminels, puisqu'aux termes de l'article 1er que je combine avec l'article 3,
ce sont ceux qui auront fait des criminels et qui eux-
mêmes ne seront pas directement impliqués dans les
poursuites énoncées dans l'article 1er pour vol, pillage,
incendie, meurtre, qui viendront exciper de votre
article 1er et dire : Anéantissez les poursuites, parce
que je ne rentre pas dans ces catégories.

M. le garde des sceaux a rencontré des protestations
sur presque tous les bancs quand il a affirmé que
telle était la conséquence de notre projet.

M. LE PRÉSIDENT DU CONSEIL. — Mais non !

M. GAMBETTA. — Il suffit de lire l'article 3 du projet pour voir qu'à côté des criminels de droit commun,
il est dit qu'en matière de contumax, les criminels
politiques viendraient se faire juger par les juridictions de droit commun.

Par conséquent, l'argument qu'on cherchait à tirer
de cette condition uniquement profitable aux plus
grands coupables fait défaut d'une façon complète.

Cela prouve que le projet qui vous est présenté est un projet très bien lié, très bien systématisé. On peut dire : Nous le repoussons, parce que nous ne voulons pas entrer dans cette voie ; mais, une fois qu'on accorde qu'on veut faire cesser les poursuites, non d'une façon illusoire, mais réellement, d'une manière effective, autrement que par des promesses, par des garanties déposées dans un texte législatif, on est obligé d'accepter le projet de la Commission, parce qu'il se tient, parce qu'il forme un tout qui est à l'abri des contestations judiciaires.

En effet, Messieurs, quel est l'argument principal qu'on fait valoir contre cette dévolution à la juridiction de la cour d'assises des procès à raison des faits de la Commune, que ces procès portent sur les crimes de droit commun, ou que ces procès portent sur des contumax venant vider une situation politique ? L'argument consiste à dire : On verra dans ces dessaisissements de la juridiction militaire une injure et un outrage pour cette juridiction même.

Des protestations qui se sont fait jour immédiatement ont fait justice d'une pareille insinuation, qui était, je me plais à le croire, dans la bouche de M. le garde des sceaux un argument emprunté à nos adversaires, et non pas l'expression d'une conviction personnelle. Et, en effet, dans les périodes terribles, au milieu de la fusillade, lorsqu'en même temps qu'on fait appel au courage de l'armée pour vaincre l'insurrection, on lui confie comme mandataire de l'honneur, dans la guerre civile, le soin de juger les coupables et de les frapper, est-ce qu'on ne crée pas là une situation tellement exceptionnelle, exorbitante, qu'aussitôt qu'on le peut on doit rentrer dans la vérité du droit public français et substituer au plus vite au droit exceptionnel le droit commun ?... Trouvez-vous que le temps soit venu ? Vous disiez tout à l'heure qu'on n'avait jamais vu une tentative législative pareille à celle à laquelle s'est livrée la Commission. C'est qu'on n'avait jamais vu fonctionner pendant six ans des conseils de guerre comme juridiction de répression. (*Applaudissements à droite.*)

Mais, quand l'armée a accompli sa tâche, on n'est pas fondé à venir soutenir qu'elle peut considérer comme un acte de nature à froisser ses légitimes susceptibilités le retour au droit commun. Ah oui ! si on enlevait à l'armée la connaissance de ces procès tout à fait hâtivement ; si on les transportait à une juridiction encore exceptionnelle, à une juridiction qui ne fût pas la juridiction du pays, la juridiction de la nation, l'armée pourrait se plaindre. Mais qui est-ce qui pourrait se plaindre de ce qu'on ne dessaisit la justice militaire que pour renvoyer les accusés devant la juridiction du pays ? Je ne pense pas que personne soit autorisé à dire, au nom de l'armée, qu'elle voit un outrage dans le retour aux véritables principes. (*Très bien ! très bien ! à gauche.*)

Et puis peut-on prétendre, comme je l'entendais soutenir tout à l'heure, qu'il est de principe juridique que le juge du contumax est nécessairement le juge de la purge de la contumace ? En aucune façon ; dernièrement, à la fin de septembre ou au commencement d'octobre, un contumax est venu purger sa contumace devant le jury de la Seine. Ne parlez donc pas de principes. Cela dépend de la facilité qu'on met, que l'on veut mettre à revenir au droit commun, au droit normal.

La vérité est que vous êtes enfermés dans ce dilemme : maintenir les conseils de guerre pendant vingt ans, durée de la prescription de la contumace en matière pénale ; ou retourner au droit commun immédiatement. (*Très bien ! très bien ! à gauche.*) S'il en est ainsi, expliquez-vous franchement. Dites si cette Assemblée peut installer les conseils de guerre à l'état permanent, et si, sous prétexte d'une loi orga-

nique de 1849 sur laquelle je vais m'expliquer, il convient de faire des conseils de guerre une institution
permanente du pays. (*Nouvelle approbation à gauche.*)
Car, enfin, quelle est cette évocation de cette loi de
1849, loi organique, dit-on? Le mot organique est peut-
être un peu trop beau pour une loi d'état de siège
rendue dans les circonstances que vous savez, en
1849. Il y a, en effet, dans la loi de 1849, à l'article 13
reproduit par l'article 4 de la loi de 1871, une disposition qui dit que, même après la levée de l'état de
siège, on laissera aux conseils de guerre qui en sont
saisis l'appréciation, le jugement des faits dont ils
auront eu l'examen. Cela est vrai; mais, enfin, parlons
raisonnablement de ces choses. Est-ce que, quand
on prend de pareilles dispositions, on entend prolonger au-delà de tout bon sens, perpétuer au-delà de
toute limite rationnelle et politique l'application de
ces lois qui, en somme, sont des lois martiales? Non,
ce qu'on veut dire, c'est qu'aussitôt qu'on le pourra,
on rentrera dans le droit commun. Eh bien! on le
peut aujourd'hui; on le peut sans dommage pour
l'honneur de l'armée et pour la bonne politique, et
c'est pourquoi je me plais à espérer que cette Assemblée trouvera en elle-même le courage de résister
même à la volonté du gouvernement (*Marques d'assentiment à gauche*) afin de rentrer dans le droit commun et dans la bonne politique. (*Applaudissements sur
les mêmes bancs.*)

Enfin, on vous a menacés de voir ces 3,000 contumax envahissant le prétoire de la justice. Parlons-en.
Ces contumax, quels sont-ils? Ce sont les plus compromis, ce sont ceux qui portent la plus grande responsabilité, et c'est pour cela qu'il faut qu'ils soient
jugés. Quant à faire croire, comme je l'ai entendu
dire, que la juridiction du jury sera plus favorable et
plus facile, je ne veux pas rechercher s'il y a dans
notre pays des juridictions plus humaines les unes

que les autres ; la même présomption de clémence et
de respect de l'équité les couvre. (*Très bien! très bien!*)

Ce que je veux dire, c'est que vous ne verrez pas
venir ces 3,000 contumax ; vous verrez venir ceux qui
ont été l'objet d'une erreur, ceux qui auront rassem-
blé des témoignages qui puissent les décharger de
l'effroyable responsabilité qui pèse sur leurs têtes,
ceux qui auront la confiance qu'ils peuvent faire valoir
des preuves, des raisons, des démonstrations. Voilà
ceux qui viendront, et malheureusement ils ne sont
pas nombreux. (*Mouvements divers.*)

Et s'il prenait fantaisie de venir à ceux dont vous
disiez : Les plus coupables ! — les noms viennent à la
mémoire de tous, je ne veux pas prononcer de noms !
mais à coup sûr, vous savez comme moi de qui
vous avez voulu parler, — et si ceux-là rentraient,
j'aimerais autant qu'il leur fût fait justice par la cour
d'assises que par une juridiction exceptionnelle : au
moins ils ne pourraient pas dire qu'ils n'ont pas sub
le verdict du pays. (*Très bien ! très bien !*)

Voilà la question, Messieurs. Je voudrais bien, ailleurs que dans la discussion générale, aborder de
près les prétendues difficultés juridiques que l'on
rencontrera dans la combinaison de l'article 1er avec
l'article 2 ou l'article 3 ; ce sont affaires et opérations
des débats ultérieurs, mais, pour la discussion générale, ce qu'il importait de dire, ce que je veux répéter
ici, c'est qu'au nom de la véritable politique de sagesse et de concorde, le gouvernement et la majorité
s'honoreront en prenant une mesure qui est attendue,
qui est réclamée, non pas par des impatients, par des
exagérés, mais par des hommes qui ont un égal souci
de l'honneur et de la justice, de la concorde et de la
paix publiques. (*Applaudissements à gauche.*)

La discussion générale ayant été close sans que M. Dufaure
ait répondu à M. Gambetta, la commission résolut de don-

ner au ministère une nouvelle preuve de sa modération, et de son désir d'entente. Elle modifia comme suit les articles 1 et 2 de son projet :

« ARTICLE PREMIER. — A partir de la promulgation de la présente loi, la prescription de l'article 637 du code d'instruction criminelle sera acquise, pour tous faits se rattachant à l'insurrection de la Commune, à tous les individus qui, jusqu'alors, n'auront été l'objet d'aucune poursuite, à l'exception des individus inculpés de meurtre, d'incendie ou du crime de vol.

« ART. 2. — La même prescription est acquise, sous les mêmes exceptions, aux individus qui sont l'objet de poursuites commencées et non encore terminées. »

La Chambre adopta ces deux articles dans la séance du 5 novembre, l'article 1er par 353 voix contre 149, le second sans scrutin. L'article 3 du projet primitif fut adopté par 244 voix contre 242; l'article 4 fut rejeté par 266 voix contre 24, et l'ensemble du projet fut voté par 318 voix contre 181.

La discussion de l'article 3 avait ramené M. Gambetta à la tribune. M. Corentin-Guyho ayant dit qu'un juge, militaire ou civil, a toujours « des passions, des rancunes, des sympathies et un avancement à faire », la droite avait cherché à faire dévier le débat en accusant la gauche d'insulter l'armée et M. du Bodan avait traduit en un discours, d'ailleurs correct et modéré, les interruptions brutales de MM. Cazeaux, Hamille, Tristan Lambert et Paul de Cassagnac.

M. Gambetta répondit à M. du Bodan :

M. GAMBETTA. — Messieurs, je voudrais répondre deux mots à notre honorable et excellent collègue qui descend de cette tribune, M. du Bodan.

Il a cru devoir s'émouvoir d'une parole échappée à M. Corentin-Guyho et immédiatement rectifiée par lui. Mais, qu'il me permette de le lui dire, il savait aussi bien que moi que M. Corentin-Guyho n'avait attaqué ni la magistrature ordinaire, ni la magistrature militaire. Mais il a éprouvé peut-être le besoin de faire diversion aux sentiments de cette Chambre et de tâcher de lutter contre le projet de la commission par un argument peut-être étranger au fond du débat, mais qui devait passionner les esprits dans cette enceinte en les faisant dériver sur je ne sais quel outrage adressé à l'armée. (*Interruptions diverses.*)

Les protestations unanimes... (*Oui! oui! à gauche.* — *Non! non! à droite.*)

On a protesté contre certaines paroles que chacun a interprétées à sa façon. (*C'est cela! à gauche.*)

Il n'est pas possible qu'il puisse planer la moindre équivoque sur le sentiment de cette Assemblée à l'égard de l'armée, (*Très bien! très bien!*) et je tenais d'autant plus à dire cela que j'éprouve pour la personne et pour le caractère de M. du Bodan une estime particulière, il le sait bien. Il appartient ou il a appartenu à la magistrature régulière du pays, et par conséquent, dans sa bouche, cette interprétation pouvait avoir un poids et une autorité que je voulais contester au moment même où elle se produisait.

Cela dit, permettez-moi d'ajouter un mot de réponse aux considérations par lesquelles M. du Bodan a terminé les observations qu'il vous présentait. Il vous a rappelés au respect de la loi pénale française et du code d'instruction criminelle qui nous régit. Qu'il me permette de le lui dire : nous ne voulons en aucune façon porter atteinte à la loi pénale, au droit commun, ni au code d'instruction criminelle; au contraire, nous voulons le faire fonctionner tout seul.

Ce à quoi nous voulons nous dérober, c'est aux législations exceptionnelles, à la loi martiale, née aux heures les plus tristes, les plus sombres, les plus douloureuses de notre histoire; ce que nous voulons, c'est que, sans élever aucun reproche et aucune récrimination, qui serait déplacée contre les magistrats qui ont fonctionné jusqu'ici, on retourne précisément devant la magistrature à laquelle vous avez rendu un si légitime hommage, devant la magistrature qui dirige les délibérations du jury et qui, associant les citoyens sortis de tous les rangs, de toutes les conditions, fait fonctionner le plus excellent instrument de justice et d'équité qu'on ait encore trouvé dans les nations libres pour juger les hommes. (*Vives et nombreuses marques d'approbation.*)

Voilà ce que nous voulons.

Et nous sommes bien éloignés de mettre là-dedans aucune espèce de passion ni d'esprit de parti. Nous parlons, Messieurs, comme ont parlé à toutes les époques les criminalistes les plus autorisés, les hommes d'État soucieux de la justice et des règles du droit commun. J'invoque ici, à cette tribune, l'exemple de nos prédécesseurs. Est-ce que vous pensez que jamais, dans une Chambre française, après six années de répression, on serait venu dire qu'on violait le code d'instruction criminelle parce qu'on sortait de la juridiction des conseils de guerre pour retourner à la justice ordinaire du pays? Jamais de la vie! (*Nouvelles marques d'approbation.*) Ce que nous vous demandons aujourd'hui est une chose fort sensée, pratique; je regrette que cela ait pu nous diviser un instant; il nous en a coûté trop de peine et de temps. Messieurs, un vote vous fera retourner à la vérité, à la justice et à la sagesse. (*Très bien! très bien! — Aux voix! aux voix!*)

Le 1er décembre, le Sénat rejeta la loi sur la cessation des poursuites. M. Dufaure, qui avait soutenu la loi devant le Sénat, après l'avoir combattue devant la Chambre, jugea aussitôt qu'il était de sa dignité de se retirer. Le soir même, il remit sa démission au président de la République.

Conformément aux traditions parlementaires, la démission du président du conseil entraînait celle de tous ses collègues.

On lisait le lendemain dans la *République française* :

« Le ministère n'était pas libre, et c'est pourquoi il a dû se retirer. Les conditions dans lesquelles il a pris le pouvoir sont connues de tout le monde. Il n'est personne qui ne se souvienne qu'après les élections du 20 février, M. Casimir

Perier avait été appelé à faire connaître les vues suivant lesquelles il gouvernerait si le soin de composer un cabinet parlementaire lui avait été remis. M. Perier avait demandé l'indépendance collective du cabinet, et, en même temps, l'indépendance de chacun de ses membres dans les attributions de son département ministériel. La vérité, la sincérité du gouvernement parlementaire étaient à ce prix. On sait que M. Casimir Perier ne devint pas président du conseil, et que M. Ricard, qui n'était à ce moment ni député, ni sénateur, entra dans le cabinet du 13 mars, comme personnage principal, comme ministre de l'intérieur. On n'a jamais dit, car on ne pouvait pas le dire, que M. Ricard eût repris pour son compte les justes demandes de M. Casimir Perier, et l'on n'a jamais appris que M. Dufaure, président du conseil, ait cru devoir, à aucun moment, les faire valoir, au nom des vrais principes du régime représentatif. La situation n'a pas changé après la mort prématurée et soudaine de M. Ricard; son successeur a pris sa place, et s'est conduit comme un autre lui-même, au point de vue si grave qui nous occupe. Le malentendu de la première heure a persisté, s'est aggravé dans les faits, et s'est fait sentir jusque dans les menus détails de l'administration. Le malentendu a pesé sur toute l'existence du cabinet du 13 mars, et c'est de quoi le cabinet périt aujourd'hui. »

La crise ministérielle ouverte par la démission de M. Dufaure dura douze jours. La majorité républicaine de la Chambre des députés s'y montra très ferme et très résolue. Elle comprit tout de suite quel parti elle devait tirer de la situation. Si M. Dufaure se retirait en apparence devant un vote du Sénat, le cabinet du 10 mars tombait en réalité parce qu'il n'avait jamais été libre d'appliquer franchement le programme du 20 février, parce que dans toutes les grandes questions, et surtout dans la question de la réforme du personnel, les ministres s'étaient incessamment heurtés à l'opposition anticonstitutionnelle du président de la République. Donc, le devoir de la majorité, puisque la crise était ouverte, c'était d'en profiter pour assurer d'avance au nouveau cabinet une liberté pleine et entière. C'était de faire entendre au maréchal de Mac-Mahon que la pratique sincère du régime parlementaire était la première volonté du pays, et que la première condition de cette pratique, c'était un ministère indépendant, un président du conseil véritablement maître de son action parlementaire. Il n'y eut, dans toute la majorité, ni doute ni hésitation sur ces points. Le centre gauche ayant pris l'initiative d'une réunion des délégués des trois gauches, on déclara à l'unanimité des voix « que la majorité ne donnerait son concours qu'à un cabinet vraiment parlementaire et résolu à faire cesser la contradiction entre l'esprit de la majorité du 20 février et l'attitude d'un trop grand nombre de fonctionnaires ». (4 décembre.)

Pendant que la majorité républicaine faisait cette déclaration, le maréchal de Mac-Mahon négociait de tous côtés et ne pouvait se décider à prendre parti. Suivre la Chambre dans son programme de réformes lui semblait humiliant et cruel. Mais dissoudre la Chambre lui paraissait encore une aventure téméraire et pleine de périls. Il fit venir tour à tour M. Dufaure pour le prier de rester aux affaires, M. d'Audiffret-Pasquier pour lui offrir la présidence d'un cabinet de droite, et M. Grévy pour le prier de former un ministère de gauche. M. Dufaure refusa péremptoirement, M. d'Audiffret-Pasquier demanda à rester président du Sénat, et M. Grévy opina pour le maintien du cabinet du 10 mars. Quant à la coterie de l'Élysée, elle était fort divisée d'opinion. Tandis que les bonapartistes poussaient ouvertement à une dissolution immédiate, les autres, plus circonspects et plus avisés, estimaient que la majorité républicaine n'avait pas commis assez de fautes, que ses *leaders* n'étaient pas suffisamment usés, et qu'il serait habile de se prêter en apparence à un nouvel essai loyal. M. Gambetta ayant dit : « Il faut suivre la Chambre ou la dissoudre », les amis de M. de Broglie disaient : « Il faut faire semblant de suivre la Chambre pour finir par la dissoudre plus sûrement. »

Au bout d'une semaine d'hésitations, ce fut cet avis qui triompha des scrupules du maréchal, et M. Jules Simon fut appelé à l'Élysée. M. Jules Simon ne se douta point du piège qui lui était tendu par MM. de Broglie et de Fourtou. Très flatté de l'accueil qui lui fut fait par le président de la République, il ne prit aucune précaution. Le maréchal lui ayant demandé le maintien du général Berthaut à la guerre et celui de M. Decazes aux affaires étrangères, M. Jules Simon s'empressa de consentir. Le reste fut rapidement réglé.

M. Jules Simon prit le ministère de l'intérieur avec la présidence du conseil, et M. Martel remplaça M. Dufaure au ministère de la justice, MM. Léon Say, Waddington, Christophle, Teisserenc de Bort, Decazes, Berthaut et Fourichon conservaient leurs portefeuilles (13 décembre). Le lendemain, M. Simon lut à la Chambre des députés et au Sénat la déclaration suivante :

« Messieurs, vous savez que M. le président de la République a bien voulu m'appeler à la direction du ministère de l'intérieur, en même temps qu'il nommait M. Martel ministre de la justice.

« La retraite de M. Dufaure et de M. de Marcère nous inspire des regrets qui seront partagés par la Chambre et par le pays.

« En succédant, comme président du conseil, à un homme qui a tant illustré le barreau et la tribune française, je sens plus vivement que personne la perte que le cabinet vient de faire.

« Je ne vous apporte pas de programme; vous n'en avez pas besoin, Messieurs, pour moi, qui suis depuis longtemps dans la vie politique, ni pour mon ami M. Martel, ni pour les anciens ministres.

« Je suis, vous le savez, profondément républicain et profondément conservateur, dévoué par toutes mes convictions, par toutes les études de ma vie, au principe de la liberté de conscience; animé pour la religion d'un respect sincère.

« Le cabinet que vous avez devant vous est et veut rester un cabinet parlementaire. Nous n'avons, Messieurs, qu'à suivre en cela l'exemple qui nous est donné par le premier magistrat de la République, qui, en toute occasion, s'applique à suivre de la façon la plus exacte les principes d'un gouvernement constitutionnel.

« Nous sommes unis entre nous et d'accord avec la majorité du Parlement. Nous voulons, comme cette majorité, le maintien, l'établissement définitif de la Constitution républicaine que la France s'est donnée.

« Grâce à cette unité de vues et de principes, les divers services auxquels nous devons donner l'impulsion, loin de se contrarier les uns les autres, s'associeront au contraire et se prêteront un mutuel appui dans l'accomplissement d'une œuvre commune.

« Ce que je dis des rapports entre les divers services, je
le dis de chaque administration dans son propre sein. Mais,
pour que la liberté soit réelle, il faut que l'autorité soit forte,
et elle ne l'est jamais, elle ne saurait l'être si elle est divisée
contre elle-même.

« Il ne suffit pas que les fonctionnaires à tous les degrés
de la hiérarchie exécutent ponctuellement les ordres qu'ils
reçoivent, et qu'ils appliquent les lois, toutes les lois, avec
vigilance et fermeté; ils doivent en outre, par leurs actes,
par leur conduite, par leur langage, donner l'exemple du
respect pour le gouvernement dont ils sont les organes.
Nous avons, Messieurs, la résolution inébranlable d'y tenir
la main.

« La France veut la sécurité et le repos; elle ne veut plus
d'agitation; elle veut travailler dans le calme et dans la paix.

« Messieurs, c'est le calme, la paix, la sécurité que nous
voulons aussi lui donner; et avec votre concours, que nous
vous demandons, nous avons la confiance que nous ne fail-
lirons pas à cette tâche patriotique. »

La déclaration du cabinet fut accueillie par la majorité républicaine avec une faveur marquée. On crut, sur presque
tous les bancs de la gauche, à la sincérité du maréchal, et
l'on se persuada que l'habileté tant vantée de M. Jules
Simon triompherait de tous les obstacles. Ce fut un concert
de félicitations unanime. M. Thiers, qui devinait le jeu des
familiers de l'Élysée, et M. Gambetta, qui connaissait de longue date le nouveau président du conseil, durent cacher leurs
appréhensions. Leurs défiances eussent été attribuées à des
rancunes personnelles.

Dans le parti de la réaction cléricale, on se divisa d'opinion. Les naïfs reprochèrent amèrement au duc de Broglie
d'avoir engagé le président de la République à mander M. Simon. Les autres se déclarèrent ravis de la déclaration ministérielle.

Quinze jours après la déclaration, M. Jules Simon sacri-
fiait au Sénat les prérogatives budgétaires de la Chambre.

DISCOURS

SUR

LE PROJET DE LOI PORTANT FIXATION DU BUDGET

DES

DÉPENSES DE L'EXERCICE DE 1877

Prononcés le 28 décembre 1876

À LA CHAMBRE DES DÉPUTÉS

On a vu (p. 104) que la Chambre des Députés avait décidé, dans la séance du 4 décembre, que le budget des dépenses de l'exercice 1877 formerait une loi distincte pour être, séparément, transmise au Sénat. Cette loi contenait plusieurs suppressions ou réductions de crédit sur le projet présenté par le ministre des finances [1]. Le Sénat avait-il le droit de ré-

---

1. Frais des sous-préfectures de Saint-Denis et Sceaux (intérieur chap. III et IV) . . . . 11,200 fr.
Frais de service des officiers 193,002
Indemnités d'entrée en campagne 217,300
Gendarmerie 2,700
Aumôniers militaires 61,390
Frais de culte à l'intérieur des garnisons (guerre chap. IV, V, VI et X) 12,300
Cours d'appel, augmentation (justice chap. VI) . . 40,000
Traitement des desservants. Bourses des séminaires. Traitement des pasteurs protestants (cultes, chap. IV, VI et XIV) 360,000
Service des aumôniers de la flotte (marine, ch. IV) 87,070
Garanties d'intérêts aux compagnies de chemins de fer (travaux publics, chap. 16 bis). Report du ministère des finances . . . . 4,000,000 fr.

DIMINUTIONS

Réduction des dépenses du Sénat (finances, chap. XXXVIII) . . . . 522,800 fr.
Transport au ministère des travaux publics des garanties d'intérêts aux compagnies de chemins de fer (finances chap. XVIII bis) . . . . 4,000,000 fr.

tablir ces crédits? L'article 8 de la loi constitutionnelle du 24 février lui donnait-il ce pouvoir d'amender la loi des finances?

Ce fut sur cette question que le cabinet du 13 décembre fit son premier pas vers la droite. M. Dufaure avait hésité entre la théorie affirmative des prétentions du Sénat et la théorie affirmative des prérogatives de la Chambre. M. Jules Simon n'hésita pas; il se prononça immédiatement pour la théorie de la commission sénatoriale des finances : « Le budget est une loi de finances. Présentée à la Chambre et votée par elle avant d'arriver au Sénat, cette loi peut être amendée par le Sénat comme toute autre disposition législative. Une élévation ou un rétablissement de crédit, intercalés dans un chapitre du budget, constituent un amendement pur et simple. »

Le Sénat ayant voté le rétablissement des crédits supprimés [1], la Chambre des députés fut saisie, le 28 décembre,

---

1. Rapport de M. Pouyer-Quertier : « Nous vous demandons de rétablir certains crédits ou certaines portions de crédits demandés d'abord par le gouvernement, réduits ou supprimés depuis par la Chambre des députés, et de retrancher certaines dispositions législatives qui ne figuraient pas dans le projet ministériel.

« Ces propositions ont uniquement pour objet d'assurer le maintien des lois existantes, ou la marche de services publics régulièrement établis.

« Ainsi appliqué, notre droit est incontestable, et nous avons été, dans votre commission, unanimes à le reconnaître.

« Il est conforme à l'esprit de la Constitution, au texte même de la loi, à toutes les traditions parlementaires de notre pays.

« C'est en invoquant ces traditions que nos devanciers mêmes, sous des régimes bien différents du nôtre, ont toujours maintenues; c'est surtout en nous appuyant sur les dispositions du nouveau pacte constitutionnel, que nous avons discuté et arrêté le projet qui vous est soumis.

« Vous le discuterez dans le même esprit que nous, avec les mêmes intentions et le désir que vos délibérations soient terminées, s'il est possible, avant le moment de l'ouverture de l'exercice prochain.

« La Chambre des députés a fait un libre usage de ses droits, vous userez librement des vôtres. C'est cette égale liberté qui a fait l'harmonie des pouvoirs et qui, sagement et sincèrement pratiquée, produira leur accord.

« Il peut y avoir entre les deux Assemblées sur certains points des dissentiments d'opinions, conduisant à des résolutions différentes, mais il n'y a pas de volontés contraires. Ces dissentiments devront être facilement réglés, puisque nous avons les uns et les autres, pour les résoudre, le souci de nos devoirs mutuels, le respect de la loi commune et l'amour de notre pays. »

du budget modifié. La commission du budget, présidée par
M. Gambetta, avait décidé de proposer le rejet de tous les
crédits rétablis. La controverse théorique sur la nature des
attributions budgétaires du Sénat avait été intentionnellement
écartée du rapport de M. Cochery[1]. Le rapporteur se bor-
nait à demander le rejet des modifications votées par le Sénat, sur la proposition de M. Pouyer-Quertier (séance du
28 décembre).

M. LE PRÉSIDENT. — M. le rapporteur de la commission du budget a demandé que la Chambre passe
immédiatement à la discussion du projet de loi.

Y a-t-il opposition? — ((Non! non!)

La discussion générale est ouverte.

La parole est à M. Gambetta.

M. GAMBETTA. — Messieurs, en me présentant devant
vous pour la discussion générale du projet de loi qui
vous est renvoyé par le Sénat, j'éprouve le besoin, vu
la gravité de la question, le caractère presque juridique des arguments que j'aurai à vous présenter, de
me placer sous la bienveillante protection qui ne fait
jamais défaut à un député, lorsqu'il vient défendre ce
qu'il considère comme la prérogative même du corps
auquel il appartient.

Ce n'est pas, en effet, comme homme de parti, —
ce mot étant pris dans sa plus large et sa plus haute

---

1. Commission du budget, séance du 20 décembre : — M. Gambetta, président, pose la question suivante : « Convient-il d'inscrire
dans ce rapport une déclaration ayant pour objet de contester le
droit exercé par le Sénat d'établir des crédits non votés par la
chambre et d'affirmer le pouvoir budgétaire de la chambre des
députés? »
La proposition de M. Gambetta est rejetée par 12 voix
contre 11.
Ont voté pour : MM. Gambetta, Floquet, Rouvier, Lepère,
Lambert, Raoul-Duval, Langlois, Turquet, Cyprien Girerd,
et Lecherbonnier.
Ont voté contre : MM. Albert Grévy, Wilson, Richard, Waddington, Cochery, Mathieu Bodet, Dutilleul, Barthe, Germain,
Tirard, Riondel, Labadie et Sadi-Carnot.
S'est abstenu volontairement : M. Antonin-Proust.

acception, comme lorsque l'on dit le parti conservateur, le parti royaliste, le parti bonapartiste ou le parti républicain, — c'est comme membre de la Chambre des députés que je désire soumettre à la Chambre les raisons de droit, de tradition, de nécessité politique, de paix publique, qui, selon moi, exigent que la nouveauté qui s'introduirait à la suite de l'acceptation du rétablissement des crédits qui vous sont proposés soit au moins expliquée et justifiée à la tribune nationale. (*Approbation à gauche et sur quelques bancs à droite.*)

Certainement, Messieurs, je sens toutes les difficultés de la tâche, et, pour moi, la plus pénible et la plus embarrassante, c'est assurément de me rencontrer en contradiction, en opposition, non seulement dans cette enceinte, mais dans l'enceinte de la Chambre haute, avec les esprits et les caractères du parti que je sers et auxquels je les sais aussi fidèles que pas un d'entre nous. (*Approbation à gauche.*)

Mais ce n'est pas une raison, parce que l'on rencontre devant soi des contradicteurs autorisés, influents, sympathiques, pour déserter ce que l'on croit être la défense des droits les plus précieux, les plus légitimes, les droits protecteurs de tous les autres que peut posséder une Assemblée issue du suffrage universel. (*Nouvelle approbation à gauche.*) C'est d'autant moins une raison pour déserter la défense de ces droits que la haute Assemblée qui, à coup sûr, compte dans tous ses rangs des hommes rompus aux discussions de droit public, compétents en matière parlementaire, ayant à leur disposition, non seulement dans leur instruction, mais dans leur expérience des faits, des considérations à faire valoir, ne se sont pas donné la peine d'expliquer, de motiver, de justifier le parti qu'ils prenaient d'introduire, — on me l'accordera bien tout au moins, — une nouveauté dans notre droit public. (*Approbation à gauche et sur quelques bancs à droite.*)

J'admire beaucoup, pour ma part, la dextérité politique avec laquelle le Sénat, — obéissant en cela à
l'esprit qui anime toutes les grandes compagnies, tous
les grands corps, — se trouvant en présence d'une
situation qu'il considérait comme pouvant être réglée
par sa seule initiative, n'a rien consacré de son temps
à établir, à faire admettre son droit, mais s'est uniquement préoccupé de l'appliquer et de le réaliser par
des actes. Je ne conteste pas qu'il y ait dans le Sénat
des hommes qui, en agissant ainsi, ont cru ne faire
qu'exécuter religieusement les prescriptions de notre
droit public. Seulement, ce qui m'étonne, permettez-
moi de vous le dire, de vous le rappeler tout au
moins, c'est que ni les documents officiels qu'on nous
a transmis, ni les discussions qui ont eu lieu, ni les
communications qui ont pu s'échanger entre la commission et le gouvernement, ni le gouvernement
lui-même, ni le rapport de la commission même du
budget dans cette enceinte, ne disent ou ne fassent
même soupçonner qu'il y a là un problème des plus
épineux, des plus difficiles, dont les conséquences
peuvent être diverses... (*Applaudissements sur divers
bancs à gauche*), dont les conséquences, je le répète,
peuvent être diverses, funestes pour les uns, utiles
pour les autres, mais, qui, en vérité, recèle de telles
prétentions qu'il serait au moins convenable de les
justifier par quelques mots d'explication. (*Approbation
sur les mêmes bancs.*)

La commission du budget, dont je dois bien cependant vous dire un mot en passant, s'est divisée. La minorité, — tout le monde sait que cette minorité d'une
voix aurait pu être changée, rien que par quelque
accident naturel, — la minorité a demandé qu'on
voulût bien au moins dire sur quel principe on plaçait
les résolutions, identiques, du reste, qu'a prises la
majorité. Car, Messieurs, voyez dans quelles conditions se présente devant vous le rapport de la

commission du budget sur le projet de loi qui lui est
retourné par le Sénat! Elle rejette tous les rétablissements de crédits opérés par la haute Chambre ; elle
va même très loin, — et je m'expliquerai, tout à
l'heure, sur ce point-là, — elle rétablit les proscrip-
tions législatives supprimées par le Sénat et, selon
moi, très correctement supprimées... (*Approbation sur
plusieurs bancs au centre*) et quand on lui demande,
alors qu'elle conclut comme la minorité, c'est-à-dire
qu'elle oppose au Sénat un refus catégorique, systé-
matique, intégral, au rétablissement des crédits qui
lui sont renvoyés, quand on lui demande pourquoi
elle ne dit pas, pour la Chambre, pour le pays, pour
la haute Assemblée elle-même, quels sont les motifs
pour lesquels elle rétablit les crédits supprimés par
le Sénat, elle n'explique rien!

C'est dans cet état que je demande la permission de
développer les raisons de texte et de précédents qui
font que, à mon avis, il y avait une justification à
donner pour appuyer, pour corroborer, pour fortifier
les conclusions mêmes que vous soumet la commission du budget.

Messieurs, on a beaucoup discuté dans la presse,
et point du tout dans les Chambres, sur le principe
de vos prérogatives. Il s'est échangé, comme vous le
pensez bien, entre les deux camps, bien des arguments, bien des raisons, qui n'avaient qu'une valeur
purement apparente, qui ne résistaient, — dans les
deux camps, je le dis toujours, — à aucun examen
approfondi.

Mais voyons si nous ne pouvons pas ici, devant
vous, sans trop retarder une conclusion que tout le
monde désire, que tout le monde attend, si nous ne
pouvons pas expliquer, quant à nous et pour nous,
ce que nous considérons comme le fond de notre
droit.

Et d'abord, où puisons-nous notre droit?

Messieurs, il y a deux méthodes pour établir les droits politiques : il y a la méthode qui consiste à recourir à la tradition, et il y a la méthode directe, celle qui invoque les textes, la méthode constitutionnelle.

Eh bien, quand on interroge les précédents, qu'est-ce qu'on rencontre dans notre droit politique depuis la Révolution française? Je n'insisterai pas longuement sur ces détails, Messieurs, ils vous sont familiers; mais il faut cependant les rappeler.

En France, Messieurs, soit que le pays ait été placé sous un régime monarchique héréditaire, ou sous un régime de monarchie transactionnelle, soit sous l'Empire, le Consulat ou la République, quand la République admet deux Chambres, sous tous les régimes, dis-je, où fonctionnait l'organisation de deux Chambres, depuis 1795 jusqu'à 1875 inclusivement, comme je l'établirai tout à l'heure, que ce fût la constitution de Sieyès, que ce fût celle du premier consul, que ce fût celle du premier Empire, que ce fût la Constitution de 1814, celle de l'acte additionnel, celle de 1830, celle de 1852, celle qu'avait renouvelée le plébiscite de 1870, partout et toujours on rencontre un principe uniforme, édicté et garanti par tous les textes constitutionnels, à savoir : que la Chambre des députés, le Corps législatif, possède seul l'initiative en matière de lois d'impôt, tandis que la haute Chambre, en matière de dépenses comme en matière d'impôt, n'a qu'un droit de contrôle qui varie avec les régimes politiques. Tantôt, selon les uns, ce droit de contrôle, c'est le droit de s'opposer en bloc à la promulgation du budget, parce qu'elle lui apparaît comme inconstitutionnelle; c'est le régime impérial; tantôt, selon les autres, la haute Chambre n'a qu'une sorte de droit de remontrances, d'observations, une espèce de droit qui figure à l'état de vœux, de réflexions dont on retrouve la trace dans les rapports des commissions,

le droit de s'opposer à l'établissement d'une mesure
frivole qui paraîtrait compromettre la prospérité, la
liberté et la propriété des citoyens. Mais quant à un
pouvoir propre, à un pouvoir qui constituerait un
droit d'initiative pour la Chambre haute en matière
d'impôts, en matière de dépenses, ce pouvoir n'a
jamais été concédé ni par les textes, ni par la pratique.

Et quand nous avons rappelé ce principe, il a quelque peu surpris nos contradicteurs. A telle enseigne
que, lorsque nous avons dit : De 1814, pour ne pas
remonter plus haut, jusqu'au 23 février 1848, nous
vous mettons au défi de trouver un exemple, un précédent, un seul qui puisse justifier les prétentions
nouvelles dont vous vous faites aujourd'hui les cham-
pions, nous vous mettons au défi de montrer que,
pendant toute la durée de ces deux régimes qui étaient,
j'imagine, des régimes respectueux des droits parlementaires qui pouvaient appartenir à chacun des deux
grands corps législatifs, nous vous mettons au défi
d'apporter un acte, un soupçon d'acte, un commencement de tentative dont vous pourriez inférer que,
dans la Chambre des pairs, à l'encontre des décisions
de la Chambre des députés, on se soit arrogé le droit
de rétablir par voie d'amendement ou par droit d'initiative des crédits qui avaient été supprimés par la
Chambre basse. Jamais! (*Applaudissements à gauche.*)...
Et alors qu'a-t-on fait, car on ne s'est pas tenu pour
battu tout d'abord? On a fouillé les bibliothèques, on
a mis en campagne tous les archivistes qu'on possédait
dans l'une et l'autre Assemblée, et aussi dans les journaux et dans les ministères, on a allégué qu'il y avait
des précédents. Eh, Messieurs, ces précédents, quand
on les a examinés, quand on a été au fond, savez-vous
ce qu'on a trouvé? que c'étaient des précédents protecteurs des droits et des prérogatives de la Chambre
des députés. (*Applaudissements à gauche.*)

Et comme je sais qu'il est resté, soit de la lecture

des journaux, soit des conversations, dans l'esprit d'un grand nombre de lecteurs, ou même de mes collègues, une certaine présomption qu'il y avait dans ces assertions inexactes et erronées, peut-être, un fondement de vérité, je prendrai des exemples.

Il y a eu, Messieurs, deux exemples qui ont été cités à tout propos, qu'un journal a reproduits, et qui ont fait le tour de la presse ; il est vrai que la réfutation qui est venue n'a pas eu le même sort et qu'elle s'est arrêtée tout de suite à la première porte où elle a frappé pour entrer. (*Sourires à gauche.*)

On a dit : Nous nous rappelons très bien que, vers 1845, 1846, 1847, il y a eu à la Champre des pairs un débat solennel sur l'émigration polonaise. La Chambre des députés avait supprimé, réduit le crédit alloué chaque année à ces malheureux exilés. A cette occasion, avec l'éloquence que vous connaissez, M. de Montalembert et le grand poète dont la France et le Sénat s'honorent, l'illustre Victor Hugo, avaient pris la parole.

On nous disait qu'à la suite de cette intervention un amendement rétablissant le crédit ou une portion du crédit avait été voté d'enthousiasme par la Chambre haute. C'était un précédent. Aussi ne manquait-on pas de le reproduire ; il se trouvait même que des journaux, qui n'enregistrent pas tous les jours comme parole d'Évangile les paroles de notre grand poète, les rappelaient à satiété. (*Approbation et rires à gauche.*)

Eh bien, nous avons ouvert le *Moniteur*, et nous avons recherché ce précédent. Écoutez, Messieurs ! *Ab uno disce omnes!* Mais je vous en citerai un autre qui est encore plus topique. Quand nous avons ouvert le *Moniteur*, qu'y avons-nous trouvé?

Nous y avons trouvé que M. d'Harcourt avait proposé à la Chambre des pairs sur le fonds de l'émigration polonaise... quoi? une réduction, droit que nous n'avons jamais contesté pour notre part à la Chambre haute. (*Très bien! très bien! à gauche.*) Et alors, à propos de cette réduction demandée, les illustres personnages dont je viens de parler sont intervenus dans le débat et ils ont demandé non seulement le rejet de la proposition de M. d'Harcourt, mais qu'on augmentât le chiffre du crédit contenu dans la proposition qui venait de la Chambre des députés.

Comment se termina le débat? par le rétablissement de la partie supprimée du crédit? Non, Messieurs, le débat se termina, purement et simplement, par l'émission du vœu que, l'année suivante, la Chambre des députés se montrât plus généreuse. (*Très bien! très bien! à gauche.*)

On nous disait : Vous trouverez un autre précédent à la date du 25 juillet 1846. Et celui-là est absolument, pour ainsi dire, calqué sur nos divisions actuelles. La Chambre des députés, dans le budget des cultes, avait supprimé 41,000 fr. pour l'allocation aux ecclésiastiques qui avaient dépassé un certain âge. Vous voyez qu'on se croirait presque transporté à notre époque. La Chambre des députés envoya son budget à la Chambre des pairs. Qu'est-ce qui se passe, Messieurs? M. de Montalembert, — je l'en honore, — qui était toujours sur la brèche pour défendre ses idées et celles de ses clients, demande qu'on veuille bien rétablir ces 41,000 fr. Et, à ce sujet, M. de Montalembert prononce des paroles que je vais vous citer, car elles sont pour ainsi dire la loi de la matière. M. de Montalembert regrette que la somme portée au chapitre « Secours aux ecclésiastiques » se trouve réduite de 41,000 fr. Il critique la décision de la Chambre des députés.

Naturellement, l'organe du gouvernement défend la Chambre des députés (*Applaudissements à gauche. — Hilarité sur un grand nombre de bancs*); mais il n'y a rien de nouveau, il n'y a rien de changé. (*Nouvelle hilarité.*) Quelle que soit la portée de la question, je

crois, je suis sûr que le gouvernement défendra toujours la Chambre des députés, et que la Chambre des
députés est tout à fait prête à défendre le gouvernement. (*Mouvements divers.*)

M. DE GASTÉ. — Il défendra le Sénat ici comme il
défend la Chambre des députés au Sénat, parce qu'il
défend toujours les absents.

M. GAMBETTA. — Monsieur de Gasté, nous nous en-
tendrons. Mais je vous fais observer qu'il n'a pas à défendre le Sénat. Je ne l'attaque pas. (*Très bien! à gauche.*)

M. de Montalembert regrettait que la somme portée
au chapitre « Secours à des ecclésiastiques » se trouvât
réduite de 41,000 fr.; il espérait que le crédit serait
rétabli l'année suivante, et le compte-rendu ajoute :
« C'est en se confiant dans cette promesse que le noble
pair ne propose pas, cette année, d'amendement pour
accroître le fonds porté à ce chapitre. Le droit de la
Chambre des pairs, en matière de dépense comme en
toute autre, ne saurait être méconnu si on veut rester
dans les termes et dans l'esprit de la Charte. Le premier vote sur les lois d'impôt appartient sans doute à
la Chambre des députés, mais on ne peut en conclure
que la Chambre des pairs n'ait pas le droit de voter
par amendement une augmentation de dépense dans
un chapitre du budget. La loi qui fixe le budget des
dépenses n'est pas, en effet, à proprement parler, une
loi d'impôt; c'est seulement lorsque le budget de l'État
est arrêté en dépenses qu'intervient le vote de l'impôt
qui doit y pourvoir, et sur lequel la Chambre des députés doit constitutionnellement voter la première. »

Messieurs, je suis convaincu que vous avez tous été
frappés de la distinction que M. de Montalembert fait
entre les mots « lois d'impôts » et les mots « lois de
dépenses ». C'est là, en effet, un des plus grands intérêts de la nouvelle rédaction de l'article 8 de notre
Constitution, sur lequel je reviendrai tout à l'heure.
Mais je reprends.

Ainsi donc, voilà le précédent. Vous voyez qu'il ressemble aux autres qui ont été aussi inexactement allégués et qui ont été aussi péremptoirement retournés contre nos adversaires.

Mais, Messieurs, durant toute la période qui s'écoule sous le régime parlementaire, non seulement de 1814 à 1848, mais de 1852 à 1870, et de 1875 à l'heure où nous parlons, cette vérité n'avait jamais été contestée.

Il y a même mieux. Lorsqu'on a fait la Constitution du 20 février 1875, Constitution que j'invoque, dont je me réclame ici, que s'est-il passé, Messieurs?

Il s'est passé un fait qu'il faut que je soumette à la Chambre, car il est, selon moi, tout à fait décisif.

Le droit de la Chambre des députés en matière d'impôt n'avait jamais été l'objet d'une discussion ni d'une contestation sous ce qu'on me permettra d'appeler la première période parlementaire du dix-neuvième siècle; mais il s'était élevé sur les lois de finances, sur les lois d'ouvertures de crédits, sur les dépenses, il s'était élevé une controverse entre la Chambre des pairs et la Chambre des députés, et c'est la signification de ces paroles de M. le comte de Montalembert : « Oh! en matière d'impôt nous n'avons aucune espèce d'initiative, mais je conteste que la charte de 1830 nous ait également interdit l'initiative en matière de dépenses. »

Cette opinion de M. le comte de Montalembert, qui était partagée par plusieurs de ses collègues de la Chambre haute, a constamment trouvé, car il faut être sincère, dans les Chambres hautes de notre pays, des défenseurs obstinés. Et, chaque année, dans la Chambre des pairs, des hommes considérables, comme M. d'Harcourt, se levaient, critiquaient le budget que leur envoyait la Chambre des députés, et menaçaient d'exercer le droit de rétablissement des crédits en matière de finances et non en matière d'impôts.

A ces plaintes, pour ainsi dire chroniques, qui se
présentaient toujours en fin d'année, le gouvernement
avait l'habitude de faire une réponse plus chronique
encore. Il répondait : « Mais nous n'avons pas le temps !
mais il ne faut pas entrer en conflit avec la Chambre
des députés ! mais ces crédits seront rétablis l'année
prochaine ! mais vous ne voulez pas obliger les députés qui sont partis à revenir ! »

Et la Chambre des pairs de l'époque, qui était une
Chambre dévouée à son régime, à sa constitution...
(*Très bien ! très bien ! et applaudissements à gauche.*) —
Cela n'a pas changé, au moins je ne l'ai pas entendu
dire... (*Mouvements divers — Rires sur quelques bancs.*) —
la Chambre des pairs se contentait de cette explication ;
et elle disait que, si elle n'obtenait pas satisfaction
l'année suivante, elle userait de sa prérogative, c'est-à-
dire que la Chambre des pairs faisait ce qu'on appelle,
en droit, des actes interruptifs de prescription. Mais,
quant à formuler un amendement, — je ne dis pas
que jamais un amendement n'aurait pu être voté, —
elle ne l'a jamais fait. Et alors, Messieurs, qu'arrivait-il ?
Il arrivait que la Chambre des députés de ce régime
monarchique était véritablement la Chambre des contribuables, qu'en elle résidait le pouvoir pécuniaire,
le pouvoir d'engager les dépenses ; et que la Chambre
des pairs n'avait qu'un droit, un droit considérable,
celui de les contrôler et de les restreindre, celui de
refuser les taxes et les impôts qui auraient été une
atteinte aux droits de propriété et de liberté des citoyens. Et c'est ainsi que nous sommes arrivés à la
date récente de 1875.

Alors on nomma, comme vous le savez, une grande
commission constitutionnelle dans laquelle siégeaient
une partie des docteurs ès parlementarisme qui figurent encore aujourd'hui, avec tant d'éclat, au Sénat,
et cette commission des lois constitutionnelles se fit
mettre sous les yeux un savant livre de M. Batbie

(*Sourires sur quelques bancs.*), un savant livre de M. Batbie et de son collègue au conseil d'État, M. Laferrière, qui contient le texte de toutes les constitutions de l'univers.

J'ai là l'exemplaire que consultaient dans leurs veilles les auteurs de la Constitution de 1875; j'ai constaté avec quelle écrasante unanimité ils ont pu lire dans ces textes aussi divers que nombreux, la répétition toujours constante du même principe, l'enregistrement et la consécration de la même tradition dans tous les pays libres et même dans les pays qui, n'étant pas libres, veulent s'en donner l'apparence. (*Très bien! à gauche.*) Ils ont pu voir toujours que c'est à la Chambre des députés, de quelque nom qu'elle soit désignée, qu'appartient, en matière de finances, en matière d'impôts, le premier et le dernier mot. (*Très bien! très bien! et applaudissements à gauche.*) Voilà ce qu'ils trouvèrent; et alors un doute les prit, non pas qu'ils ne connussent pas la question; ils la connaissaient à merveille, ils la connaissaient si bien, Messieurs, que, ayant à rédiger la Constitution sous laquelle ils voulaient faire vivre et se développer la France, ils ont cherché le moyen de créer pour la Chambre haute dont ils formulaient l'organisation, non plus ce droit de contrôle qui avait appartenu aux Chambres hautes antérieures, mais l'égalité, l'identité des attributions avec la Chambre des députés, parce qu'ils savaient bien que, s'ils lui donnaient l'identité d'attributions, comme d'autre part ils plaçaient dans ses mains des armes encore plus redoutables, l'égalité serait rompue au détriment de la justice. (*Applaudissements à gauche.*)

Est-ce que j'invente? est-ce que je vous raconte des impressions? Voici le texte. Mais, avant de vous le lire, permettez-moi de vous livrer une réflexion.

Il n'a pas dépendu de nous, dans les circonstances que nous traversions, que la Constitution du 25 février 1875 ne fût, comme les constitutions qui l'avaient précédée, élaborée, discutée dans tous ses détails et dans tous ses ressorts. Plus d'un de vous le sait pour avoir assisté à ces débats, les autres savent, pour les avoir suivis avec émotion et anxiété au dehors, à quel genre de péril devait faire face la Constitution de 1875. Vous ne l'avez pas oublié, la nécessité qu'il y avait de travailler au plus vite à l'établissement d'un système de gouvernement qui devait enfin arracher la France, — et ici je n'accuse aucun parti, je les accuse peut-être tous, — qui devait arracher la France à l'incertitude et au provisoire, cette nécessité a fait qu'on a rédigé cette Constitution avec plus de rapidité peut-être qu'on n'en eût apporté dans des temps plus calmes et plus tranquilles.

Plusieurs membres. — C'est vrai !

M. GAMBETTA. — Mais il y a ceci de caractéristique, de profondément intéressant, que, de tous les points de cette Constitution, sur lesquels on n'a pas eu à faire la lumière, aucun n'est sujet, à l'heure qu'il est, ni à la controverse des partis, ni aux exigences et aux prétentions de personne, sauf un seul, celui qui nous occupe, l'article 8; et heureusement il se fait que c'est sur cet article 8 que la lumière abonde... (*Très bien! très bien! à gauche.*) par suite des discussions qui ont eu lieu. C'est sur cet article 8 que les travaux préparatoires nous donnent à la fois la pensée de ceux qui l'ont médité et la volonté de ceux qui l'ont repoussé. (*Très bien!*) C'est sur cet article 8, en un mot, qu'on trouve des textes et des documents irréfragables et certains. Eh bien, sera-t-il possible de venir dire, après que je vous aurai donné lecture des paroles et du travail du rapporteur : « Oui, c'est un texte qui appartient à cette Constitution hâtive et rapidement votée et sur lequel il n'y a pas de lumière. » Cette lumière, c'est un homme qui ne sera pas suspect aux adversaires que je contredis, c'est M. Antonin Lefèvre-

Pontalis qui l'a déposée dans son rapport. (*Rires sur quelques bancs. — Rumeurs diverses.*)

Messieurs, je ne chercherai pas à pénétrer la nature de l'émotion que ressent la Chambre lorsque je prononce le nom de M. Antonin Lefèvre-Pontalis... (*Sourires.*) ; je dois cependant à la justice de déclarer que notre ancien et très honorable collègue possédait sur ces matières une instruction et une compétence que ceux qui l'ont connu savent ne pouvoir être niées.

Quelques membres. — Parfaitement !

M. GAMBETTA. — Par conséquent, quand la commission des lois constitutionnelles lui avait confié la tâche de tracer non seulement le plan d'une Chambre haute, mais le dessin de ses attributions et de ses privilèges, elle aurait pu sans doute faire appel à des hommes plus anciens, à des expériences plus constatées ; mais elle ne pouvait pas choisir un serviteur à la fois plus actif, plus zélé et plus propre à ce travail. (*Mouvements divers.*)

Voici ce qu'écrivait M. Antonin Lefèvre-Pontalis, après avoir cité les différents textes constitutionnels :

« Il ne restait à la commission pour accomplir sa tâche qu'à déterminer les attributions du Sénat. Elles ne pouvaient être moindres que celles de la Chambre des députés, et elles devaient assurer au Sénat, par le vote de toutes les lois, la plénitude de la puissance législative. Or, la loi ne serait pas l'œuvre du Sénat s'il n'avait que le droit de s'y opposer sans avoir le droit de la reviser. Il doit donc participer à titre égal aux attributions de la Chambre des députés, à moins de lui être sacrifié. Il ne serait pas, » — écoutez-bien ce passage, Messieurs, — « il ne serait pas aussi déplacé de revendiquer pour la Chambre des députés nommés directement par tous les électeurs, le droit de régler seule les lois d'impôt et le budget qui, en Angleterre, restent étrangers à la Chambre des lords, et dans lesquels le Sénat des États-Uunis ne peut prendre aucune initiative.

« Mais en France n'est-ce pas dans la question de budget et d'impôt que le contrôle du Sénat peut être le plus salutaire et le plus nécessaire? N'y a-t-il pas dans les lois de finances des dispositions législatives qui pourraient désorganiser d'importants services? Ne faut-il pas garantir les intérêts de la propriété dont le Sénat doit être le gardien tutélaire contre une répartition arbitraire des charges publiques qui pourrait être le signal d'une révolution sociale ? »

En conséquence, l'article 12 du projet était ainsi conçu :

« Le Sénat a, concurremment avec la Chambre des députés, l'initiative et la confection des lois. Toutefois les lois de finances doivent être présentées en premier lieu à la Chambre des députés. »

Le projet ainsi conçu n'établissait évidemment qu'un simple ordre de discussion. La priorité était donnée à la Chambre des députés et le Sénat conservait, même en matières de finances, la plénitude de la puissance législative.

Ah! si on avait voté le texte de M. Lefèvre-Pontalis, c'est-à-dire si on avait donné raison aux desseins politiques qui animaient la commission des lois constitutionnelles, — desseins qu'elle expliquait dans un second rapport, car elle ne s'est pas tenue pour battue ce jour-là, elle est revenue à la charge dans les séances des 20 et 22 février; ah! si on avait adopté le texte de M. Lefèvre-Pontalis, le Sénat et ceux qui défendent la nouveauté à laquelle il vient de se livrer auraient absolument raison. Mais que s'est-il passé ? Il s'est passé juste le contraire.

On se trouvait placé en présence du texte de M. Lefèvre-Pontalis et des commentaires qui l'accompagnaient non seulement ce jour-là, mais quelques jours après, quand, faisant un autre rapport, il disait:

« Mais comment! vous voulez adopter un autre texte
que celui que nous vous proposons! Vous ne sentez
donc pas que le pays va vous envoyer une Chambre
démocratique, radicale : au nom du péril social, il
faut évidemment que cet article passe tel que nous
l'avons rédigé. » Voilà dans quelle prévision on parlait et on rédigeait l'article 8. Que s'est-il passé? C'est
qu'on lui a préféré le projet Wallon, dont on a beaucoup médit, et qui est excellent quand on veut bien
s'en pénétrer (*Sourires en sens divers.*), ne pas le dé-
tourner de son vrai sens, l'appliquer conformément
aux précédents. M. Wallon avait purement et simplement copié la Charte de 1830. Oh! non, pas purement
et simplement. (*Interruption à droite.*)

M. DE LA ROCHEFOUCAULD, DUC DE BISACCIA. — Il ne
l'interprète pas comme vous!

M. GAMBETTA. — Permettez, M. de La Rochefoucauld; vous répondrez sur mon argumentation.

Il avait, dis-je, non pas copié, comme je le disais
intentionnellement tout à l'heure, mais pour revenir
sur l'adjonction qu'il y a faite, non pas copié purement
et simplement l'article 15 de la Charte de 1830; il
avait mieux fait : il avait pris au texte de M. Lefèvre-
Pontalis les mots: « Toutefois les lois de finances »,
sans distinction, qui comprennent les lois d'impôts
comme les lois de crédits, qui avaient été introduits
dans la rédaction de M. Lefèvre-Pontalis. Pour quoi
faire, Messieurs? Pour rendre la plénitude législative
à la Chambre haute; et alors, transportant dans sa
rédaction à lui les mots: «Lois de finances», il y mettait
immédiatement la barrière posée par la Charte de 1830 :
« Toutefois les lois de finances devront en premier
lieu être présentées à la Chambre des députés et votées
par elle. » (*Approbation à gauche.*)

A dater de ce moment-là, non-seulement nous ren-
trons dans la tradition, mais nous avons un texte clair,
formel, pour lequel nous n'avons pas besoin d'inter-

prétation, car on n'interprète que les choses obscures, et s'il y a un texte certain, c'est celui que je viens de reproduire. (*Applaudissements à gauche.*) C'est ce qu'il y a de plus clair et de plus certain dans notre législation depuis trois quarts de siècle. On a cherché à opposer à cette législation divers arguments, diverses objections ; permettez-moi d'y répondre en quelques mots.

On a dit d'abord : La Chambre des pairs n'offrait aucune analogie avec le Sénat de la troisième République. La Chambre des pairs a toujours été héréditaire, viagère, à la nomination du roi ; mais ce Sénat électif, que vous avez qualifié vous-même, et non sans conviction, de grand conseil des communes de France, ce Sénat sort des entrailles du pays ; par conséquent vous ne pouvez le placer sous la même règle, sous la même législation que la Chambre des pairs, parce qu'il est électif.

Eh bien, Messieurs, la réponse est trop facile. Si le Sénat que nous avons le bonheur de posséder était le seul Sénat électif connu dans la législation des peuples libres, l'argument aurait une certaine portée. Mais il n'en est pas ainsi. A nos portes, nous avons le Sénat belge qui est le produit de l'élection comme le nôtre, sauf qu'il y a un cens ; à la vérité, cela ne se passe pas dans un pays de suffrage universel : la Belgique est un pays de suffrage restreint.

Quoi qu'il en soit, d'ailleurs, en Belgique le Sénat est électif ; la législation de ce pays est absolument certaine, elle est à peu près conforme à l'article 15 de la Charte de 1830 et à l'article 8 de notre Constitution ; elle déclare formellement qu'on ne peut porter au Sénat belge que les lois d'impôt, de dépenses, de budget, dans les limites où elles ont été votées par la Chambre des représentants.

Il y a, du reste, une autre réponse à cette objection, c'est que le Sénat n'est pas la seule Chambre haute qui ait été élective dans notre pays. En effet, le conseil des Anciens était électif, et c'était un Sénat.

Le Sénat de la Constitution de l'an VIII, qui a été l'œuvre de ce fameux architecte politique Sieyès, était électif. Le Sénat de 1802 était électif dans une mesure beaucoup plus restreinte, il est vrai ; il avait 60 au lieu de 75 sénateurs inamovibles au choix du chef de l'État. Leur inamovibilité n'a pas été de longue durée (*Rires approbatifs à gauche*), mais il y a là une analogie qui frappe avec un Sénat électif.

Nous avons eu aussi le Sénat de 1804, qui était également électif dans des proportions qui ne sont pas très loin de ressembler à celles qui servent à constituer la partie amovible de notre Sénat actuel. Enfin, il y a le Sénat du second Empire. Et la tradition a été constante, jamais aucun de ces grands corps ne s'est arrogé le droit de rétablir une dépense ou un crédit supprimé par le Corps législatif.

On a cité, — car on est en veine d'explorations extérieures, — on a cité, avec un très-grand fracas, le Sénat des États-Unis. On a même été jusqu'à faire écrire par un Américain [1] (*Rires à gauche*), que je soupçonne fort d'être de Seine-et-Oise (*Hilarité générale*), une consultation sur les analogies qui pouvaient exister entre le Sénat français et le Sénat américain.

Il n'y a qu'un malheur, c'est que l'Américain en question fait la citation du texte de la constitution des États-Unis ; comme il a fait paraître cet article dans un journal très savant, il a compté sur la polyglottie des lecteurs de ce journal, et il se trouve qu'il n'y a rien de plus probant en faveur de notre thèse que le texte qu'il n'a pas traduit.

En effet, — vous pouvez le vérifier, tout le monde sait de quel journal je parle, — il rapporte le para-

1. M. Laboulaye.

graphe de l'article 1er de la Constitution des États-Unis
qui dit, en effet, qu'en matière de perception de revenus, d'impôts, le Sénat fédéral a un droit d'amendement. Mais nous ne contestons pas cela! (*Assentiment
sur quelques bancs à gauche.*) Le Sénat a non-seulement
ce droit d'amendement chez nous, il a le droit de rejet
absolu, et je ne suis pas près de le lui contester. Le
Sénat fédéral des États-Unis a été investi là d'une attribution qui, partout ailleurs, va de soi. Mais cela allait
si peu de soi aux États-Unis qu'on a été obligé d'introduire dans la Constitution comme une dérogation
au droit commun des États-Unis.

Mais il y a une réponse qui est encore, permettez-
moi de le dire, plus péremptoire : c'est qu'aux États-
Unis, le Sénat n'est pas, comme chez nous, un corps
politique représentant l'unité de la France, envoyé
par la généralité du territoire français.

Le Sénat, aux États-Unis, est précisément l'assemblée où vont siéger les représentants de l'autonomie
de chaque État, et alors, comme chaque État a un
droit égal, non-seulement à siéger dans ce Sénat, mais
à y avoir une représentation égale, identique à celle
des États les plus peuplés, les plus nombreux, — car
il n'y a que deux sénateurs pour chaque territoire
devenu province des États-Unis, quelle que soit sa
population, quelle que soit son étendue, — le Sénat des
États-Unis est véritablement la représentation de ce
qui reste de la souveraineté, de l'autonomie des États ;
les membres du Sénat sont plutôt des plénipotentiaires
que des représentants. Il faut qu'il en ait été ainsi,
car comprenez-vous ce Sénat siégeant à côté du Congrès de Washington dans lequel un seul État, l'État
de New-York, par exemple, peut envoyer quarante-
cinq ou cinquante représentants, tandis que la Rhode-
Island ne peut en envoyer que cinq ou six ?

Une voix à gauche. — Un !

M. GAMBETTA. — Un ou deux, si vous voulez ; il est bien

clair que, dans la disproportion de la représentation
nationale, l'initiative en matière de dépenses, en matière de taxe fiscale, d'impôt, deviendrait immédiatement oppressive, ruineuse, désastreuse pour les États,
si le Sénat n'était pas là pour servir de frein, de barrière aux oppressions ou aux tentatives d'oppression
de la part de la Chambre des représentants.

C'est là la Constitution fédérale dans son origine,
dans son principe, dans son développement. Il n'y a
aucune espèce de comparaison à faire de l'Amérique
avec la France, et pour cette fois-ci on aurait mieux fait
d'aller simplement de Paris à Versailles que de Paris en
Amérique. (*Approbation et rires à gauche.*)

Cette idée que je défends devant vous, dont je retrouve des traces, le témoignage dans toutes les législations du monde civilisé, du monde qui veut avoir
des institutions libres, vous voyez qu'elle est devenue
pour ainsi dire tellement banale, — permettez-moi le
mot, — qu'aussitôt qu'un peuple veut faire mine d'entrer dans la civilisation, de se rapprocher du concert
européen, et que, sous la pression des circonstances
militaires ou intérieures, il parle de réformes et se
donne une Constitution, — cela a beau se passer sur
les rives du Bosphore, — il arrive que l'on crée un
article 8, et que cet article 8 est plus clair et dans tous
les cas mieux respecté que celui qui nous occupe en
ce moment. (*Très bien! très bien! et applaudissements
sur quelques bancs à gauche.*)

Et bien, voyons, Messieurs! Est-il sérieux, est-il
raisonnable, quand on a pour soi la tradition, la loi,
les travaux préparatoires, les monuments historiques
et politiques de tous les peuples qui nous entourent,
est-il possible, est-il sérieux de faire descendre cette
Chambre en lui contestant ses droits et de la placer
au-dessous de la Chambre du sultan? Voilà la question. (*Très bien! très bien! à gauche.*)

Je ne crois pas que ce soit là ce qu'on a voulu faire.

Cependant, il est nécessaire, à mon sens, de faire envisager aux auteurs de cet empiétement la portée et les conséquences d'une pareille innovation dans notre droit politique.

En effet, voyons si le texte, expliqué dans ses origines, ne nous donne pas raison dans ses termes.

Que dit cet article 8? Après avoir établi en toute matière l'égalité des droits au point de vue de l'initiative législative entre la Chambre des députés et le Sénat, l'article 8 s'arrête et dit : « Toutefois, les lois de finances devront être en premier lieu présentées à la Chambre des députés et votées par elle. »

Eh bien, Messieurs, quelle est notre prétention?

Notre prétention est la suivante : c'est que, lorsqu'on vous a présenté un projet de loi financier, que vous avez délibéré, et que vous avez voté, s'il s'agit d'une dépense, c'est-à-dire de l'ouverture d'un crédit, quand vous l'avez supprimée, il ne reste plus rien de cette proposition faite par le cabinet dans le monument législatif que vous envoyez devant la Chambre haute, et alors devant la Chambre haute, pour pouvoir reprendre ce crédit qui est mort, qui n'a plus d'existence, de vie législative, il faudrait soutenir qu'en matière d'ouverture de' crédit, le Sénat a une force propre, une initiative personnelle. (*Applaudissements à gauche.*)

Messieurs, je vous adjure de bien réfléchir à la conséquence et à la portée de ce mot : « Votées, » et de ces autres mots : « Lois de finances. » Car, enfin, le pouvoir législatif ne réside pas dans le cabinet. Quand l'honorable ministre des finances vous apporte un projet, qu'est-ce qu'il vous apporte? Une motion ministérielle. Cette motion ministérielle ne peut revêtir le caractère de législation, recevoir la vie, l'existence légale, devenir un monument du droit qu'à une condition, c'est que vous y ayez appliqué votre ratification.

Mais si vous n'avez pas déposé dans l'urne cette
boule à l'aide de laquelle vous engendrez la vie légale
de la proposition ministérielle, qu'est-ce qui reste,
Messieurs? Une feuille de papier qui appartient au
ministre qui a déposé le projet, mais rien qui ait le
caractère, la valeur, la portée législatives. (*Très bien!
très bien!* — *Applaudissements à gauche.*) Et alors si
l'autre Chambre n'a pas le droit d'initiative, elle ne
peut pas, avant que vous ayez voté un crédit analogue,
l'examiner et le voter à son tour. (*Très bien! très bien!
à gauche.*)

Ou les mots ne veulent rien dire, ou la logique est
définitivement absente de ce monde, ou l'article 8 signifie, — à moins que vous ne disiez qu'il a la même
valeur et la même portée que celui que présentait
M. Lefèvre-Pontalis, — l'article 8 signifie que, lorsque
la Chambre des députés, la Chambre des contribuables
a refusé sa sanction à un projet d'impôt ou à un projet
de finances, le projet n'existe plus.

En vérité, il faut véritablement s'expliquer. Où le
Sénat puisera-t-il ce droit d'initiative, ce *motu proprio?*
Ce n'est pas dans l'article 8. (*Très bien! à gauche.*) Où
donc? Jusqu'ici, il ne l'a pas puisé dans les précédents, je crois l'avoir établi; il ne l'a pas puisé dans les
législations analogues, je crois l'avoir établi. Où donc
le puise-t-il? Il le puise dans sa volonté; et c'est bien,
en effet, ainsi qu'il nous envoie le rétablissement des
crédits; il ne vous dit pas d'où il a tiré le principe de
son droit; il vous dit: « Le Sénat a cru devoir rétablir. »
Sic volo, sic jubeo, sit pro ratione voluntas. Voilà la
vérité. (*Très bien! à gauche.*)

Eh bien, moi, je ne demande pas mieux: si le Sénat
avait ce droit, je le défendrais; si la Constitution le
lui avait attribué, je le défendrais. Si, dans un Congrès
de revision, l'Assemblée l'octroie au Sénat, je m'in-
clinerai; mais suppléer des droits, les inventer, les
affirmer, contrairement aux précédents de la législa-

tion établie, et n'en donner aucune justification, Messieurs, c'est ce qu'on n'osera pas faire devant le pays.
(*Applaudissements répétés à gauche.*)

Car enfin, expliquons-nous. Le Sénat a ses attributions; il a ses pouvoirs dans la sphère desquels il peut
se mouvoir librement et souverainement. Quand à ce
qui touche à ses attributions, je le dis dans la sincérité de ma conscience politique, je les respecte, et je
les défendrais si elles étaient attaquées. Mais je demande qu'on ne renouvelle pas ce sophisme, cette
confusion, qui consiste à dire que, entre les deux
Chambres, les droits sont égaux. Non, Messieurs, les
droits ne sont pas égaux, ils ne sont pas identiques.
Le Sénat a certains droits supérieurs. Nous avons les
nôtres, le Sénat a les siens. La part de chacun est
faite par la Constitution qui nous régit tous, et il ne
faut pas qu'il y ait d'envahissement ni de tentative
d'usurpation d'un corps sur l'autre. (*Applaudissements
à gauche.*)

Voyons les droits du Sénat. Je crois avoir établi
que l'article 8 ne donne pas au Sénat le droit d'initiative en matière d'impôts ou de finances.

Mais il a d'autres droits; il a le droit, par l'organe
de ses rapporteurs, de ses commissions et du cabinet
même, il a le droit de vous faire des remontrances, de
vous dire qu'il trouve tel ou tel impôt, tel crédit, telle
suppression de crédit injuste, peu convenable et difficilement justifiable; il a le droit de vous l'indiquer en
suspendant son vote sur l'ensemble du budget, jusqu'à
ce que vous ayez consenti ou expliqué les modifications que vous avez adoptées.

Oui, il a ce droit; mais il n'a pas le droit de créer
des dépenses, parce qu'alors il cesse d'être un pouvoir
de contrôle, il s'arroge un pouvoir qui n'appartient
qu'aux représentants des contribuables, et que, de plus,
il ne trouve pas dans la législation un texte qui lui
donne le droit d'initiative.

On dit : Mais que veut-on que le Sénat fasse devant les empiétements ou les théories qui pourront un jour se donner libre carrière dans la Chambre des députés, si l'on en vient à fausser tous les ressorts, à suspendre la vie administrative, la vie militaire, la vie diplomatique du pays, si l'on refuse toutes les ressources, si l'on met toutes les lois en interdit et que, ne pouvant pas abroger les lois, on les rende inexécutables?

Mais il n'est pas nécessaire de soulever tant de fantômes, de faire appel à des terreurs chimériques pour raisonner sur une situation qui est évidemment une situation politique; je ne crois pas que jusqu'ici on ait le droit de combattre les tendances de cette Chambre par des exagérations qui ne sont pour les uns qu'un prétexte, et pour les autres qu'un calcul. (*Applaudissements à gauche et au banc de la commission.*) Je crois que si par malheur cette Chambre ou une autre se mettait en veine de délire politique, suspendait le fonctionnement de l'administration et des lois, eh bien, Messieurs, non-seulement la réprobation publique en ferait prompte justice, mais le Sénat n'est pas désarmé, il a son droit de dissolution... (*Applaudissements à gauche.*)

Plusieurs membres à gauche. — C'est cela! Voilà la sanction !

M. Gambetta. — ...Il a son droit de dissolution, et il en usera. Mais quand on a proposé de lui accorder ce droit de dissolution, il a fallu le justifier par quelques considérations politiques. De quoi a-t-on parlé? Est-ce qu'on a dit qu'on en ferait une espèce d'instrument de discussion parlementaire et législative, qu'il interviendrait comme une sorte de syllogisme à l'usage de certains rhéteurs impuissants? Non! (*Applaudissements à gauche.*) On a dit : Le droit de dissolution est une mesure politique, une garantie suprême; c'est pourquoi elle pourrait être appliquée par l'Assemblée dont l'âge, le caractère, les origines présentaient le plus d'impartialité, de garanties, de sagesse. (*Approbation à gauche.*)

Est-il vrai que si, à ce droit formidable et nécessaire, d'après votre Constitution, vous venez ajouter l'égalité financière et l'égalité législative; est-il vrai, oui ou non, que vous acculerez constamment cette Chambre entre un acte de folie et un acte de déshonneur? (*Acclamations et applaudissements prolongés à gauche.*)

Et a-t-on mesuré la conséquence d'une pareille doctrine? Écoutez, Messieurs.

Voici un crédit. Vous l'avez trouvé mauvais. Vous avez eu tort, ou vous avez eu raison : l'expérience l'établira; mais vous avez refusé ce crédit, et le Sénat, — je ne veux pas connaître le chiffre de ce crédit, — le rétablit *motu proprio;* il vous renvoie l'appréciation de son rétablissement, et vous, Messieurs, quel est votre droit? Votre droit, on vous dit que c'est de refuser le rétablissement, et puis que le Sénat appréciera ce qu'il doit faire.

De telle sorte que le Sénat vous mettra dans cette situation : ou d'accepter la suppression définitive du crédit, si cela lui plaît, — mais vous êtes à sa discrétion, — ou de vous dire : Je n'accepte pas la supression; et, quand il trouvera l'heure propice, le moment favorable, il vous dira : Supprimez, ou je vous dissous. (*Très bien! très bien! — C'est cela! à gauche.*)

Il vous placera donc, non plus en face d'une question financière, il vous placera en face d'une question politique, et, je dis le mot, une question révolutionnaire. (*Applaudissements à gauche.*) Car c'est à cela qu'aboutissent les conservateurs qui ne veulent pas se contenter des lois et des constitutions : *pour protéger leurs prérogatives, ils poussent les choses à l'extrême et ils disent à la Chambre des élus du suffrage universel : Je t'acculerai dans cette impasse : ou je t'imposerai ma loi en matière financière, ou je te ferai subir*

ma prépondérance parlementaire, ou je te renverrai
devant le pays. — Quand? Ah! Messieurs, c'est ce qu'on
ne dit pas. (Applaudissements à gauche.) Mais, Messieurs,
prenez garde, on ne vous le dit pas aujourd'hui, on
vous dit même qu'il n'y a pas de question, ou que la
question est bien simple, qu'il suffit de voter un ou
deux crédits, les plus petits que vous voudrez... Ah!
dans les commencements on n'est pas très-exigeant,
mais « quand la bise sera venue... » (On rit.) alors on
vous expliquera combien était grosse et redoutable la
modeste aventure dans laquelle on veut vous engager
les yeux bandés et à reculons. (Très bien! à gauche.)
Et alors on vous dira qu'en ayant créé ce précédent,
ce tout petit précédent que l'on réclame on vous disant
que vous avez le dernier mot, — le dernier mot qu'on
n'explique pas plus que l'heure de la dissolution à
choisir, — le dernier mot dans ce système de navette
consiste à renvoyer le budget du Sénat à la Chambre
des députés et de la Chambre des députés au Sénat, sans
qu'on puisse dire à quel moment le dernier mot appartient à quelqu'un.

Mais ce qu'il y a de vrai, ce qui est au fond de toutes
ces habiletés de langage, de ces arguties d'interprétation, ce qui est vrai, c'est que le dernier mot appartient à celui qui a le droit de dissolution.

Quant à moi, j'ignore ce que vous allez faire, j'ignore
quelle résolution vous allez prendre; mais, si vous
pensez qu'il vous est permis de livrer, même par pré-
térition, un droit que vous avez reçu intact de vos
prédécesseurs... (Applaudissements prolongés à gauche.)
et que vous avez promis de défendre devant le suffrage
universel, dont vous devez compte, non pas à tel ou tel
parti, mais à la France... (Nouveaux applaudissements à
gauche), à la France qui a lutté, non pas seulement
pendant le dernier siècle, mais depuis cinq siècles,
pour établir et fonder, sur des assises inébranlables et
toujours respectées par les gouvernements successifs

qui se sont partagé le pouvoir, ce droit que le peuple, dans son langage énergique et vital, appelle les « cordons de la bourse » ; eh bien, si vous livrez les cordons de la bourse, c'est la bourse, c'est votre dignité, c'est votre indépendance, c'est votre pouvoir parlementaire que vous livrez dans l'avenir. A coup sûr, tout cela n'apparaît pas, tout cela n'est pas expliqué en caractères visibles et manifestes dans les rapports des commissions ou dans les documents sénatoriaux, mais c'est parce qu'on n'écrit ces choses que lorsque l'histoire a passé sur les imprudents qui les ont permises. (*Applaudissements à gauche.*)

Messieurs, j'estime que j'ai établi les droits sacrés et inviolables des Chambres des représentants du peuple ; je le déclare, je serais royaliste comme je suis républicain, j'appartiendrais au parti du plébiscite comme j'appartiens au parti de la libre doctrine du suffrage universel se gouvernant par lui-même que je défendrais avec la même énergie, avec la même passion, avec le même sentiment du péril, ce droit que vous pouvez bien étrangler sans le nommer, mais qui reviendra contre vous, peut-être trop tard. (*Applaudissements prolongés à gauche et sur divers bancs au centre. — L'orateur, en retournant à son banc, reçoit les félicitations d'un grand nombre de ses collègues.*)

M. LE PRÉSIDENT. — La parole est à M. le président du conseil.

M. JULES SIMON, *ministre de l'intérieur, président du conseil.* — Messieurs, vous venez d'entendre un discours rempli d'érudition, et dans lequel se trouvent un certain nombre d'arguments très sérieux, que je crois dignes de l'attention de toute Assemblée délibérante. Je vais y opposer quelques réflexions très simples, une discussion de textes plutôt qu'une discussion de principes.

Je pense cependant, Messieurs, que vous voudrez bien considérer que la discussion que je vous oppose, quoiqu'elle ne comporte aucun éclat ni aucune recherche historique, a pour elle l'avantage d'être, — j'espère le démontrer, — conforme à la réalité des faits et conforme en même temps aux intérêts évidents de notre pays.

Je remercie l'orateur auquel je réponds d'avoir bien voulu rappeler que, parmi ceux qui, dans cette question, ne partagent pas son opinion, il y en a qui appartiennent comme lui à la conviction républicaine. Il ne peut pas ignorer d'ailleurs que, dans les votes du Sénat qu'il a critiqués, s'il consulte les listes des votants, il trouvera des républicains dont le dévouement ne peut pas être contesté.

A plusieurs reprises, dans son argumentation, il a parlé des droits de la Chambre des députés, du respect qui lui est dû, des droits du suffrage universel, de l'impossibilité de confier à d'autres qu'aux élus du suffrage universel ce qu'il a fort bien appelé les cordons de la bourse.

Il trouvera bon et vous-mêmes vous approuverez, Messieurs, que mon premier mot soit pour déclarer que je ne veux être dépassé par personne dans mon respect pour la Chambre devant laquelle j'ai l'honneur de parler. (*Très bien! très bien!*)

Quant au suffrage universel, je suis un assez vieux défenseur de cette doctrine pour n'avoir pas à expliquer à quel point je lui suis dévoué. (*Très bien!*)

Si nous étions ici une Assemblée constituante, je serais obligé de suivre pas à pas le discours que vous venez d'entendre, et peut-être serais-je tenté, sur quelques points, de lui donner raison. Je ne le ferais pas sur tous les points.

Je crois qu'il est arrivé à l'honorable préopinant ce qui arrive aux hommes les plus instruits et les plus érudits en ces matières, de commettre quelques erreurs. Par exemple, je lui rappellerai, — bien que je ne veuille pas entrer dans la discussion de l'exercice qui a été fait par les Assemblées antérieures de leur droit d'amendement, mais seulement montrer qu'on peut se tromper dans ses énumérations, — je lui rappellerai que, précisément aux États-Unis, il y a eu assez récemment une lutte entre le Sénat et la Chambre des députés. Lors du vote du dernier budget américain, la Chambre des représentants avait supprimé un grand nombre de crédits que le Sénat a jugé nécessaires, pourquoi? Parce que la suppression de ces crédits entravait le fonctionnement de services régulièrement établis par les lois du pays. Cela s'est passé lors de la dernière discussion du budget.

Le Sénat a rétabli certains crédits.

La Chambre a maintenu son opinion.

Le conflit a empêché la promulgation des lois de finances.

Le président a adjuré les Chambres de se mettre d'accord. On a dû voter des lois provisoires, et ce n'est que trois semaines après l'ouverture de l'exercice que l'accord s'est produit par le rétablissement de certains crédits.

M. GAMBETTA. — Je demande la parole.

M. LE PRÉSIDENT DU CONSEIL. — Par conséquent, vous voyez que ces choses arrivent ailleurs que chez nous, et qu'il y a une différence entre le vote d'un crédit par la Chambre des députés et le vote d'un crédit par le Sénat. Mais, je le répète, je ne porte point la discussion sur ce sujet. Je ne veux pas insister non plus sur un point que M. Gambetta a indiqué et dont, à mon avis, il n'a pas montré toute l'importance : c'est la différence entre la Chambre des députés dont il a parlé et ce qu'il veut bien appeler encore la Chambre haute ; car je pense que lui et moi sommes d'accord pour dire qu'il y a en France deux Chambres, et qu'il n'y a point une Chambre haute et une Chambre basse. (Approbation au centre.)

Notre Sénat diffère essentiellement des Sénats de l'Empire et de la Chambre des pairs de la Restauration ou du temps de Louis-Philippe.

Quand un Sénat n'est pas électif, lui donner le droit de créer des dépenses publiques, c'est attenter absolument au premier des droits d'une nation, au droit des contribuables. (Très bien ! très bien !)

Mais il ne faut pas oublier, et M. Gambetta moins que personne ne peut oublier que notre Sénat est un Sénat électif, qu'il puise son origine, non pas dans le vote direct de chaque citoyen, mais dans le vote à deux degrés, et que, par conséquent, il sort comme vous, moins directement, mais certainement aussi, des entrailles du pays. (Marques d'assentiment.)

M. JOLIBOIS. — Moins les soixante-quinze inamovibles !

M. LE PRÉSIDENT DU CONSEIL. — Je le répète, Messieurs, je dis cela de l'argumentation de M. Gambetta uniquement pour montrer que, si on la suivait pas à pas, on pourrait y trouver quelques rectifications à faire.

Mais mon intention n'est pas d'entrer dans cette voie. Je vous demande, Messieurs, de vouloir bien considérer quelle est la situation dans laquelle vous êtes.

Sommes-nous ici l'Assemblée qui, il y a un an, a fait la Constitution?

On parlait dans cette Assemblée du pouvoir constituant. Au commencement de notre réunion, une portion de l'Assemblée disait : Nous avons le droit de constituer; une autre portion disait : Nous n'avons pas ce droit. On a fini par se mettre d'accord, puisqu'on a fait la Constitution. (*Marques d'approbation sur plusieurs bancs.*)

Eh bien, l'Assemblée était donc de son propre aveu un pouvoir constituant; elle a fait une Constitution ; quand on lui a présenté un article, par exemple l'article 8, elle était absolument maîtresse de dire : Il est bon ou il est mauvais : il faut le supprimer; il faut le modifier; il faut y ajouter; il faut en retrancher. C'était son droit évident.

La Constitution faite par cette Assemblée a à présent une force incomparable; non seulement l'Assemblée souveraine l'a faite, mais le pays appelé à voter a reconnu la solidité de la Constitution, puisque vous êtes ici. (*Marques d'approbation au centre.*)

Vous n'y êtes pas en qualité de constituants, vous le savez bien, vous y êtes en qualité de législateurs; la différence est complète. Vous n'avez pas du tout à examiner si un article de la Constitution est bien fait ou mal fait. Vous n'avez pas à examiner si, oui ou non, il fait courir des dangers au pays. Si vous considérez qu'il fait courir des dangers au pays, il n'y a qu'une conclusion, c'est que vous émettiez le vœu que la Constitution soit revisée.

Un membre à droite. — On n'en a pas le droit!

M. LE PRÉSIDENT DU CONSEIL. — On n'en a pas le droit sans l'agrément du Président de la République, c'est exact ; mais ce que je dis n'en est pas moins vrai, c'est que des discussions sur l'interprétation d'un article de la Constitution n'ont qu'une conclusion possible, la demande d'une revision.

Or, nous sommes ici des législateurs, c'est-à-dire des hommes chargés d'appliquer la Constitution telle qu'elle est, car, jusqu'au moment où elle sera revisée, elle est notre loi absolue; nous devons, en bons citoyens, l'appliquer, ne pas permettre qu'on la viole, empêcher d'aller au delà ou de rester en deçà, c'est-à-dire tout faire pour qu'on l'exécute telle qu'elle est.

M. RAOUL DUVAL. — Je demande la parole.

M. LE PRÉSIDENT DU CONSEIL. — Par conséquent, le débat ne peut pas se poser sur cette question : L'article 8 de la Constitution est-il suffisamment protecteur des droits de la Chambre des députés? Est-il suffisamment respectueux des droits des contribuables? La question est uniquement celle-ci : L'article 8 de la Constitution établit-il que le Sénat a le droit, après la Chambre des députés, d'examiner les crédits qui ont été proposés, de supprimer les uns et de rétablir les autres? La question est là; chercher ailleurs, c'est déplacer la question et changer les situations.

Par conséquent, ce que vous avons à examiner, c'est le sens de l'article 8. (*Très bien! très bien!*)

Avant d'examiner quel est ce sens, je dirai encore un mot sur ce que je n'appellerai pas un reproche, car je ne pense pas que les paroles de M. Gambetta aient eu cette portée *dans son esprit, mais sur une observation qu'il a faite.*

Le Sénat, a-t-il dit, a usé de ce qu'il regarde comme son droit, sans en donner les motifs, et le gouvernement s'est tu.

Pour le Sénat, je ne suis pas chargé d'interpréter les motifs qui l'ont décidé, mais enfin je puis répondre que le Sénat a lu le texte de la Constitution, qu'il l'a interprété d'une certaine façon qui lui a paru incontestable, et que, ne voyant pas de doute dans le sens de l'article 8, il a usé des droits que cet article lui conférait.

Quant au gouvernement, sa situation est encore plus simple. Le gouvernement pensait et pense encore qu'en matière *d'interprétation de la Constitution, ce sont les deux Chambres qui doivent décider, ce n'est pas le pouvoir exécutif.* C'est pour cela qu'il n'a pas pris la parole au Sénat, parce que le sens de l'article 8 n'était pas contesté. Ici le sens est contesté, et le gouvernement vient dire simplement son avis.

Pour moi, je pense, comme le Sénat, que l'article 8 est d'une clarté parfaite, et j'avoue que dans ce qu'on a dit pour montrer qu'il est discutable, je n'ai pas trouvé de raisons qui pussent me faire changer d'avis. Je suppose que ceux qui sont d'une opinion différente trouveront de l'obscurité dans cet article, et j'avoue, en toute humilité, que cette opinion me cause un certain étonnement.

Je lis cet article : je le remets sous vos yeux dans son texte ; nous le savons tous par cœur ; mais enfin, il est écrit en langue française, en deux phrases de la langue française, elles sont nettes, elles sont claires, et je ne sais pas comment on peut y trouver un autre sens que celui que j'y trouve, à moins de l'y mettre. Voici ce texte : « Le Sénat a, concurremment avec la Chambre des députés, l'initiative et la confection des lois... » Voilà le principe ; maintenant voici l'exception : « ... Toutefois, les lois de finances doivent être en premier lieu présentées à la Chambre des députés et votées par elle. »

Voix à gauche. — Eh bien ? eh bien ?

M. LE PRÉSIDENT DU CONSEIL. — Puisqu'elles doivent être en premier lieu présentées à la Chambre et votées par elle, ces lois doivent, en second lieu, être présentées à une autre Chambre et votées par une autre Chambre. Cela est tellement manifeste que j'éprouve quelque embarras à l'affirmer d'une façon plus complète. Elles sont présentées en premier lieu à une Chambre ; donc elles sont présentées en second lieu à une autre Chambre ; elles sont votées en premier lieu par une Chambre, donc elles sont votées en second lieu par l'autre Chambre.

Eh bien, à présent, où est donc la difficulté ? Ce n'est pas dans le mot « présenter » certainement ; puisqu'on présente d'abord la loi à la Chambre des députés, il faudra la présenter ensuite au Sénat. Est-ce sur le mot « voter » ? Mais le mot « voter » est aussi clair que le mot « présenter » ; on vote d'abord la loi dans la Chambre des députés, on vote ensuite la loi dans le Sénat.

Je demande aux députés qui m'entendent, et qui sont des législateurs, je le demande à quiconque connaît la langue française, le mot « voter » peut-il avoir une autre signification que celle que j'indique : La Chambre vote, le Sénat vote ?

La Constitution ne fait pas de différence, elle ne dit pas que la Chambre des députés votera à de certaines conditions, et que le Sénat votera à d'autres conditions ; elle dit seulement que la Chambre des députés votera la première et que le Sénat votera le second. Voilà ce que dit la Constitution, et je dis que, si vous ajoutez quelque chose à cet article, vous l'ajoutez, mais que cela n'y est pas. (*Approbation sur plusieurs bancs.*)

M. FLOQUET. — Toute l'histoire vous donne un démenti !

M. LE PRÉSIDENT DU CONSEIL. — Il ne s'agit pas du tout de l'histoire ; l'histoire de l'article 8 commence le 25 février 1875 ; un article a une histoire du jour où il existe, il n'a pas d'histoire la veille ! (*Nouvelle approbation sur les mêmes bancs.*) Est-ce que nous pouvons admettre vraiment qu'il y a eu derrière cet article une restriction, un sous-entendu que tout le monde s'est bien gardé d'exprimer ? Est-ce que nous pouvons admettre que, dans la pensée de ceux qui adoptèrent cet article de la Constitution portant que le budget est présenté d'abord à la Chambre des députés, et ensuite au Sénat, il y avait cette restriction : Mais, quand le Sénat votera, il ne votera pas comme aura voté la Chambre des députés, il votera d'une certaine façon que nous sous-entendons, et qui consiste en ce qu'il pourra bien effacer des dépenses, mais qu'il ne pourra pas rétablir des crédits ?

Mais où se trouve donc cette prescription constitutionnelle qu'il ne pourra pas rétablir des crédits ?

Vous parlez de la tradition, vous cherchez dans l'histoire, vous comparez le Sénat à des Chambres des pairs, à la Chambre des lords, et vous dites : En Amérique, en Belgique, cela se passe de telle façon, toute différente !

Eh bien, moi, je dis que la Constitution française parle aussi de telle façon ; je dis qu'elle parle clairement, qu'elle parle explicitement ; et il n'y a pas deux personnes sachant le français qui puissent dire sérieusement... (*Protestations sur plusieurs bancs à gauche.*) que les termes de la Constitution veulent dire autre chose que ce qu'ils disent.

M. LANGLOIS, *avec vivacité.* — Ah ! je ne sais pas le français ? Je demande la parole ! (*Hilarité.*)

M. LE PRÉSIDENT DU CONSEIL. — Comme le député qui m'interrompt est un de mes plus chers amis...

M. LANGLOIS. — Parfaitement !

M. LE PRÉSIDENT DU CONSEIL — ...Je regretterais infiniment que, lui d'abord, et que tous ses honorables collègues pussent croire que, dans l'expression qui vient de m'échapper, il y eût quoi que ce soit qui ne fût parfaitement conforme au respect que je dois à la Chambre.

Quand j'ai dit que la langue française ne permet qu'une interprétation des termes de la Constitution, je sais bien que ceux qui, à toute force, veulent introduire ici l'histoire, le passé, qui veulent parler en constituants, donnent des raisons sérieuses ; à Dieu ne plaise que je ne trouve pas sérieuse l'argumentation faite par l'orateur que vous avez entendu avant moi, et je suis persuadé que, lorsque M. Langlois prendra la parole, il produira une argumentation très sérieuse ; mais il ne démontrera pour personne que, dans l'article de la Constitution, il y a autre chose que le droit pour le Sénat de voter après que la Chambre des députés a voté ; il lui sera impossible de faire comprendre, — je l'en avertis d'avance, — qu'il y a, dans un texte clair, autre chose que ce qu'il y a dans un texte clair.

Sur plusieurs bancs. — C'est évident ! c'est évident !

M. LE PRÉSIDENT DU CONSEIL. — Je vous ai dit, Messieurs, que je ne ferais pas un grand étalage d'érudition, non, pas le moindre ; je ne fais pas autre chose que de lire un texte. et de défier tout le monde, — et M. Langlois tout le premier, — de démontrer qu'un texte clair soit un texte obscur, et que celui-ci ne donne pas au Sénat le droit de voter les lois de budget.

On dit : Mais, comment ! le Sénat va avoir l'initiative en matière de dépenses, et par conséquent, une Chambre haute, — ce n'est pas une Chambre haute, — va pouvoir créer des sources de revenus et disposer de l'argent des contribuables !

Le Sénat ne dispose de rien, et, au fond, quand j'entendais les dernières paroles de M. Gambetta, je me disais : Mais la querelle, — la discussion plutôt, — n'est pas si grande qu'elle paraît être au premier abord.

Et, en effet, il est, suivant moi, bien certain que le Sénat a le droit de rétablir un crédit : mais est-ce que pour cela il crée au ministère qui est sur ces bancs, ou à tout autre, le droit de faire une dépense ? Est-ce que vous n'êtes pas toujours là, Messieurs ?

M. Gambetta disait qu'il ne reconnaissait pas au Sénat le droit de rétablir un crédit ; que le Sénat avait seulement le droit de dire à la Chambre qu'il lui semblait qu'elle avait eu tort de rayer du budget ou de ne pas y inscrire tel ou tel crédit, et qu'il lui demandait de réfléchir, de discuter et de voter une seconde fois.

Certainement on aurait pu mettre cela dans la Constitution ; on aurait pu dire : Quand le Sénat pensera que la Chambre des députés, en votant la suppression d'un crédit, a fait un acte de nature à compromettre ou détruire un service public, il pourra provoquer une deuxième délibération; mais là se bornera son droit en matière de budget. .

Oui, certainement, on aurait pu, je le répète, écrire cela dans la Constitution; mais ce n'est pas cela qu'on y a écrit; on y a écrit : Le Sénat votera le budget. Et il l'a voté.

A présent que le Sénat a voté, qu'avez-vous devant vous? Une simple proposition, sur laquelle vous êtes appelés à discuter et à voter. (*Assentiment sur plusieurs bancs.*)

Est-ce que les crédits que le Sénat a rétablis sont, par cela seul que le Sénat seul les a rétablis, des crédits qui doivent être considérés comme définitifs?

Mais, Messieurs, pas le moins du monde : il n'y a pas de crédits définitifs si la Chambre devant laquelle j'ai l'honneur de parler ne leur a pas donné son adhésion. (*Nouvelles marques d'assentiment sur les mêmes bancs.*)

Il est parfaitement clair que, si vous refusez de voter le rétablissement des crédits, les crédits n'existeront pas.

Vous appellerez cela un vote, vous appellerez cela une suspension, vous appellerez cela un amendement, vous l'appellerez comme vous voudrez; il n'en est pas moins incontestable que ce crédit ne sera existant qu'autant que la volonté de la Chambre des députés lui aura donné l'existence. (*C'est cela! c'est cela!*)

C'est une simple différence de procédure, et pas autre chose.

Il est donc bien entendu pour tout le monde qu'un crédit quelconque qui n'a pas été voté par cette Chambre n'existe pas, si ce n'est à l'état de proposition de crédits, et qu'il ne devient définitif que quand la Chambre a mis au bas de cette proposition : « J'y consens. »

M. Gambetta disait : « Qu'est-ce qu'une proposition de gouvernement? C'est un document législatif, qui commence l'exercice du droit législatif; aussitôt que la Chambre en est saisie, elle peut dire qu'elle n'en veut pas, et cela suffit pour que cette proposition ne soit plus rien. »

Eh bien, il en est de même pour une proposition du Sénat. N'adoptez pas la proposition du Sénat, elle n'existera plus. Personne ne peut le contester.

M. Gambetta, parlant toujours comme s'il était à faire la Constitution, nous a parlé de la situation du Sénat; il nous a dit : Si vous reconnaissez au Sénat, en matière de lois de finances, les mêmes droits qu'à la Chambre, comme il a déjà le droit de dissolution, vous vous mettez en face d'une situation terrible qu'une Chambre ne peut pas accepter.

Ici il y a quelque chose d'extrêmement sérieux, et je demande à m'expliquer sur ce point, en répétant que ceci n'est plus une simple interprétation de la Constitution, c'est une discussion de la Constitution elle-même.

Il est vrai, le droit de dissolution est un droit considérable. Mais d'abord M. Gambetta sait bien que le Sénat n'est pas seul investi du droit de dissolution. Le Sénat n'a que le droit de consentir à la dissolution demandée par le pouvoir exécutif. Ce n'est donc pas seulement le Sénat, c'est le Sénat et le Président de la République ensemble, non pas séparément, qui, lorsqu'ils sont d'accord, peuvent prononcer la dissolution de la Chambre des députés.

M. Gambetta vous disait : On se garde bien de vous dire quel jour vous aurez le dernier mot, parce que le Sénat est en présence de vous et vous tient ce langage : Voilà ma volonté, — il serait plus exact de dire : Voilà ma proposition, — vous l'accepterez ou je vous dissoudrai.

Ce n'est pas seulement à propos des lois de budget que le Sénat pourrait tenir ce langage; si l'argumentation de M. Gambetta était solide, il pourrait le dire sur n'importe quelle loi. Le Sénat peut voter ou refuser une loi quelconque, et, après son acceptation ou son refus, vous dire : Votez comme j'ai voté moi-même, ou je vous dissoudrai!

Mais que supposez-vous là? Vous supposez l'exercice factieux d'un pouvoir constitutionnel.

Je n'hésite pas à dire que si, sur un simple dissentiment, à propos d'une loi spéciale ou d'un chiffre du budget, le Sénat et le Président de la République, — et je parle de l'un et de l'autre avec un égal respect, — venaient dire à la Chambre : Ou vous céderez ou je vous dissoudrai, ils feraient un usage abusif et coupable de la prérogative mise entre leurs mains. (Très bien! très bien!)

Il ne faut pas, quand on parle des pouvoirs publics, des droits inscrits dans une loi, venir dire qu'on peut les pousser à l'extrême, qu'on peut aller jusque-là. Il faut toujours supposer le sens commun, et, si vous ne voulez pas faire cette simple hypothèse, il faut renoncer à faire de la politique.

Ce n'est pas avec une logique extrême, ce n'est pas avec des suppositions injurieuses que l'on peut raisonner. Il faut comprendre et admettre qu'un grand corps sait parfaitement la situation dans laquelle il se trouve; il sait les risques qu'il courrait s'il abusait du droit que lui donne la Constitution, il sait ce qu'en penserait le pays, il sait ce que serait le jugement de l'histoire. (*Applaudissements au centre.*)

Il serait à jamais déplorable que l'on pût supposer, par exemple, que, parce qu'un homme serait armé, par la faute d'une Constitution, de pouvoirs dont il pourrait abuser pour faire un coup d'État en violant la légalité et le droit éternel, il dût aller fatalement à cette extrémité criminelle. Heureusement il n'en est pas ainsi. Et j'ai bien le droit de dire que les suppositions que vous faites pour démontrer que, en matière de lois de finances, le gouvernement et le Sénat pourraient mettre la Chambre dans cette alternative ou d'obéir, ou d'être dissoute, ces suppositions, vous pourriez les faire également en matière de lois ordinaires.

Et c'est quand il s'agit des lois de finances que la certitude que l'abus ne sera pas commis est encore plus forte que quand il s'agit d'une autre loi. En effet, en présence de quoi se trouvera le Sénat? En présence du budget, c'est-à-dire de l'instrument de la richesse publique, et vous croyez que, pour un dissentiment, on ira user du droit de dissolution! Qui est-ce qui peut supposer une chose pareille? Ce n'est pas moi.

Mais, en même temps que je dis cela, il faut que je vous fasse bien saisir une chose : c'est qu'ici le dissentiment ne porte pas du tout sur un crédit; la différence entre l'interprétation du Sénat et celle qui prévaudrait dans la Chambre, si on écoutait M. Gambetta, ce n'est pas une différence d'interprétation portant sur une simple loi : il s'agit ici de quelque chose d'infiniment plus grave, de l'interprétation de la Constitution : il s'agit de savoir quelle est la loi fondamentale sous laquelle nous vivons. Voilà où serait la différence entre le vote du Sénat et le vote de la Chambre des députés si, au lieu de discuter les propositions que le Sénat vous a faites, vous répondiez par une fin de non-recevoir en disant au Sénat : En vertu de la tradition, en vertu du suffrage universel, en vertu des droits qu'ont toujours eus les Chambres basses, comme vous les appelez, en vertu de tout cela, vous n'aviez pas le droit de rétablir un crédit ; nous nions votre droit. C'est une question nouvelle. Vous êtes absolument maîtres de ne pas rétablir le crédit que le Sénat vous propose de rétablir.

Voix à gauche. — Et après ? et après ?

M. LE PRÉSIDENT DU CONSEIL. — Il ne s'agit pas de dire : « Et après ? » Vous voulez mettre dans mon argumentation un argument qui n'en fait pas partie ; laissez-moi poursuivre mon argumentation, qui est très forte et très claire ; il ne faut pas introduire une question dans une autre.

Je vous disais qu'il ne s'agit pas ici d'une discussion portant sur une loi, sur un crédit : il s'agit de l'interprétation de l'article 8 de la Constitution, c'est-à-dire d'un conflit entre les deux Chambres. (*C'est vrai! au centre.*) Ce n'est pas douteux un seul instant.

C'est bien un conflit entre les deux Chambres. Or, vous supposez qu'au milieu de ce conflit on va faire éternellement la navette, comme vous l'avez dit, entre les deux Chambres.

Il y a là quelque chose qui n'a pas le sens commun. Je ne dis pas que l'hypothèse de cette navette n'ait pas le sens commun, je parle du fait de cette navette : on ne peut supposer les deux Chambres se renvoyant indéfiniment l'une à l'autre un article de loi.

Dans votre système, il s'agit de l'interprétation d'un principe, il s'agit de savoir où est le droit, il s'agit de l'interprétation de ce droit. D'où ferez-vous découler la reconnaissance et la constatation de votre droit ?

Les deux Chambres sont en désaccord. Eh bien, qui les mettra d'accord ? Il faudra s'adresser à la nation, car je ne connais pas d'autre arbitre entre les deux Chambres. (*Ah! ah! — Très bien! à gauche.*)

Vous dites : « Très bien! » A la bonne heure!...

M. CLÉMENCEAU. — Eh bien, faites la dissolution, alors.

M. LE COMTE DE DOUVILLE-MAILLEFEU. — Nous n'avons pas peur de la nation.

M. LE PRÉSIDENT. — Veuillez ne pas interrompre.

M. LE PRÉSIDENT DU CONSEIL. — Il ne s'agit pas de faire semblant de croire que je propose l'appel à la nation comme une excellente issue ; ce n'est pas là mon argumentation, vous le savez très bien.

Je dis qu'il ne s'agit pas d'un dissentiment sur une loi particulière : il s'agit d'un dissentiment sur l'interprétation de la Constitution, c'est-à-dire d'un conflit. Et j'en conclus qu'une Chambre interprétant la Constitution d'une façon, et l'autre l'interprétant d'une façon différente, personne, excepté la nation, n'a le droit de les concilier; voilà ce que je dis.

Plusieurs membres à gauche. — Nous sommes d'accord !

M. LE PRÉSIDENT DU CONSEIL. — On me l'accorde !

M. DE LACRETELLE. — Et le Congrès ! Proposez la réunion du Congrès !

M. ROBERT MITCHELL. — Ce n'est pas la nation qui a fait la Constitution ; cela ne la regarde pas.

M. LE PRÉSIDENT DU CONSEIL. — Je répète que c'est là que je voulais en venir; je voulais précisément qu'on me dit : On vous l'accorde! parce qu'alors je me trouve, Messieurs, entre deux politiques, et je vais vous présenter les avantages et les inconvénients de ces deux politiques.

Oui, si vous voulez élever un conflit avec le Sénat...

Un membre à gauche. — C'est lui qui l'élève !

M. LE PRÉSIDENT DU CONSEIL. — Pour venir à bout de ce conflit, il faut s'adresser à la nation.

Une voix. — Tant mieux !

M. LE PRÉSIDENT DU CONSEIL. — On me l'accorde, et on dit : Tant mieux! (*Dénégations à gauche.*)

M. LE COMTE DE DOUVILLE-MAILLEFEU. — Non, on ne l'accorde pas! On demande la réunion du Congrès!

M. LE PRÉSIDENT. — N'interrompez pas, Messieurs; vous rendez la discussion impossible!

M. LE PRÉSIDENT DU CONSEIL. — Vous arrivez à ce résultat, Messieurs, par vos interruptions, que mes allégations paraissent signifier autre chose que ce que je veux leur faire dire ; mais je pense qu'en y réfléchissant, vous verrez très bien que je suis directement ma pensée, que je ne m'en écarte pas du tout, même quand on m'interrompt.

Mon argumentation est très simple : je ne fais pas de bataille de texte ; je crois que le texte est très clair; je présente à la Chambre deux politiques entre lesquelles je lui donne le choix, et je suis charmé que la première hypothèse ait été acceptée par mes contradicteurs, et qu'ils reconnaissent que, puisqu'il s'agit d'un conflit entre les deux Chambres, il faut avoir recours à la seule puissance qui puisse mettre les deux Chambres d'accord, c'est-à-dire au pays.

M. GAMBETTA. — Je demande la parole.

M. LE PRÉSIDENT DU CONSEIL. — Il y a donc cette hypothèse d'un côté; il y a, de l'autre, celle que je propose, et la voici :

Je propose simplement à la Chambre des députés de faire ce qu'a fait le Sénat, c'est-à-dire de prendre les dix articles sur lesquels il y a un dissentiment et de voter à nouveau soit pour les accepter, soit pour les rejeter.

Voilà les deux politiques; la première élève un conflit; la seconde le fait disparaître.

Je demande quelle est la plus sage. C'est là le fond du débat. Je vais vous dire, si vous le voulez, toute ma pensée ; mais prenez-la, s'il vous plaît, en bonne part. Je crois que le pays s'intéresse énormément au choix que nous ferons entre ces deux politiques; mais je ne crois pas qu'il s'intéresse beaucoup à la discussion, même la plus savante, des antécédents, de la comparaison des constitutions des peuples voisins et des textes que l'on voudrait apporter à la tribune. (*Très bien! très bien!*) Le pays a un bon sens infaillible. Il sait que nous sommes ici une Assemblée législative; quand nous serons une Assemblée constituante, il se passionnera pour des discours tels que celui que vous venez d'entendre; mais il pense que nous sommes une Assemblée législative. Il se dit : Il y a deux politiques : la politique du conflit et la politique de l'accord. Il a fait son choix entre ces deux opinions... (*Oui!— Parfaitement!*), et je suis parfaitement convaincu que l'opinion du pays est celle que j'ai moi-même et que je vais vous expliquer.

Vous avez à choisir entre ces deux politiques. C'est là que je voulais vous amener, c'est vraiment le débat, c'est une grosse question que vous allez décider aujourd'hui, et de cette décision il sortira ou une grande agitation pour le pays ou au contraire un grand apaisement général qui profitera à tous les intérêts. (*Applaudissements sur un grand nombre de bancs.*)

Je me demande donc quels sont les inconvénients et les avantages de la politique que je vous propose, et qui consiste à décider que vous examinerez les crédits que le Sénat a rétablis.

Je dis que pour moi je n'y vois pas d'inconvénients; premièrement, parce que vous êtes parfaitement sûrs que vous êtes en définitive les maîtres d'empêcher une dépense qui ne vous conviendrait pas...

Un membre. — Très bien !

M. LE PRÉSIDENT DU CONSEIL. — ... Secondement, parce que, quand la situation sera différente de ce qu'elle est, c'est-à-dire, quand, au lieu d'être des législateurs, vous serez des constituants, vous pourrez modifier l'article 8 ou le supprimer, quoi que vous ayez voté aujourd'hui. Le vote d'aujourd'hui ne vous gênera en rien, ne vous engagera en rien, et j'espère n'avoir pas besoin de le démontrer. (*Non ! non ! au centre.*)

Il est parfaitement clair que, quand on a une loi, on lui obéit ; on est ministre, on l'applique. Si on trouve que la loi n'est pas bonne, on la combat par la polémique, on la combat dans les assemblées électorales ; on propose l'abrogation de cette loi ; tout membre du parlement a l'initiative quand ce n'est pas une loi constitutionnelle. Eh bien, on est parfaitement maître de faire ce que l'on veut, quand on a la puissance de le faire, c'est-à-dire quand on est constituant ; mais cela n'empêche pas qu'on ne soit auparavant obligé d'obéir à la loi qui est faite. C'est évident ; c'est incontestable.

M. LANGLOIS. — Il n'y a pas de doute à cela.

M. LE PRÉSIDENT DU CONSEIL. — Par conséquent, voici ce que je vous propose. Vous n'avez pas à craindre qu'une dépense soit exécutoire tant que vous ne l'aurez pas votée, et vous n'avez pas non plus à craindre qu'entrant dans un Congrès, vous ne soyez à un degré quelconque engagés par le vote que vous aurez émis aujourd'hui.

Il n'y a donc pas d'inconvénient.

Maintenant je vais vous dire quels sont les avantages ; ils sont énormes, oui, énormes.

Il y a d'abord ce grand avantage de faire cesser une certaine inquiétude au dedans, qui est dans les esprits, de tranquilliser, de faire la paix : immense avantage dans tous les temps.

Il y a, en outre, l'avantage d'éviter une crise. Notez bien que je ne parle pas d'une crise ministérielle. D'ailleurs, comparativement à ce dont je parle, une crise ministérielle, en vérité, est bien peu de chose. On remplace un homme

par un autre. Ce n'est rien. Quand on remplace une politique par une autre, c'est plus grave ; cependant, ce n'est pas
ce que j'appelle un danger social. On échappe aux crises
ministérielles, et le pays va toujours, malgré les dissentiments qu'il peut y avoir entre un cabinet et un autre.

Mais ici ce n'est pas une crise ministérielle qui menace,
ce n'est pas un cabinet qui change, c'est un conflit entre les
deux pouvoirs de l'État, entre la Chambre des députés, d'un
côté, et le Sénat, de l'autre, et non pas un Sénat nommé
par le pouvoir exécutif, mais un Sénat qui a son origine
dans le suffrage universel. Voilà, par conséquent, la nation
en quelque sorte divisée contre elle-même.

Voilà, je suppose, la dissolution prononcée dans ces conditions ; je me demande ce qu'elle produira. Une dissolution
est toujours un évènement considérable dans un pays ;
personne, à la veille d'une dissolution, ne peut dire ce qui
arrivera le lendemain. Pour moi, je suis persuadé, comme
je l'entendais dire tout à l'heure, que, s'il y avait dissolution,
la Chambre nouvelle serait une Chambre républicaine
comme celle qui siège sur ces bancs. Je veux le croire ; j'en
suis persuadé. Seulement, il peut y avoir des différences
même parmi les républicains ; la Chambre que je vois devant
moi me donne sécurité, elle donne sécurité au pays ; j'ai
envie de m'y tenir, ne sentant pas le besoin de tenter le
hasard d'une élection nouvelle. (Très bien ! très bien !)

Oh ! faites bien attention, Messieurs ! Je donne ici des
arguments qui sont sérieux, je vous assure ; je suis persuadé
que vous en pesez la force, comme moi-même j'ai apprécié
la force des vôtres. Ce qui donne à une mesure de dissolution
son caractère, ce qui détermine son importance et sa nécessité, c'est le motif qui l'amène.

Eh bien, permettez-moi de vous faire voir ce motif, permettez-moi de vous le faire en quelque sorte toucher.

Voilà une dissolution qui viendra à la suite d'un dissentiment profond entre les deux Chambres ; elle voudra dire :
La Chambre des députés et le Sénat n'ont pas pu s'accorder.
Par conséquent qu'est-ce qu'on va mettre aux voix dans
la dissolution ? Qu'est-ce que la France jugera dans ses comices ? Elle jugera la Constitution, Messieurs, elle la jugera.
Vous allez prendre notre Constitution et la porter à la France
pour qu'elle la confirme ou la détruise. (Mouvements divers.)

Un membre à droite. — Où serait le malheur?

M. LE PRÉSIDENT DU CONSEIL. — Voilà, Messieurs, ce que l'on propose de faire dans la politique de conflit, et ce que je propose d'éviter dans la politique de la paix et de la concorde.

Et je dis qu'il faudrait être bien imprudent pour jouer une pareille bataille. Je le dis à tout le monde, non pas à tel ou tel parti. Certainement je suis d'un parti, du parti de la gauche, et jamais je ne l'ai caché à personne; et mon honneur est de rester fidèle à mon parti, à mes convictions... (*Interruptions à droite.*), que je sois au pouvoir ou que je n'y sois pas, que j'appartienne à une opposition ou à un gouvernement. (*Très bien! très bien! — Applaudissements au centre.*)

Je suis, je resterai de la gauche; je ne cache donc pas mon parti; mais il m'est bien permis de parler un moment à tous les partis et d'oublier nos divisions pour vous entretenir d'une cause qui nous est également chère à tous, de la cause de notre pays qui, j'en suis sûr, domine dans nos cœurs l'attachement que nous pouvons avoir à tel ou tel drapeau. Eh bien, ce pays-ci a besoin de paix à l'heure qu'il est; il en a un besoin impérieux; il la veut. (*Nouveaux applaudissements au centre.*)

Il ne veut pas avoir de crise, il ne veut pas avoir d'agitation; soyez sûrs, bien sûrs, Messieurs, que c'est le pays entier qui vous parle ici par ma bouche... (*Exclamations à droite.*) et qui vous dit : Non! ne m'agitez plus, laissez-moi respirer en paix; non, n'ajoutez pas une crise à une autre; non, ne faites pas de bouleversement; non, ne créez pas d'opposition entre les pouvoirs publics; nous avons besoin de vivre, nous avons besoin de travailler, nous avons besoin de respirer; voilà cinq ans, cinq ans entiers que nous avons aspiré à un gouvernement définitif, et qu'est-ce que vous avez fait dans l'Assemblée constituante? quel a été votre honneur, quelle a été votre gloire? sinon de chercher à sortir du provisoire et de donner à la France un établissement définitif, parce qu'il lui faut du définitif.

C'est comme libéral que je dis à mon pays, que je dis à la Chambre : Il faut un gouvernement fort! C'est comme libéral que je dis : Il n'y a de gouvernement fort qu'un gouvernement qui s'appuie sur une constitution définitive. (*Très bien!*)

Parmi ceux qui ont fait la Constitution il y en avait qui l'aimaient parce qu'elle était la République, et j'étais de ce nombre. Il y en avait d'autres qui ne l'avaient pas aimée autrefois, qui même ne l'aimaient pas à l'heure où elle a été faite, qui l'ont votée parce qu'ils ont dit : Il n'y a pas d'autre gouvernement possible, et il en faut un ; eh bien, celui-là est possible, nous le prenons.

Le pays, à quelque parti qu'appartinssent ces citoyens, a applaudi à cette œuvre, et il a dit : Enfin, nous avons une Constitution définitive ; le temps du provisoire est passé.

Eh bien, cette Constitution, vous l'avez portée vous-mêmes dans les comices ; bien peu d'entre vous, républicains ou non républicains, se sont dispensés de dire à leurs électeurs : Je viens ici avec la Constitution, je l'ai acceptée, je l'accepte ; en tous cas, je la défendrai.

M. Tristan Lambert. — Avec la revision ! (*Rumeurs au centre.*)

M. le président. — Veuillez ne pas interrompre, Monsieur Lambert.

M. le président du conseil. — Eh bien, qu'a fait le pays ? Le pays a nommé cette Assemblée devant laquelle je parle et dans laquelle la Constitution a une majorité immense. (*C'est vrai !*) Allons-nous à présent la mettre aux voix de nouveau devant le pays ? Après avoir parlé aux honnêtes gens de tous les partis, je m'adresse aux républicains particulièrement, puisqu'il y a un dissentiment parmi eux, et je leur dis : Quelle est donc l'objection que nos adversaires font à la République ? Ils disent que c'est un Gouvernement qui manque de stabilité, qu'on ne peut avoir la paix sous la République, que tout est toujours éternellement mis en question. (*Mouvements divers.*)

Et, nous, nous disons : Cela est faux ; il y a une Constitution, nous l'avons faite, nous l'avons acceptée, nous lui reconnaissons certains inconvénients qu'on pourra un jour réparer ; mais, tant qu'elle existe, elle est inviolable, et nous voulons la faire durer.

Quand nous parlons ainsi, nous ne rendons pas seulement service au pays ; soyez certains que nous rendons service à la République elle-même. (*Très bien ! à gauche.*) Le jour où il sera démontré que la République est vraiment conservatrice, qu'elle est vraiment durable, qu'elle est vraiment stable, qu'elle est le principal instrument de stabilité et de paix dans notre pays, ce jour-là je défieral tous les factieux du monde, et le bon sens, le patriotisme de nos ouvriers, de nos paysans, se lèveraient contre quiconque voudrait attenter au principe de la République. (*Très bien! très bien! — Applaudissements sur un grand nombre de bancs.*) C'est là la politique à laquelle je vous convie, et que vous pouvez si facilement, sans aucun inconvénient, établir immédiatement dans notre pays. Non! non! des républicains ne voudront pas porter devant les comices la Constitution votée l'année dernière et faire dire à ses ennemis : Le premier jour où on a voulu l'appliquer, elle est tombée en poussière. (*Applaudissements au centre.*) Non, ils ne voudront pas faire cela ; ils ont tant travaillé à la faire, ils se sont tant sacrifiés, ils ont montré tant de courage, ils en ont été si largement récompensés par l'approbation universelle, qu'ils ne voudront pas que leur histoire d'aujourd'hui démente ou atténue ce qu'il y a de grand et de puissant dans leur histoire d'hier. (*Très bien! très bien! au centre*).

Je viens donc, en terminant, vous présenter cette double alternative. Je ne suis pas entré dans la discussion des textes, dans les comparaisons; je les trouve inutiles; j'ai pu citer un ou deux exemples; j'aurais pu m'en passer. Je me suis concentré *dans l'interprétation de l'article 8.* C'est notre charte, c'est notre loi ; nous devons lui obéir.

L'article 8 est absolu et clair; il est à mes yeux indiscutable, il n'y a que deux manières de se comporter envers lui : Ou bien proposer de le réformer, c'est-à-dire cesser d'être législateurs, en appeler au pays et devenir constituants ; ou bien faire ce qu'a fait le Sénat; dans votre souveraineté, dans votre indépendance : voter sur les propositions qu'il vous a faites, avec la certitude, d'un côté, que vous n'engagez pas votre droit futur de constituants, si jamais vous devez être constituants ; de l'autre côté, qu'aucune dépense ne sera définitive tant que vous ne l'aurez pas votée.

Voilà les deux alternatives. L'une, c'est la crise, c'est le conflit, c'est la Constitution portée de nouveau devant le pays, c'est l'œuvre de l'année dernière détruite, c'est la paix intérieure compromise, et dans quel moment, mon Dieu!... (*Mouvement.*) Je ne veux pas dire qu'il y ait à l'heure qu'il est des motifs d'alarme; mais enfin, si jamais il a fallu que notre pays fût calme, en paix avec lui-même, qu'il eût un pouvoir respecté, des institutions solides, c'est à cette heure. Tout le monde me comprend sans que j'ajoute un mot. (*Oui! oui! — Très bien! très bien!*)

Cette politique-là, quiconque s'occupe des affaires, quiconque travaille dans un atelier, quiconque travaille dans nos campagnes, vous demande à grands cris que vous y entriez complètement, que vous y entriez avec la plus grande simplicité, avec la plus grande énergie.

Voilà l'œuvre de patriotisme que vous avez à faire. Il faut laisser les grandes discussions théoriques, il faut faire de la pratique, il faut faire du bon sens, il faut faire de la paix, il faut faire de la sécurité.

Messieurs, vous avez tout cela dans la main, et je vous conjure, ayant ce pouvoir, d'avoir le cœur assez français pour vous en servir. (*Très bien! très bien! — Vifs applaudissements au centre et sur plusieurs bancs à gauche. — Mouvement prolongé.*)

M. GAMBETTA. — Messieurs, l'orateur qui descend de cette tribune me paraît avoir divisé la réponse qu'il est venu présenter aux observations que j'avais soumises à la Chambre, en deux parties distinctes. Je reviendrai sur la première partie tout à l'heure, mais permettez-moi de répondre d'abord aux considérations finales de son discours.

Ce n'est pas nous, Messieurs, qui n'applaudirons pas aux paroles du ministre, quand il a dit, aux applaudissements de cette Chambre...

Un membre à droite. — D'une partie de cette Chambre !

M. GAMBETTA. —... qu'elle a été envoyée par le pays pour affirmer et développer la constitution républicaine. Ce n'est pas nous qui refuserons notre concours à tous ceux qui nous rapprocheront de l'idéal républicain ; et, s'il faut tout dire, nous comptons spécialement sur l'éloquent orateur pour nous faire parcourir, vers cette terre promise, des étapes d'où on nous a refoulés depuis déjà trop longtemps. (*Mouvements divers.*)

Mais entre les vœux qu'il fait pour le développement
des institutions qu'il sert, qu'il appelle avec tant de
puissance et d'influence depuis sa jeunesse, et la politique qu'il nous présente à l'appui de la thèse constitutionnelle qu'il a développée devant nous, il y a
une grande différence. En effet, si l'on veut nous dire
que ce pays, comme tous les pays civilisés, qui sont
des pays de travail, des pays d'épargne et d'industrie,
n'estime son gouvernement qu'à la mesure de la
sécurité et de la tranquillité qu'il lui donne, il n'y a
personne, ni républicains ni autres, qui ne soit prêt à
souscrire à de pareilles déclarations. Mais la question
n'est pas là ; la question est de savoir si, en la voie que
l'on vous indiquait tout à l'heure, vous assurerez cette
paix publique, ou si, au contraire, vous n'amoncellerez
pas des matériaux qui n'attendront, pour entrer en
combustion, qu'une main audacieuse et une heure
favorable. (*Très bien! à gauche.* — *Réclamations sur un
grand nombre de bancs.*) Ce que nous demandons dans
la situation actuelle, ce n'est pas, comme on nous le
dit, le conflit (*Très bien! à gauche.*), ce n'est pas la
résistance pour la résistance ; ce que nous demandons,
c'est qu'il ne soit pas créé un précédent qui, loin de
supprimer les conflits, les organise fatalement. (*Assentiment à gauche.*)

Car, en effet, s'il est vrai de dire que, toutes les fois
que le Sénat voudra rétablir un crédit, voudra vous
forcer à engager une dépense, il en a constitutionnellement le droit, eh bien, il tient à sa disposition, à
son libre arbitre, le moyen de susciter un conflit.

Vous me dites : « Mais vous êtes bien libres de voter
ce crédit; ce crédit ne prendra d'existence, il ne rencontrera un ministre des finances, des agents du
Trésor pour le réaliser, que lorsque vous y aurez mis
votre sanction, donné votre assentiment. »

A coup sûr, personne n'a contesté que, pour lever
des taxes dans un pays, il fallût le consentement des

deux pouvoirs. Vous avez répondu à une prétention
et à une objection que nous n'avions pas soulevées.

Mais ce qui est une vérité contre laquelle on n'a
pu réagir, c'est que, si le Sénat rétablit les crédits que
vous avez refusé de consentir, s'il vote une dépense
d'un *quantum* que vous ne pouvez arbitrer, parce que
c'est l'avenir qui dira ces choses, il peut les augmenter
de 200,000, de 300,000, de 500,000 francs, de 1 million,
de 5 millions, de 10 millions, car le droit ne se mesure
pas par le chiffre de l'ouverture du crédit, il se mesure
par la faculté qu'on a de l'inscrire ou de ne pas l'inscrire. Est-il vrai, oui ou non, que, lorsque le Sénat,
dans la plénitude de souveraineté que vous venez de
lui reconnaître, bien que le texte de la Constitution
ne la lui accorde pas, — je m'expliquerai tout à l'heure
là-dessus, — lorsque le Sénat aura créé les dépenses
que vous aviez refusées, il arrivera de deux choses
l'une : ou vous consentirez, et alors vous aurez cédé
à une initiative qui n'est pas la vôtre; ou vous refuserez, et alors c'est le conflit, c'est le conflit organisé,
mais par qui? Par le Sénat, et contre vous! (*Vives
marques d'approbation et applaudissements à gauche.*)

Et voyez, Messieurs, quelles seraient les conséquences. On nous dit : Mais on ne touche pas à votre
prérogative pécuniaire, à ce que M. Royer-Collard et
M. de Bonald appelaient sous la Restauration le pouvoir formidable de la Chambre des députés. En vérité
on dirait, à entendre les évocations et les menaces de
dissolution qui ont terminé le discours de l'honorable
président du conseil, que nous défendons ici des
théories nouvelles, subversives. Ce que je défends ici,
c'est ce que défendaient sous la Restauration les
hommes qui ont laissé non pas seulement le renom
de conservateurs, mais le renom de docteurs de la
conservation sociale; c'est la thèse de Chateaubriand,
de Royer-Collard, de tous les ministres de la Restauration, comme de ceux de la monarchie de Juillet.

Qu'on nous fasse donc grâce de ces évocations de dangers, de périls imaginaires ; ce que nous cherchons, ce que nous voulons, ce n'est pas, Messieurs, créer un conflit, c'est étouffer dans son germe le droit de susciter les conflits. (*Vives marques d'approbation à gauche.*)

Permettez-moi une supposition : Un crédit est rétabli, pour parler la langue parlementaire d'aujourd'hui, par le Sénat. Ce crédit met le budget en déficit. Le Sénat, qui ne s'est pas encore affecté le droit d'inscrire des recettes, —cela viendra, pour peu que vous créiez le précédent, — le Sénat vous renvoie un crédit dont vous n'aviez pas voulu, et qui rompt l'équilibre du budget. Qu'est-ce qui va faire face à ce manque de fonds, alimenter cette ouverture de crédit? Qui est-ce qui trouvera les voies et moyens? La création du déficit vous poussera, n'est-il pas vrai? à la création d'une recette, à la création d'un impôt. (*Très bien! — C'est cela! à gauche.*)

Eh bien, si cela est vrai, — et c'est indéniable, — je dis que, en s'arrogeant le droit de créer, *motu proprio*, des ouvertures de crédit, le Sénat vous provoque et vous accule, sous peine de laisser le budget en déficit, à créer des ressources.

Or, si cela est vrai, peut-on dire qu'il y a une politique quelconque qui soit engagée à ratifier, à honorer une pareille entreprise? Messieurs, il n'y a pas deux politiques. Nous sommes tous également républicains conservateurs, conservateurs de la République ; car je ne sais ce que seraient des conservateurs en dehors de la République. (*Exclamations ironiques à droite.*)

M. Léon Chevreau. — Mais si, regardez-nous! Nous sommes conservateurs, et en dehors de la république!

M. Gambetta. — Certainement, je le sais, et c'est même parce que je le sais que je marque une différence dont vous ne devez pas être surpris.

Eh bien, je dis que la vraie politique conservatrice
républicaine, c'est de ne pas permettre d'empiétements de la part de ce Sénat, que vous considérez
comme ayant des droits différents et tout à fait supérieurs à ceux non seulement des anciennes Chambres
des pairs, mais des Sénats électifs contemporains ou
des Sénats électifs qui ont existé autrefois en France,
de ce Sénat qui, vous me permettrez bien de vous le
dire, s'il n'a pas le droit de dissolution à lui tout
seul, — ce que nous n'avons jamais dit, — est le dépositaire de la partie la plus importante de ce droit
de dissolution, puisqu'il constitue le nombre, la majorité à l'aide de laquelle on proclame la dissolution,
et qu'il a constamment cette arme sous la main.

Vous me dites que ce Sénat représente, en face de
la Chambre élue, la nation, et que ce serait la nation
divisée contre elle-même que l'opposition ou la contradiction établie entre la Chambre et le Sénat.

Je ne veux rien dire à l'encontre ou à l'appui d'une
pareille proposition. Le Sénat jouit, dans notre pays,
de la considération qui lui est due et qu'il a su mériter depuis qu'il fonctionne sous l'égide de la République. (Sourires sur quelques bancs à gauche.)

Mais il me semble que, si on voulait pousser les
choses à l'extrême, — et je ne crois pas que personne
y soit disposé, et je suis d'accord avec l'honorable
orateur ministériel pour dire que personne n'y a intérêt, — il me semble, dis-je, que si nous étions placés
dans cette alternative ou d'abdiquer un droit ou de
recourir au pays, comme on a dit, pour échapper aux
prétentions sénatoriales, eh bien, j'ai encore assez
de confiance dans le témoignage que rendait tout à
l'heure à cette Chambre l'honorable président du conseil pour croire qu'entre les prétentions du Sénat et
la résistance légitime de la Chambre, le pays aurait
vite fait son choix. (Très bien! très bien! à gauche.)

Mais la question ne se pose pas en des termes aussi

aigus. Ce qu'il me suffit d'avoir établi pour l'instant,
c'est que nous sommes absolument dévoués à la
même politique; politique de paix, politique d'accord,
politique de confiance mutuelle, mais à une condition, c'est qu'on ne nous fasse pas créer un précédent. Et ici, le précédent a pris un aspect sur lequel
je demande à arrêter votre attention.

On vous a dit : Vous ne créez pas de précédent,
vous créez si peu un précédent que, le jour où vous
serez convoqués en réunion pour constituer le Parlement constituant chargé de reviser la Constitution,
il ne faut pas croire que le vote que vous aurez rendu
aujourd'hui puisse en rien vous gêner, paralyser votre
liberté de mouvements. Vous serez dans cette Assemblée de revision aussi libres que si vous aviez conservé
toute votre prérogative.

Je le veux bien, je veux le croire ; je pense qu'en
effet, dans une réunion plénière des deux Chambres,
on verrait peut-être, — et je saluerais l'évènement
avec satisfaction, — que ce qui a fait la division entre
les républicains du Sénat et les républicains de la
Chambre, c'est qu'ils ne siégeaient pas ensemble et
qu'ils auraient la même opinion le jour où les deux
parties se seraient rejointes.

Mais ce n'est pas de ce précédent que *nous avions*
entendu parler ; nous n'avions pas à réserver notre
liberté d'action pour un congrès de revision. Non,
le précédent dont nous nous occupons, c'est le précédent d'avant le congrès, si le congrès doit se tenir ;
c'est le précédent qu'on pourra exploiter l'année prochaine, dans deux ans, avant l'expiration des pouvoirs de cette Chambre; car il est véritablement temps
de le dire, quelque confiance qu'on puisse avoir dans
la politique qui anime la haute Chambre, il n'est pas
douteux, tout le monde le sait, qu'on y considère les
élections dernières comme ayant dépassé la portée
politique des sentiments du pays, et que, toutes les

fois qu'une proposition est émanée de cette Assemblé, qu'elle portât sur l'enseignement supérieur, sur la loi municipale, ou sur d'autres objets, toutes les fois que le Sénat a pu faire sentir à celle-ci qu'il y avait un antagonisme entre elle et lui, et qu'il était animé d'un esprit de résistance contre elle, il n'y a pas manqué : et dès lors, permettez-moi de vous dire qu'il devient tout à fait épineux de lui consentir un droit qui lui permettrait, à l'heure voulue, d'exploiter le précédent pour amener la dissolution.

Voilà purement et simplement le conseil que nous avons entendu donner à nos amis, et en cela, je le répète, nous n'avons pas voulu le moins du monde provoquer de conflit ; ce n'est pas nous qui avons rétabli les crédits. Voyez comme on a procédé.

On a rétabli tous les crédits, et aujourd'hui on vient vous dire : Mais vous êtes les maîtres de supprimer tous ces crédits en tout ou en partie. Et, à ce sujet, on a beaucoup raillé la théorie de la navette ; seulement on a négligé de nous dire ce qu'on mettait à la place. Or je n'aime pas, il faut bien qu'on le sache, la navette pour elle-même ; ce n'est pas moi qui demande que le projet de loi accomplisse une intercourse constante du Sénat à la Chambre des députés, et réciproquement ; non ! mais quand on nous a dit : Voilà ces crédits rétablis par le Sénat, oh ! vous êtes libres, vous pouvez les rejeter. Alors un indiscret ayant demandé : « Et après ? » on a répondu : « Ne mêlons pas les questions l'une dans l'autre ! » D'accord, mais sans mêler les questions, je viens à mon tour demander : « Et après ? » Est-ce que vous estimez que lorsque, je le suppose, la Chambre aura supprimé tous les crédits, — c'est bien l'hypothèse qui me paraîtrait la plus logique en présence du rétablissement *in globo* auquel s'est livré le Sénat, — je suppose, dis-je, que la Chambre, s'engageant dans la politique que lui conseillait le président du conseil, rejette tous les

crédits, où en serons-nous? Ces crédits, va-t-on de
nouveau les renvoyer au Sénat? Et dans le cas où on
les renverrait au Sénat, le Sénat considérera-t-il, non
pas qu'il doit passer condamnation pour cette fois, mais
considérera-t-il qu'ils ne doivent plus nous être renvoyés, qu'ils ne doivent plus figurer au budget, et que
le gouvernement doit promulguer la loi de finances
telle qu'elle résultera de cette dernière délibération?

A gauche. Très bien! — Voilà la question!

M. GAMBETTA. — Voilà une première question à
laquelle il faut qu'on réponde de la façon la plus
nette. Il faut qu'on nous le dise ici, puisqu'on ne l'a
pas dit au Sénat; je comprends très bien qu'on ait
préféré nous le dire à la Chambre, mais, quelque attention que j'aie apportée aux explications du ministre, je ne suis pas parvenu à saisir comment, ayant
le dernier mot, il se trouve qu'il n'y a pas une minute
fixe à partir de laquelle on puisse déclarer : Le dernier mot est dit.

Je pose la question. La Chambre refuse tous les
crédits; que fait-on? les reporte-t-on au Sénat? et le
Sénat a-t-il, oui ou non, le droit de les renvoyer à la
Chambre?

Je ne donne pas mon opinion sur ce point : — j'en
ai une, et elle est conforme, je crois, à l'article 8 de
la Constitution; je l'expliquerai quand le moment sera
venu, mais ce à quoi je tiens en ce moment, ce n'est
pas à donner mon sentiment, c'est à poser la question.

Et puis, seconde hypothèse. Voilà que, dans le nombre des crédits, il y en a un, deux, qui sont acceptés
par la Chambre, et on les reporte au Sénat. Dans ce
cas, le Sénat considère-t-il que, pour cette année ou
pour toujours, le rétablissement partiel des crédits
antérieurement supprimés par la Chambre des députés ne constitue pour lui aucune prérogative, et que
le budget qui aura été renvoyé ainsi devra être promulgué ainsi? Deuxième question.

Voilà ce qu'il importe de savoir parce que je suis convaincu qu'au Sénat, dans la Chambre des députés et dans le pays, on n'attache pas, comme le disait le président du conseil, une très-grande valeur aux discussions juridiques: les esprits qui aiment les solutions claires et simples sont heureusement en majorité en France. Mais il y a un mot avec lequel on peut les entraîner ou les leurrer : c'est de dire que le dernier mot est assuré à la Chambre des députés. Ce dernier mot ne vous sera assuré que si l'on vient déclarer à cette tribune qu'une fois les suppressions et les rétablissements faits par vous, il n'y aura plus à y revenir. (*Applaudissements à gauche.*)

Je ne crois pas, quant à moi, quelle que soit l'opinion qui ait été formulée dans cette enceinte sur la portée de l'article 8, qu'il y ait un seul député qui, avant d'avoir reçu à cet égard une réponse catégorique et ferme, puisse, sans trembler, donner son vote. (*Vives marques d'assentiment à gauche.*)

Maintenant, il reste la première partie des observations de M. le président du conseil.

M. le président du conseil nous a dit que le texte de l'article 8 lui semblait le plus limpide, le plus clair des textes. Je n'ai pas dit le contraire. Il a ajouté que cet article ne prêtait pas à interprétation ; que c'était la loi et qu'il fallait lui obéir. C'est la thèse que j'ai eu l'honneur de développer devant vous. Seulement M. le président du conseil me paraît avoir commis deux inexactitudes : la première qui consiste à dire qu'au cas où ce texte, qui lui paraît si clair et qui ne lui paraît évidemment pas plus clair qu'à moi-même, aurait besoin d'interprétation, il faudrait faire appel au pays pour fixer cette interprétation.

J'ai le regret de dire à M. le président du conseil, que, collaborateur avec lui de la Constitution du 25 février 1875, j'en ai peut-être plus fidèlement retenu les dispositions. Et, en effet, la Constitution a

prévu qu'en ce qui touche le pacte fondamental qui
nous régit, ce n'était pas la nation qui avait conservé
le pouvoir d'interprétation ou de réunion, c'était la
réunion des deux parties du Parlement, de la Chambre
des députés et du Sénat. (*Très bien! à gauche.*)

Par conséquent, si vous avez des doutes sur la
portée de l'article 8, si vous croyez que l'on ne peut
pas, en effet, déroger à des usages séculaires, sans
avoir un texte formel qui y autorise, il n'est pas nécessaire de porter, comme on le disait, la Constitution, vase fragile, dans les comices électoraux : il suffit
de réunir les députés et les sénateurs et de leur demander ce qu'ils pensent de l'article 8. (*Approbation
à gauche.*)

Et M. Dufaure, votre prédécesseur illustre et regretté, disait à la tribune du Sénat... (*Ah! ah! sur
plusieurs bancs.*) — *Très bien! très bien! sur d'autres.*)

Je dis regretté, comme orateur dans cette enceinte;
si on l'entendait autrement, il faudrait regretter tous
les hommes éminents qui ne sont pas de votre parti
et qui vous abandonnent.

Je dis, Messieurs, que ce pouvoir d'interprétation,
un homme dont nul d'entre vous, ni parmi les membres du cabinet, ne peut contester l'autorité en matière politique ou juridique, M. Dufaure, ayant à s'expliquer un jour devant le Sénat sur l'interprétation
donnée à un texte de la Constitution par un des prédécesseurs de M. le ministre de l'intérieur d'aujour-
d'hui, disait que cette interprétation n'appartenait ni
à l'un ni à l'autre des deux pouvoirs isolés, — ce en
quoi nous sommes d'accord, — et qu'il n'était pas nécessaire de convoquer les électeurs du pays, qu'il n'y
avait qu'à réunir les deux pouvoirs parlementaires si
on le jugeait nécessaire.

Par conséquent, je demande qu'on ne fasse pas apparaître devant cette Chambre des perspectives aussi
sombres et que, à propos d'un texte qu'on trouve si

correct, si limpide, si clair, on ne mette pas en mouvement la société tout entière. (*Assentiment à gauche.*)

Pour me résumer, je dis qu'on a véritablement tort de croire que je réclame l'interprétation de ce texte. Je ne la réclame pas, je m'en réclame, — ce qui n'est pas la même chose, — je le trouve parfaitement démonstratif et péremptoire.

A ce sujet, permettez-moi de dire deux mots sur la manière, aussi élégante qu'à mon sens illogique, dont le ministre de l'intérieur a interprété le texte qui nous occupe.

Il vous a dit, avec cette double autorité qui s'attache au président du conseil et au membre de l'Académie française, qu'il fallait ignorer sa langue et être brouillé irréconciliablement avec la grammaire et la logique pour donner à l'article 8 le sens que lui attribuèrent les travaux préparatoires de la Constitution du 25 février.

Et quel est le procédé que l'implacable ministre de l'intérieur applique à ce malheureux texte? Il le divise, il le coupe, et il dit : « Toutefois, les lois de finances doivent être présentées en premier lieu. » Vous entendez bien : « présentées en premier lieu », ce qui implique qu'elles seront présentées en second lieu. Puis : « Elles doivent être votées en premier lieu », ce qui implique qu'elles peuvent l'être en second lieu.

Ah! permettez-moi de dire que cela ressemble beaucoup à l'interprétation de Beaumarchais sur des textes un peu plus frivoles. Moi, je vous dis qu'il faut prendre le texte dans sa contexture, sans le rompre, ni le diviser.

Or, que dit ce texte? Il dit, à la suite de documents que nous avons cités et auxquels on n'a pas voulu remonter, je pense, moins pour éviter d'imposer une trop longue attention à votre patience que pour secourir la logique, il dit : « Toutes les lois de finances devront être présentées en premier lieu à la Chambre des députés et votées par elle. » C'est comme dans Beaumarchais : et votées par elle! Il y a la copulative.

De telle sorte qu'on aurait beau les présenter à la Chambre des députés, si elles n'étaient pas en même temps votées par elle, il serait impossible, quelque académicien qu'on fût, de soutenir qu'elles ont reçu le baptême législatif qui leur permet d'aller au Sénat. (*Très bien! très bien! à gauche.*)

Quand nous avons un texte aussi formel que celui-là, qui porte qu'il faut que les deux opérations, la présentation et le vote, aient été véritablement liées, systématisées dans le même projet de loi, je dis qu'on ne peut pas les séparer, que la vérité est dans l'intégralité du texte et dans le sens qui s'en dégage.

Or, ce sens a été donné par la jurisprudence de la Chambre des pairs, par la jurisprudence de l'Assemblée constituante de 1875, ne l'oubliez pas. On vous a dit qu'il était impossible qu'en matière d'impôts on pût porter un projet de loi à la Chambre des pairs, s'il n'avait pas été préalablement, en premier lieu, voté par la Chambre des députés.

Eh bien, je vous ai prouvé que ce qu'on avait dit pendant quarante-cinq ans des lois d'impôts, le texte de la Constitution du 25 février 1875 le dit pour toutes les lois de finances, Par conséquent, il faut que vous ayez donné au projet ministériel la sanction législative, il faut que vous ayez voté la loi. La loi a-t-elle été votée? telle partie de la loi a-t-elle été votée ou rejetée? voilà la question. (*Très bien! très bien! à gauche.*)

Or, si telle ou telle partie de la loi a été votée, elle ira légitimement au Sénat; si elle a été rejetée, elle n'est pas votée et n'ira pas au Sénat. (*Nouvelle approbation à gauche.*)

Voilà la question, je le répète.

Est-ce à dire que nous allons jusqu'à contester au Sénat ses légitimes prérogatives? En aucune manière; et puisque je suis à la tribune, je profite de l'occasion pour les rappeler.

Le Sénat a sur nos dépenses un pouvoir de contrôle; il a également sur les dispositions que vous insérez dans vos lois de finances un pouvoir égal au vôtre. Ainsi, par exemple, dans votre budget vous avez introduit, et cela sur notre propre suggestion, — ce n'est donc pas pour en décliner la responsabilité, — vous avez introduit des dispositions législatives touchant le chapitre de Saint-Denis, les sous-préfectures de Sceaux et Saint-Denis, la construction des chemins de fer, une nouvelle indemnité d'entrée en campagne pour les officiers du 19e corps. Il est indubitable que nous sommes là en présence de dispositions législatives d'un caractère permanent, dont les effets se prolongent au-delà des budgets, au-delà des exercices, jusqu'à ce qu'elles aient été abrogées formellement par d'autres dispositions législatives. Là, nous reconnaissons que le Sénat use de son droit d'égalité en matière d'initiative sur toutes autres matières que la matière financière, en revisant, en rétablissant, en substituant des rédactions à celles que vous lui aviez expédiées. Et alors, quand il a ainsi agi, vous êtes obligés d'enregistrer sa décision, vous ne pouvez pas réagir contre sa volonté, et cela est juste, cela est légitime, cela est conforme à l'article 8, aussi bien dans son paragraphe 1er que dans son paragraphe 2.

Voilà, Messieurs, comment nous sommes respectueux des véritables attributions que l'article 8 confère au Sénat, et il me semble que vous devriez comprendre, — je ne doute pas, pour ma part, que vous ne le compreniez, — qu'il y a véritablement entre les deux Assemblées un équilibre, un balancement de pouvoir : à vous le droit de consentir les dépenses et de voter les impôts; au Sénat le droit de critiquer les dépenses, de les diminuer, de les abroger et d'abroger vos décisions législatives! Est-ce qu'il n'y a pas là une pondération, une harmonie? Et qui veut troubler cette harmonie? Sont-ce des financiers, des hommes qui veulent protéger notre législation? Non. Ce sont des politiques, et je défie qui que ce soit de dire que ce sont des politiques républicains. (*Très bien! très bien! à gauche.*) Mais la question ne se posera pas, car ils auront beau n'être pas républicains, appartenir à d'autres partis et, si le régime est mauvais, demander qu'il soit revisé, ce serait leur droit, si ce droit était écrit quelque part, s'ils pouvaient en exciper légitimement, s'ils pouvaient l'exercer. Mais il n'en est pas ainsi, ni au nom du texte, ni au nom des précédents : et quant à moi, je vous demande d'écarter ce qui ne doit pas être sérieusement introduit dans ce débat: la menace de la dissolution, la menace de l'appel au pays, dont personne moins que nous ne redoute les effets, mais dont personne moins que nous, non plus, ne cherche à éloigner l'aventure, — parce que ce serait, comme vous l'avez dit, l'aventure ; — laissons de côté ces sinistres prédictions, et venons au fait : Vous avez un budget; ce budget a été voté par la Chambre; il a été, dans une immense partie, ratifié par le Sénat.

Le Sénat avait le droit de réduire, le droit d'abroger les dispositions législatives ; c'est ce qu'il a fait, et je considère que son œuvre est acquise. Mais quant aux 1,800,000 francs ou aux 2 millions d'augmentations de crédits auxquels il s'est livré, il l'a fait, — je le dis dans mon âme et conscience, — sans aucune espèce d'autorité et de droit puisé dans un texte. (*Approbation à gauche.*)

Si cela est, il faut bien cependant revenir à la vraie question, car, quelle que soit la modicité des chiffres sur lesquels elle se pose, quelle que soit la façon plus ou moins oblique dont s'introduit la question, je dis et je répète que vous allez mettre en réserve pour l'avenir un conflit, et que, à coup sûr, la responsabilité de ce conflit sera à ceux qui l'auront provoqué. Mais pensez-vous qu'il ne pèsera pas aussi devant le pays, devant les électeurs, devant l'histoire, quelque part de responsabilité sur ceux qui l'auront consenti ou laissé passer? (*Applaudissements à gauche.*)

La clôture de la discussion générale est mise aux voix et prononcée.

La Chambre décide, à la majorité de 558 voix contre 136, qu'elle passera à la discussion des articles.

Les modifications proposées par le Sénat pour les gratifications d'entrée en campagne, le traitement des aumôniers militaires, le transport des finances aux travaux publics d'une somme de 4 millions et la restriction des dispositions de l'article 9 sont successivement adoptées, et le budget des dépenses, ainsi rectifié, est voté par le Sénat sans modification (29 décembre).

Le budget des recettes avait été promulgué au *Journal officiel* du 28 décembre.

DISCOURS

Prononcé le 28 janvier 1877

A LA PREMIÈRE RÉUNION DE LA COMMISSION DU BUDGET

La Chambre des Députés et le Sénat, qui s'étaient séparés le 30 décembre 1876, rentrèrent en session le 9 janvier 1877. Les deux Assemblées renommèrent leurs anciens bureaux (10 janvier).

M. Gambetta fut réélu président de la commission du budget [1] (28 janvier). Il prononça, en prenant possession du fauteuil, l'allocution suivante :

Messieurs,

En prenant possession du fauteuil auquel vous avez bien voulu m'appeler, mon premier devoir est de vous adresser mes remerciements, pour la presque-unanimité de vos suffrages.

Vous avez voulu affirmer l'étroite communauté de vues qui nous réunit pour atteindre le but que nous poursuivons depuis près de six années.

Il s'agit pour nous de montrer à tous qu'un pouvoir d'origine populaire, issu du suffrage universel,

---

1. Membres de la Commission chargée d'examiner le projet de loi portant fixation du budget de l'exercice 1878 : M. Gambetta, *président*, MM. Cochery et Guichard, *vice-présidents*, MM. Lamy, Constans, Devès et Millaud, *secrétaires*, MM. Allain-Targé, Bardoux, Marcel Barthe, Bethmont, Henri Brisson, Sadi-Carnot, Cruzet-Fournoyron, Dréo, Dutilleul, Floquet, Girerd, Guyot, Jacques, Langlois, Le Cesne, De Mahy, Martin-Feuillée, Mathieu-Bodet, Nadaud, Parent, Roux, Spuller, Tallon, Tirard, Varambon et Wilson.

peut avoir à la fois toutes les légitimes ambitions de
la démocratie et le sentiment le plus complet de ses
devoirs ; qu'à toutes les exigences d'un contrôle efficace,
il peut joindre un esprit d'ordre, d'économie, de justice et de sages réformes.

L'union règne au milieu de nous ; quels que soient
les rêves chimériques qu'on ait bâtis au dehors sur
nos dissentiments personnels, ces légères dissidences
ne sortent pas de cette enceinte ; au lendemain des
décisions prises, il ne reste plus rien qui mérite le
nom de divisions de parti.

Il n'y a pas de partis dans la commission du
budget.

Les membres qui composaient celle que nous rem-
plaçons aujourd'hui savent très bien que dans nos
discussions les plus approfondies, dans celles mêmes
qui furent les plus ardentes, la politique ne s'est pas
glissée ; nous sommes toujours restés sur le terrain
financier, considérant les questions politiques comme
de l'attribution exclusive et légitime du Parlement.

Aujourd'hui nous allons reprendre notre tâche dans
des conditions à la fois plus faciles et plus satisfaisantes.

Plus faciles, car la Chambre, le pouvoir, le pays,
sont entrés dans une communion d'idées plus intime ;
plus satisfaisantes, car, si naguère on pouvait dire que
nous étions collaborateurs du pouvoir, on peut dire
aujourd'hui que cette collaboration est empreinte de
sympathie, de sincère confiance.

Nous répondrons aux vœux de nos commettants en
nous inspirant de ces deux ordres d'idées :

D'abord faire pénétrer dans toutes les finances de
l'État un esprit de sage économie et un sérieux effort
de dégrèvement ; nous voulons sans exagération, sans
témérité, mais avec persévérance et fermeté, rétablir
dans une proportion plus juste, dans un équilibre plus
parfait, les charges qui pèsent sur les contribuables.

En second lieu nous voulons essayer de hâter un peu plus l'expédition de nos affaires. Il s'agit du budget de 1878, mais nous ne pouvons méconnaître que, dans le cours de la présente année, le gouvernement devra pourvoir à des intérêts de premier ordre; il ne faut pas que le moindre retard de notre part puisse être une cause d'embarras, un prétexte à de légitimes critiques.

Vous venez d'adopter une nouvelle méthode qui doit favoriser la marche rapide de nos travaux. La présence parmi vous de quinze membres ayant appartenu à l'ancienne commission, et celle de la plupart des rapporteurs, sont une garantie que les affaires peuvent être étudiées à la fois avec promptitude et maturité.

Mettons-nous donc à l'œuvre avec les sentiments de concorde et d'union qui doivent animer les représentants d'une République sage et progressive. Démontrons au pouvoir, dont nous sommes les fidèles soutiens, que nous savons allier la fermeté du contrôle à la sympathie et à la confiance. Nous ne sommes pas des hommes de conflit. Nous voulons notre droit, mais nous ne voulons que notre droit.

DISCOURS

Prononcé le 28 janvier 1877

A LA SALLE TIVOLI

(CONFÉRENCE DE M. TOLAIN, SÉNATEUR DE LA SEINE, AU PROFIT DE LA
BIBLIOTHÈQUE POPULAIRE DU XI° ARRONDISSEMENT DE PARIS)

SOUS LA PRÉSIDENCE DE M. GAMBETTA

———————

Mesdames et Messieurs,

On vient de vous exposer, dans un langage que nul
ne pouvait tenir mieux que celui que vous venez d'entendre, les raisons de science, de patriotisme, de
solidarité sociale qui sont au fond de ces diverses entreprises qui germent dans les différents arrondissements de Paris et qui, ne s'arrêtant pas à la capitale,
s'en vont aussi lever dans la province et nous préparent, dans un avenir qu'il dépend de la constance de
vos efforts de rapprocher de plus en plus, le véritable
enseignement mutuel des citoyens. Et l'homme qui a
parlé devant vous, tout à l'heure, est la démonstration
vivante et autorisée de ce que peut devenir dans une
puissante démocratie comme la nôtre le capital intellectuel de la nation, si on veut le mettre en œuvre, si
on veut le féconder et le livrer à l'énergie de sa crois-
sance et de son développement. (*Vive approbation.*)
Cette instruction que l'on refusait, avec habileté,
dans les temps antérieurs, cette instruction et cette
éducation, — car je ne sépare pas le premier mot du
second, — que l'on mesurait d'une main si avare à

tous ceux qui ne faisaient pas partie de la caste privi-
légiée, peuvent enfin être restituées et rendues à tous
ceux qui auront, non pas une position particulière
dans la société, mais qui auront la bonne volonté de
les recevoir. Nous ne sommes animés que du sentiment de la défense sociale et politique quand nous
poussons à la diffusion de l'éducation et de l'instruction, et nous avons, pour le faire, précisément des
raisons opposées à celles qui animent nos adversaires
pour réclamer le resserrement et la parcimonie dans
l'instruction populaire. Il n'est pas extraordinaire
qu'il ait fallu accumuler les efforts et les tentatives
pour arriver enfin à une période de liberté encore
relative, encore restreinte, qui nous permette, sinon
de mettre véritablement en lumière et en rapport
tout ce qu'il y a d'énergie intellectuelle dans ce pays,
mais, au moins, d'en commencer la culture et de démontrer que, désormais, il serait véritablement impie,
sacrilège et contraire à l'avenir et au rôle de la France
de laisser quelque part improductive une intelligence
qui a droit à la lumière. (*Salve d'applaudissements. —
Marques d'approbation prolongées.*)

Et ce qu'il faut le plus remarquer, c'est que c'est
précisément au lendemain de ses désastres imméri-
tés, au lendemain de ses défaites amenées par la servitude d'un trop grand nombre et par l'audace criminelle de certains autres, que la France a vu se produire
deux grands faits : l'empiétement et l'usurpation de
ceux qui ont été de tous temps les ennemis de l'éducation, c'est-à-dire du progrès et de la raison, de ceux
qui ont obtenu toutes facilités pour étendre leur empire, pour entrer en lutte réglée non-seulement avec les
principes généraux de la société française, mais encore
avec les droits légitimes de l'État. Aussi, quand on a vu
ce succès inespéré, cette audace que rien ne répri-
mait, le second fait, un grand mouvement s'est produit. De toutes parts les citoyens se sont levés, et ils

ont réclamé à grands cris le droit, pour eux aussi, de
s'associer pour suppléer dans la mesure du possible aux
efforts du gouvernement. (*Très bien! très bien! — Applaudissements.*)

Un grand mouvement s'est alors développé dans les
conseils électifs du pays, pour l'installation d'une méthode d'éducation civile, d'instruction laïque. Cette méthode qui, malheureusement, n'a pas encore triomphé
complètement, qui n'a pas réussi à s'imposer d'une
façon véritablement officielle dans l'État, cette méthode ne s'est pas arrêtée à la création de l'école. Il y
avait autre chose à faire que de s'adresser aux générations qui viennent. Dans ce pays de suffrage universel, où, tous les jours, à toute heure, chaque citoyen
est mis en demeure de peser la valeur de son vote, il
fallait faire l'éducation des adultes aussi bien que de
ceux qui ignorent tout. Et c'est pour cette raison que
nous assistons à une floraison des bibliothèques populaires dans toute la France, bibliothèques qui ont
pour but de suppléer au manque d'enseignement
secondaire et de répandre, de vulgariser les idées générales de la science, des arts et de la littérature. (*Vifs
applaudissements.*)

Cet effort, qu'il faut étendre et généraliser, ne
peut en rien inquiéter les puissances du jour, car,
ainsi qu'on vous le disait dans le compte-rendu des
opérations de la bibliothèque populaire du XI° arrondissement, il ne s'inspire que d'un sage sentiment de
légalité, de règle, de respect, de lutte loyale pour
toutes les opinions. Il ne poursuit pas un but spécial
de parti. Il ne poursuit que ce but, qui est le but
même de la démocratie, de faire que, tous les jours,
le suffrage universel devienne de plus en plus maître
de lui-même, de plus en plus en possession de sa conscience politique et sociale, de telle sorte que nous ne
soyons jamais exposés à le revoir ou captif, ou humilié,
ou corrompu, ou servile. (*Salve d'applaudissements.*)

La tâche que vous vous proposez peut être envisagée à plusieurs points de vue : au point de vue d'abord de la moralité de tous, car, comme le disait, dans son langage brutal mais énergique, l'homme qui fonda le premier le code de l'égalité sous la première Constituante : Vous voulez refuser l'éducation à une certaine classe de la population pour en faire des bêtes, prenez garde d'en faire des brutes. Et alors, quand l'instruction est longtemps refusée, vous assistez à ces saturnales sociales qui peuvent, pour ainsi dire, être prédites à l'avance, comme certaines éruptions volcaniques, quand le pouvoir s'est montré impuissant à diriger d'une façon véritablement harmonieuse et glorieuse les destinées d'un peuple, et a mené sa fortune sur des écueils où peuvent sombrer en même temps et son honneur militaire et son avenir dans le monde. (*Mouvement prolongé. — Applaudissements.*)

Un autre intérêt est engagé aussi dans cette œuvre : c'est l'émancipation et le progrès de l'individu.

Dans une société comme la nôtre, qui, comme on vient très bien de le dire, est une démocratie de travail, de production, où la base de ce monde nouveau n'est absolument que dans le travail et dans la production personnelle, il est certain que tout agent qui n'acquiert qu'une idée, ne fût-ce qu'une idée dans toute sa vie, cet agent-là vaut mieux que celui qu'on a retenu dans les ténèbres et dans l'inertie, que celui qui ignore tout, qui n'est dans un atelier que comme un rouage ou un poids mort, à la disposition de celui qui l'emploie, et qui est incapable de grandir, de monter, de s'élever et de devenir un directeur au lieu de rester un serf. *Très bien! — C'est cela! — Vifs applaudissements.*)

C'est donc par l'éducation, par l'instruction, par la fréquentation de la bibliothèque, que ce but pourra être atteint. Et cette bibliothèque ne restera pas, je l'espère, à l'état de bibliothèque; on pourra y adjoindre un petit cours didactique qui entrera dans la distribution de l'enseignement professionnel des matières qui, d'après la nature des quartiers, s'adapteront mieux aux professions et aux métiers qui y sont pratiqués.

Je dis que le progrès particulier à viser, c'est l'augmentation de la valeur intellectuelle, de la valeur productive de ces travailleurs pour lesquels ont été instituées les bibliothèques populaires, car, dans une société comme la nôtre, il ne suffirait pas de produire indéfiniment si cette production ne devait pas avoir une sorte d'effet réflexe qui est de préparer, par l'amélioration matérielle de chacun d'entre vous, son amélioration morale et son émancipation intellectuelle, de telle sorte que l'amélioration du sort d'un individu se fasse sentir par l'augmentation de la prospérité et de la moralité générale.

Voilà le but que doit se proposer une démocratie, le but qu'elle ne doit jamais perdre de vue. Quand on s'adresse aux hommes qui ont mandat ou qui se le sont donné par dévouement, par esprit de solidarité sociale, pour pousser à l'amélioration du sort des travailleurs, on ne doit jamais oublier qu'il y a une harmonie absolue entre le développement de la prospérité générale et le développement du bonheur et du sort de l'individu. Là où l'un n'est pas atteint, l'autre est vainement recherché.

J'ai tenu à m'exprimer ainsi parce que je sais que vous ne recherchez pas la lecture pour la lecture, c'est-à-dire pour vous repaître l'esprit d'histoires inventées ou de fantaisies. Non, ce qui vous pousse à la fondation de ces institutions populaires, c'est le désir d'apprendre, de connaître, d'appliquer tout ce qui se rapporte à vos professions. De telle sorte que, chez vous, dans vos écoles, dans vos rayons de bibliothèques, on trouvera des traités qui mettent la science, c'est-à-dire la collection des connaissances entre vos mains, soit que ces connaissances soient empruntées à l'observation naturelle, aux laboratoires ou à la mécanique pour en faire le point de départ d'une pratique personnelle, d'une expérimentation, d'une application constantes, dans ces luttes de l'homme contre la matière, dont les fruits doivent vous permettre d'augmenter d'un même effort vos forces matérielles et morales.

Résumons la triple pensée qui anime les fondateurs et les propagateurs de cette bibliothèque à laquelle vous voulez bien apporter votre concours moral et pécuniaire, votre concours d'activité intellectuelle en allant en lire les livres, en les propageant, en vous communiquant les uns aux autres les résultats de vos lectures ; — la triple pensée qui les anime, c'est d'abord l'amour de la patrie, c'est ensuite le désir d'aider au développement moral et intellectuel de vos concitoyens, et, en troisième lieu, c'est la volonté de faire la véritable réponse qui doive être faite aux entreprises de cette secte qui porte un nom que je n'ai pas besoin de prononcer ici ; mais, grâce à votre sagesse, grâce à la sagesse du pays, on peut dire que ses jours sont comptés, car une République qui ne saurait pas se faire respecter d'ennemis qui prennent leur mot d'ordre en dehors de la nation serait une République instable et chancelante, et je dois dire que ceux qui nous gouvernent savent quels moyens il faut employer pour protéger l'État, sauver la République et faire respecter par la simple application des lois existantes la société moderne contre les attaques injurieuses de l'ultramontanisme. (*Double salve d'applaudissements.*)

DISCOURS

Prononcé le 4 février 1877

A LA SALLE VALENTINO

(CONFÉRENCE DE M. TIRARD, DÉPUTÉ DE LA SEINE, AU PROFIT D'UNE ÉCOLE
LAÏQUE DU 1ᵉʳ ARRONDISSEMENT DE PARIS,

SOUS LA PRÉSIDENCE DE M. GAMBETTA)

Mesdames et Messieurs,

Je ne m'attendais pas à ce que la chute de ce char-
mant et élégant discours fût ainsi, à l'improviste, dirigée contre ma personne. (*Sourires.*) Mais puisqu'il
n'y a pas moyen de rompre, de reculer, je ferai
bonne mine à mauvais jeu, et je vais essayer, non pas
de répondre aux flatteuses espérances de mon ami
Tirard, mais enfin à ce que la situation exige et à ce
que mon devoir et ma présence comportent. (*Marques
d'approbation.*)

En effet, sans revenir sur les aperçus si ingénieuse-
ment renouvelés qu'on nous ouvrait tout à l'heure,
sans toucher aux divers aspects de cette question si
compliquée, si ardente, de l'instruction laïque et de
cette énergie d'association qui paraît enfin s'être
heureusement emparée du pays, il me semble que je
manquerais à votre attente, à ce que votre présence
ici impose à un homme serviteur fidèle des idées
démocratiques, de ne pas profiter de cette occasion
pour chercher avec vous quels sont, à la fois, la moralité, l'enseignement et le devoir multiple qui s'imposent à nous au milieu des circonstances que nous tra-

versons, dans la lutte entreprise depuis tantôt trois quarts de siècle pour fonder enfin une France unie, une France qui donne à tous ses enfants non-seulement une instruction, ce qui est beaucoup, mais une éducation animée des mêmes principes dirigeants, inclinant les esprits et les volontés vers le même but, et faisant non une France emportée dans le tourbillon des querelles religieuses ou philosophiques, mais une France pratique, une France soucieuse des intérêts civils et des intérêts moraux de l'humanité contemporaine. (*Applaudissements prolongés.*)

En effet, mon honorable ami M. Tirard, se laissant descendre au fil de son agréable parole, a jeté un regard indiscret sur la Commission du budget. Oh! je ne l'introduirai pas ici (*Rires*), mais je veux noter, je veux marquer que M. Tirard n'obéissait qu'à une des lois de la composition littéraire. C'est que, en effet, il n'est pas possible de parler longtemps sur les écoles, sur l'enseignement laïque, sans soulever un coin du rideau qui donne jour sur ce drame, sur ce duel, pourrais-je dire, qui agite non seulement la société française, mais toutes les sociétés, non seulement à notre époque, mais à toutes les époques, et qui fait que, dans leur marche en avant, elles tendent de plus en plus à se débarrasser de l'esprit de servitude et de chimères pour entrer dans la voie qu'éclairent les lumières de la raison, du libre examen et de la dignité humaine. (*Salve d'applaudissements.*)

Aussi bien, ce n'est pas là seulement une tâche de gouvernement, c'est une tâche de nation, c'est une tâche d'individualités associées. Quel est, au fond, le rôle du gouvernement dans la question d'instruction publique? C'est de poser des règles, c'est de faire des lois, c'est d'aider, de subventionner, de secourir l'impulsion des citoyens; mais c'est, avant tout, la tâche d'un peuple tout entier, d'apporter son concours, son âme, ses efforts pécuniaires, ses sacrifices personnels, car ce n'est pas la tâche seulement d'un gouvernement ni d'une génération d'organiser, d'atteindre ou du moins d'assurer les conséquences d'un grand programme d'instruction publique. Non, la tâche à poursuivre, ce n'est pas d'avoir raison tel jour ou à telle heure de tel cabinet ou de tel programme politique : quand on s'occupe de l'éducation, il faut sentir qu'on ensemence l'avenir. (*Très bien! très bien! — Bravos.*)

Il faut comprendre que le combat qu'on livre sur ce champ n'est pas, pour ainsi dire, un combat local, un combat municipal dans Paris, ni même un combat national dans toute la France : c'est le combat universel, c'est le combat même pour le genre humain. (*Vive approbation.*)

Et alors quoi d'étonnant qu'on ait recours, dans le camp adverse, aux déclamations, aux calomnies et aux diatribes, et que, jouissant de toutes les facilités, ayant toutes les complicités, même les plus injustifiées, on se laisse aller à dénigrer ses adversaires, à leur prêter des sentiments d'hostilité ou de haine implacable, alors que c'est toujours dans la bouche des persécuteurs que se rencontrent les plaintes contre la persécution, alors que ce sont ceux qui ont écrit sur les pages de l'histoire, à la lueur des bûchers, les lignes les plus sanglantes, qui osent se plaindre que, dans la société contemporaine, on marque le souci de sauvegarder les traditions et le patrimoine des libertés publiques! (*Vifs applaudissements.*)

Mais il suffit de signaler ces exagérations pour en avoir raison ; il suffit de les reproduire pour en faire justice ; et ce n'est là que le côté le plus modeste, le côté inférieur de la tâche. La vraie tâche, celle à laquelle on vous convie aujourd'hui, et, pourquoi ne le dirais-je pas ? celle à laquelle on s'associe, depuis quelques mois, avec tant de généreuse passion et de tous les côtés, à Paris, cette tâche, c'est de fonder, c'est

de créer, c'est d'agir, c'est de prouver tous les jours,
par des actes successifs, que ce ne sont pas là des paroles, des programmes, des promesses, mais que vous
voulez passer à l'action, et qu'ayant conquis le concours du gouvernement, des corps électifs et de vos
mandataires élus, il ne vous reste qu'à assurer votre
propre concours.

Or, qui pourrait douter du triomphe en présence
de l'assemblée qui se presse autour de cette tribune?
car que signifie-t-elle? Elle signifie que le pessimisme
de mon ami Tirard n'était pas de saison, et que, s'il a
fait des voyages infructueux à Versailles, il a eu raison
de réfléchir et de porter le centre de son action dans
Paris. Là, les oboles ne lui manqueront pas. (*Rires et
marques d'approbation.*)

Un mot, Mesdames et Messieurs, en terminant, —
car je ne veux pas vous retenir plus longtemps, — un
mot sur la laïcité. On dirait vraiment que c'est là
une innovation de l'esprit de désordre, une sorte de
monstruosité récemment sortie de la cervelle de quelques esprits chimériques, ou tellement portés vers
l'anarchie qu'on doit se voiler la face rien qu'à l'ap-
parition de leurs prétentions. Eh bien! savez-vous
depuis combien de temps cette laïcité existe en Hollande? Depuis un siècle et quart. En Suède, depuis
soixante-dix ans. A nos portes, en Belgique, il y a
quantité d'écoles qui sont laïques, absolument laïques.
Et qui de vous n'a entendu parler de ce grand mouvement des écoles non sectaires, c'est-à-dire laïques, en
Angleterre? Et ce mot d'écoles non sectaires dit bien
la pensée qui a présidé à leur fondation. Ce sont des
écoles où la morale est enseignée, mais séparée de
toute révélation et de toute théologie, de telle sorte
qu'on ne commence pas, dès l'école, ces disputes
ardentes et sans fin entre les esprits et les consciences
dont on retrouve plus tard la trace dans la société, et
que l'on conserve à l'enfant l'intégrité de sa con-

science. Que ceux, au contraire, qui veulent, à un jour donné, constituer une force aveugle et irréfléchie, crient contre la laïcité; mais, je vous le demande, entre ceux qui demandent la laïcité, c'est-à-dire le respect et l'intégrité de la libre pensée de l'enfance, et ceux qui disent qu'il n'y a pas de morale humaine qui procède de l'observation et de la logique, mais seulement une morale enseignée à l'abri du mystère et sous la tutelle d'une théologie et d'une métaphysique imposées, qui veulent imposer le *credo quia absurdum* et enseigner l'enfance en lui mettant dans la bouche cette seule réponse à tous les faits d'observation : —Je crois parce que c'est absurde, — entre ces deux camps et ces deux esprits, je vous le demande, de quel côté est l'esprit de liberté et le respect de l'intégrité de la conscience, et de quel côté est l'esprit de secte et d'usurpation? (*Salve d'applaudissements.*)

Par conséquent, sans craindre de se laisser aller à l'esprit de persécution et d'exclusion, nous avons le droit et le devoir, vous avez vous-mêmes le droit et le devoir de défendre, par le livre, par la brochure, dans la conversation, dans les lieux publics, dans vos foyers, dans vos salons, vous avez le droit de dire que dans l'école laïque est la liberté de penser; plus tard, à la sortie de l'école, dans la vie, celui-là ira à la synagogue, celui-là à l'église, celui-là au prêche, et cet autre, montant sur la montagne, aura le droit d'avoir sur cette immensité placée sous son regard, sur son origine et sur les lois qui la régissent une foi indépendante. Et d'autres qui, dans leur pensée, n'ont rien trouvé qui leur permette d'avoir une idée sur les causes premières, s'arrêteront devant la négation et le doute; ils diront : « J'ignore, mais je cherche; le monde est mon domaine, si la métaphysique m'est fermée. » (*Salve d'applaudissements.*)

Est-ce là persécuter les esprits et leur mettre la chemise de plomb sous laquelle ils respireront diffi-

cilement pendant le reste de leur vie? Ou bien n'est-
ce pas simplement proclamer l'excellence de la raison
et le droit pour elle de se mouvoir dans une indépendance que rien ne gêne? Dans le respect de l'indépendance d'autrui, dans le sentiment et le respect de
la dignité de l'homme réside le fondement de la
morale éternelle, et ce fondement est aussi solide,
aussi indestructible que l'humanité elle-même. C'est
de ce contrat d'homme à homme, de dignité à dignité,
c'est de ces devoirs réciproques que naît la morale,
c'est sur ce sol que germe et fleurit la liberté même.
(*Applaudissements prolongés.*)

Et si nous poursuivons à tous les degrés, dans l'école
où l'enfant commence à apprendre, si nous passons
de là dans l'école où le jeune homme s'abreuve à la
coupe antique, s'assimile les beautés des anciens
poètes et des artistes immortels qui nous ont précédés, et que nous considérions l'étudiant qui traverse
ces écoles supérieures où l'esprit se trouve face à face
avec les derniers et les plus profonds problèmes de la
nature, nous trouvons encore et toujours, comme loi
première, le respect de la raison et le respect de celui
qui apprend aussi bien que de celui qui enseigne.
Voilà ce que nous entendons par la laïcité. Qu'au
dehors, dans les temples ou les églises, quiconque a
une pensée religieuse puisse l'enseigner, qu'il appelle
à lui la foule, que par son apostolat il gagne et sub-
jugue les cœurs, il n'y a rien à dire; mais l'école, c'est
l'enceinte où l'on prépare l'union de la patrie. (*Double
salve d'applaudissements.*)

Et cette union, on ne l'obtiendra que par la persua-
sion, que par la force du raisonnement et de la conviction. Et c'est pour cela que j'ai le droit de dire que
nous rejetons dédaigneusement loin de nous ces
accusations de violence et d'oppression qui ne peuvent
que compromettre les causes justes, qui sont des
moyens détestables, qui d'ailleurs n'ont jamais été

maniés que contre nous-mêmes, car, partisan pour
moi-même de la liberté de penser et d'enseigner, je
suis encore plus partisan de celle des autres. (*Applaudissements.*)

Finissons-en donc avec ces récriminations sans
portée et sans fondement, avec ces paroles enflammées
et injustes qu'on jette dans le débat pour faire diversion et pour éviter de laisser voir aux simples, aux
indifférents et aux crédules ce qui est la vérité, à
savoir que nous luttons, dans une société civile
et laïque, pour faire des hommes et des citoyens, pour
leur inspirer la seule règle qui puisse véritablement
protéger nos institutions qui ne sont ni spirituelles,
ni supra-terrestres, mais qui, sorties de la main des
hommes, n'ont qu'un but : veiller sur des intérêts
humains pour se développer conformément au principe
humain. Eh bien! je vous le demande, l'État et les
citoyens ont-ils, oui ou non, le devoir de donner à
l'enfant une instruction en harmonie avec ces grands
principes? En dehors de ces règles, qui sont l'expression des vraies conditions de l'enseignement, il n'y a
que conflit et désordres. Il y a plus : il y a réaction
contre l'esprit de rénovation. Et c'est cette réaction
qui se signale de tous côtés, qui se déclare ouvertement, qui n'en est plus à cheminer dans l'ombre et à
se dissimuler, mais qui s'avance bannières déployées,
à la lumière du soleil, avec un excès d'audace qui ne
se justifie que par un secours éphémère, en face d'une
France peut-être émue, mais, à coup sûr, tranquille
sur l'issue de ces ambitions malsaines et de ces tentatives d'empiétement clérical auxquelles il nous faut
soustraire les générations futures, parce que, sachez-
le bien, vous n'aurez dans ce pays, dans le monde
même, de paix, d'ordre et de civilisation assurés que
le jour où la raison aura pris le pas sur le rêve. Et
c'est parce que vous êtes convaincus, avec moi, que
c'est là l'œuvre à faire, la tâche à accomplir, que frères,

amis, parents, tous se rendent, à la fois, avec empressement, à nos réunions. (*Vive approbation. — Applaudissements.*)

On peut dire que la République est le seul gouvernement qui puisse protéger et développer de pareilles tendances ; c'est pour cela qu'elle est sacrée, car si, depuis nos malheurs, elle signifie nationalité, depuis les tentatives de réaction elle signifie liberté de conscience, liberté de penser. C'est par le bon choix de vos représentants que vous continuerez à rester forts et libres. Vous avez déjà prouvé que vous connaissiez la valeur de ces choix, et il vous a été donné de recevoir de la bouche de celui que vous avez nommé l'assurance que vous avez été bien inspirés. Quant à moi, je n'ai qu'un vœu à faire, c'est que vous soyez toujours aussi bien inspirés que le jour où vous l'avez choisi. (*Marques unanimes d'assentiment. — Applaudissements prolongés.*)

Les allocutions prononcées par M. Gambetta aux conférences de M. Germain Casse sur l'*Éducation de la femme* (bibliothèque populaire du XIVe arrondissement de Paris), de M. Martin Nadaud sur l'*Enseignement professionnel* (bibliothèque populaire du XXe arrondissement), de M. de Mahy sur le *Suffrage universel* (bibliothèque populaire du XIIe arrondissement), de M. Delamarche sur le *général Hoche* (bibliothèque populaire du XVe arrond.), et de M. Floquet sur le *Livre* (bibliothèque populaire du XIIIe arrondissement), n'ont pas été recueillies.

DISCOURS

LES MENÉES ULTRAMONTAINES

Prononcé le 4 mai 1877

A LA CHAMBRE DES DÉPUTÉS

Nous avons raconté (p. 202) dans quelles conditions M. Jules Simon avait formé le Cabinet du 13 décembre et quelles étranges illusions cet homme d'État avait apportées au pouvoir. S'il était en effet légitime et peut-être adroit de se déclarer à la fois « profondément républicain et profondément conservateur », il était tout au moins naïf de chercher à plaire également à la majorité républicaine de la Chambre et à la majorité cléricale du Sénat. Croire que, pour s'attacher tout le monde, il suffisait de contenter à demi, tantôt l'un et tantôt l'autre, c'était faire preuve, pour un métaphysicien, d'une médiocre connaissance des hommes. Dans la vérité, en face du cléricalisme ouvertement révolté et de la coterie de l'Élysée secrètement complice du cléricalisme, une seule politique était honnête et habile : celle des élections du 20 février. M. Jules Simon ne voulut pas le comprendre. Malgré les conseils de M. Thiers, malgré les avis répétés de ses propres collègues et des présidents des groupes de gauche, M. Simon s'imagina que le suprême de l'habileté consistait à ménager les partis réactionnaires, à sourire au cléricalisme et à payer la démocratie de promesses. Et, ce faisant, il ne fit qu'accélérer sa chute. Nous ne prétendons point qu'en se mettant fièrement à la tête du parti républicain, M. Jules Simon eût rendu impossible le coup d'État parlementaire du 16 mai. —

Nous avons exposé plus haut (p. 204) comment M. de Broglie et M. de Fourtou, M. Dupanloup et M. d'Harcourt avaient formé depuis six mois un plan dissolutionniste qu'ils étaient décidés, coûte que coûte, à mettre en exécution avant la fin de l'année, et comment l'aventure du 16 mai avait été résolue dès le 13 décembre. — Mais si M. Simon n'avait point abandonné le programme du 20 février dans le vain espoir de s'attacher le maréchal, s'il n'avait pas employé toute sa souplesse à chercher son point d'appui dans le camp même de ceux qui conspiraient avec le plus d'audace contre la République, il serait tombé dignement, sa chute eût été celle d'un homme d'État, et nul n'eût été en droit de lui reprocher de n'avoir fait pendant cinq mois que le plus triste métier de dupe.

Aussi bien, ce qui rend la conduite politique de M. Simon si coupable, c'est la confiance que le parti républicain ne cessa de lui prodiguer en dépit de toutes ses faiblesses. Le président du conseil du 13 décembre eut beau faire au Sénat le sacrifice des privilèges budgétaires de la Chambre et au maréchal le sacrifice de la réforme radicale, si solennellement promise, du personnel administratif : la majorité de la Chambre resta sympathique et bienveillante. Ce n'étaient pas seulement les présidents du centre gauche et de la gauche républicaine qui vantaient les vertus du ministère et prônaient l'adresse et le dévouement de M. Jules Simon. C'était M. Laussedat, président de l'union républicaine, qui engageait ses collègues à apporter tout leur concours au ministère du 13 décembre. C'était M. Gambetta qui prononçait, dans la première séance de la commission du budget, le discours que nous avons reproduit plus haut (p. 267). On célébrait sur tous les modes les moindres actes de fermeté. On avait des trésors d'indulgence pour les plus insignes compromissions, l'interdiction des conférences religieuses du Père Hyacinthe, le maintien de M. Decazes au ministère des affaires étrangères. On faisait honneur à M. Simon des qualités de ses collègues du ministère, du courage déployé par M. Martel dans l'affaire des commissions mixtes, de l'activité intelligente de MM. Waddington et Teisserenc de Bort, de la sagesse financière de M. Léon Say. Le concours du parti républicain fut sans réserves, et il le fut jusqu'à la dernière heure, nous voulons dire jusqu'au jour où, devant l'audace croissante des menées ultramontaines, il fallut bien pousser un cri d'alarme auquel on ne pût s'empêcher de répondre. Mais, ce jour-là, il était trop tard : les conspirateurs de l'Élysée étaient prêts, le coup était tout monté ; M. le vicomte Emmanuel d'Harcourt, secrétaire de la Présidence de la République, venait de dire à un député de la droite, en parlant de M. Simon et en ne se trompant que de six semaines : « Prenez patience jusqu'au mois de juillet : nous en serons alors débarrassés[1]. »

Nous reproduisons dans ses parties essentielles le compte-rendu de la discussion de l'interpellation déposée par M. Leblond dans la séance du 1er mai[2]. On trouvera dans les discours qui furent prononcés pendant les deux séances du 3 et du 4 mai l'historique le plus complet de la campagne cléricale qui fut la véritable préface du 16 mai.

Séance du 3 mai 1877.

PRÉSIDENCE DE M. JULES GRÉVY.

L'ordre du jour appelle la discussion de l'interpellation de MM. Leblond, Laussedat et de Marcère, sur les mesures prises par le gouvernement pour réprimer les menées ultra-montaines.

La parole est à M. Leblond.

M. LEBLOND. — Je voudrais, Messieurs, qu'on ne se méprît pas sur la pensée qui m'a amené à la tribune. Je suis venu, non pour combattre la religion... (*Rumeurs ironiques à droite.*)... encore moins la liberté de conscience et le droit de propager sa pensée. Ce sont là de trop grandes choses pour qu'un membre du parti républicain puisse se poser un instant comme leur adversaire.

Il ne faudrait donc pas qu'on vienne dire que le parti républicain est un adversaire de la liberté de conscience et

1. *Indépendance belge* du 5 avril.
2. La demande d'interpellation de M. Leblond était ainsi conçue : « Je demande à interpeller le gouvernement sur les mesures qu'il a prises et qu'il se propose de prendre pour réprimer les menées ultramontaines dont la recrudescence inquiète le pays. »

du sentiment religieux. (*Très bien! très bien! à gauche et au centre gauche.*)

Je ne suis pas venu attaquer non plus la plus grande partie du clergé français; je sais combien, fidèle à son origine, il a conservé le sentiment de sa situation; je sais qu'il voudrait remplir tous ses devoirs et se dérober à l'influence d'un parti qui exige de lui plus qu'il ne voudrait donner. Je sais qu'il voudrait rester indépendant et limiter son œuvre à l'accomplissement du devoir.

Je m'attaque à un groupe d'hommes essentiellement et uniquement politique, à un groupe que je ne puis appeler un groupe religieux... (*Très bien! très bien! à gauche et au centre gauche.*)... à un groupe qui agite le pays dans un intérêt essentiellement politique; qui, sentant le terrain se dérober sous ses pas, comprenant que ses prérogatives sont menacées par l'esprit moderne, veut reconquérir de gré ou de force la situation qu'il a compromise et que, par sa faute, il aura bientôt perdue. (*Nouvelle approbation sur les mêmes bancs.*)

Il sait qu'il est en lutte avec le sentiment public; il a relevé le gant, il ira jusqu'au bout, et, ne pouvant plus avoir recours aux grands moyens du passé, il est décidé à employer tous les procédés politiques que le temps actuel lui permet encore.

Oui, c'est contre lui que nous luttons... (*Assentiment à gauche.*), c'est contre lui, Messieurs, que je viens demander l'application des lois. (*Applaudissements à gauche et sur divers bancs au centre.*)

On ne peut méconnaître l'ascendant que ce parti, hélas! a pris dans notre pays. Il a su conquérir des situations inexpugnables, son influence s'est étendue. Ses procédés, vous les connaissez; et, grâce à ces procédés, grâce à cette influence, s'il n'est pas maître encore de la situation, il croit qu'il le sera bientôt.

Je tiens à vous signaler, Messieurs, toutes les tentatives faites par ce parti depuis quelques années, le chemin parcouru, les moyens qu'il a employés, les procédés à l'aide desquels il espère faire reculer la France vers un passé qui, je l'espère pourtant, ne reviendra pas.

Il est, à l'heure qu'il est, maître dans un très grand nombre de nos écoles primaires. Il en dirige l'enseignement; il a su, à l'aide de ses ressources, constituer dans presque tous les centres l'enseignement secondaire, et vous savez qu'à l'aide des mêmes ressources il a constitué des Facultés d'enseignement supérieur, c'est-à-dire qu'il a, ou du moins il croit avoir dans ses mains toute la jeunesse française, depuis le premier âge jusqu'au moment où les jeunes hommes entrent dans la vie active.

Et ses procédés, Messieurs, ne les connaissez-vous pas?

Dans l'école, on s'est proposé de lutter contre l'esprit moderne, contre le sentiment de tous. On y calomnie sans cesse les grands mouvements nationaux... (*Protestations sur plusieurs bancs à droite*), on y dénature l'histoire et on met entre les mains...

Voix diverses à droite. — La preuve? la preuve? — C'est vous qui dénaturez l'histoire!

M. LEBLOND. — ...et l'on met entre les mains des jeunes élèves des livres dans lesquels tout ce qu'il y a de grand, tout ce qu'il y a de généreux, tout ce qu'il y a de noble dans le développement de la pensée humaine, est indignement calomnié.

M. DE LA BASSETIÈRE. — On n'y glorifie pas Robespierre!

A gauche. — Silence donc!

M. DE BAUDRY-D'ASSON. — Est-ce qu'il ne nous est plus permis de protester?

M. LEBLOND. — Voilà tout l'enseignement... je me trompe, il y en a encore un autre : on met entre les mains de l'enfant des livres qui lui disent qu'il y a certains hommes prédestinés, investis d'un pouvoir souverain, devant lesquels il faut sans cesse courber la tête, devant lesquels il n'y a pas de raisonnement ni de discussion possible; on met encore entre leurs mains des livres dans lesquels se trouvent les plus affligeantes superstitions. (*Exclamations et rires à droite.*) On abaisse la religion, le culte religieux; la pensée élevée du spiritualisme n'y a aucune place, aucune; il est remplacé par le fétichisme. (*Rumeurs à droite. — Très bien! à gauche.*)

M. DE LA BASSETIÈRE. — Il paraît que c'est nous qui avons inventé le darwinisme! (*Bruit.*)

M. LEBLOND. — Il est remplacé par le fétichisme, par l'idolâtrie. On prépare l'enfant à ces choses merveilleuses que la raison ne peut comprendre, que l'enfant accepte sans les comprendre, et qui l'habituent à une certaine manière de voir, destructive de tout raisonnement, de toute initiative personnelle. (*Applaudissements à gauche.*)

Voilà ce qu'on fait pour l'enfant; on prépare, par l'ignorance, par l'abaissement de l'esprit, une armée sur laquelle on pourra compter un jour et avec laquelle on pourra réaliser les projets que l'on a conçus. (*Très bien! très bien! à gauche et sur divers bancs au centre.*)

Quand l'enfant a dépassé ces premières heures, on le retrouve dans des maisons patronnées par les mêmes hommes, et dans lesquelles l'enseignement conserve le même caractère. Les belles époques de notre histoire y sont travesties, calomniées. (*Applaudissements à gauche.*)

Les institutions sous lesquelles nous vivons, que nous avons acceptées tous, que le consentement général a sanctionnées, ces institutions, on les attaque, on les considère comme des insanités qu'il faut détruire; ces pauvres jeunes hommes, inconscients, on les appelle au combat contre la société civile. (*Vifs applaudissements à gauche. — Exclamations à droite.*)

Et, Messieurs, on les maintient dans ce sentiment de soumission, qui est assurément nécessaire quand elle ne dépasse pas certaines limites, mais qui devient mauvaise, quand elle ne permet pas l'examen et la discussion... (*Exclamations à droite.*)

M. LEBLOND. — ...il ne faut donc pas que l'enfant comprenne, discute... (*Oui! oui! — Très bien! très bien! à gauche.*)

M. ERNEST DRÉOLLE. — Voulez-vous qu'il discute le lait de sa nourrice?

M. LEBLOND. — Messieurs, il faut absolument qu'on fortifie l'âme de l'enfant, qu'on lui donne une alimentation robuste... (*Interruptions à droite.*)... qu'on l'habitue aux luttes de la vie. (*Bruit à droite. — Marques d'approbation à gauche.*)

Et permettez-moi maintenant, Messieurs, de vous montrer à quel point était redoutable la conception imaginée par ces hommes de guerre, — je ne puis pas les appeler autrement.

Quand l'homme, maintenu ainsi dans l'ignorance, est arrivé à l'âge où il entre dans la vie, il s'agit, pour le soustraire à des influences délétères sans doute, de le séparer, de l'isoler, d'empêcher des communications inévitables pourtant; on y emploie tous les efforts, et comme une séquestration absolue est impossible, on réunit tous ces jeunes gens dans les cercles qu'on appelle « cercles catholiques », et là, loin de leur parler de leurs devoirs sociaux, on les entretient dans la haine, dans le mépris de la société civile... (*Murmures à droite. — Vive approbation à gauche.*)

On leur parle de la nécessité de réagir contre les tendances de l'esprit moderne; on les maintient dans cette attitude soumise, humiliée, qui n'a cependant plus pour prétexte la jeunesse de celui auquel on s'adresse, qui a vraiment, uniquement, pour cause la domination absolue qu'on veut maintenir sur lui. (*Très bien! très bien! à gauche.*)

Et puis, vous savez, Messieurs, il y a, à certains moments, des délassements que l'on croit permis, et ces graves docteurs, ces graves moralistes n'hésitent pas à introduire dans leurs écoles des distractions mondaines, des jeux, quelquefois des libations qu'on accompagne de prières. (*Allons donc! à droite.*) C'est un moyen de retenir auprès de soi des gens dont, à un certain moment, on aura peut-être besoin.

Ainsi, on fait appel à ce qu'il y a de moins élevé dans la nature humaine : au lieu de les entretenir de ces grandes questions qui doivent préoccuper la pensée humaine, de ces thèses élevées auxquelles on pourrait progressivement les initier, on leur donne uniquement ces petits livres, ces petits récits de miracles, dans lesquels l'esprit n'a rien à trouver, presque rien à comprendre et qui maintiennent l'abaissement et l'étiolement de ces pauvres gens. (*Vifs applaudissements à gauche.*)

M. DE BAUDRY-D'ASSON. — C'est avec ces petits livres qu'ils arrivent les premiers à Saint-Cyr et à l'École polytechnique.

M. LEBLOND. — Messieurs, si tout ceci ne constituait pas un ensemble de mesures destinées à l'accomplissement des projets ultramontains, peut-être ne serais-je pas monté à la tribune; j'aurais compté sur la liberté, sur la contradiction, sur l'examen, sur la libre discussion.

Mais, non, cela n'était pas possible; il y a là, en effet, un plan arrêté; ce n'est pas un accident, c'est un ensemble complet, et vous n'ignorez pas que, pour maintenir fortement cette discipline, des comités catholiques ont été organisés, qu'à Paris est un comité central correspondant avec un très grand nombre de comités de province et sans cesse en relations entre eux. (*Très bien! très bien! à gauche.*)

Un membre à droite. — Alors, ce serait comme le Comité central de la Commune!

M. LEBLOND. — Voilà la véritable situation; voilà ce qui inquiète tous les hommes de cœur, tous les hommes dévoués à leur pays. (*Très bien! très bien! à gauche.*)

Nous ne pouvons pas, Messieurs, accepter plus longtemps cet état de choses; il faut absolument réprimer ce qui est excessif; il faut empêcher ces abus. Toutes les fois qu'un délit, toutes les fois qu'une provocation vient à se produire, il faut qu'elle trouve dans l'application des lois spéciales, dans l'application de la loi commune, sa répression immédiate. (*Approbation à gauche.*)

Mais la question, Messieurs, s'est, dans ces derniers temps, bien accentuée; elle a pris un caractère aigu, si je puis dire. Vous savez, en effet, qu'au moment où l'Europe était troublée par des appréhensions de guerre, au moment où de toutes parts, après avoir essayé de ramener le calme et l'apaisement dans les esprits, on se préparait à la lutte, vous savez ce qui s'est produit dans une partie heureusement très minime de l'épiscopat français. Croyant que le moment était venu, hélas! profitant, je crois, de l'occasion qui s'offrait, on a fait entendre des paroles extrêmement regrettables.

M. DE BAUDRY-D'ASSON. — C'est votre avis, mais ce n'est pas le mien. (*Vives exclamations et applaudissements ironiques à gauche.*) Non, ce n'est pas le mien, car j'y vois un véritable réquisitoire contre nos évêques. (*Bruit.*)

M. LEBLOND. — Je sais bien que tel n'est pas votre avis; si j'en avais douté il y a quelques jours, mes illusions se seraient dissipées après la lecture de la déclaration de M. le ministre des affaires étrangères.

A ma grande douleur, en effet, j'ai dû constater qu'il y avait dans cette Assemblée toute française des hommes qui n'avaient point approuvé cette déclaration, et votre interruption me fait comprendre encore plus pourquoi cette déclaration n'a pas été approuvée. (*Vive approbation et applaudissements à gauche et au centre.*)

M. DE LA ROCHEFOUCAULD, DUC DE BISACCIA. — Nous n'acceptons pas cette interprétation, je proteste énergiquement

au nom de tous les catholiques français et de tous les royalistes! (*Rumeurs à gauche.*)

M. LE PRÉSIDENT. — Veuillez ne pas interrompre, Messieurs!

M. LEBLOND. — Il s'est produit, quoi qu'il en soit, un mouvement que vous n'avez pas oublié.

Vous avez lu avec tristesse, avec douleur, j'en suis sûr, et la lettre à M. le Président de la République, et la pétition et la lettre, plus graves encore, adressées par un évêque aux maires, aux préfets, aux sous-préfets de sa circonscription. Vous avez lu cela, Messieurs, et je n'en remettrai pas les textes sous vos yeux. D'ailleurs il me paraît cruel de lire, dans une Assemblée française, des pages comme celles-là. (*C'est vrai! — Très bien! très bien! sur plusieurs bancs à gauche.*)

Vous les connaissez, la publicité s'en est emparée; elle les a portées sur tous les points de l'Europe. Je crois dès lors qu'il n'y a plus à revenir sur ces premiers documents.

Mais l'aveu a été fait, hélas! Profitant d'une situation difficile, au risque de compromettre des alliances avec des peuples amis, de rendre plus difficiles nos rapports avec des nations moins sympathiques, on a osé dire à cette heure que c'était un devoir, un devoir nécessaire pour les pouvoirs publics, d'aller porter en Italie nos réclamations, nos protestations, nos sommations mêmes, et, si l'on n'y satisfaisait pas, on devait arriver sans doute à une déclaration d'hostilités.

M. DE LA BASSETIÈRE. — Nous protestons! On n'a jamais dit cela. Nous vous défions d'en donner la preuve.

M. LE PRÉSIDENT. — N'interrompez pas, monsieur de La Bassetière!

M. LEBLOND. — Vous voulez me contraindre apparemment, mes collègues, à lire les documents que j'ai entre les mains. Eh bien! je les lirai. Si je ne lis pas la lettre adressée à M. le maréchal de Mac Mahon, si je ne lis pas la pétition que vous avez colportée dans toutes vos écoles et qui, on l'assure, a été signée par des enfants absolument inconscients (*Réclamations à droite. — Oui! oui! à gauche.*); si je ne lis pas la lettre adressée par Mgr Freppel à toutes les autorités de sa circonscription épiscopale, je donnerai à l'Assemblée et au pays tout entier lecture de quelques-unes

des protestations des évêques, et je crois que vous regretterez de m'avoir amené à faire cette lecture que je ne voulais pas faire sans y être forcé. (*Rumeurs à droite.*)

A gauche. — Lisez! lisez!

Un membre à gauche. — Il faut qu'ils boivent le calice
jusqu'à la lie!

M. LEBLOND. — Eh bien, au moment le plus grave, au
moment où la France tout entière se demandait s'il serait
possible de maintenir nos bons rapports avec l'étranger,
voici ce qu'écrivait Msr Jean-Marie, évêque de Vannes :

« L'allocution consistoriale du 12 mars dernier retentira
longtemps aux oreilles des politiques et des diplomates de
notre triste époque. Cette remontrance apostolique fut un
coup de foudre pour certains empiriques qui s'imaginent
payer de leur verbiage et de leurs palliatifs le commun des
fidèles. Les commentaires passionnés qu'elle occasionne en
démontrent amplement l'importance et l'opportunité. Les
catholiques sincères se sont émus de ces fiers accents, où
les hommes et les choses sont appelés par leurs noms.

« La plus redoutable des conspirations, c'est celle du
silence. C'est pourquoi l'auguste reclus qui subit au Vatican
les rigueurs d'une situation intolérable proteste avec une
énergie et une dignité qui dérangent les habiles calculs de
l'astuce au service de l'iniquité. »

Quelques membres à droite. — C'est très vrai! (Oh! oh! à
gauche.)

M. LEBLOND. — Votre interruption de tout à l'heure avait
suffi, croyez-le bien, pour m'indiquer votre sentiment. Vous
vous associez pleinement à ces paroles, et je comprends le
langage d'un journal qu'on me montrait hier et dans lequel
on lisait que tout catholique devait être royaliste, que tout
royaliste était catholique, et que, dorénavant, il n'y avait
plus de raison pour ne pas déchirer les voiles. (*Mouvements
divers.*)

M. DE BAUDRY-D'ASSON. — Alors les républicains ne sont
pas catholiques!

M. LEBLOND. — Après ce premier document, en voici un
autre. Il émane de Msr l'évêque de Nîmes.

« Un soldat étranger... »

M. LE MARQUIS DE VALFONS. — Je demande la parole.

M. LEBLOND. «...Un soldat étranger monte la garde aux

portes du Vatican, attestant que la Révolution garde ce palais comme une proie, mais qu'elle n'ose y porter la main. La porte s'ouvre et la souveraineté pontificale se révèle encore. Voici la garde suisse, avec le costume et la politesse d'un autre âge. Est-ce le dernier souvenir d'une grandeur temporelle qui ne se relèvera plus?

« Non, je viens de voir le soleil se coucher derrière le dôme de Saint-Pierre, et sa lumière éclipsée, qui remontera demain à l'horizon, présage à la Rome des papes l'aurore du grand réveil. Cette espérance indomptable nous accompagne le long des escaliers vides, des cours silencieuses, des galeries peintes par Raphaël... Pie IX est encore roi, même aux yeux de ses ennemis et de ses spoliateurs; on est obligé de se dire que l'unité italienne n'est pas faite, que le pouvoir temporel recommencera encore et qu'après quelque secousse profonde où s'engloutiront peut-être bien des armées et bien des couronnes, il y aura, dans la politique des nations, une voix unanime pour s'écrier d'un bout de l'Europe à l'autre : « Rendez Rome à ses anciens maîtres : Rome est au pape, Rome est à Dieu. »

M. DE BAUDRY-D'ASSON. — C'est vrai!

M. LEBLOND. — Messieurs, voilà le langage qu'approuve une partie de cette Chambre. On m'interrompt en effet, pour me dire que tout cela est vrai, que tout cela est exact. Il est douloureux pour moi de le constater; j'espérais, quant à moi, que c'était seulement le langage de quelques-uns, que cela n'avait pas le moindre écho dans le pays, que cela, dans tous les cas, n'en aurait pas dans une Assemblée française; il y a là, en effet, — ne vous y trompez pas, — il y a là une déclaration de guerre à l'Italie. (*Approbation à gauche et sur plusieurs bancs au centre.*)

M. DE BAUDRY-D'ASSON *et quelques membres à droite.* — Non! non! — Nous ne voulons pas la guerre!

M. LEBLOND. — Il y a là une injonction fatale, et, quant à moi, je n'hésite pas à dire que ce langage est odieux, qu'il est criminel! (*Vifs applaudissements à gauche.*)

M. DE BAUDRY-D'ASSON, *se levant.* — Nous n'avons jamais demandé la guerre, Monsieur! (*Exclamations et rumeurs à gauche.*)

M. LE PRÉSIDENT. — N'interrompez pas, monsieur de Baudry-d'Asson, vous n'en avez pas le droit.

M. DE BAUDRY-D'ASSON. — Mais, monsieur le président, j'ai bien le droit de protester lorsqu'on nous accuse d'avoir demandé la guerre!

M. LE PRÉSIDENT. — Vous n'avez pas le droit d'interrompre ainsi.

M. LEBLOND. — Quoi! vous pensez vraiment que ce n'est pas là une déclaration de guerre, que ce n'est pas là un appel à la force!... Ne savez-vous pas comme moi que le parti ultramontain n'est pas seulement en France, qu'il est aussi à l'étranger, que des liens mystérieux en unissent les différentes parties, que sur tous les points du monde, à certaines heures, se manifestent de sa part les mêmes intentions?

Voici, au surplus, puisqu'il paraît qu'il y a encore, dans ces protestations, une certaine obscurité pour plusieurs d'entre vous, Messieurs, voici le langage tenu par le cardinal Manning à la même heure, au même moment :

« Ce qu'on appelle la question d'Orient recevra la solution que la Providence lui a assignée, l'indépendance du Saint-Siège. Les hommes ont en vain essayé de lui en donner une autre. Aujourd'hui Pie IX est prisonnier, mais le bouleversement européen qui se prépare amènera au milieu de ses cataclysmes l'indépendance du souverain pontife. » (*Exclamations à gauche.*)

A gauche. — C'est un langage abominable!

M. LEBLOND. — Messieurs, après ces lectures, je crois que la conviction de la Chambre doit être formée. (*Assentiment à gauche.*)

Néanmoins, puisqu'on m'a obligé à des lectures, je vous demande la permission d'aller jusqu'au bout.

M. LE VICOMTE DE BÉLIZAL. — Vous aviez préparé vos armes.

M. LEBLOND. — Oh! vous ne direz pas que ce ne soit pas vous qui m'y ayez contraint. (*Très bien! très bien! à gauche.* — *Rumeurs à droite.*) Oui, j'avais, en effet, préparé mes armes; mais, à la tribune, j'ai éprouvé un sentiment que, paraît-il, vous ne comprenez pas. (*Très bien! très bien! à gauche.*)

Eh bien, j'irai jusqu'au bout, et, comme j'ai là dans les mains des protestations plus énergiques encore, qui émanent, non pas de Nosseigneurs les évêques peut-être, mais qu'on lit dans les feuilles des évêchés, je vous demande la permission de vous en lire quelques passages, et vous jugerez par là de l'état d'esprit de ces messieurs. (*Lisez! lisez!*)

M. DE LA ROCHETTE. — Il faudra lire quelques articles de la *Marseillaise* après!

M. LEBLOND. — Voici, notamment, ce qui émane d'une feuille publiée sous les auspices de M⁗ de Cambrai :

« Serions-nous tombés si bas depuis que nous sommes en République, que, pour la première fois dans notre histoire, nous reculerions devant leur armée italienne? Il vaudrait mieux avoir la guerre maintenant que jamais... » (*Exclamations à gauche.*) « La guerre prendrait un caractère religieux; ce ne serait plus une guerre nationale, mais une guerre entre catholiques et anticatholiques. »

M. ÉDOUARD LOCKROY. — C'est infâme!

M. LE VICOMTE DE BÉLIZAL. — C'est simplement l'opinion d'un journaliste!

M. LEBLOND. — J'ai eu l'honneur de dire à la Chambre que cela se trouve dans le journal de l'archevêché.

Voix à droite. — Qui le prouve?

M. GAMBETTA. — Il est rédigé par un abbé.

Plusieurs voix à droite. — Quel est ce journal?

M. LEBLOND. — C'est un journal de Cambrai : l'*Émancipateur.* (*Rires ironiques à gauche et au centre.*)

Après l'article de l'*Émancipateur de Cambrai...* — et je vois bien qu'il ne vous réjouit pas... cet article...

A droite. — Nous ne l'approuvons pas!

A gauche. — Ah! ah!

Un membre à gauche. — Est-ce que ce sont nos abonnements qui le font vivre?

M. LEBLOND. — Après l'article de l'*Émancipateur de Cambrai,* voici une page que je trouve dans le *Journal du Mans.* C'est encore une feuille d'évêché.

M. DE LA ROCHEFOUCAULD, DUC DE BISACCIA. — Ce n'est pas du tout une feuille d'évêché!

Voix à gauche. — Lisez! lisez!

M. LEBLOND. — Je vous demande pardon, c'est une feuille qui reçoit assez fréquemment des communications de M⁗ Freppel.

M. LE COMTE DE PERROCHEL. — Jamais, puisque c'est le *Journal du Mans,* et que M⁗ Freppel est à Angers!

M. LEBLOND. — Ce n'est pas une raison; une feuille n'est

pas une feuille d'évêché seulement parce qu'elle s'imprime dans le pays où siège l'évêque; elle est une feuille d'évêché quand elle reçoit des communications d'un évêché.

Dans tous les cas, voici le passage; je crois qu'il ne vous plaît pas que j'y insiste et que vous souhaiteriez que je passasse à une autre lecture.

A droite. — Non! non! Lisez!

M. GAMBETTA. — C'est une proclamation!

M. LEBLOND, *lisant.* — « En dépouillant le saint-père, le gouvernement subalpin n'a-t-il pas fait la plus sanglante injure à la France?... Ce domaine de l'Église, sacrilègement envahi par les hordes savoyardes, à qui appartenait-il?... Le domaine de l'Église avait été fondé par les armes glorieuses de Pépin le Bref et de Charlemagne, et la donation qu'ils en firent sauvegardait encore pour nous, sous la forme de la protection française, tous les droits de la conquête. Que dirait aujourd'hui Pépin le Bref?...

« Français! le vol des États de l'Église conquis par nos anciens rois et donnés par eux au pape a été commis autant à notre préjudice qu'au leur. Il est de plus une insulte à notre drapeau. Les sbires de l'usurpateur savoyard entourent le saint-père, et cependant le successeur de saint Pierre triomphera du spoliateur et recouvrera sa liberté au milieu même des gardes qui sont là comme les loups rôdant autour de la bergerie. »

Et enfin, Messieurs, permettez-moi une dernière citation.

A droite. — Ah! ah!

M. LEBLOND, *lisant.* — « Au lendemain du cri d'alarme lancé par Pie IX, la guerre est nécessaire, car sans la guerre, il n'est pas pour lui de délivrance. Confiance donc, et soyons prêts à tous les sacrifices; puis, quand retentira le premier coup de canon, à genoux devant le Dieu des armées qui mène la guerre à son gré, répondons-y par cette prière : « Que le dernier coup de canon se tire à Rome! Hosannah! Deo Sabaoth! »

Un membre à droite. — Quel est le journal?

M. LEBLOND. — C'est le *Mémorial du Finistère.*

Un membre, à droite. — Encore un journal d'évêché?

M. LEBLOND. — Assurément !

Le même membre. — Les évêques ont bon dos!

M. LEBLOND. — Voici, Messieurs, l'ensemble des protestations, des violences dont se sont rendus coupables les hommes que je suis venu combattre à cette tribune.

Il y a là un grand danger pour le pays. Ce n'est pas seulement la paix intérieure qui peut être compromise, c'est, vous le voyez, la sécurité extérieure. Il est absolument nécessaire que les hommes qui aiment leur pays, qui veulent défendre nos institutions, prennent des mesures. Nous avons été jusqu'ici patients, nous avons laissé faire; il me semble que l'heure est venue de la fermeté et de la répression. (*Applaudissements à gauche et sur plusieurs bancs au centre.*)

Eh bien, je demande au gouvernement ce qu'il a déjà fait; ce qu'il est dans l'intention de faire. Il a en face de lui des adversaires ardents, implacables, qui défendent toutes les positions, qui résistent avec énergie. Je crois, pour ma part, que des lettres bienveillantes, des mesures presque sympathiques ne sont pas suffisantes.

A gauche. — Non! non! — Très bien! très bien!

M. DE LA BASSETIÈRE. — On n'a qu'à se bien tenir!

M. LE VICOMTE DE BÉLIZAL.—C'est l'heure de la persécution!

M. LEBLOND. — Ce n'est pas l'heure de la persécution, c'est l'heure de la justice. (*Applaudissements à gauche et au centre.*)

La persécution, Messieurs (*L'orateur s'adresse aux membres de la droite*), c'est une expression qui se trouve dans votre dictionnaire, elle n'est pas dans le nôtre... (*Vive approbation à gauche et au centre.*), et vous ne verrez jamais à cette tribune un homme du parti auquel j'ai l'honneur d'appartenir demander contre vous des applications iniques de la loi. (*Nouvelle approbation sur les mêmes bancs.*)

Je dis donc que le moment est venu d'agir. Les communications bienveillantes ne sont pas assez. Vous savez, d'ailleurs, comment elles ont été accueillies. (*Très bien! à gauche.*) On y a répondu par le sourire, on y a répondu bientôt par l'ironie, par la protestation.

Je demande donc l'application de la loi. Vous êtes armés contre cette phalange d'hommes redoutables, vous pouvez la surveiller; vous pouvez lui retirer les autorisations dont elle abuse. Les comités catholiques, les cercles catholiques, vous avez le droit de les entraver dans leurs développements irréguliers.

Voix à droite. — Et les francs-maçons?

M. LEBLOND. — Je vous demande de le faire. Et, quand il y a des excitations à la haine, quand il y a des provocations contre l'étranger, je vous demande plus encore; je vous demande d'appliquer les lois générales du pays; elles sont faites pour tous. (*Applaudissements au centre et à gauche.*) Il n'y a d'exception pour personne. (*Très bien! très bien!*), et plus un homme est haut placé, plus il doit être frappé sévèrement quand il commet un crime contre la nation à laquelle il appartient. (*Applaudissements au centre et à gauche.*)

N'oubliez pas, d'ailleurs, que ce sont des fonctionnaires que vous avez devant vous; que leur faute s'aggrave de la situation officielle qu'ils occupent, et que, dès lors, il n'y a pour eux aucune excuse légitime. Ce ne sont pas, hélas! des faits isolés, c'est un ensemble, c'est suivant moi un véritable complot. (*Très bien! très bien! au centre et à gauche.*)

Il n'y a donc pas à hésiter, Messieurs, il faut appliquer la loi, rien que la loi, sans doute, mais la loi tout entière. (*Nouvelles marques d'approbation sur les mêmes bancs.*) Je terminerai, Messieurs, par un dernier mot.

J'ai pour ma part, toute ma vie, professé un grand respect pour le sentiment chrétien.

Une voix à droite. — Vous ne le prouvez pas aujourd'hui.

M. LEBLOND.—Il a puissamment aidé au développement de la civilisation française; mais il est, à l'heure qu'il est, tombé dans de mauvaises mains. (*Rumeurs à droite.*) Les grandes aspirations du christianisme, le spiritualisme qui était sa force, tout cela a disparu devant des sentiments inférieurs.

A gauche. — Très bien! C'est vrai!

M. LEBLOND. — Eh bien, dans l'intérêt du pays, dans l'intérêt du progrès moral, il faut empêcher que ces excès se continuent, et je demande en grâce au gouvernement d'y apporter toutes les entraves qui sont en son pouvoir. (*Bravos et applaudissements répétés à gauche et au centre. — L'orateur, en retournant à sa place, reçoit les félicitations d'un grand nombre de ses collègues.*)

M. LE PRÉSIDENT. — La parole est à M. Silva.

M. SILVA. — Messieurs, c'est un ancien sujet de celui que vous venez d'entendre qualifier d'usurpateur savoyard, c'est un compatriote de ces braves militaires qui appartiennent à

des régiments que l'on vient d'appeler des hordes savoyardes, c'est un Savoyard, en un mot, qui vient apporter ici la
protestation indignée de ses collègues des deux départements savoisiens. Oui, nous protestons de toute notre énergie, de tout notre pouvoir, contre les faits qui ont été dé-
noncés à cette tribune.

Aussi bien, Messieurs, notre pays a-t-il été profondément
ému, plus profondément ému, s'il est possible, que tous les
autres départements français, en voyant les attaques odieu-
ses dont étaient l'objet l'Italie, son gouvernement et son
souverain.

Car enfin j'ai entendu souvent invoquer la religion du
souvenir pour justifier certaines attaches à des régimes qui
ne sont plus. Soit, je ne conteste pas. Mais nous aussi, nous
avons le droit d'invoquer la religion du souvenir; et nous
le pouvons avec d'autant plus de raison que jamais nous
n'avons donné matière à douter de notre patriotisme.(*Très
bien! très bien! à gauche et au centre.*)

Toutefois, entre nos adversaires politiques, s'abritant sous
le couvert de la religion du souvenir pour attaquer les institutions qui nous régissent, et nous, il y a cette différence
que, en affirmant nos souvenirs sympathiques à l'Italie,
nous le faisons en protestant avant tout de notre complet
dévouement à la patrie française. (*Applaudissements à
gauche et au centre.*)

Vraiment, Messieurs, ne l'avez-vous pas compris? On l'a
dit, on l'a démontré par des pièces probantes, les menées
cléricales qui vous ont été dénoncées ne tendent à rien
moins que d'amener fatalement une rupture de relations
entre la France et l'Italie, qu'à provoquer une guerre inter-
nationale, guerre désastreuse à tous les points de vue, puisque ce serait une lutte entre deux nations de même race,
plus effroyable encore pour nous, qui avons de nombreux
compatriotes ayant suivi en 1860 la fortune du royaume
d'Italie, que nous serions exposés à rencontrer sur les
champs de bataille; car, sachez-le bien, Français, nous
ferons notre devoir envers et contre tous. (*Très bien! très
bien! à gauche et au centre. — Applaudissements.*)

Mais nous entendons que, si nous sommes décidés à verser
notre sang pour la France, ce soit pour sa défense et non
pas dans un intérêt odieux de sacristie. (*Très bien! à gauche.*)

Je termine. La guerre, vous en connaissez les conséquences désastreuses, nul ne peut les prévoir. On nous a accusés souvent, trop souvent, d'avoir des sentiments séparalistes; eh bien, Messieurs, c'est précisément dans un esprit français que nous redoutons cette guerre; car enfin, nous ne sommes pas si loin de cette époque néfaste où deux provinces profondément françaises étaient détachées malgré elles de la mère patrie, et nous ne voudrions pas, comme ces provinces, être séparés de la France et lui servir de rançon.

En conséquence, et pour le surplus, je m'associe de tout point à ce qui vient d'être dit par l'honorable M. Leblond; j'espère que le Gouvernement prendra toutes les mesures nécessaires pour qu'il soit bien acquis que si une faction cherche à semer le trouble dans l'intérieur du pays et à nous attirer des complications à l'extérieur, la nation française n'y est pour rien. (*Applaudissements à gauche et au centre.*)

(M. le marquis de Valfons monte à la tribune.)

Voix à gauche. — Laissez parler le président du conseil.

M. JULES SIMON, *président du conseil.* — M. le marquis de Valfons demande à dire un seul mot, je n'ai pas de raisons pour m'y opposer.

M. LE MARQUIS DE VALFONS. — Messieurs, j'ai demandé la parole pour répondre aux appréciations qui ont été apportées tout à l'heure à la tribune par l'honorable M. Leblond, à propos de l'éminent prélat que le diocèse de Nîmes est heureux de posséder et qui y fait revivre les traditions respectées d'un pieux évêque, Mgr Cart, dont la mort a été un deuil public pour mon département et à la mémoire duquel les protestants comme les catholiques n'ont cessé de rendre hommage. (*Très bien! à droite.*) L'honorable M. Leblond n'a certainement pas lu tout le mandement de Mgr l'évêque de Nîmes.

Il y aurait vu, Messieurs, ce que tout le monde doit y voir; il y aurait vu, dans ce mandement, que Mgr l'évêque de Nîmes a écrit à son retour de Rome, au lieu d'une déclaration de guerre, au lieu d'une attaque dirigée contre un gouvernement établi avec lequel nous entendons conserver des relations qui ne peuvent être qu'amicales... (*Exclamations à gauche.*), il aurait vu ce qui est la vérité, c'est l'expression d'un sentiment de reconnaissance pour l'accueil qu'il venait de recevoir du chef suprême de l'Église catholique. (Interruptions à gauche.) Voilà tout ce qu'il faut y voir. (C'est vrai! — Très bien! très bien! à droite.)

Messieurs, j'ai pratiqué toute ma vie la modération, et je l'apprécie encore plus chez ceux qui la pratiquent surtout dans un pays comme celui que je représente, et qui, malheureusement, n'a été que trop ensanglanté par nos discordes religieuses. (Parlez!)

M. Leblond, tout à l'heure, vous disait qu'un groupe d'hommes religieux, d'hommes politiques, préparaient l'enfance à des choses merveilleuses que la raison ne peut admettre et qui maintiennent l'étiolement dans l'esprit des enfants.

Si M. Leblond eût pris la peine de lire les mandements de Mgr l'évêque de Nîmes, voici ce qu'il y aurait vu à ce propos : ce sera la meilleure réponse au soi-disant fanatisme de Mgr l'évêque de Nîmes :

« N'allons pas publier en chaire, d'une bouche indiscrète, toutes les guérisons extraordinaires que la foule raconte. Ne nous excusons pas en le faisant sur l'enthousiasme populaire. Nous sommes établis pour enseigner le peuple, non pour que le peuple nous enseigne. C'est à nous de le conduire au lieu de nous laisser entraîner. A Dieu ne plaise que la tête suive au lieu de commander aux membres! Ce serait le trouble, l'anarchie et la ruine du bercail.

« Cette observation s'applique à plus forte raison au récit des apparitions miraculeuses. A côté des apparitions consolantes et authentiques, comme celles de Lourdes et de Paray-le-Monial, il y a eu, de nos jours surtout, des prestiges où l'action du démon ne s'est fait que trop voir : il y a encore des visions imaginaires qui portent tous les caractères de la folie et de la superstition; sans parler de l'intérêt qui les exploite et de la crédulité qui les paye. Si nous les prêchions, prêcherions-nous l'Évangile?

« Que dire des prophéties modernes qui ont trompé depuis cinquante ans la France et le monde? Elles marquaient le jour de notre délivrance et de notre bonheur avec une précision qui laissait bien loin derrière elle tout ce que Isaïe et Daniel avaient prophétisé aux Juifs, et, le jour passé, il n'en est resté que la déception et le ridicule.

Mais nous avons beau être déçus, la folie prophétise encore,
l'intérêt spécule toujours, et la crédulité humaine continue
à favoriser ces misérables spéculateurs en donnant à leurs
journaux et à leurs brochures des lecteurs qui continuent à
être abusés et qui veulent l'être. Combien notre ministère
serait affaibli, si nous allions porter en chaire ces excès de
sottise et de folie!

« Votre sagesse vous a préservé jusqu'à présent de tous
ces écueils, et je me plais à le reconnaître en vous les signalant. Mais plus les temps deviennent difficiles et plus nous
devons nous renfermer dans les bornes de l'enseignement
pastoral. Nous éviterons la politique. Quand les hommes se
divisent dans les affaires du temps, nous ne devons nous en
apercevoir que pour les ramener, du milieu même de leurs
divisions, à la grande affaire de l'éternité. »

Est-il possible, Messieurs, je vous le demande, de trouver
un langage plus sage dans la bouche d'un prélat? (*Marques
d'assentiment à droite.*)

Messieurs, j'ai tenu à vous citer ces paroles, parce que
vous ne pouvez pas séparer l'évêque de Nîmes de l'épiscopat
français pris dans son ensemble et dont l'attitude est aussi
correcte que patriotique. (*Réclamations à gauche.*)

Quelques voix à droite. — Très bien!

Un membre à gauche. — Il faudrait s'entendre sur ce qu'on
appelle patriotisme.

M. LE MARQUIS DE VALFONS. — On nous a dit qu'il y avait
dans toutes ces manifestations une déclaration de guerre à
l'Italie. Ce qu'il y a, Messieurs, c'est une tactique. Ce n'est
pas autre chose qu'une tactique. Ce que vous voulez, c'est
faire appel aux mécontentements et aux rancunes que ces
manifestations peuvent soulever dans notre pays. (*Mouvements divers.*)

A gauche. — C'est cela!

M. LE MARQUIS DE VALFONS. — Ce que vous voulez, c'est
profiter de ces manifestations pour porter un coup funeste
au parti conservateur... (*Bruyantes exclamations à gauche.*—
Applaudissements sur quelques bancs à droite.), à une époque
qui n'est pas éloignée de celles des élections qui doivent
renouveler les conseils généraux et les conseils municipaux.
Ce n'est pas autre chose. (*Nouvelles exclamations à gauche.*)

Quelques voix à droite. — C'est cela! Très bien!

M. LE MARQUIS DE VALFONS. — La presse radicale n'a eu en
vue, en nous signalant aux passions et aux colères du
peuple...

Un membre à gauche. — Vous vous signalez vous-mêmes.

M. LE MARQUIS DE VALFONS. — ... que d'en tirer quelque
profit pour le parti républicain.

Plusieurs voix à droite. — Très bien! très bien!

M. LE MARQUIS DE VALFONS. — Jusqu'ici nous passions pour
des hommes qui veulent ramener l'ancien régime, le car-
can, la dîme... (*Rires à gauche.*) ... la tactique s'est usée, il
faut en changer; et aujourd'hui nous sommes des conspirateurs qui voulons nous mettre en route, avec des canons,
pour aller renverser le roi Victor-Emmanuel et remettre le
pape sur son trône. (*Mouvements divers.*)

Voilà la tactique nouvelle, et vous espérez qu'aux élections prochaines les candidats catholiques inspireront un
effroi tellement insurmontable que le pays se jettera dans
les bras des bons républicains. N'est-ce pas cela?
(*Oui! oui! à droite.* — *Rumeurs diverses.*)

Je compte sur le bon sens et l'impartialité des populations
pour déjouer ces combinaisons électorales.

M. GAMBETTA. — Alors, nous nous entendons avec les
évêques? (*Agitation prolongée.*)

(M. de Valfons accuse la presse intransigeante de se livrer
à des attaques violentes contre les souverains étrangers.

M. Jules Simon demande la parole pour répondre à l'interpellation de M. Leblond.)

M. JULES SIMON, *président du conseil, ministre de l'intérieur.*
—Messieurs, les matières sur lesquelles j'ai à m'expliquer à
cette tribune sont tellement délicates, elles touchent à tant
de questions d'une nature si difficile à expliquer et quelquefois à comprendre, que, si vous ne me prêtez pas, Messieurs,
une attention bienveillante, je viendrai difficilement à bout
de la tâche que j'entreprends, de faire connaître ma pensée
et celle du gouvernement avec la clarté de l'évidence.

Il y a là une question religieuse; et puisqu'il y a une question religieuse, il faut que je commence, comme l'honorable M. Leblond, par circonscrire le terrain; il a dit qu'il
n'apportait à la tribune aucune attaque contre la religion
catholique; pour moi, je fais une déclaration un peu différente; non seulement je déclare que je n'attaque pas la

religion catholique, mais je déclare que le gouvernement ne
tolérerait aucune attaque contre elle ; il a le devoir de faire
respecter tous les cultes qui existent dans notre pays ; il a le
devoir de faire respecter la liberté de conscience, il a le devoir
de faire jouir les catholiques de tous les droits que la Constitution et les lois de notre pays leur assurent. Jamais, en
aucune circonstance, il ne faillira à ce devoir : et non seulement il a la volonté d'assurer tous les droits légaux de la
religion catholique et du clergé catholique, mais il professe
pour la religion et pour le clergé un respect profond et
sincère... (Très bien! au centre et à droite.)

M. BENJAMIN RASPAIL. — Amen! (On rit.)

M. LE PRÉSIDENT DU CONSEIL.— ... et il ne dépendra pas de lui
que ce respect ne soit pas partagé par tous nos concitoyens.

Je circonscris ainsi la question, et il faudrait faire violence
à toutes les paroles que je prononcerai pour trouver un
seul mot dont puisse se trouver blessé un catholique sincère.

Un membre à droite. — Et indépendant!

M. LE PRÉSIDENT DU CONSEIL. — Maintenant, Messieurs, je
parle de la situation que les événements et nos lois ont
faite dans notre pays au clergé catholique et à la religion
catholique. Elle a aujourd'hui en France autant et plus peut-
être de liberté qu'elle n'en a jamais eu.

Certainement il y a eu une époque où la religion catholique était la religion de l'État; c'était un crime public de
ne pas faire profession de ses dogmes. On était alors, vous
le savez, poursuivi comme protestant ou relaps.

Aujourd'hui, il est vrai, toutes les religions sont égales,
elles ont des droits égaux, elles sont libres au même titre ;
l'État ne connaît pas la religion des citoyens. (Très bien!
sur divers bancs.) Les catholiques, je pense, acceptent cette
situation sans la regretter.

Il est donc vrai qu'ils ont aujourd'hui moins de droits
contre autrui qu'ils n'en avaient autrefois, mais ils ont, je
le répète, plus de droits pour eux-mêmes, et ils ont, à
l'heure qu'il est, plus de libertés que ne leur en ont jamais
donné ni la Restauration...

M. MADIER DE MONTJAU. — Hélas!

M. LE PRÉSIDENT DU CONSEIL.— ...ni l'ancien régime, ni même
le régime qui a précédé immédiatement la République.
(Très bien! à gauche et au centre.)

Ainsi, pour ne citer que quelques-unes de ces libertés, nous voyons aujourd'hui les évêques s'assembler en synodes ; nous les voyons se rendre sans autorisation à la cour de Rome ; nous les voyons posséder, non seulement suivant les anciennes lois, mais en vertu d'une loi qui a été récemment votée, posséder à titre d'Université catholique, il est vrai, et non à titre de membres du clergé, — mais les propriétaires n'en sont pas moins les mêmes, — nous les voyons fonder des Universités...

M. PAUL DE CASSAGNAC. — Malgré vous !

M. LE PRÉSIDENT DU CONSEIL. — ... jouissant d'un droit qu'ils ont sans cesse demandé sous l'ancien régime et que ni Louis XIV ni Louis XV n'ont jamais voulu leur accorder. (C'est vrai ! — Très bien ! à gauche.)

M. PAUL DE CASSAGNAC. — Ni vous non plus !

M. LE PRÉSIDENT DU CONSEIL. — Nous les voyons publier aujourd'hui les bulles et brefs pontificaux sans autorisation, et, je dois le dire cette fois, sans droits. Mais ces infractions à la loi que nous voyons commettre aujourd'hui, jamais les régimes précédents ne les auraient tolérées.

Un membre à gauche. — Pourquoi les tolérez-vous ?

M. LE PRÉSIDENT DU CONSEIL. — J'ai donc parfaitement raison de dire que le clergé catholique est aussi libre aujourd'hui en droit qu'il l'a jamais été, et qu'en fait il use de libertés plus étendues qu'il n'en a jamais eu dans notre pays.

Voici maintenant quelle est la résolution du gouvernement à l'égard de ses rapports avec le clergé catholique, et je le dis sur-le-champ, avec toutes les religions et tous les clergés.

En tant que le clergé use des droits qui lui sont reconnus par la loi, en tant qu'il reste dans les attributions du ministère spirituel, non seulement nous le laissons libre, mais nous veillerons pour protéger sa liberté et l'entourer de tous les respects. Mais s'il arrive qu'il veuille s'attribuer des droits qui n'appartiennent pas à tous les citoyens, et surtout s'il arrive qu'il veuille usurper sur les attributions du pouvoir civil ou empiéter sur la conscience d'autrui, il nous trouvera devant lui inébranlable pour l'en empêcher, et je dis tout de suite que ce ne sera pas, comme le disait tout à l'heure mon honorable collègue M. Leblond, par des aver-

tissements sympathiques, mais par une résolution ferme,
absolue, irrévocable, et que personne ne pourra enfreindre.
(*Très bien! très bien! au centre et à gauche.*)

Je reprends un certain nombre des faits auxquels l'honorable M. Leblond a fait allusion, afin de ne pas m'en tenir
à des déclarations générales, et d'arriver à une certaine précision de détails. M. Leblond a parlé de l'enseignement en
général; il a parlé notamment des cercles et des comités catholiques, il a parlé de mandements ou de déclarations émanés du clergé, contenant des opinions et des appréciations
politiques; enfin il a parlé surtout des protestations qui ont
été récemment élevées sur la situation du saint-père en Italie.

Ce sont bien là, je crois, les points dont M. Leblond vous
a entretenus tout à l'heure. Je ne reviens pas sur ce qu'il a
dit à propos des collèges ecclésiastiques. La loi a permis
l'établissement de ces collèges; je ne peux pas entrer dans
le détail de l'enseignement qui s'y donne; je n'ai pas à le
discuter en ce moment; mais je puis parler, par exemple,
d'une institution nouvelle, c'est-à-dire des comités catholiques que M. Leblond a considérés comme exprimant le
caractère de l'enseignement donné par le clergé.

Je le répète, Messieurs, je ne veux pas examiner quelle
est, d'une façon générale, la nature de cet enseignement:
M. Leblond, à cet égard, a plus de liberté que je n'en pourrais avoir pour attaquer, et je n'ai pas mandat pour défendre. Je ne vais donc pas chercher si la doctrine enseignée
dans les écoles du clergé est une doctrine conforme ou
opposée à l'esprit moderne.

Je sais très bien, d'une manière générale, qu'il y a deux
enseignements de l'Église catholique. Il y en a un qui, non
pas seulement à notre époque, mais à toutes les époques de
l'histoire de l'Église, s'est fait par de petits livres populaires
répandant des superstitions, des récits de miracles que je
ne veux pas qualifier. (*Rires sur divers bancs.*)

Tout à l'heure, l'honorable M. de Valfons lisait un passage
du mandement d'un évêque qui condamne précisément ces
superstitions grossières et qui s'efforce de dégager absolument l'Église de la responsabilité de ces pamphlets ridicules.
Pour moi, j'ai entendu cette protestation avec un sentiment
de satisfaction véritable. Je crois qu'il n'y a rien de plus douloureux, pour la conscience humaine, que les efforts tentés

par certains hommes pour tromper les autres, en se servant du nom de la religion; et, toutes les fois que j'entendrai les chefs de la religion catholique s'élever contre un pareil enseignement, et protester de leur respect pour la raison humaine, que les véritables chefs de l'Église doivent respecter et défendre, j'avoue que j'éprouverai une satisfaction profonde. (*Très bien! très bien! au centre et sur plusieurs bancs à droite.*)

Puisque le cours de la discussion m'amène à dire un mot de ce sujet, j'ajouterai que j'ai eu, ailleurs, plusieurs occasions de parler de la religion catholique considérée en elle-même et d'exprimer pour elle des sentiments d'admiration profonde. (*Très bien! très bien! à droite.*)

On me l'a même quelquefois reproché, et les reproches sont venus du côté de catholiques qui auraient préféré peut-être que j'eusse attaqué les principes et l'histoire de la religion. Mais, Messieurs, jamais je ne commettrai une pareille faute contre mes convictions et contre ma conscience.

M. PAUL DE CASSAGNAC. — Très bien! très bien!

M. LE PRÉSIDENT DU CONSEIL. — Je sais l'histoire; j'ai lu quelques-uns des grands docteurs dont l'Église catholique s'honore, et ce n'est pas par les petits livres et par les petites superstitions dont on parlait tout à l'heure, que je veux juger et comprendre le catholicisme. (*Approbation sur divers bancs.*) C'est comme si, quand on visite les grandes cathédrales de l'Italie, et qu'on y trouve une statue de Michel-Ange couverte d'oripeaux, on voulait oublier le chef-d'œuvre du grand artiste, pour ne voir que les rubans et les lambeaux d'étoffes plus ou moins brillantes dont une superstition grossière est venue le couvrir.(*Très bien!*)

M. PAUL DE CASSAGNAC. — Nous sommes d'accord là-dessus!

M. LE PRÉSIDENT DU CONSEIL. — Non, Messieurs, il faut séparer ce qui doit être séparé, et dans tout le cours de cette argumentation non seulement je séparerai les choses, mais je séparerai aussi les hommes. (*Bruit.*)

Je reviens aux cercles catholiques d'une façon plus précise.

D'abord, je demande à la Chambre la permission de lui dire qu'il y a là deux choses qui doivent être soigneusement distinguées : les cercles catholiques, et les comités catholiques.

Les cercles catholiques peuvent être de simples réunions, existant en vertu du droit commun, comme un très grand nombre d'autres cercles, soumis d'ailleurs à l'autorisation du gouvernement, devant la demander et l'obtenir; ces cercles-là, quand ils se maintiennent dans la limite de leurs statuts approuvés, sont absolument irréprochables, — je dis de leurs statuts approuvés, car lorsqu'il arrive, par exemple, que dans ces statuts se trouve un article contraire à l'une de nos lois, attribuant au cercle une immunité que la loi interdit, ou établissant des rapports d'affiliation entre ces cercles et d'autres sociétés analogues, l'usage invariable du gouvernement est de refuser son autorisation.

Quant aux comités catholiques, ils avaient été inventés dans un but d'affiliation générale et redoutable. Voici leur plan général d'organisation que vous m'approuverez, je crois, de mettre sous vos yeux.

Dans chaque ville, soit chef-lieu du département, soit chef-lieu d'arrondissement, il y aura :

1° Un groupe de catholiques militants se chargeant de former une liste de catholiques auxiliaires des campagnes, et qui leur adresseront régulièrement, tous les quinze jours, une circulaire, les invitant à prendre une petite quantité de brochures qu'ils devront répartir dans les campagnes;

2° Un dépositaire ou acquéreur d'une certaine quantité de brochures, jouissant de fortes remises.

Le journal conservateur de la localité donnera gratuitement sa publication quotidienne ou hebdomadaire.

Tous les trimestres, le groupe réglera le compte des dépôts, et prendra pour son compte la quantité de brochures restée en solde chez le dépositaire.

Dans chaque ville, il sera formé un comité de propagande, afin de créer une solidarité sérieuse et efficace.

C'est conformément à ce plan qu'il a été fondé dans presque toute la France un certain nombre de comités catholiques reliant entre eux les cercles catholiques, les gouvernant, et instituant pour tous les membres de ces cercles un livret-diplôme, moyen de reconnaissance et de circulation.

Les membres de ces comités catholiques se réunissaient eux-mêmes en des assemblées générales et constituaient ainsi, à côté de l'Église, une Église laïque qui n'était régie que par les règlements qu'elle se donnait et qui, — je puis

le dire à la Chambre, — dans les discussions auxquelles elle
se livrait, dans les opérations qu'elle entreprenait, mêlait
les questions politiques aux questions religieuses.

Il n'a pas paru au gouvernement que ce fût là une situation acceptable; aussi a-t-il refusé de donner de nouvelles
autorisations de comités catholiques, et retiré aux anciens
comités catholiques les autorisations qui avaient été données
à certains d'entre eux.

Un membre à gauche. — Et pourtant ils se sont réunis!

M. PAUL DE CASSAGNAC. — Laissez parler le ministre. (*Oh!
oh! à gauche. — Rires à droite.*)

M. LE PRÉSIDENT DU CONSEIL. — J'entends bien, Messieurs,
quelqu'un dire de ce côté (*la droite*) qu'il faut me laisser
parler, mais je ne vois pas que, de l'autre côté (*la gauche*).
on m'empêche de le faire. (*Très bien! très bien! à gauche. —
Parlez! parlez!*)

Voici, pour que la Chambre connaisse la réalité des faits,
le relevé des questions dont les comités catholiques se sont
occupés :

On y a discuté une loi sur le repos du dimanche, une
loi sur la liberté de l'enseignement supérieur, une loi sur
l'aumônerie militaire, une loi sur le travail des enfants
dans les manufactures; une loi sur la tutelle et le patronage des enfants trouvés, des lois sur les théâtres, les spectacles forains et les exhibitions par l'optique et la mécanique.
(*Exclamations à gauche.*)

Vous voyez, Messieurs, sans qu'on s'y puisse méprendre,
ce qu'était cette organisation. Elle possédait des comités de
législation, des comités de librairie, des comités de défense,
des comités de propagande, un comité spécial de la presse ;
en un mot, comme j'avais l'honneur de vous le dire, c'était
une organisation destinée à embrasser toute la France et à
créer, à côté de l'Église, une Église laïque. Le gouvernement n'a pas cru pouvoir tolérer cela. (*Très bien! à gauche.*)

Maintenant, indépendamment de ces efforts, tentés pour
constituer une Église laïque en dehors de l'Église, avec une
organisation dont vous voyez le but, on a commencé une
campagne pour introduire, dans les églises mêmes, ou des
prédications laïques ou des réunions de laïques s'occupant
d'affaires étrangères à la célébration du culte.

Vous savez tous que M. le garde des sceaux, ministre de

a justice, a interdit ces réunions; il les a interdites, non-
seulement pour obéir aux lois qui veulent que les édifices
du culte soient exclusivement consacrés au culte, mais, je
puis le dire, en considération du respect dont les églises doivent être entourées. Car, nous avons des lois qui régissent
l'enseignement, les conférences, les réunions publiques, et
s'il était permis de s'en affranchir en transportant les réunions dans les églises, les églises deviendraient un lieu d'asile
pour tout ce qui serait condamné par les lois, et, quand on
viendrait plus tard nous demander, pour elles, le respect,
nous pourrions nous trouver en face de cette objection que,
respectables au plus haut point, comme édifices destinés au
culte, elles ne peuvent pas l'être comme édifices destinés à
distraire les citoyens de l'obéissance aux lois, et à les exemp-
ter des formalités que la loi impose.

C'est donc autant dans l'intérêt de la loi que dans l'intérêt
même des églises, que cette interdiction a été prononcée.

Je parlais, il n'y a qu'un instant, d'un autre droit que se sont
attribué les évêques et qui n'est pas reconnu par la loi :
c'est celui de publier les bulles et brefs émanant de la cour
de Rome. Eh bien, j'y reviens à dessein, parce qu'il est
nécessaire que les intentions du gouvernement, à cet égard,
soient connues.

Vous savez que le Concordat et les articles organiques
annexés au Concordat exigent qu'aucune publication de ce
genre ne soit faite sans l'approbation et l'autorisation du
gouvernement. Voici l'article 1er du Concordat :

« La religion catholique, apostolique et romaine sera
librement exercée en France. Son culte sera public, en se
conformant aux règlements de police que le Gouvernement
jugera nécessaires pour la tranquillité publique. »

L'autorité des articles organiques a été très souvent contestée par le clergé, et on lui a toujours répondu que l'article 1er du Concordat donnait au Gouvernement le droit de
faire des règlements de police quand il les jugeait nécessaires pour la tranquillité publique. Et en effet, vous n'ignorez pas, messieurs, que les articles organiques ont été publiés comme annexes du Concordat et comme complément
nécessaire de ce grand acte, faisant corps avec lui en vertu
de l'article 1er; or voici l'article 1er des articles organiques:

« Aucune bulle, bref, rescrit, décret, mandat, provision,

signature servant de provision, ni autre expédition de la cour de Rome, même ne concernant que les particuliers, ne pourront être reçus, publiés, imprimés ni autrement mis à exécution sans l'autorisation du Gouvernement. »

Cet article est formel; il lie l'Église, il lie aussi le gouvernement, et l'argumentation dont je parlais tout à l'heure, et que l'on tire de l'origine du règlement fait en exécution de l'article 1er du Concordat, tombe devant cette considération que l'article 1er des lois organiques n'est autre chose que la traduction presque textuelle de l'article 44 des libertés de l'Église gallicane.

Or, le Concordat a confirmé les libertés de l'Église gallicane; il ne les a pas abrogées. Il n'y a, pour en être convaincu, qu'à lire l'article 16, ainsi conçu :

« Sa Sainteté reconnaît dans le premier consul de la République française les mêmes prérogatives dont jouissait près d'elle l'ancien gouvernement. »

Il résulte de ces dispositions que, lorsqu'un évêque publie une bulle pontificale sans l'autorisation du gouvernement, il outrepasse ses droits.

Je suppose que la Chambre ne se méprend pas sur le motif qui me fait entrer dans ces détails.

A gauche. — Non! non! — Parlez!

M. LE PRÉSIDENT DU CONSEIL. — Précisément parce que j'ai l'intention d'appliquer les lois de l'État, je les fais connaître à ceux qui pourraient les ignorer, et je réponds aux objections que font quelquefois ceux qui veulent les transgresser. (*Très bien! très bien! sur divers bancs au centre et à gauche.*) Voilà pourquoi je mets sous les yeux de la Chambre les textes de lois qui établissent d'une manière formelle qu'on ne peut pas publier en France sans autorisation une bulle ou un bref émanant de la cour de Rome. (*Nouvelle approbation sur les mêmes bancs.*)

Une voix à gauche. — Il y en a d'autres!

M. LE PRÉSIDENT DU CONSEIL. — Tout récemment, vous avez vu publier sans autorisation une bulle pontificale qui nomme un chancelier à l'Institut catholique de Lille, et j'avais besoin d'expliquer...

M. BENJAMIN RASPAIL. — Il ne suffit pas d'indiquer les textes, il faut savoir les appliquer!

Sur plusieurs bancs. — N'interrompez pas!

M. LE PRÉSIDENT DU CONSEIL. — Pardon, mais je n'ai pas bien entendu l'interruption.

M. BENJAMIN RASPAIL. — Je disais qu'il ne suffit pas d'indiquer les textes de lois, qu'il faut savoir les appliquer.

M. LE PRÉSIDENT DU CONSEIL — Il faut savoir les appliquer? Quand vous verrez, Monsieur, que nous n'appliquerons pas les lois du pays, venez le prouver à la tribune. Pour aujourd'hui, à une allégation qui ne s'appuie sur aucun fait, je n'ai pas à répondre.

Je disais que nous avons vu paraître dernièrement une bulle sans autorisation. Aux regards du gouvernement français, cette bulle est nulle et non avenue, et comme elle établit un chancelier qui sera chargé de délivrer des grades, je rappelle que personne en France ne peut délivrer de grades, personne absolument, à l'exception du grand-maître de l'Université de France... (Marques d'approbation à gauche et au centre.), et que toute personne qui prendrait un titre de docteur ou autre, sans en avoir été investi par un diplôme régulier donné par le grand-maître de l'Université, tomberait sous le coup de la loi pénale, qui serait immédiatement appliquée.

M. GAMBETTA. — Il faut fermer cette Université!

M. LE PRÉSIDENT DU CONSEIL. — Non, il n'y a pas lieu de fermer cette Université...

M. CHARLES FLOQUET. — Vous ne pouvez pas la laisser sous la direction du chancelier nommé par le pape!

Voix à droite. — N'interrompez pas! — Ce sont là des conversations particulières.

M. LE PRÉSIDENT DU CONSEIL. — Si on m'interrompt continuellement, je ne pourrai pas faire une démonstration régulière et sérieuse. (Parlez! parlez!)

M. LE PRÉSIDENT. — Veuillez, Messieurs, vous abstenir d'interrompre.

M. LE PRÉSIDENT DU CONSEIL... — Il ne s'agit pas de prendre des mesures exagérées...

Une voix à gauche. — Non, des mesures légales!

M. LE PRÉSIDENT DU CONSEIL. — Il ne s'agit pas de fermer un enseignement ou une école, personne n'en peut avoir la pensée. Il suffit de constater qu'il est impossible que des grades soient conférés en France autrement qu'en observant les règles établies par nos lois, et que si quelqu'un se parait d'un grade conféré dans d'autres conditions, il tomberait sous le coup de la loi pénale. C'est là un point qui doit être admis par tout le monde comme une vérité incontestable.

J'ajoute que la publication de la bulle n'est pas seulement nulle par le défaut d'autorisation; elle est contraire aux conventions échangées entre le gouvernement pontifical et le gouvernement français.

M. ROUHER. — Quelles conventions?

M. LE PRÉSIDENT DU CONSEIL. — Je cite une convention que vous connaissez très bien, puisqu'elle est intervenue entre la cour de Rome et le gouvernement français en 1854.

M. ROUHER. — Nous ne sommes pas fâchés que vous le rappeliez.

M. LE PRÉSIDENT DU CONSEIL. — Elle établit que les bulles de Sa Sainteté sont adressées directement soit au nonce, soit aux évêques, mais qu'elles doivent être en même temps communiquées au représentant de la France auprès du Saint-Siège afin que le gouvernement français étant averti puisse user du droit que lui donnent le Concordat et les lois organiques. Je rappelle ces faits afin que tout le monde sache bien qu'il y a des droits, des engagements, des usages auxquels personne ne peut se soustraire. (*Mouvements divers.*) Je crois que cela est clair.

M. GAVINI. — Nous vous suivons avec attention.

M. LE PRÉSIDENT DU CONSEIL. — Maintenant, je viens à la partie de l'argumentation ou des questions de M. Leblond qui est relative à la lettre de Mgr l'évêque de Nevers et aux pétitions qui ont circulé pour demander la liberté du pape; lettre et déclarations que M. Leblond considère comme étant contraires aux bonnes relations que nous avons avec le gouvernement italien. (*Mouvement.*)

Je sais que les auteurs de ces protestations soutiennent qu'ils n'ont pas voulu provoquer une rupture entre l'Italie et la France, que, s'ils se plaignent de la situation du pape en Italie, ce n'est pas, tant s'en faut, pour troubler nos rapports avec le gouvernement italien; au contraire, ils demandent que le gouvernement français, usant de ses relations amicales avec le royaume d'Italie, intervienne auprès de lui pour améliorer la situation du souverain pontife.

Voilà, Messieurs, la réponse que l'on fait, et le raisonnement en vertu duquel on voudrait que nous eussions laissé librement circuler les pétitions dont il s'agit.

Je ferai d'abord remarquer à la Chambre, — j'avoue que j'attache à cela une certaine importance, — que le point de départ de toutes les protestations dont je me plains, c'est que Sa Sainteté le pape Pie IX est prisonnier au Vatican, et qu'il y a lieu de demander pour lui la liberté de sa personne, et pour l'Église l'indépendance de son chef.

Qu'il me soit permis de dire qu'il n'est pas exact que le pape soit prisonnier, et que ces déclarations réitérées que l'on trouve dans beaucoup de journaux, dans beaucoup de lettres, que l'on rencontre dans les protestations, sont des déclarations... dirai-je fausses? dirai-je mensongères? (Oui! oui! à gauche.) Je me borne à dire qu'elles sont étrangement exagérées...

M. ÉMILE DESCHANEL. — Absolument fausses!

M. LE PRÉSIDENT DU CONSEIL... — et peut-être les jugerez-vous plus sévèrement quand je vous aurai lu le texte de la loi des garanties.

Je sais bien que tout le monde ici doit connaître la loi du 13 mai 1871; cependant, Messieurs, vous ne trouverez pas inutile que je la rappelle en ce moment, puisqu'il y a tant de milliers et de millions de personnes qui vont répétant sans cesse que le pape n'est pas libre, et que, par conséquent, la conscience des catholiques n'est pas libre. (Lisez! lisez!) Tous les raisonnements que je pourrais faire n'auraient pas la valeur de la lecture de cette loi. (Lisez! lisez!)

Voici donc les dispositions de la loi du 13 mai 1871 sur les prérogatives du souverain pontife et du Saint-Siège et les rapports de l'État avec l'Église :

« Art. 1er. — La personne du souverain pontife est sacrée et inviolable.

« Art. 2. — L'attentat contre la personne du souverain pontife et la provocation à le commettre sont punis des mêmes peines que l'attentat et la provocation à le commettre contre la personne du roi.

« Les offenses et les injures publiques commises directement contre la personne du pontife par discours, par actes ou par les moyens indiqués à l'article 1er de la loi sur la presse, sont punis de la même peine que celles fixées à l'article 19 de la même loi.

« Les susdits délits sont d'action publique et appartiennent à la compétence des cours d'assises.

« La discussion sur les matières religieuses est entièrement libre.

« Art. 3. — Le gouvernement italien rend au souverain pontife, sur le territoire du royaume, les honneurs souverains et lui maintient la prééminence d'honneur que lui accordent les souverains catholiques.

« Le souverain pontife a la faculté de conserver le nombre accoutumé de gardes attachés à sa personne et à la garde du palais, sans préjudice des obligations et des devoirs imposés à ces gardes par les lois en vigueur du royaume.

« Art. 4. — Est conservée en faveur du saint-siège la dotation de rente annuelle de 3,225,000 lires.

« A cette somme, égale à celle inscrite au budget romain, etc...

« La dotation ci-dessus sera inscrite au grand livre de la dette publique en forme de rente perpétuelle et inaliénable au nom du saint-siège, et, durant la vacance de celui-ci, le payement en sera continué, etc...

« Art. 5. — Le souverain-pontife, outre la dotation fixée à l'article précédent, garde la jouissance des palais apostoliques du Vatican et du Latran, avec tous les édifices, jardins et terrains annexés et dépendants, comme aussi de la villa Castel Gandolfo avec toutes les attenances et dépendances. Lesdits palais, villa et annexes, comme aussi les musées, la bibliothèque et les collections d'art et d'archéologie y contenues, sont inaliénables, exempts de toute taxe ou impôts et d'expropriation pour cause d'utilité publique.

« Art. 6. — Durant la vacance du siège pontifical, aucune autorité judiciaire ou politique ne pourra, sous aucun prétexte, empêcher ou limiter la liberté personnelle des cardinaux.

« Le gouvernement pourvoit à ce que les réunions du conclave et des conciles œcuméniques n'aient à souffrir aucune violence à l'extérieur.

« Art. 7. — Aucun officier de l'autorité ou agent de la force publique ne peut, pour accomplir un acte de son ministère, s'introduire dans les palais ou lieux de résidence habituelle ou de demeure temporaire du souverain-pontife ou dans lesquels se trouve assemblé un conclave ou un concile œcuménique, sans l'autorisation du souverain-pontife, du concile ou du conclave.

« Art. 8. — Il est défendu de procéder à des visites, perquisitions ou séquestre de papiers, documents, livres ou registres dans les bureaux ou congrégations pontificaux, revêtus d'attributions simplement spirituelles.

« Art. 9. — Le souverain-pontife est entièrement libre de remplir toutes les fonctions de son ministère spirituel et de faire afficher à la porte des basiliques et des églises de Rome tous les actes de son susdit ministère.

« Art. 10. — Les ecclésiastiques qui, pour des raisons d'emploi, participent à Rome à la publication des actes du ministère spirituel du saint-siège ne sont soumis pour ce motif à aucune tracasserie, investigation ou surveillance de l'autorité publique.

« Toute personne étrangère investie d'un emploi ecclésiastique à Rome jouit des garanties personnelles accordées aux citoyens italiens en vertu des lois du royaume.

« Art. 11. — Les envoyés des gouvernements étrangers près Sa Sainteté jouissent dans le royaume de toutes les prérogatives et immunités appartenant aux agents diplomatiques suivant le droit international, etc.

« Art. 12. — Le souverain pontife correspond librement avec l'épiscopat et avec tout le monde catholique sans aucune ingérence du gouvernement italien.

« A cette fin, il lui est accordé faculté d'établir dans le Vatican ou dans une de ses autres résidences des bureaux de poste et de télégraphe desservis par des employés de son choix.

« Le bureau de poste pontifical pourra correspondre directement par pli cacheté avec les bureaux de poste d'échange des administrations étrangères, ou remettra ses propres correspondances aux offices italiens. Dans les deux cas, le transport des dépêches ou des correspondances munies du timbre du bureau pontifical sera exempt de toute taxe ou frais sur le territoire italien.

« Les courriers expédiés au nom du souverain pontife sont assimilés dans le royaume aux courriers du cabinet des gouvernements étrangers.

« Le bureau télégraphique pontifical sera relié au réseau télégraphique du royaume aux frais de l'État.

« Les télégrammes transmis par ledit bureau, avec l'énonciation authentique de *pontificaux*, seront reçus et expédiés avec les prérogatives réservées aux dépêches de l'État et sous exemption de toute taxe dans le royaume.

« Les mêmes avantages seront accordés aux télégrammes du souverain pontife ou à ceux signés par son ordre qui, munis du sceau du saint-siège, seront présentés à un bureau télégraphique quelconque du royaume.

« Les télégrammes adressés au souverain pontife seront exempts des taxes mises à la charge du destinataire.

« Art. 13. — Dans la ville de Rome et dans les six sièges suburbains, les séminaires, les académies, les collèges et autres instituts catholiques fondés pour l'éducation et la culture des ecclésiastiques, continueront à dépendre uniquement du saint-siège, sans aucune ingérence de l'autorité scolastique du royaume. » (*Bruits de conversations.*)

Messieurs, je m'étonne que vous soyez inattentifs à la lecture que j'ai l'honneur de faire devant vous ; je la trouve, quant à moi, extrêmement utile, car, il faut bien le reconnaître, nous vivons dans un pays où l'on parle trop souvent de choses que l'on ne connaît pas ; j'ai donc besoin, le gouvernement a besoin et le bon sens public demande que la situation véritable soit connue (*Oui ! oui ! — Continuez !*)

Je continue :

« Art. 14. — Est abolie toute restriction spéciale... » Remarquez cet article, Messieurs. « ... Est abolie toute restriction spéciale à l'exercice du droit de réunion des membres du clergé catholique.

« Art. 15. — Il est fait abandon par le gouvernement du droit de légation apostolique en Sicile, et, dans tout le royaume, du droit de nomination ou de proposition dans la collation des bénéfices majeurs.

« Les évêques ne seront plus requis de prêter serment au roi.

« Les bénéfices majeurs et mineurs ne peuvent être conférés qu'à des citoyens du royaume, excepté dans la ville de Rome et dans les sièges suburbains.

« Pour la collation des bénéfices de patronage royal, rien n'est innové.

« Art. 16. — Sont abolis l'exequatur et le placet royal et toute autre forme d'assentiment gouvernemental pour la publication et l'exécution des actes des autorités ecclésiastiques.

« Néanmoins, jusqu'à ce qu'il en soit autrement pourvu dans la loi spéciale dont il est question à l'article 18, restent soumis à l'exequatur et au placet royal les actes de ces autorités qui concernent la destination des biens ecclésiastiques et la provision des bénéfices majeurs et mineurs, à l'exception de ceux de la ville de Rome et des sièges suburbains.

« Restent intactes les dispositions des lois civiles relatives à la création et au mode d'existence des instituts ecclésiastiques et à l'aliénation de leurs biens.

« Art. 17. — En matière disciplinaire et spirituelle, il n'est pas admis de recours ou d'appel contre les actes des autorités ecclésiastiques et il ne leur est reconnu ou accordé aucune exécution forcée... » etc.

Voilà, Messieurs, les articles principaux de la loi des garanties.

Permettez-moi de remettre sous vos yeux la trame de mon discours, car, quoique je n'aie pas dévié un instant de la ligne que je m'étais tracée, peut-être mes premières paroles sont-elles sorties de vos mémoires pendant que je faisais cette longue lecture.

J'arrivais aux pétitions dont M. Leblond a parlé, à la lettre de M⁰ʳ l'évêque de Nevers, et, en somme, à tous les actes par lesquels il paraîtrait que nos relations avec le gouvernement d'Italie pourraient être altérées; je disais, avant de commencer, que, dans tous ces actes, il est toujours question de la captivité du Saint-Père, et que cette plainte sans cesse renouvelée dans des brochures, dans les journaux, dans les pétitions, dans les lettres épiscopales et dans les mandements dont on vous a lu des extraits, trouvait certainement en France une grande crédulité. Nous devions nous y attendre. J'ajoutais, Messieurs, — et vous avez réclamé contre l'expression dont je me servais, — j'ajoutais qu'il y avait, au moins, dans ces déclarations, une exagération étrange.

M. GERMAIN CASSE. — Nous avons trouvé le mot faible!

M. LE PRÉSIDENT DU CONSEIL. — Je suis ici pour parler de toute chose avec une modération extrême. Mais je crois pouvoir affirmer que ceux qui connaissaient la loi des garanties, ou ceux qui ont écouté la lecture que je viens d'en faire, savent que toutes les précautions possibles ont été prises de

bonne foi par le gouvernement italien pour que le pape
conserve la pleine liberté de sa personne et la pleine indépendance de son jugement. (Très bien! très bien! au centre
et à gauche.)

Le pape est libre, dis-je, et il le prouve tous les jours
par son langage et par ses actes. Le gouvernement italien
a renoncé, en sa faveur, à des droits que la France a toujours maintenus pour elle, sous tous les régimes. Il a renoncé
au droit de donner les placets ou l'exequatur. Il a accordé,
je le répète, la liberté la plus entière, la plus complète, la
plus absolue; l'Europe l'a suivi dans cette voie, l'Europe
catholique tout entière; les gouvernements qui représentent
des majorités catholiques ont été unanimes pour approuver
la loi des garanties. J'ai donc raison de protester contre des
exagérations qui ont pour effet de surexciter les populations en les trompant. (Très bien! très bien! — Applaudissements au centre et à gauche.)

Maintenant, Messieurs, les auteurs des protestations pourraient dire qu'elles ne sont pas dirigées contre la loi des
garanties, mais contre le projet de M. Mancini. Quoiqu'ils
aient à peine le droit de parler ainsi, puisque même avant
la présentation du projet de loi ils tenaient le même langage,
l'objection mérite d'être discutée.

Elle consiste à dire que la loi Mancini est une transformation, ou comme ils le prétendent, une aggravation de la
loi des garanties; qu'elle a pour but de changer les relations
actuelles entre le pape et le roi d'Italie. Eh bien, je désire
établir qu'il n'en est rien. (Bruit. — Parlez! parlez!)

Je vois que quelques-uns des membres de la Chambre
croient que l'observation que je fais à présent est sans importance, mais elle est au contraire d'une importance considérable; il s'agit de bien préciser le sens des pétitions, et,
par conséquent, de justifier la circulaire qui en a interdit la
circulation.

Voici l'objection : c'est que, tout en reconnaissant que la
loi des garanties est bonne, on se plaint que la loi Mancini
en soit la modification, et l'on dit que, quand on a fait une
pétition au sujet de la loi Mancini, on n'a pas fait, comme
l'a prétendu dans une circulaire le ministre de l'intérieur,
une pétition contre l'exercice des droits légitimes d'un gouvernement voisin, mais une pétition relative aux rapports de

deux gouvernements ou de deux institutions différentes l'une de l'autre.

Or la loi, Messieurs, n'est pas une modification des relations entre le roi et le pape, c'est tout simplement un projet de loi qui règle les rapports du royaume d'Italie avec les évêques du royaume d'Italie, et par conséquent, une loi intérieure. (*Très bien!*) Pour l'établir d'une façon plus complète, si je ne voyais pas que l'attention de l'Assemblée est un peu rebelle à la lecture des documents, je vous lirais le texte de la loi Mancini.

Voix à gauche. — Lisez! lisez!

M. GAMBETTA. — Lisez, il faut que cela soit à *l'Officiel*.

M. LE PRÉSIDENT DU CONSEIL. — C'est ce que je pense. Mais je n'ai pas besoin de la lire, c'est une loi en six articles.

M. GAMBETTA. — Nous la voterons quand vous voudrez.

M. LE PRÉSIDENT DU CONSEIL. — Vous la voteriez peut-être si nous vous la présentions, mais je dois vous dire que le parlement italien, très probablement, ne la votera pas. Il la discute aujourd'hui même, et le rapporteur de la commission conclut au rejet, par des considérations d'ailleurs qui, la plupart du temps, déclarent la loi inutile et affirment que les lois ordinaires suffisent pour empêcher les abus.

Je n'ai pas, quant à moi, le droit de juger la loi Mancini; je n'ai pas à dire si elle est bonne ou mauvaise. Je ne voulais que répondre à une objection spécieuse, en établissant qu'il ne s'agit dans cette loi que d'un règlement intérieur entre le roi d'Italie et le clergé de son royaume.

Cette réserve faite, je viens au texte de la lettre de Mgr l'évêque de Nevers et aux pétitions dont la circulation a été interdite.

M. Leblond n'a pas voulu lire la lettre, en donnant pour motif que tout le monde la connaissait. Je crois en effet, Messieurs, que cette lettre a été suffisamment répandue. Vous savez que l'évêque appelle l'attention de M. le Président de la République sur la situation du pape, « situation, dit-il, qui est malheureusement — l'histoire l'atteste — le fait du gouvernement impérial. » Par conséquent, ce n'est pas à la République qu'il adresse le reproche de l'avoir créée, et il se borne à demander à la République d'assumer le devoir de la faire cesser.

Cette lettre, Messieurs, a été livrée à la publicité des jour-

naux le jour même où elle a été écrite; et c'est moi qui en
ai remis le texte imprimé à M. le maréchal Président de la
République, plusieurs jours avant que la lettre qui lui était
destinée lui fût parvenue.

Le même jour, M. le ministre des cultes a écrit à Mgr l'é-
vêque de Nevers une lettre...

A gauche. — Lisez-la! lisez-la!

M. LE PRÉSIDENT DU CONSEIL. — Si vous voulez que je vous
en donne lecture, je n'ai nulle raison de refuser.

A gauche. — Oui! oui! Lisez!

M. LE PRÉSIDENT DU CONSEIL. — La voici :

« Monseigneur,

« Le Président de la République a reçu la lettre que vous
lui avez adressée.

« Cette lettre contient sur la politique étrangère des observations et des conseils que vos fonctions ne vous appelaient pas à faire parvenir au gouvernement et dont celui-ci
doit vous laisser toute la responsabilité.

« Parfaitement résolu à maintenir les bonnes relations
qui l'unissent au roi d'Italie, et convaincu qu'en agissant
ainsi il sert autant les intérêts du saint-père que ceux de la
France, le gouvernement ne peut que désapprouver la manifestation à laquelle vous avez cru devoir vous livrer. »
(*Très bien! très bien!*)

En même temps que Mgr l'évêque de Nevers adressait sa
lettre aux journaux et à M. le Président de la République,
il l'adressait, vous le savez, à tous les maires du département
et à tous les juges de paix, avec une circulaire que vous
connaissez sans doute; mais, pour moi, je n'aurais pas eu la
même inquiétude que l'honorable M. Leblond, j'aurais volontiers lu la circulaire.

A gauche et au centre. — Très bien! — Lisez-la!

M. LE PRÉSIDENT DU CONSEIL. — Elle est ainsi conçue :

ÉVÊCHÉ   Nevers, 7 avril 1877.
DE NEVERS

« Monsieur,

« Comme dépositaire d'une partie de la puissance exécu-
tive de la France, vous devez tenir à ce que les intérêts

sacrés de la conscience soient respectés chez tous vos
concitoyens, et qu'ainsi ils puissent librement recevoir les
injonctions et les ordres de celui à qui a été confié par
Notre-Seigneur Jésus-Christ tout pouvoir de lier et de dé-
lier.

« Dans un acte de noble fermeté et de haute indépendance, le souverain pontife vient de nous déclarer qu'il ne
jouit plus à Rome de la liberté nécessaire à l'exercice de son
pouvoir.

« Il en résulte que nous ne sommes plus nous-mêmes
libres dans nos consciences; que nous devons, par conséquent, user de toute notre influence pour obtenir le changement d'un ordre de choses si anormal, et pour faire rendre
au souverain de nos âmes l'indépendance dont il a absolument besoin pour nous conduire.

« Il faut d'abord que nous fassions pénétrer ces pensées
dans les populations dont les intérêts nous sont confiés... »

M. GAMBETTA. — Voilà l'agitation!

M. LE PRÉSIDENT DU CONSEIL. — « Il faut ensuite que nous
nous concertions tous ensemble pour faire prévaloir, dans
les divers conseils du pays, des convictions analogues.

« J'ai donc l'honneur de vous transmettre, avec l'allocution
du souverain pontife et le commentaire dont j'ai cru devoir
l'accompagner, la copie d'une lettre par laquelle j'ai essayé
d'appeler la haute sollicitude de M. le Maréchal sur un intérêt d'un ordre si supérieur.

« Veuillez agréer, Monsieur, l'assurance de ma haute considération.

           « *L'Évêque de Nevers,* † THOMAS CASIMIR. »

Lorsque cette circulaire m'a été connue, j'ai écrit à M. le
préfet de la Nièvre une lettre dont je vais vous donner lecture :

        « Monsieur le préfet,

« Mgr l'évêque de Nevers a donné tout récemment la publicité des journaux à une lettre adressée par lui à M. le
maréchal Président de la République. Mon collègue M. le
garde des sceaux lui a écrit directement à ce sujet, et vous
n'avez point à intervenir dans cette question.

« Mais Mgr l'évêque de Nevers ayant jugé à propos de communiquer directement cette lettre à tous les maires du département, et de leur adresser en même temps une lettre circulaire, je vous prie de vouloir bien prendre la peine de vous transporter chez lui, et de lui représenter que la loi ne lui donne pas le droit d'adresser des circulaires aux maires; que vous ne vous permettriez pas d'entrer de cette façon en communication avec les curés du diocèse; que chacun doit rester dans son rôle et dans ses attributions, et, lui parlant d'ailleurs avec tout le respect dû à sa personne et à son caractère, vous lui laisserez entendre que le gouvernement est parfaitement résolu à y tenir la main.

« Agréez, etc. » (*Très bien! très bien!*)

Quelques voix. — Ce n'est pas assez!

M. LE PRÉSIDENT DU CONSEIL. — La réponse de Mgr l'évêque de Nevers a été qu'il chargeait M. le préfet de faire connaître au gouvernement qu'il respecterait les droits de l'autorité civile et qu'il ne leur porterait aucune atteinte.

Cette lettre de Mgr l'évêque de Nevers n'est qu'un des incidents de ces derniers jours. Il me reste à parler de la pétition.

Cette pétition est adressée : « A Son Excellence le maréchal de Mac Mahon, Président de la République française, à MM. les sénateurs et à MM. les députés. »

Vous savez ce qu'elle contient :

« Le souverain pontife, privé de son pouvoir temporel, voit tous les jours élever autour de lui de nouveaux obstacles au gouvernement de l'Église universelle. On doit même craindre que, par l'application de récentes dispositions législatives et par des mesures plus dangereuses encore qui pourraient être prises, il ne soit bientôt complètement empêché de communiquer avec le monde catholique.

« En présence de la situation si grave dans laquelle se trouve la papauté, centre de leur unité religieuse et garantie de l'intégrité de leur foi, les catholiques soussignés, citoyens français, ont le devoir de recourir à vous. Ils vous demandent d'employer tous les moyens qui sont en votre pouvoir pour faire respecter l'indépendance du saint-père. »

Cette pétition a été répandue dans plusieurs départements; j'ai même été averti qu'un prédicateur avait annoncé, en chaire, qu'elle était déposée dans la sacristie et que les fidèles devaient aller la signer en sortant de l'office.

On dit dans la pétition : « Les soussignés citoyens français... » mais ce ne sont pas seulement les citoyens-français qui se sont occupés de la question. Dans l'avertissement qui accompagne la circulaire, on lit à la vérité : « Les hommes, étant seuls citoyens français, sont aussi les seuls dont on demande la signature. »

Mais les dames ne se sont pas aussi complètement désintéressées de la question qu'on pourrait le croire, car voici une circulaire que je désire porter, comme les autres documents, à votre connaissance.

A gauche. — Lisez ! lisez !

M. LE PRÉSIDENT DU CONSEIL. — *Lisant.*

> *« Protestation des dames de.....*

« Les dames soussignées, membres des diverses œuvres catholiques de femmes du diocèse de...

« Informées que le gouvernement italien a présenté un projet de loi tendant, sous prétexte de réprimer les abus du clergé, à supprimer la *liberté de communication du souverain pontife avec les catholiques,* par l'intermédiaire des évêques ;

« Que cette loi a déjà été adoptée par la Chambre des députés :

« Considérant qu'elle est contraire aux engagements pris par l'Italie envers le monde catholique, lors de la translation du siège de son gouvernement à Rome, et à la loi rendue pour garantir l'entière indépendance du souverain pontife dans l'exercice de sa suprême juridiction spirituelle ;

« Protestent avec toute l'énergie de leurs âmes contre une telle loi, instrument d'oppression et de despotisme érigé contre tous les catholiques du monde. »

Voici, Messieurs, la lettre circulaire que j'ai adressée à MM. les préfets, au sujet de cette pétition :

« Monsieur le préfet, je suis informé qu'on fait circuler dans certains départements, en vue de recueillir des signatures, des protestations imprimées contre un projet de loi soumis aux Chambres italiennes, et relatif aux abus commis par les ministres des cultes dans l'exercice de leur ministère.

« La circulation de ces écrits, dont les termes sont offensants pour les pouvoirs publics d'un pays voisin et ami, ne saurait bénéficier des immunités qui couvrent l'exercice légitime du droit de pétition, et le gouvernement ne peut tolérer que les citoyens soient ainsi publiquement provoqués à s'immiscer dans les affaires intérieures d'une nation étrangère.

« Je vous prie, en conséquence, Monsieur le préfet, de prendre sans retard les mesures que vous jugerez les plus propres à empêcher le colportage des écrits dont il s'agit.

« Vous voudrez bien m'accuser réception de ces instructions et me rendre compte des dispositions que vous aurez prises pour en assurer l'exécution.

« Recevez, Monsieur le préfet, l'assurance de ma considération très distinguée.

           « *Le président du conseil, ministre de l'intérieur,*

                              JULES SIMON. »

Voilà, Messieurs, ce que le gouvernement a fait dans cette circonstance. Non seulement, en agissant ainsi, le gouvernement a usé de son droit, mais s'il n'avait pas coupé court immédiatement à ces manifestations, deux conséquences fâcheuses se seraient produites. D'abord la circulaire, colportée et couverte de signatures, aurait pris une importance considérable; ensuite, cette entreprise aurait été suivie d'entreprises analogues qui auraient pu compromettre notre situation avec les pays voisins, auxquels nous avons tant d'intérêt à rester liés par les liens de bon voisinage et d'amitié. (*Très bien! très bien! à gauche et au centre.*)

Elle aurait d'ailleurs, Messieurs, permis de supposer au dehors que ces manifestations, rencontrant l'assentiment du gouvernement, ont une importance qu'elles n'ont pas en réalité; tandis que, le gouvernement les arrêtant court, elles ne sont plus que des manifestations isolées de quelques individus.

Ce serait vouloir se tromper sur la nature des faits et donner le change sur la situation de la France à toute l'Europe que d'y voir autre chose que des manifestations isolées et impuissantes.

J'ai à cœur de répéter bien haut que ce sont les manifestations d'une infime minorité dans notre pays. (*Très bien!*) Je sais très bien que les catholiques composent l'immense majorité de la population, je ne nie pas l'évidence; je ne

commettrai pas l'inconvenance de rechercher si tous ceux qui
sont recensés comme catholiques sont réellement des catholiques croyants; ce n'est pas de cela qu'il s'agit. Je dis que
ces manifestations sortent de l'initiative d'un certain nombre
de personnes ou peu éclairées, ou peu réfléchies, qui créent
une agitation factice, désapprouvée par l'immense majorité
des catholiques, et, je dois le dire, par la majorité du clergé.
Assentiment au centre.)

Permettez-moi de vous citer un document qui m'est communiqué à l'instant, et qui prouve que les personnages les
plus élevés du monde catholique réprouvent l'immixtion du
clergé dans les affaires politiques.

La lettre que j'ai dans les mains remonte au 20 mars 1857,
elle a été communiquée par le comité royaliste de Paris aux
comités des départements, et j'y trouve les paroles suivantes
qui honorent infiniment celui qui les a écrites :

..... « Nul doute que je ne sois disposé à laisser à l'Église la
liberté qui lui appartient et qui lui est nécessaire pour le
gouvernement et l'administration des choses spirituelles et
à m'entendre constamment pour cet objet avec le Saint-
Père, mais de leur côté, les évêques et tous les membres du
clergé ne sauraient éviter avec trop de soin de mêler la politique à l'exercice de leur ministère sacré et de s'immiscer
dans les affaires qui sont du ressort de l'autorité temporelle,
ce qui n'est pas moins contraire à la dignité et aux intérêts
de la religion qu'au bien-être de l'État. »

Cette lettre est de M. le comte de Chambord. (*Très bien!
et rires à droite. — Mouvements divers.*)

Je vous disais en commençant ce discours, Messieurs, que
je n'étais animé par aucun esprit de parti, et que je parle-
rais uniquement au nom de la France. En effet, j'ai constaté,
pendant tout le temps que mon discours a duré, que je n'ai
rencontré ici de contradiction ni d'un côté ni de l'autre, soit
lorsque je disais que la religion catholique doit jouir de tous
ses droits dans l'ordre spirituel, et qu'elle doit être, dans ce
cas, entourée de tous les respects, soit lorsque j'ajoutais que
quand au nom de la religion catholique on ferait des démonstrations contraires aux lois du royaume... (*Rires et applaudissements ironiques à droite,*) ou à l'intérêt du pays.

Un membre à gauche. — Vous avez dit « royaume » au lieu
de « République ».

M. LE PRÉSIDENT DU CONSEIL, *se tournant vers la droite*. — Je ne comprenais pas ce qui vous faisait rire, Messieurs.

Ne soyez pas étonnés que je me sois servi des mots « aux lois du royaume » au lieu des mots « aux lois de la République. »

En effet, cette distraction s'explique; j'ai parlé pendant tout le cours de mon argumentation du royaume d'Italie, et aussi des lois qui, avant d'être les lois de la République, ont été les lois du royaume. Et, je répète que toutes les fois qu'en France il se fera des démonstrations contraires aux intérêts du pays et aux lois de la République qui sont aussi les anciennes lois du royaume de France, on trouvera le gouvernement parfaitement résolu à s'y opposer et à faire respecter les lois du pays. (*Très-bien! au centre.* — *Interruptions diverses.*)

J'entends dire : Faites observer la loi contre tous, à quelque opinion qu'ils appartiennent.

N'en doutez pas un seul instant : quel que soit le drapeau sous lequel on s'abrite, le principe qui s'impose à tout le monde, c'est la loi, et nous sommes ici pour faire observer la loi par tout le monde; et nous la ferons observer, non pas par des lettres sympathiques et par des observations bienveillantes, mais par une volonté inflexible et par des actes. (*Approbation à gauche et au centre.*)

Nous blâmons absolument quiconque introduit à l'heure qu'il est en France des éléments d'agitation. Nous croyons qu'il est du devoir de tous les bons citoyens de faire la paix de tous côtés, et c'est pour cela que j'ai tant veillé sur mes paroles, afin d'éviter de dire un seul mot qui pût blesser ceux qui m'écoutaient. Cette discussion était nécessaire, mais il était surtout nécessaire qu'elle fût calme. Je suis monté à la tribune pour demander que chacun fasse en ce moment le sacrifice de ses passions, de ses haines, à un intérêt bien supérieur, à l'intérêt du pays... (*Très bien! à droite*); et si je parle ainsi, ce n'est pas que je prévoie que la France soit dans une position exceptionnelle. Vous avez tous présent à l'esprit la déclaration mesurée et ferme que M. le ministre des affaires étrangères vous a fait entendre il y a deux jours.

La situation est bien telle qu'il vous l'a dite. Il n'existe pas de danger spécial à la France; mais il est évident que la

paix générale de l'Europe a besoin de la sagesse de toute
l'Europe... (*Très bien!*), et que, par conséquent, le patriotisme doit nous pousser tous à ne penser qu'à l'intérêt du
pays et à laisser de côté tous les autres intérêts. (*Très bien!
sur plusieurs bancs à droite.*)

Heureux ceux qui n'ont pas autre chose à faire que de se
contenir et de se dominer eux-mêmes!

Quant à nous, nous avons non seulement à veiller sur
nous-mêmes, à contenir au besoin nos ressentiments et nos
pensées, nous avons à veiller aussi à ce que cette règle du
patriotisme ne soit oubliée et méconnue par personne. (*Très
bien! sur divers bancs.*) Nous manquerions à notre premier
devoir si nous laissions émettre une pensée et commettre
un acte qui puisse, en quoi que ce soit, préjudicier à la paix
publique et à la paix de l'Europe. (*Très bien! très bien!*)

Voilà quelles sont les résolutions du gouvernement. Vous
vouliez savoir ce qu'il a fait. Voilà ce qu'il a fait. Vous vouliez savoir quelles sont ses résolutions. Je vous les expose
avec toute la clarté que je puis y mettre, afin que personne,
au dehors, n'oublie que toutes les têtes doivent être courbées
devant la souveraineté de la loi, et que le gouvernement
est parfaitement résolu à faire respecter les lois du pays et
à les appliquer, au besoin, dans toute leur sévérité. (*Très
bien! très bien! et applaudissements au centre et sur divers
bancs à droite et à gauche.*)

A gauche. — A demain! à demain!

Plusieurs membres à droite. — La clôture!

M. LE PRÉSIDENT. — On demande la remise de la délibération à demain.

A gauche. — Oui! oui!

A droite. — Non! la clôture!

M. LE PRÉSIDENT. — Si on persiste à demander la clôture,
je la mettrai aux voix.

Voix nombreuses à gauche. — Non! non! à demain!

M. GAMBETTA. — Je demande la parole contre la clôture.
(*Ah! ah! à droite.*)

M. LE PRÉSIDENT. — Vous avez la parole.

M. GAMBETTA. — La Chambre estime, sans nul doute, que
le débat qui est engagé devant elle touche à des questions
trop élevées et trop graves pour qu'on puisse l'écourter. Les
pièces, les documents, les griefs, les assertions échangés dans

cette discussion, imposent à la Chambre, qui évidemment veut terminer cette discussion par un ordre du jour précis et clair, imposent, dis-je, la continuation de la controverse. (*Assentiment.*)

Jusqu'ici, trois orateurs seulement ont pris part à la discussion. Cependant, Messieurs, après les éloquents discours que vous venez d'entendre et auxquels vous avez prêté une si religieuse attention... (*Sourires à droite.*)... il me paraît que vous ne voudrez pas enfreindre la règle de l'assiduité parlementaire et que vous accorderez la remise à demain à ceux qui la demandent. (*Oui! oui! très bien!*).

Par conséquent, pour ma part, j'insiste pour que la discussion soit renvoyée à demain (*Appuyé! appuyé!*)

M. LE PRÉSIDENT. — On n'insiste pas sur la clôture? (*Non! non!*) La suite de la délibération est remise à demain.

Séance du 4 mai 1877.

PRÉSIDENCE DE M. JULES GRÉVY

L'ordre du jour appelle la suite de la discussion de l'interpellation de MM. Leblond, Laussedat et de Marcère, sur les mesures prises par le gouvernement pour réprimer les menées ultramontaines.

La séance reste suspendue de fait pendant un quart d'heure.

La parole est à M. Jules Ferry.

M. JULES FERRY. — Je cède mon tour de parole à M. Gambetta.

M. GAMBETTA. — Messieurs, avant d'entrer dans l'examen des diverses questions soulevées par l'interpellation qui vous occupe depuis hier, je considère, à raison de la gravité du sujet et des susceptibilités de conscience qui y sont engagées, comme un devoir de vous demander une bienveillante et patiente attention.

Je m'efforcerai, dans ce débat, de ne blesser ni les convictions religieuses, ni les convictions philosophiques d'aucun de mes auditeurs, et si par mégarde il m'échappait un mot que vous pussiez trouver excessif, je vous demanderai de vouloir bien me faire un crédit

de quelques instants, et je me hâterai soit de l'atténuer, soit même de le retirer.

En effet, Messieurs, en abordant un pareil débat
avec la résolution nette et franche d'aller jusqu'au
fond, je sens que je pourrai provoquer des oppositions respectables ; mais je crois qu'il y a ici un devoir
supérieur à remplir, c'est de nous placer tous au-
dessus des préoccupations oratoires, et, puisque le
mal causé par l'agitation ultramontaine dans ce pays
en est arrivé à ce point de diviser profondément les
citoyens, d'alarmer la France, d'inquiéter l'Europe,
il est nécessaire, dis-je, qu'une bonne fois, au nom de
notre parti, nous disions ici toute la vérité. (*Applaudissements à gauche.*)

On peut, Messieurs, envisager ce grand débat sous
bien des aspects ; on peut rechercher dans nos traditions nationales quels ont été les rapports de l'Église
et de l'État, du sacerdoce et de l'empire ; à cette tribune, on peut énumérer les prérogatives et les privilèges de l'Église de France ; on peut décrire l'unité
politique de la monarchie française se faisant une
place à part dans la catholicité et défendant constamment son autorité, son indépendance, sa souveraineté
nationale contre les empiétements de l'Église aux
mains de papes plus ambitieux que religieux.

Mais ce n'est pas dans ces querelles que j'ai l'intention de vous entraîner, c'est au fond de la question.
Laissant de côté les problèmes du droit canon dans
ses rapports avec le droit civil, les querelles de la
théologie et les passions religieuses, je dis que, devant
une Chambre politique, en face d'un gouvernement
composé d'hommes politiques, ce qu'il faut, c'est
signaler et dénoncer, sous le masque transparent des
querelles religieuses, l'action politique d'une faction
politique. (*Bravos et applaudissements à gauche et sur
divers bancs au centre.*)

Il y a eu, Messieurs, à d'autres époques, — car c'est

une querelle qui a commencé avec notre histoire, —
il y a eu des docteurs, des prêtres, des évêques qui
ont soulevé ces questions; elles ont été l'occasion de
controverses ardentes et passionnées qui ont occupé
nombre de générations successives; mais il y avait
une excuse constante et légitime, c'était la foi, la foi
sincère qui les animait, la passion de la religion, la
passion du dogme et de la controverse dans le domaine théologique. Aujourd'hui, on peut le dire, à
part quelques hommes, à part la foule qu'on trompe,
à part les masses qui agissent par aveuglement, par
crédulité et par piété naïve... (*Bravos et applaudissements à gauche. — Protestations à droite.*)

Un membre à droite. — Vous attaquez le suffrage
universel.

A gauche. — Silence! silence!

M. GAMBETTA. — Je n'attaque personne. Je dis seulement qu'il y faut regarder de près, et nous allons
voir, en effet, tout à l'heure quel singulier rappro-
chement on peut faire entre le haut personnel de
l'agitation cléricale et le haut personnel de la politique
réactionnaire. (*Nouveaux applaudissements à gauche et
au centre.*)

Je dis qu'autrefois une foi religieuse ardente, des
convictions dogmatiques étaient au fond de ces querelles, tandis que, aujourd'hui, il n'y a qu'un calcul
politique, qu'une combinaison de partis déçus dans
leurs espérances, une coalition de convoitises dynasti-
ques. (*Nouveaux et plus vifs applaudissements sur les
mêmes bancs.*)

Un membre à droite. — Ah! si c'est comme cela que
cela commence!

M. GAMBETTA. — Oui, Monsieur, c'est comme cela
que cela commence, et je parle ainsi parce qu'il est
nécessaire que nous disions toute la vérité. (*Très bien!
à gauche.*)

Eh bien, je répète que je suis profondément attristé,

profondément troublé pour mon pays, pour l'État,
quel qu'il soit, — car je ne parle pas seulement ici au
nom de la République, je parle au nom de l'État, au
nom de tout gouvernement qui a conscience de ses
devoirs, de ses intérêts, de sa mission, — et j'affirme
que de toutes parts on livre assaut à l'État; on lui fait
des brèches, au nom de la religion ; et c'est pourquoi
il n'y a au fond de tout cela que de pures questions
politiques. (*Nouveaux applaudissements à gauche et au
centre.*)

Il est remarquable, en effet, que, depuis 1870, au
lendemain de nos désastres, au milieu même des
ruines qui s'étaient accumulées autour de nous, cette
pensée, ce plan politique, réfugiés sous le manteau de
la religion, aient apparu. Il n'est pas moins digne
d'attention que ce soient précisément les mêmes
hommes qui, dans notre pays, mènent l'assaut contre
les institutions, contre la Révolution de 1789, contre
ses conquêtes, qui sont en même temps à la tête des
comités catholiques, des cercles catholiques, des
associations catholiques, et qui, mêlant avec habileté,
avec une infatigable et opiniâtre activité, la diplomatie
et la religion, le parlementarisme et la bienfaisance,
font de toutes ces idées associées un levier, que dis-je,
un bélier, qu'ils poussent contre la citadelle de l'État.
(*Acclamations prolongées à gauche et au centre.*)

Pour quoi faire? Est-ce vraiment pour amener la
paix parmi les hommes, pour y faire fleurir un dogme,
pour mettre telle religion au-dessus de telle autre?
Non ! c'est pour servir des ambitions, des desseins de
suprématie politique !

En effet, puisque vous dites qu'il vous faut des
preuves, est-ce que vous n'êtes pas frappés de cette
circonstance que les hommes politiques qui s'étaient
donné à eux-mêmes, qui s'étaient décerné, à une
époque tout à fait triste et troublée, le nom d'hommes
du gouvernement de combat, sont les mêmes qui, à

l'heure actuelle, se trouvent à la tête de cette agitation, signent des pétitions, prononcent des discours qui n'ont d'autre but que de pousser à une levée de boucliers dans ce pays? Ce sont les mêmes hommes qui, au lendemain de l'allocution pontificale du 12 mars, rendent visite à M. le ministre des affaires étrangères pour le sommer de s'expliquer sur les relations de la France avec l'Italie et avec le Saint-Siège, qui, réunissant à Paris, au lendemain de cette allocution, tous les délégués des comités de France, osent prononcer les paroles que vous savez, qui ont été reproduites et propagées, et dont je ne veux pas fatiguer vos oreilles, car vous connaissez cette éloquence qu'on promène de comités en comités.

Non, je ne veux pas dire ici les noms de ces hommes ; mais vous savez bien qui ils sont tous, puisqu'ils appartiennent à la haute Assemblée. Ils s'y sont réfugiés comme dans une citadelle, et, toutes les fois qu'on y fait une élection, c'est une élection qui a pour but d'y introduire une haute individualité du personnel des comités catholiques. (*Rumeurs à droite.*)

La France ne peut pas s'y tromper, quand elle voit que ce sont les mêmes hommes qui, au 24 mai, se déclaraient, dans leur conduite politique et privée, soumis au *Syllabus*, le prenant pour règle de leurs actions, et qui, au pouvoir, s'appelaient MM. Ernoul, Depeyre...

M. Ernest Dréolle. — Pour ne pas les nommer!

M. Gambetta. — ... Et qui, à côté, s'appelaient M. Chesnelong, et bien d'autres que je ne veux pas nommer, et qui poursuivent, au dehors, leur campagne contre nos institutions au nom du cléricalisme ; qui ont considéré que le Sénat devait être le refuge, le réduit dans lequel il fallait recueillir toutes les individualités qui font partie de cette sorte de *Pius-Verein* pour, de là, exercer sur le gouvernement, sur le pouvoir exécutif une pression incessante dont je pense que vous apercevez maintenant tous les périls et tous les dangers.(*Vifs applaudissements à gauche et au centre.*)

Hé! Messieurs, voyez avec quelle promptitude on peut mobiliser toute la milice cléricale! Quand le pape parle : le 12, « Rome a parlé. » dit l'orateur auquel je faisais allusion tout à l'heure, « il faut obéir. » Immédiatement, dès le 20 mars, on va interpeller le ministre des affaires étrangères, que j'invite à venir à cette tribune nous faire connaître la portée de l'entretien et la réponse qu'il a faite. (*Très bien! très bien! à gauche et au centre.*)

On ne s'arrête pas là ; le 29 mars, on envoie les convocations ; le 4 avril, on se réunit, et le 5, l'honorable M. Chesnelong promulgue le désir et la volonté du comité ; le 8, la pétition est lancée, et aujourd'hui, malgré vos défenses, malgré l'intervention de vos agents, elle circule partout, et j'ai là la preuve qu'on n'a tenu aucun compte de vos avertissements et de vos prohibitions. (*Bravos et applaudissements à gauche et au centre.*)

Et ce n'est pas seulement en France qu'on fait appel à toutes les populations catholiques ; dans toute l'Europe, dans tout l'univers, on voit les pasteurs se lever, prononcer les mêmes discours, écrire les mêmes lettres, se livrer à la même ardente propagande.

Messieurs, on a cherché une excuse dans ces actes analogues accomplis dans d'autres pays et sous d'autres gouvernements ; mais je dis qu'il n'y a pas là une excuse, que c'est au contraire, et contre les cléricaux français, un grief de plus, car si, au dehors, les catholiques anglais, en face d'une Église établie et d'un pouvoir non contesté, peuvent se permettre de tenir le langage que tenait le cardinal Manning ; si, en Allemagne, les évêques ultramontains des bords du Rhin peuvent tenir le même langage, en France, nous sommes dans une situation spéciale : le clergé catholique est un clergé lié à l'État, ses évêques sont des fonctionnaires de l'État, ils engagent la politique du pays quand ils engagent leurs personnes dans ces querelles et dans ces aventures, et la responsabilité de leur conduite pèse sur le gouvernement. (*Marques d'assentiment à gauche.*) C'est de cette responsabilité que le gouvernement doit avoir hâte de se dégager; c'est, à coup sûr, dans tous les cas, de cette responsabilité que la majorité de cette Chambre s'empressera de se débarrasser comme on se débarrasse d'une tunique qui vous brûle et vous condamne à périr. (*Très bien! très bien! à gauche. — Rumeurs à droite.*)

Et, Messieurs, comment tout cela a-t-il pu arriver? Comment en sommes-nous venus à ce degré de faiblesse et d'impuissance, qu'on puisse voir le pape s'adresser directement en France soit à des particuliers, soit à une collectivité, sans recourir à l'intermédiaire du pouvoir civil, sans communiquer ni ses brefs, ni ses bulles, ni ses allocutions, ni ses actes, lesquels, au mépris des lois, des lois séculaires de ce pays, reçoivent toujours une publicité, souvent une exécution, sans que la main du pouvoir central soit cependant intervenue?

Comment se fait-il que des évêques, sortant de leurs églises, de leur rôle, de leur mission, s'adressent directement aux fonctionnaires du pays, à des maires, à des juges de paix, à des préfets, à des sous-préfets, et leur parlent des ordres, des injonctions qu'ils ont reçus de Rome?

Comment cela se fait-il, si ce n'est pas par une faiblesse, par une impuissance qui est le résultat de fautes accumulées depuis 1870 dans ce pays? (*Approbation à gauche.*)

Il y a dans la lettre de l'évêque de Nevers... — A ce propos, Messieurs, je dois dire que je ne crois pas que M. l'évêque de Nevers fasse exception dans notre haut clergé. Je rends hommage, pour ma part, à la sincérité de l'épiscopat français; je ne suis pas de

ceux qui disent que c'est une minorité imperceptible
que celle qui parle comme l'évêque de Nevers et
comme l'évêque de Nîmes ; je crois, au contraire, que
c'est l'unanimité de l'épiscopat français. (*Très bien !
très bien ! à gauche.*) Messieurs, il ne faut pas se payer
de mots ; il faut savoir que, depuis 1870, depuis qu'on
a proclamé le dogme qui a fait du pape le docteur
infaillible des vérités de l'Église, le clergé et l'épiscopat
français ne comptent plus d'opposants, ne comptent
plus de résistants, et, quand Rome a parlé, tous, sans
exception, les prêtres, les curés, les évêques, tout le
monde obéit. (*Marques d'assentiment à gauche.*)

Car ce qui est admirable dans l'Église, c'est l'unité
d'action, c'est l'unanimité qui s'établit. Ce serait donc
par une vaine et impossible distinction qu'on cher-
cherait à amoindrir le danger immense que vous avez
sous les yeux, il ne s'agit pas d'un groupe d'hommes,
d'une fraction de l'épiscopat, comme le disait autrefois, dans sa langue hautaine et précise, le cardinal de
Bonnechose au Sénat, nous sommes en présence
d'une armée qui a un général et qui manœuvre comme
savent manœuvrer les armées disciplinées.

Il y a là un péril immense qui vient d'une violation
de la loi que je ne veux pas appeler dissimulée, car
c'est une violation pour ainsi dire encouragée, une
violation pour laquelle on ne trouve dans son cœur
ni dans ses souvenirs d'homme politique aucune
parole de réprobation et de condamnation. (*Marques
d'adhésion à gauche.*)

C'est une violation qui est devenue le droit commun
de la France. Et pourquoi ? Ah ! Messieurs, c'est parce
que, depuis tantôt trente ans, dans ce pays, on s'est
habitué, sous l'influence de doctrines lâches et molles,
sous l'influence de sophismes, contre la puissance de
l'État, contre le rôle de l'État, à prêter la main à tous
les envahissements, à toutes les usurpations de l'esprit clérical.

L'esprit clérical, lui, avec l'habileté et la souplesse
qui le caractérisent, a commencé, au début, par être
fort modeste en ses prétentions. Il s'est contenté de
demander une humble place au soleil ; et puis, quand
cette place a été obtenue, il n'a cessé de ridiculiser,
de couvrir de ses sarcasmes la déclaration de 1682,
c'est-à-dire les anciens principes de l'Église de France.

M. de Montalembert ne pouvait pas retenir les éclats
de sa gaieté quand il parlait des libertés gallicanes :
et on a assisté à ce spectacle assez curieux dans
l'Église de France de voir des prêtres, des curés, des
évêques même, dont je ne conteste ni le mérite ni la
capacité, traiter Bossuet et ses contemporains comme
de petits garçons qui avaient besoin d'être encore
catéchisés.

L'État a laissé faire ; l'État a laissé passer. Il s'est
trouvé des ministres de la justice, des ministres des
cultes qui ont, de temps à autre, rétabli les principes.

L'Église a continué son travail de cheminement et
elle est arrivée à supprimer dans tous les séminaires,
même à Saint-Sulpice, l'enseignement des libertés
gallicanes et à proscrire comme une hérésie tout ce
qui rappelait la vieille Église de France, les libertés
traditionnelles de cette Église qui avait été constituée
sous le double empire de la protection nationale et de
la dignité même de l'Église.

Et qu'est-il arrivé, Messieurs ? Il est arrivé qu'on a
demandé à enseigner d'abord les petits, les humbles,
puis on s'est élevé, on est passé à l'enseignement
secondaire, et aujourd'hui nous voici à l'enseignement supérieur, à la collation des grades par les Universités catholiques au détriment de l'État.

A ce propos, permettez-moi, quoique ce soit un
incident, de mettre sous vos yeux la manière dont le
chef infaillible de l'Église interprète votre loi sur
l'enseignement supérieur, et je recommande aux
bonnes âmes qu'un libéralisme excessif a entraînées

vers la constitution d'Universités catholiques, non
seulement la lecture du bref qui investit Mgr l'évêque
de Lydda du titre de chancelier chargé de conférer
les diplômes, mais d'un autre bref qui vous fera connaître les doctrines canoniques qu'on professera dans
ces écoles.

Voici la lettre que le pape, « serviteur des serviteurs
de Dieu pour perpétuelle mémoire, » a adressée à
l'Université de Lille.

Il est en effet nécessaire, pour bien juger l'audace
des prétentions ultramontaines dans notre pays, de
vous lire ce document. Je ne ferai que quelques réflexions sur les mots qui me paraîtront décisifs, comme
« spoliation », par exemple, puisqu'on parle tant de
spoliation dans le parti clérical, et qui, dans le document dont je parle, s'appliquent aux droits de la souveraineté nationale.

« Assis au gouvernail de l'Église catholique, sans
aucun mérite de notre part, mais par un mystérieux
dessein de la volonté divine... » — Je passe ce préam-
bule. — « ... Nos Vénérables Frères René-François
Régnier, cardinal-prêtre de la S. E. R. du titre de la
T. S. Trinité du Mont-Pincius, par Notre grâce archevêque de Cambrai, et Jean-Baptiste Lequette, évêque
d'Arras, ont saisi récemment l'occasion offerte par
la restitution enfin obtenue pour eux, du moins en
partie, du gouvernement civil, de la liberté d'enseigner... »

Ainsi, cet effort de libéralisme est considéré à Rome
comme une restitution pour la partie du droit antérieur et supérieur que possédait l'Église de délivrer
des diplômes, d'enseigner ses doctrines, et probablement le sens de ces mots « liberté restituée, du moins
en partie, » fait allusion à la prétention très légitime
qui doit animer les Églises infaillibles de ne donner
cet enseignement qu'à l'exclusion de tout autre.

On ne désespère pas d'en venir là tôt ou tard, et il

faut bien reconnaître que les prophéties de Rome sur les progrès qui se sont accomplis depuis cinquante ans dans ce pays, se sont trop rarement trouvées démenties par les évènements.

Après avoir posé à l'état de principe que cette loi de la collation des grades n'était qu'une restitution faite par le pouvoir civil à l'Église, le Saint-Siège arrive à une autre partie, portant sur l'obéissance qu'on devra dans les chaires qu'on va occuper.

« ... Les mêmes vénérables frères ont voulu que cette nouvelle institution se rattachât au siège apostolique par les liens les plus forts du dévouement et de la vénération, et pour cela, ils ont ordonné non seulement qu'elle persévérât constamment dans la profession et la défense de la saine doctrine de la foi, mais encore ils ont décidé dans leur sagesse, comme il convenait de le faire, qu'elle montrerait en toutes choses une parfaite obéissance et soumission d'esprit envers cette chaire du bienheureux Pierre, centre de la vérité et de l'unité catholique.

« Ils n'ignorent pas en effet que cette étroite et parfaite adhésion à la chaire infaillible est le moyen le plus efficace pour extirper les innombrables erreurs qui, de nos jours, envahissent les sciences, et qui exposent la société civile à tant et de si grands périls, ou plutôt la poussent à sa perte totale... »

Voilà les étudiants de la Faculté de Lille, au point de vue scientifique, bien lotis pour l'avenir. (*Rires à gauche.*)

Je continue.

« ... Ayant pris l'avis de nos vénérables frères les cardinaux de la sainte Église romaine préposés à la sainte congrégation des études ; de notre autorité apostolique et de notre pleine puissance... »

Vous croyez peut-être avoir quelque chose à dire, vous autres législateurs, ou ceux qui vous ont précédés, qui ont fondé le droit à l'aide duquel on érige les universités catholiques? vous croyez peut-être que M. le ministre de l'instruction publique a quelque chose à dire dans ces fondations? Écoutez!

« ... De notre pleine puissance, nous érigeons, instituons et confirmons à perpétuité l'université catholique fondée à Lille, ville illustre du diocèse de Cambrai... » Car le pape ne connaît pas le département du Nord. (*Rires à gauche*.)

« ... Ville illustre du diocèse de Cambrai, dans laquelle on enseigne la théologie, la jurisprudence, la médecine, la philosophie et les lettres, les sciences physiques et mathématiques, comme nos prédécesseurs et nous, avons érigé, constitué et confirmé les autres universités les plus célèbres.

« Dans l'université ainsi érigée, nous voulons qu'il y ait toujours un chancelier, à la nomination de nous ou de nos successeurs les pontifes romains, qui représente notre personne. A cette charge et pour cette fois, par nos lettres en forme de bref, nous avons destiné et nommé notre vénérable frère Henri Monnier, évêque de Lydda, *in partibus infidelium,* lui accordant tous les droits, honneurs et privilèges attachés à cet office, et spécialement pour lui et pour ses successeurs, le pouvoir de créer et d'instituer les docteurs. »

Voilà M. Waddington réduit à la sinécure! (*Rires à gauche*.)

« ... Le pouvoir de créer et d'instituer les docteurs et de conférer des grades honorifiques, soit par lui-même, soit par un autre... » Cela peut se déléguer. —

« ... Nous accordons aussi au recteur, aux professeurs, aux maîtres et aux autres fonctionnaires présents et à venir, et aux élèves de l'Université qui, après les épreuves scientifiques et morales, auront acquis selon l'usage les grades honorifiques et le titre de docteur, tous les droits, libertés et privilèges dont jouissent ceux qui, dans les autres universités instituées et confirmées canoniquement par nous et nos prédécesseurs, ont mérité les mêmes postes ou les grades académiques et le titre de docteur. »

Et alors vers la fin, comme on peut prévoir qu'il y aura quelque résistance, quelques observations de la part des autorités françaises, dont on méconnaît à ce point le droit et les prérogatives, on termine de la manière suivante qui me paraît ressembler, quoique je ne sois pas grand clerc, à un anathème.

« Qu'il ne soit donc permis à aucun homme d'enfreindre ou de contredire témérairement cette page de notre érection, institution, confirmation, réserve, induit, concession, dérogation et volonté. Si quelqu'un osait commettre un tel attentat, qu'il sache qu'il encourt l'indignation de Dieu Tout-Puissant et de ses bienheureux apôtres Pierre et Paul. » (*Rires à gauche.*)

Messieurs, je ne pense pas qu'un document de cette nature ait, à aucune époque, franchi la frontière de France sans qu'il ait rencontré les protestations des magistrats de France, chargés de surveiller la réception des brefs ou lettres apostoliques. Je ne peux pas comprendre comment, soit à Rome, soit à Paris, soit à Cambrai, soit à Lille, il ne s'est pas trouvé un agent assez scrupuleux, assez respectueux de son devoir, des droits du pays, il ne s'est trouvé personne pour porter à la connaissance de qui de droit un document de cette espèce. (*Vive approbation à gauche.*)

Et, Messieurs, malheureusement, l'introduction en France des brefs, des lettres apostoliques, qui rencontrait de telles difficultés autrefois, ne s'explique que trop aujourd'hui telle que nous la voyons faite sans entraves. C'est que le mal clérical, — et c'est là un des côtés de la question que nous agitons aujourd'hui, — c'est que le mal clérical s'est infiltré profondément dans ce que l'on appelle les classes dirigeantes du pays ; c'est que ceux qui le répandent et le propagent ont pris si bien soin, depuis vingt ans, soit dans les écoles qui préparent aux administrations publiques, soit dans ces administrations, soit dans les sphères gouvernementales proprement dites, de faire pénétrer non seulement leur esprit, mais leurs créatures que, aujourd'hui, ils ont presque toujours, sinon la connivence, au moins la complaisance d'un grand nombre de fonctionnaires de l'État. (*Vif assentiment et applaudissements à gauche.*)

C'est là le péril tout à fait éclatant et véritablement alarmant de la situation actuelle, péril qui a été révélé fort souvent dans la presse, dans les Assemblées qui nous ont précédés, alors que le mal dont je parle n'avait pas atteint les proportions qu'il affecte aujourd'hui.

En effet, en 1865 ou en 1864, dans les Chambres qui existaient sous l'Empire, le progrès alarmant des créatures, des disciples, des agents de cet esprit ultramontain et jésuitique avait déjà été dénoncé par des hommes très considérables que, à coup sûr, on ne taxera pas d'esprit révolutionnaire ni d'esprit de secte; et quand ils apportaient à la tribune, — que ce fût le regretté et malheureux M. Bonjean...

M. LE COMTE DE COLBERT-CHABANNAIS. — C'était un sénateur de l'Empire !

M. GAMBETTA... Ou M. Rouland, ou M. Guéroult, ou le général Husson, — quand ils apportaient à la tribune des documents et des statistiques, — je les ai là sous la main, — on constatait les faits en soupirant, on poussait un cri discret, qui était recueilli dans le Sénat et dans le Corps législatif, mais qui n'en franchissait pas l'enceinte, et, le lendemain, les agents autorisés des congrégations qu'on avait dénoncées, avaient le talent d'enterrer la question, et on ne voyait aucune trace au dehors ni des enquêtes administratives, ni des statistiques officielles. (*Rires à gauche.*)

Cependant, quand on se reporte à la statistique de cette époque et que, en dehors des pièces et des docu-

ments nouveaux, on pense à l'effrayante multiplication dont les ordres religieux, les congrégations de
toute sorte, hommes et femmes, offrent le spectacle
depuis le dernier recensement, on se demande si
jamais dans aucun pays, à aucune époque, il y a eu
un tel développement et des biens de mainmorte et
des congrégations dévouées aux doctrines de la faction politique que je dénonce. (*Assentiment à gauche.*)

Et, Messieurs, si ce mal se rattachait à l'exercice
d'un droit régulier, du droit commun; s'il était vrai
qu'il y eût là une liberté d'association consentie par
le législateur, donnée d'une façon égale pour tous,
que chacun pût entrer en lutte avec une égale part
d'ombre et de soleil, je ne m'élèverais pas contre ce
développement et cette multiplication des ordres,
non seulement non autorisés, mais des ordres prohi-
bés par la loi. (*Applaudissements à gauche et sur plusieurs bancs au centre.*)

Mais il n'en est rien. Tandis que les uns ignorent le
droit d'association, ignorent presque le droit de réunion, les autres ont à leur disposition toutes les
facultés, tous les privilèges, tous les lieux de réunion; ils ont toute liberté d'acquérir, de recevoir, de
transmettre, de s'agréger, de se dissoudre, de se dé-
guiser, de prendre toutes les formules de l'anonymat,
de la commandite; ils sont les seuls qui, dans la
France, ont le privilège d'être placés au-dessus de la
loi qu'ils violent sans aucun souci, donnant ainsi au
monde le spectacle affligeant d'un État mis en tutelle
presque avec son propre consentement. (*Bravos et
applaudissements prolongés à gauche et sur divers bancs
au centre.*)

Nous en sommes arrivés à nous demander si l'État
n'est pas maintenant dans l'Église...

A gauche. — C'est cela! — Très bien!

M. GAMBETTA... A l'encontre de la vérité des principes qui veut que l'Église soit dans l'État.

A gauche. — Très bien! très bien!

M. GAMBETTA. — Messieurs, si l'on n'adopte pas un prompt remède pour résister à cet esprit d'envahissement, qui touche à tout et qui ne néglige rien, — car c'est grâce à lui que, dans les familles, dans les ateliers, dans les champs, partout enfin, s'est répandue cette opinion, cette certitude que l'ultramontanisme, le cléricalisme, est tout-puissant pour protéger les intérêts matériels de ceux qui en forment leur clientèle, — si, dis-je, on n'adopte pas un prompt remède pour résister à cet esprit d'envahissement et de corruption, il atteindra le double but qu'il se propose : la conquête de l'État et la direction des foules.

A gauche. — Très bien! très bien!

M. GAMBETTA. — Voilà où nous en sommes!

Eh bien, sommes-nous véritablement des novateurs quand nous venons dire, non pas au nom de nos idées républicaines, — ce serait notre devoir, — non pas au nom de la démocratie française, — ce serait notre mission, — mais au nom des droits imprescriptibles des sociétés qui veulent rester libres et maîtresses d'elles-mêmes, sommes-nous des novateurs quand nous venons dire qu'il est temps de rappeler au respect des lois, et de réintégrer dans la position inférieure et subalterne qu'elles doivent occuper dans notre société les Églises, quelles qu'elles soient? (*Vifs applaudissements à gauche et sur plusieurs bancs au centre.*)

Il y a là de quoi véritablement alarmer, je ne dis pas seulement les hommes politiques, mais les hommes sincèrement patriotes, surtout quand on pense que c'est précisément au moment où l'Europe est inquiétée par des bruits sourds de conflits, où les perspectives les moins rassurantes se présentent devant nos yeux, que, sur un signe parti du Vatican, on entreprend cette campagne de Rome à l'intérieur et cette campagne diplomatique à l'extérieur. (*Nouveaux applaudissements sur les mêmes bancs.*)

Et qu'on ne vienne pas nier, qu'on ne vienne pas équivoquer sur les mots. De quoi est-il question dans ces documents nombreux, dans ces lettres pastorales, dans ces écrits publiés par une presse qui n'est pas seulement l'organe des opinions de l'épiscopat, mais qui, au besoin, lui fait sentir sa domination? Il y a ici un évêque qui le sait. (*Mouvement prolongé.*)

Il y a un véritable déchaînement de passions violentes, révolutionnaires ; il y a cette injonction, adressée au gouvernement, de rompre avec la révolution italienne ; il y a la sommation faite au chef du pouvoir exécutif de déclarer à ce peuple, qui n'a fait que reprendre la légitime possession de son sol et de ses droits... (*Applaudissements prolongés à gauche et au centre.*), qu'il n'y a rien de commun entre sa politique et cette révolution triomphante.

Ce n'est pas, Messieurs, — et ici je vous prie de remarquer la sincérité de ma parole, — ce n'est pas que j'aie jamais pu croire qu'il dépendît d'un audacieux, d'un téméraire, de changer ni la ligne politique de notre gouvernement, ni les sympathies que l'homme qui a conquis sa gloire sur le champ de bataille de Magenta doit nourrir pour le peuple italien ;... (*Applaudissements prolongés à gauche et au centre.*) mais ce qui n'est pas permis, ce qui n'est pas tolérable, c'est d'entendre dire qu'une députation de cléricaux s'est rendue chez le ministre des affaires étrangères et l'a sommé de lui donner des explications comme s'ils étaient les agents de M⁰ʳ Simeoni et les porteurs de sa circulaire diplomatique. Ce qui n'est pas tolérable, c'est d'entendre M⁰ʳ de Ladoue dire aux agents de la puissance publique : Je désire que vous vous mettiez en relation avec les populations, que vous leur disiez que le pape est captif, que le pape n'est pas libre, que, par conséquent, les consciences catholiques sont asservies, qu'elles tremblent pour leur dignité, qu'elles tremblent pour leur foi. Ce qui n'est pas tolérable, c'est d'entendre dire de pareilles choses par un évêque, qui, lui, est un fonctionnaire, car si les curés ne sont pas fonctionnaires, les évêques le sont, puisqu'ils reçoivent l'investiture du Gouvernement, du chef du pouvoir exécutif. Ce qui n'est point tolérable, c'est de voir un évêque sortir à ce point de son rôle, probablement par naïveté; je ne veux pas incriminer ses intentions et ses sentiments à ce point. Ce qui n'est pas tolérable, c'est d'entendre dire qu'un évêque revenant d'un voyage de Rome, en publiant la circulaire que vous connaissez, après son retour dans son diocèse, n'a fait qu'un acte de courtoisie à l'égard du Vatican. Je n'insiste pas, du reste, là-dessus. Mais ce qui est grave, c'est de dire qu'il faut agir sur les conseils du pays; qu'il faut que les conseils du pays soient mis en mesure d'opter pour une politique tendant à désavouer les actes du gouvernement italien et à susciter une campagne diplomatique en ce sens.

Vous avez vu il n'y a pas encore si longtemps, Messieurs, — vous en êtes encore tout saignants, — vous avez vu où conduit ce genre de politique qui commence par des négociations mal engagées : c'est à la guerre, au bout de peu de temps, et vous savez à quelles catastrophes aboutit une telle entreprise quand on a contre soi le sentiment de l'Europe. (*Vive approbation à gauche et au centre.*)

C'est pourquoi, Messieurs, dans les circonstances présentes, le gouvernement a un devoir à remplir vis-à-vis du pays et vis-à-vis de l'Europe. Il faut que, malgré le mépris que peuvent inspirer au robuste bon sens de la France ces menées coupables, le gouvernement déclare qu'il entend délivrer la France des étreintes de la politique ultramontaine. Il le faut, non seulement pour maintenir une législation qu'il est temps de restituer dans toute son intégrité...

Sur un grand nombre de bancs. — Oui! oui!

M. GAMBETTA.... — Car retenez bien ceci : le Concordat est la loi du pays...

Une voix au centre. — Très bien !

M. GAMBETTA. — Et quant à moi, qui suis partisan
du système qui rattache l'Église à l'État.... (*Mouvement.*) Oui ! j'en suis partisan, parce que je tiens compte
de l'état moral et social de mon pays, mais je ne
veux, entendez-le, je ne veux défendre le Concordat et
rester fidèle à cette politique, que tout autant que le
Concordat sera interprété comme un contrat bilatéral
qui vous oblige et vous tient, comme il m'oblige et
comme il me tient ! (*Vifs applaudissements à gauche et
au centre.*)

Et qu'on ne vienne pas nous dire que l'on distin-
gue, qu'il y a des articles organiques qui ont été pour
ainsi dire l'œuvre du pouvoir exécutif intérieur français, qui n'ont pas été ratifiés par le pape, qui ont été
matière à règlements, et non pas matière à traités, à
négociations. D'abord cela est faux, et, si on veut ouvrir ici une discussion sur ce sujet, nous l'établirons
avec des documents irréfutables.

Mais, Messieurs, est-ce que vous ne mesurez pas le
chemin que vous avez parcouru ? Il y a dix ans, il y a
douze ans, la même question se présentait devant le
Sénat français ; on avait interdit une encyclique, on
avait déféré un archevêque au conseil d'État, il avait
été convaincu d'abus.

Messieurs, il y eut alors un débat au palais du
Luxembourg, et dans ce débat il y eut aussi des ultramontains qui parlèrent de l'inutilité, de la caducité
du Concordat et des articles organiques ; il leur fut répondu victorieusement comme il a été toujours répondu victorieusement dans ce pays, par les défenseurs du droit civil et de l'État laïque, qui ont pris la
parole contre les défenseurs des doctrines romaines.
Mais il y eut quelqu'un qui se leva dans cette Assemblée pour prononcer un grand, un mémorable dis-

cours, qui restera comme l'œuvre d'une âme de patriote dans une âme de catholique, chose rare; c'était M⁰ʳ Darboy. (*Applaudissements à gauche et au centre. — Réclamations à droite.*)

M. LE VICOMTE DE BÉLIZAL. — La foi inspire le plus pur patriotisme.

M. GAMBETTA. — Eh bien, aujourd'hui cherchez, interrogez l'horizon, passez en revue l'épiscopat français! Où est M⁰ʳ Darboy?

M. PAUL DE CASSAGNAC. — Vous l'avez tué! (*Vives protestations à gauche et cris : A l'ordre! à l'ordre!*)

M. LE PROVOST DE LAUNAY. — Si ce n'est pas vous, ce sont vos amis!

M. DE BAUDRY-D'ASSON. — Vos amis l'ont fusillé! Respectez au moins la mémoire de leur victime!

M. PAUL DE CASSAGNAC. — Nous sommes catholiques et patriotes, et M. Gambetta nous a tous insultés en venant affirmer le contraire. (*Vive agitation.*)

Voix à gauche. — A l'ordre! à l'ordre!

M. PAUL DE CASSAGNAC. — Et M. Gambetta qui accuse les catholiques de n'être pas patriotes! Nous demandons la justice pour tous, et nous ne tolérerons pas de pareils outrages.

M. LE PRÉSIDENT. — Je n'ai pas besoin de faire ressortir la gravité et la fausseté de l'imputation que vient de se permettre M. de Cassagnac envers un de ses collègues. (*Très bien! très bien! à gauche et au centre.*) Je le rappelle à l'ordre! (*Très bien!*)

M. PAUL DE CASSAGNAC. — Et M. Gambetta, quand il dit que les catholiques ne sont pas patriotes!

M. LE PROVOST DE LAUNAY. — Nous nous sommes battus et il ne s'est pas battu!

M. BOURGEOIS, *s'adressant à M. Gambetta.* — Vous avez décoré le général Charette! On peut donc être à la fois patriote et catholique!

M. GRANIER DE CASSAGNAC. — Monsieur le président, faites votre devoir pour tous!

A gauche. — N'interrompez pas! — A l'ordre!

M. LE PRÉSIDENT. — Vous pourrez répondre aux appréciations de l'orateur... (*Exclamations à droite.*); mais vous n'avez pas le droit de vous permettre contre vos collègues des imputations de la nature de celles que vous venez de faire entendre. (*Très bien! très bien!*)

M. PAUL DE CASSAGNAC. — Nous demandons la justice pour tous!

M. LE PRÉSIDENT. — La première justice à vous rendre est de ne pas vous permettre de proférer des imputations de la nature de celles que vous venez d'adresser à vos collègues!

M. PAUL DE CASSAGNAC. — Nous ne laisserons pas insulter les catholiques! M. Gambetta a dit qu'on ne pouvait pas être patriote et catholique. C'est un mensonge. (*Vives rumeurs.*)

M. LE PRÉSIDENT. — Si M. Gambetta s'est permis à l'égard de ses adversaires l'appréciation dont vous vous plaignez, il a eu tort... (*Ah! ah! à droite.*)

M. GAMBETTA. — Mais cela n'est pas exact!

Voix à droite. — Si! si!

M. PAUL DE CASSAGNAC. — Et vous l'avez laissé dire!

M. GAMBETTA. — Je disais : Où est aujourd'hui M⁞ Darboy? » On m'a répondu : « Vous l'avez assassiné!»

La valeur de cette interruption n'ayant échappé à personne, je n'éprouve pas le besoin d'y répondre. (*Approbation et rires à gauche.*)

Et maintenant, quand je disais : Où est M⁞ Darboy? je voulais dire : Où est la doctrine de M⁞ Darboy? Car les hommes peuvent disparaître, mais vous devez compte de la disparition des doctrines. Eh bien, aujourd'hui, M⁞ Darboy et ses pareils, c'est-à-dire des hommes dévoués à la défense des idées gallicanes, il peut en exister dans les rangs du clergé. Ah! comme ils doivent souffrir, comme ils doivent être tristes jusqu'à la mort dans leur âme! Mais il n'en est pas un seul qui oserait élever la voix et protester pour la revendication de ces libertés traditionnelles, comme le faisait M⁰ʳ Darboy dans le discours éloquent que je rappelais tout à l'heure.

M. PAUL DE CASSAGNAC. — C'était avant le concile! (*Exclamations ironiques à gauche.*)

M. GAMBETTA. — Naturellement, c'était avant le concile. Mais n'ai-je pas pris la peine de l'indiquer tout à l'heure en faisant dater le progrès, le déchaînement dans le progrès des idées ultramontaines, précisément de ce concile de 1870? Je maintiens donc qu'aujourd'hui l'épiscopat peut bien compter encore quelques individualités attachées *in petto* aux doctrines que défendait le grand évêque dont je citais tout à l'heure le nom, mais que précisément le triomphe des doctrines ultramontaines de 1870 a eu pour résultat de réduire au silence et à l'obéissance tous ceux qui figuraient autrefois dans ce qu'on pouvait appeler légitimement le clergé national. Messieurs, c'est de cette situation nouvelle que nous nous plaignons ; le plus clair résultat de ce concile à nos yeux a été précisément d'ébranler le Concordat, de mettre en question ce traité, ce contrat synallagmatique qui règle les rapports du sacerdoce et de l'empire, de l'État et de l'Église, en dehors duquel il n'y a que deux solutions : ou l'exclusion ou la séparation.

Or, comme nous estimons que tout vaut mieux que ces deux solutions, nous voulons ramener au respect du Concordat et des articles qui l'accompagnent, à l'application rigoureuse, permanente, répressive des lois qui figurent dans nos codes pour la défense de nos libertés et pour la protection de notre indépendance ecclésiastique. (*Bravos et applaudissements à gauche et au centre.*)

Je disais tout à l'heure qu'il ne convenait pas de s'égarer dans des querelles théologiques, qu'il ne fallait pas invoquer le refus, ou le silence, ou l'aversion que Rome a manifestée pour les articles organiques, auxquels personne en France, fonctionnaires ou citoyens, ne pourrait opposer une fin de non-recevoir.

Messieurs, je dirai toute ma pensée. Il faut choisir; c'est un dilemme que je pose : Ou vous cesserez d'être Français, ou vous obéirez à la loi. (*Vive approbation à gauche et au centre.*)

En tenant ce langage, sommes-nous trop exigeants, sommes-nous des hommes passionnés? (*Rires ironiques à droite.*)

M. DE BAUDRY-D'ASSON. — Au contraire !

M. GAMBETTA. — Comment! nous sommes passionnés...

A droite. Oui! oui!

M. GAMBETTA. — ... quand nous venons vous demander... (*Vives interruptions à droite.*)

Si vous ne voulez pas que je parle, continuez, ce sera plus court; mais cela ne prouvera certainement pas que vous m'enseignez à n'avoir pas de passions. (*Sourires approbatifs.*)

Sommes-nous, dis-je, des hommes passionnés, quand nous venons demander l'application des lois qui ont été appliquées par M. de Vatimesnil, par Mgr Frayssinous, par le gouvernement de Charles X, par le gouvernement de Louis-Philippe, par l'Empire? Proclamez donc qu'à vos yeux il n'y a que la République qui ne soit pas en état de légitime défense. Dites-le; ayez ce courage! Et alors avouez que vous n'êtes qu'une faction politique montant à l'assaut du pouvoir. (*Vifs applaudissements et bravos à gauche et au centre.*)

D'ailleurs j'en ai assez dit; le sentiment de la Chambre est fait, et je dois dire que, quelque précision qu'elle mette dans sa sentence, elle ne satisfera qu'à moitié la conscience nationale indignée, révoltée d'être ainsi périodiquement agitée par des hommes qui ne relèvent que de l'étranger. (*Applaudissements au centre et à gauche.*)

Plusieurs membres à droite. — A l'ordre! à l'ordre! (*Exclamations et rires ironiques à gauche.*)

M. PAUL DE CASSAGNAC. — Vous avez relevé des Prussiens le 4 septembre!

M. GAMBETTA. — On nous disait hier qu'on redoutait l'effet de ces discussions, de ces révélations pour les élections prochaines.

Ah! je le crois bien que vous le redoutez; ah! je crois bien que vous tremblez de venir devant le suffrage universel, devant le paysan français. (*Interruptions à droite.*)

M. DE LA ROCHEFOUCAULD, DUC DE BISACCIA. — Nous ne le craignons pas. Nous ne redoutons pas la dissolution.

A gauche. — A la tribune!

M. DE BAUDRY-D'ASSON. — Nous la craignons moins que vous, la dissolution!

M. GAMBETTA. — Alors, pourquoi protestez-vous?

M. DE LA ROCHEFOUCAULD, DUC DE BISACCIA. — Je le répète, voulez-vous la dissolution? Nous la voterons à l'instant même, nous n'en avons pas peur. (*Exclamations diverses à gauche.*)

M. LE PRÉSIDENT. — Veuillez ne pas interrompre.

M. DE LA ROCHEFOUCAULD, DUC DE BISACCIA. — Nous n'avons pas...

M. LE PRÉSIDENT. — Ne prenez pas la parole ainsi; vous savez bien que vous n'en avez pas le droit!

M. DE LA ROCHEFOUCAULD, DUC DE BISACCIA. — Monsieur le président, on nous dit...

M. MADIER DE MONTJAU *et autres membres à gauche.* — Montez à la tribune!

M. DE LA ROCHEFOUCAULD, DUC DE BISACCIA. — Nous sommes tout prêts à discuter..,

Plusieurs membres. — N'interrompez pas!

M. GAMBETTA. — Ah! je comprends que M. de Valfons, dans la sincérité de ses appréhensions, ne faisait que traduire les vôtres, lorsqu'il disait : Oh ! ce n'est pas l'intérêt de l'État qui vous agite, c'est le besoin d'influer sur les élections.

Vous sentez donc, vous avouez donc qu'il y a une chose qui, à l'égal de l'ancien régime, répugne à ce pays, répugne aux paysans de France... (*Bruyantes interruptions à droite.*)

M. LE BARON DUFOUR. — Ne parlez pas des paysans ! Vous n'avez jamais voulu les consulter directement !

M. LE COMTE DE COLBERT-CHABANNAIS. — Vous n'oseriez pas faire l'appel au peuple !

M. GAMBETTA. — ... c'est la domination du cléricalisme ! (*Bravos et applaudissements à gauche et au centre.*)

Vous avez raison, et c'est pour cela que du haut de cette tribune je le dis, pour que cela devienne précisément votre condamnation devant le suffrage universel !... (*Rumeurs à droite.*) Et je ne fais que traduire les sentiments intimes du peuple de France en disant du cléricalisme ce qu'en disait un jour mon ami Peyrat : Le cléricalisme ? voilà l'ennemi ! (*Acclamations et applaudissements prolongés à gauche et au centre. — L'orateur, en descendant de la tribune, reçoit les félicitations d'un très grand nombre de ses collègues.*)

Quelques membres à droite. — Reprenons la séance, monsieur le président.

D'autres membres. — Suspendez-la plutôt !

M. JULES FERRY. — Nous demandons à la Chambre de vouloir bien suspendre la séance pendant quelques instants. (Appuyé.)

Plusieurs membres. — Pendant une demi-heure !

M. LE PRÉSIDENT. — On demande que la séance soit suspendue pendant une demi-heure. — (*Oui ! oui ! — Non ! non !*)

Puisqu'il y a opposition, je vais consulter la Chambre.

(La Chambre, consultée, décide que la séance sera suspendue pendant une demi-heure.)

M. BERNARD LAVERGNE monte à la tribune pour signaler un article qui a paru dans la *Défense* du 3 mai : « Nous pouvons affirmer, disait le collaborateur de l'évêque d'Orléans, que M. Simon a été mis en demeure, par le gouvernement du maréchal, de donner solennellement au clergé et aux catholiques toutes les garanties désirables de protection et de sécurité, de proclamer hautement sa détermination de mettre fin aux violences radicales et de réprimer énergiquement cette guerre de presse qui, demain, se transformerait en guerre civile... Si, au dernier moment, M. Jules Simon recule, s'il altère en quoi que ce soit la pensée du gouvernement qu'il représente, nous savons bien les moyens de l'obliger à venir enfin à la politique de protection religieuse et sociale à laquelle il a fait défaut jusqu'ici. Le gouvernement y viendra, malgré M. Jules Simon peut-être, mais il y viendra.»

M. Bernard Lavergne dit que l'article de la *Défense* est injurieux pour le Président de la République. Il demande à M. Simon d'éclairer la Chambre sur les allégations portées contre lui par ce journaliste clérical.

LE PRÉSIDENT DU CONSEIL proteste contre les allégations de la *Défense* : « Il ne faut pas savoir ce que c'est qu'un honnête homme... (*Bravo! bravo! — Vifs et nombreux applaudissements. — M. Jules Simon jette par terre avec indignation le numéro du journal la* Défense *qu'il tenait à la main.*)

« Il ne faut pas savoir ce que c'est qu'un honnête homme pour avoir de sang-froid contesté l'honneur, la véracité, le courage d'un homme qui, depuis quarante ans.....

M. PAUL DE CASSAGNAC. — ... a changé dix fois d'opinion!

M. JULES SIMON. — ... qui depuis quarante ans a exprimé, franchement, hautement son opinion sur tous les sujets et proclamé la vérité telle qu'il la voit, quelles qu'en puissent être pour lui les conséquences. J'ai donné assez de preuves de ma sincérité et de mon indépendance pour avoir le droit de flétrir et de braver de telles calomnies. (*Très bien! très bien! et applaudissements.*)

« On dit qu'il y a une coïncidence entre ces articulations calomnieuses et le discours que j'ai prononcé hier; je m'en expliquerai tout à l'heure. Mais on a fait intervenir dans cet article de la *Défense* le nom respecté du Président de la République. Eh bien, il y a là une calomnie pour lui comme il y en a une pour moi. (*Oui! oui! — C'est vrai! — Très bien et bravos au centre et à gauche.*)

« Je n'ai pas à rapporter ce qui se passe dans les conseils

du gouvernement. J'ai dit une fois, à cette tribune, que le gouvernement était maître de lui-même, et, je le répète en présence de mes collègues, toutes les fois que nous venons défendre ici une opinion, c'est bien la nôtre...

M. PAUL DE CASSAGNAC. — Laquelle? (*Vives réclamations à gauche. — A l'ordre! à l'ordre!*)

M. LE PRÉSIDENT DU CONSEIL. — C'est notre opinion, personne ne nous l'impose, et personne ne songe un instant à nous l'imposer.

M. PAUL GRANIER DE CASSAGNAC. — C'est de l'histoire! M. Jules Simon a changé d'opinions dix fois déjà.

A gauche et au centre. — A l'ordre! à l'ordre!

M. LE PRÉSIDENT. — Monsieur de Cassagnac, veuillez garder le silence.

M. LE PRÉSIDENT DU CONSEIL. — Je ne m'occupe absolument que de suivre ma pensée. (*Très bien! à gauche.*)

« J'ajoute un seul mot sur ce point : Je ne crois pas que l'on doive introduire le nom et la personne du Président de la République dans nos débats. Je crois que c'est une faute politique ajoutée à la faute morale que le journal a commise. (*Marques d'approbation au centre.*)

« Mais, comme j'ai l'honneur de siéger dans les conseils du Gouvernement depuis cinq mois, je ne puis m'empêcher de dire à la Chambre que le respect profond que, malgré des dissentiments politiques, j'ai de tout temps professé pour le caractère de M. le maréchal Président de la République n'a cessé de s'accroître, depuis que j'ai l'honneur de le voir de plus près, et je suis heureux de cette occasion qui m'est offerte de dire quelle respectueuse admiration m'inspire de jour en jour davantage sa conduite politique. » (*Bravos et applaudissements prolongés au centre et à gauche.*)

M. LE COMTE ALBERT DE MUN répond à M. Jules Simon. Il dénonce au gouvernement les attaques violentes, parfois obscènes, dont la religion catholique est l'objet dans la presse intransigeante.

Ah! oui! il y a une chose qui vous émeut, c'est l'attaque contre la République! Celle-là, vous l'apercevez, et vous trouvez qu'il est bon de vous en soucier. Mais la religion outragée, les consciences catholiques opprimées, le nom de Dieu insulté, cela ne vous paraît pas de nature à mériter vos poursuites.

Pendant que le nom de Jésus-Christ était ainsi couvert d'opprobres, vous demandiez justice au nom de la République offensée à des hommes qui, pour donner à leur sentence le caractère sacré dont elle a besoin, vont s'asseoir au-dessous d'une image de Jésus crucifié! Quelle justice attendez-vous donc des hommes, vous qui laissez impunément insulter le Dieu au nom duquel toute justice est rendue sur la terre? (*Applaudissements à droite.*)

Un membre à gauche. — La justice est rendue au nom du peuple!

M. PAUL DE CASSAGNAC. — Qu'on remplace le crucifix par le buste de la Marianne!

M. LE COMTE ALBERT DE MUN. — Mais ne voyez-vous pas, vous qui êtes si jaloux des droits de l'État, qu'en refusant de défendre l'Église c'est votre sûreté même que vous compromettez? Ne voyez-vous pas qu'à ces violences contre le catholicisme, a bientôt succédé la négation la plus effrontée des principes naturels que la seule raison suffit à promulguer? et ne savez-vous pas qu'il n'y a point d'État qui puisse légitimement et impunément s'affranchir de l'autorité de ces principes, qui puisse, sans péril pour lui-même, laisser nier l'existence de Dieu, l'immortalité de l'âme, la distinction essentielle ou la sanction future du bien et du mal?

Là est le dernier appui de toute société, son inébranlable et nécessaire fondement; hors de là l'autorité n'a plus rien par où elle puisse imposer le respect et commander l'obéissance. (*Très bien! à droite.*)

Et déjà la preuve s'en fait autour de vous, et toutes ces attaques, dont vous n'avez pas le temps de vous soucier, commencent à porter leurs fruits.

Il y a quelques jours, pendant qu'à cette tribune on accusait les catholiques de troubler la paix publique, les étudiants d'une école de l'État...

A gauche. — Ah! ah!

A droite. — Laissez parler!

M. LE COMTE ALBERT DE MUN. — ... les étudiants d'une école de l'État, qui eux n'ont pas appris dans les écoles catholiques, dont M. Leblond se plaignait l'autre jour, ces principes de soumission si nuisibles à la société moderne (*Approbation à droite*), qui ont été au contraire élevés dans l'esprit de discussion que M. Leblond réclamait pour assurer l'honneur de la nation, ces jeunes hommes ayant entendu un de leurs professeurs flétrir comme ils le méritent les auteurs des crimes les plus sanglants de la Terreur... (*Applaudissements à droite.* — *Bruyantes exclamations à gauche.*). ces jeunes hommes se sont réunis et ont fait le manifeste que vous avez lu partout... (*Nouvelles exclamations à gauche.*)

M. GAMBETTA. — Vous en avez fait d'autres quand vous étiez à l'armée de Condé!

M. LE COMTE DE DOUVILLE-MAILLEFEU. — Allez donc à Coblentz pour dire cela!

M. LE PRÉSIDENT. — N'interrompez pas!

D'autres membres à gauche. — Vous avez été les alliés des Prussiens! — Vous êtes rentrés avec eux en 1815!

M. LE COMTE DE DOUVILLE-MAILLEFEU. — Ceux qu'on a insultés à la Sorbonne sont ceux qui ont fait la Révolution, et qui sont restés avec elle!

M. LE PRÉSIDENT. — Monsieur de Douville-Maillefeu, puisque vous persistez à interrompre, je vous rappelle à l'ordre. (*Agitation.*)

M. LE COMTE DE DOUVILLE-MAILLEFEU. — Ils étaient les espions de l'étranger!

M. LE PRÉSIDENT. — Je vous prie de rentrer dans l'ordre.

M. GAMBETTA. — Nous ne laisserons pas insulter la Révolution française. (*Applaudissements à gauche.*)

M. LE COMTE DE DOUVILLE-MAILLEFEU. — Nos pères ont été fidèles à la patrie, quand vous la trahissiez, de complicité avec l'étranger.

M. LE PRÉSIDENT. — Vous n'avez pas le droit d'empêcher l'orateur de parler. Cessez d'interrompre.

M. LE COMTE DE DOUVILLE-MAILLEFEU. — En se couvrant du masque de la religion, les ultramontains faisaient déjà cause commune avec l'étranger sous l'ancien régime, depuis la Sainte-Ligue...

M. LE PRÉSIDENT. — Monsieur de Douville-Maillefeu, je vous rappelle une seconde fois à l'ordre, et je vous prie de ne pas m'obliger à consulter la Chambre sur l'application de mesures plus sévères.

M. LE COMTE ALBERT DE MUN. — Ah! ceux-là ne se sont pas attardés aux distinctions que vous avez faites ici; ils n'ont point voulu entendre ces subtiles différences entre ce que vous voulez détruire et ce que vous voudriez bien préserver;

ils ont été droit aux conséquences de vos doctrines et ils ont dit : La guerre est entre le *Syllabus* et 1793, entre le catholicisme et la libre pensée, et, après avoir lancé ce manifeste de guerre contre le catholicisme, après avoir insulté au passage un prélat vénérable, ils ont couru à ce que vous appelez la « jésuitière », et ils ont voulu en forcer la porte pour y appliquer, sans doute, leurs principes de conservation sociale. (*Applaudissements à droite.*)

Voilà la conséquence naturelle et nécessaire des doctrines qu'on est venu formuler ici et de cette guerre que vous engagez contre le catholicisme.

Après elle et immédiatement, c'est la guerre contre Dieu; puis, sans tarder, la négation de la simple morale elle-même et de ces principes élémentaires qui découlent de la loi naturelle et sans lesquels il n'y a plus de société, plus d'État, plus de nation.

M. le ministre de l'intérieur le sait mieux qu'aucun autre : à l'une de nos dernières séances on recherchait à cette tribune, dans son passé, les souvenirs les plus propres à marquer l'étrange contradiction qu'a fait éclater, entre ses principes et ses actes, son avènement au pouvoir. Mais, tandis que l'homme politique exprimait sur la liberté absolue des doctrines qu'il ne s'attendait pas à désavouer si tôt, le philosophe écrivait sur les devoirs de l'autorité, en face de la liberté, des maximes qu'il me permettra de lui rappeler aujourd'hui :

« La société, disiez-vous, en quittant le joug des religions d'État pour entrer en possession de la liberté, n'a pas pu et n'a pas voulu se soustraire à la loi naturelle, sans laquelle la liberté ne serait ni souhaitable ni réalisable, et dont l'autorité s'étend avec le même empire sur les citoyens et sur les États... Si la loi naturelle existe, si elle est écrite dans nos consciences par la même main qui a constitué notre être et fondé l'univers, il n'y a pas de sophisme au monde qui puisse soustraire les diverses communautés humaines à cette éternelle loi de l'humanité. On peut sortir d'une religion positive, mais on ne peut sortir de la religion naturelle, sans sortir de l'humanité en même temps. »

« Et il s'en faut tellement, disiez-vous encore, que la loi soit athée, qu'au contraire elle est pleine de Dieu. Rousseau l'appelle un contrat social ; mais ce n'est pas un simple pacte

entre les hommes, c'est d'abord et avant tout un pacte entre
Dieu et l'humanité! »

Admirable définition que je répète après M. Jules Simon,
qui doit servir de règle aux législateurs, qui commande le
respect aux citoyens et qui trace le devoir des gouvernements! Car cette loi morale, qui domine toutes les autres,
n'est pas faite seulement *pour l'individu, elle oblige l'État :*
c'est M. Jules Simon qui le dit, et il s'écrie, avec une juste
indignation : « Quoi ! si je dirige ma vie privée sans en tenir
compte, je serai condamné ! et si l'on me donne à gouverner
le corps social et que je le gouverne d'après les mêmes
principes, je serai absous ! »

Monsieur le président du conseil, on vous a donné aujourd'hui à gouverner le corps social, et si, tolérant ces auda-
cieuses négations de l'existence de Dieu, qui s'étalent chaque
jour impunément dans la presse, et cette apologie quotidienne de l'athéisme et du matérialisme, vous n'assurez pas
le respect de la loi morale, du pacte formé entre Dieu et
l'humanité, ces écrits vous ont condamné par avance à une
réprobation que la conscience publique ratifiera. (*Vive approbation à droite. — Rumeurs à gauche.*)

J'ai fini, Messieurs, et je viens demander à M. le président
du conseil si, cette fois, il consentira à répondre à ma
question, s'il voudra bien nous dire comment il entend
préserver la paix intérieure que nous demandons en même
temps que la paix extérieure, et quelle est la politique qu'il
prétend choisir, de celle qu'il exprimait dans ses déclarations
d'hier en parlant de son respect profond pour les catholiques, ou de celle qu'on indiquait tout à l'heure à cette tribune et qu'on résumait par ces mots: Le cléricalisme, c'est
l'ennemi ! (*Vifs applaudissements sur plusieurs bancs à droite.*)
— L'orateur, en retournant à son banc, est chaleureusement
félicité par ses amis.)

Voix à gauche et au centre. — La clôture! la clôture!

M. LE PRÉSIDENT. — *Je mets aux voix la clôture de la discussion.*

(La clôture, mise aux voix, est prononcée.)

Plusieurs membres à droite. — Et que répond le gouvernement? le ministre ne répond pas?

M. GAMBETTA. — Ça n'en vaut franchement pas la peine.
(*Rires à gauche. — Exclamations à droite.*)

M. LE MARQUIS DE LA ROCHEJACQUELEIN. — C'est évidemment ce que le ministre a pensé du discours de M. Gambetta, puisqu'il ne lui a pas répondu.

M. GAMBETTA. — Nous ne sommes pas au concile, nous sommes dans une assemblée politique. (*Rumeurs et mouvements divers.*)

M. LE PRÉSIDENT. — Il a été déposé trois ordres du jour motivés.

L'un, par MM. Laussedat, Leblond et de Marcère; il est ainsi conçu :

« La Chambre, considérant que les manifestations ultramontaines, dont la recrudescence pourrait compromettre la sécurité intérieure et extérieure du pays, constituent une violation flagrante des lois de l'État,

« Invite le gouvernement, pour réprimer cette agitation antipatriotique, à user des moyens légaux dont il dispose,

« Et passe à l'ordre du jour. »

M. JULES SIMON, *président du conseil, ministre de l'intérieur.* — Le gouvernement accepte cet ordre du jour.

M. LE PRÉSIDENT. — Cet ordre du jour motivé est accepté par le gouvernement. (*Très bien! très bien! Applaudissements prolongés à gauche et au centre. — Exclamations et applaudissements ironiques à droite.*)

M. PAUL DE CASSAGNAC. — Le gouvernement ne l'accepte pas; il l'avale! (*Rires à droite.*)

M. LE PRÉSIDENT. — Un autre ordre du jour motivé est présenté par M. de Gasté (*Ah! ah!*); en voici le texte :

« La Chambre, blâmant également le fanatisme religieux et le fanatisme antireligieux, pleine de confiance dans le ministère pour assurer dans l'avenir, comme il l'a fait dans le passé, la paix extérieure et la paix intérieure, passe à l'ordre du jour.

« DE GASTÉ. »

Le troisième ordre du jour est ainsi conçu :

« La Chambre des députés, regrettant les manifestations isolées qui se sont produites, et prenant acte des déclarations faites hier par le gouvernement, passe à l'ordre du jour.

« Charles La Chambre, Hermary, Aclocque, vicomte de Tocqueville, Le Bourgeois, Deviolaine, Anisson-Duperron,

Savoye, Roissard de Bellet, Lorois, Emile Desloye et deux noms illisibles. »

M. PAUL DE CASSAGNAC. — Mais les déclarations faites hier par le gouvernement sont changées. Elles ne sont plus les mêmes aujourd'hui.

M. LOROIS. — Nous demandons la priorité pour notre ordre du jour.

M. KELLER. — Nous demandons l'ordre du jour pur et simple, qui doit avoir la priorité.

M. LE PRÉSIDENT. — L'ordre du jour pur et simple a la priorité; je le mets aux voix.

(La Chambre, consultée, n'adopte pas l'ordre du jour pur et simple.)

Plusieurs membres à gauche.— Nous demandons la priorité pour l'ordre du jour de MM. Leblond, de Marcère et Laussedat.

M. LE PRÉSIDENT. — On demande la priorité pour l'ordre du jour de MM. Leblond, de Marcère et Laussedat; je mets aux voix la priorité demandée.

(La Chambre, consultée, accorde la priorité à cet ordre du jour.)

M. LE PRÉSIDENT. — L'ordre du jour de MM. Leblond, de Marcère et Laussedat ayant la priorité, je le mets aux voix.

L'ordre du jour, mis aux voix, est adopté par 346 voix contre 114.

APPENDICE

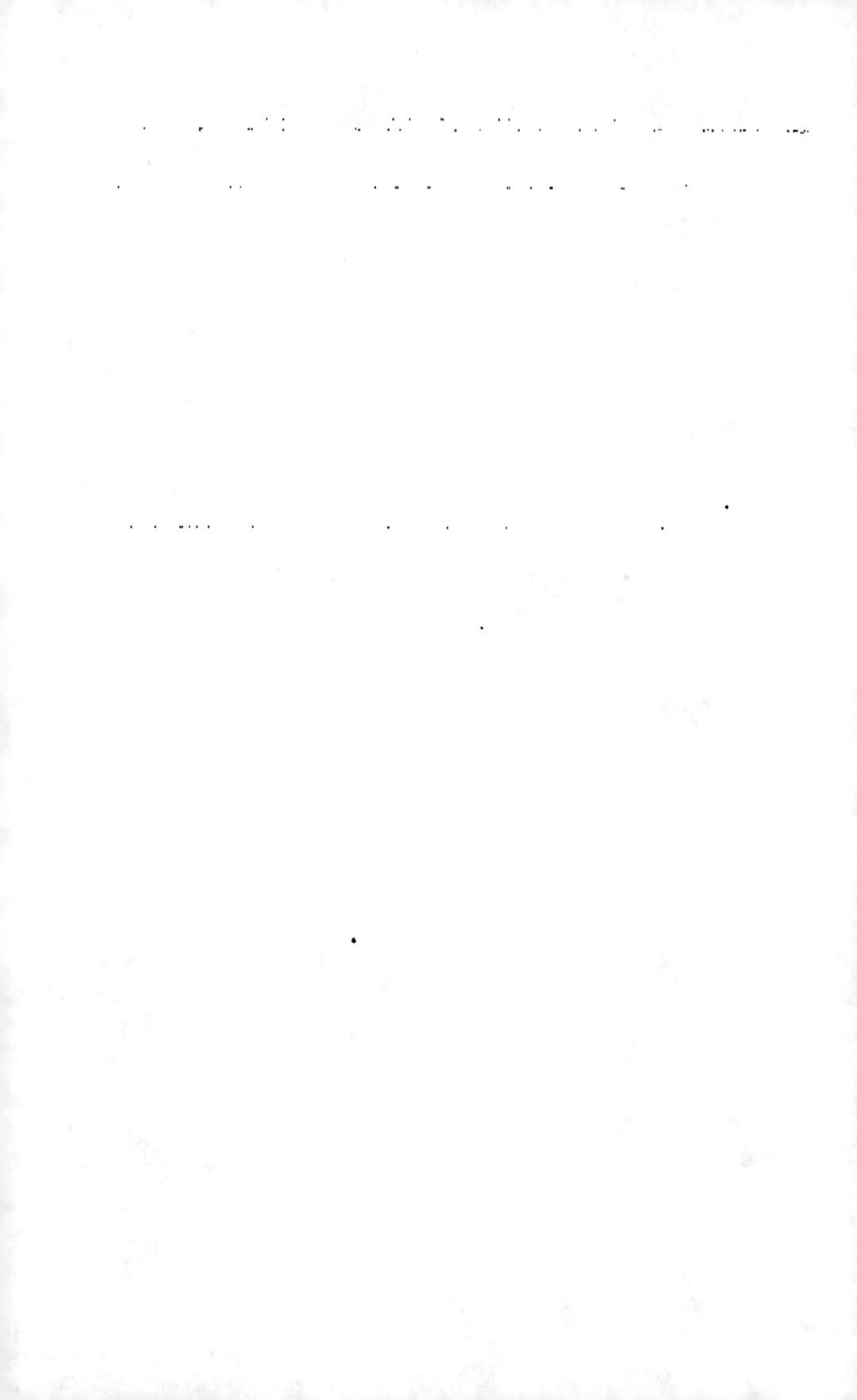

RAPPORT PRÉPARATOIRE

FAIT AU NOM DE LA COMMISSION DU BUDGET POUR LA REFORME DE L'IMPOT

Le 14 octobre 1876

On a vu (page 2) que la Commission chargée d'examiner le projet de loi portant fixation du budget de l'exercice 1877 avait désigné cinq de ses membres, MM. Gambetta, Cochery, Proust, Guyot et Le Pomellec, pour étudier un plan de réforme générale du système financier. M. Gambetta résuma dans le rapport suivant les travaux de cette importante sous-commission.

Rapport préparatoire fait au nom de la Commission du budget pour la réforme de l'impôt, par M. Gambetta.

Messieurs,

Aucun de nous ne se dissimule la difficulté ni l'importance de la tâche que nous nous sommes imposée, le jour où nous nous sommes engagés à présenter à la Chambre un plan de réforme de notre système financier.

Nous savions tous que, depuis 1791, aucun gouvernement en France n'avait jusqu'à ce jour voulu embrasser d'un seul coup d'œil ce vaste mécanisme qui doit s'étendre sur toutes les ressources de la nation, et prélever annuellement tout ce qui est nécessaire au paiement de nos dettes, au maintien de notre indépendance et au fonctionnement de nos divers services.

Mais nous étions en même temps dominés par une double série de considérations; et elles ont agi sur notre jugement avec tant d'autorité, que nous eussions cru manquer à tous les devoirs d'un patriotisme éclairé si nous avions reculé devant les difficultés que nous apercevions.

De ces deux séries de considérations, l'une est d'un ordre tout à fait général et porte sur les modifications nombreuses qui, depuis 1791, se sont produites dans notre état social. Les grands hommes de l'Assemblée constituante qui eurent à étudier les conditions générales devant présider à l'organisation financière de la France, se trouvaient en face d'une société privée de chemins de fer et de télégraphes, et inconsciente du développement qu'était destinée à prendre la propriété dite mobilière. Ils avaient devant eux une société toute différente de celle qui existe aujourd'hui après quatre-vingt-six années d'un progrès inouï dans toutes les directions de l'activité humaine. On commet une erreur chaque fois qu'on cherche à nous présenter aujourd'hui les combinaisons des législateurs de 1789 comme les plus parfaites qu'on puisse imaginer, et comme n'étant susceptibles d'aucune amélioration. C'est comme si d'un trait de plume on voulait supprimer tous les avantages que nous avons retirés de leur initiative et de leur clairvoyance, tous les progrès accomplis dans le xix⁰ siècle.

L'autre série de considérations qui nous pousse à agir prend sa source dans la politique financière suivie par l'Assemblée qui, de 1871 à 1875, a décidé en souveraine des destinées de notre pays. Nous ne songeons pas à être injustes envers elle, et nous reconnaissons volontiers qu'ayant à faire face à des charges nouvelles très considérables, elle avait un très redoutable problème financier à résoudre. Mais, en même temps, nous devons reconnaître qu'elle s'est bornée à courir au plus pressé. Elle a fait argent de tout, elle

a bouleversé toutes les proportions raisonnables entre le chiffre des contributions directes et celui des
contributions indirectes ; elle a établi sur la circulation et sur la consommation des taxes qui constituent de véritables entraves pour le commerce et
pour l'industrie; elle a ressuscité dans la ferme des
allumettes un système vicieux de perception que la
Révolution française avait si justement fait disparaître
de notre législation; enfin, si elle a imposé, sous la
pression de l'opinion publique, certaines valeurs mobilières, elle s'est arrêtée dans cette direction et n'a
appliqué que partiellement un nouveau principe que
la saine raison lui ordonnait de réaliser.

Les nouvelles Chambres venant après elle ont, par
suite de cette conduite, une voie toute tracée dans
laquelle il ne leur est pas permis de ne pas s'engager.
A elles de modifier tout ce qu'il y a eu d'excessif dans
les taxes indirectes votées par l'Assemblée nationale
sur certains objets de consommation, à elles d'atténuer dans la mesure du possible la cherté excessive
qui devait en être la conséquence nécessaire, à elles
d'étudier les bases sur lesquelles est assis tout notre
système de contributions directes, de manière à lui
rendre l'élasticité dont il est aujourd'hui privé.

L'insuffisance de ce système a éclaté à tous les
yeux, puisqu'en 1871 il a été impossible d'en tirer le
moindre profit pour la libération de notre territoire;
il nous a fait défaut au moment le plus critique de
notre histoire. Il faut dire de lui comme de notre
organisation militaire avant 1870 : l'un et l'autre
étaient au-dessous des combinaisons adoptées autour
de nous par tous les grands États de l'Europe moderne.

Tels sont les motifs qui nous ont poussés à l'étude.
Ce sont eux aussi qui nous déterminent à diviser ce
travail en deux parties bien distinctes, l'une relative
aux contributions directes, l'autre aux indirectes.

En ce qui concerne les contributions directes, nous avons pensé qu'il fallait aborder hardiment la question de l'impôt sur le revenu, devant laquelle avait reculé la dernière Assemblée. Nous avons recherché comment il pouvait être établi dans notre pays, en tenant compte de notre organisation actuelle, de nos habitudes financières, en ménageant avec soin toutes les transitions, et en conservant tout ce qui, dans le système actuel, ne lui est pas opposé. Le travail auquel nous nous sommes livrés nous a démontré que la Chambre pouvait, sans rien bouleverser, sans compromettre le crédit de la France, entreprendre l'œuvre d'asseoir la contribution directe sur la seule base du revenu, en éliminant de notre législation toutes les autres bases qui y ont été introduites et qui répugnent évidemment au principe supérieur de la proportionnalité de l'impôt au revenu. Nous n'avons pas la prétention d'apporter un travail complet, immédiatement applicable, en une matière où il faut laisser beaucoup à l'initiative des législateurs appelés à nous succéder. Le but que nous devons nous proposer sera atteint si la Chambre, en acceptant nos propositions, détermine seulement les points spéciaux sur lesquels doit porter son attention afin de réformer peu à peu notre législation financière. Nous voulons seulement donner les grandes vues d'ensemble, déterminer la direction, indiquer la route à suivre. Le progrès dans chacune des cédules que nous établissons sera le résultat d'efforts successifs. On n'arrive à rien quand on veut tout entreprendre à la fois ; mais, si le but à atteindre est signalé à l'avance, si les étapes sont bien calculées, il sera beaucoup plus facile de surmonter toutes les difficultés qui peuvent se rencontrer sur la route.

Dans la seconde partie, nous abordons franchement la recherche des taxes indirectes qui nous paraissent devoir être supprimées, à mesure que des accroissements de recettes pourront être réalisés. Nous n'hésitons pas à dresser la liste des impôts qui ne peuvent être considérés que comme temporaires, parce qu'ils sont vraiment nuisibles au développement économique du pays. Nous sommes en droit d'espérer que, soit au moyen de nos propositions, soit à l'aide de la conversion, soit seulement par la plus-value du produit de nos contributions, le Trésor public pourra bientôt disposer de nouvelles ressources. Il nous a dès lors paru utile de signaler à l'avance l'usage qu'il convient d'en faire, et de fixer l'ordre dans lequel il devra être procédé à la suppression de taxes qui ne doivent que temporairement rester dans notre système fiscal.

PREMIÈRE PARTIE

DE LA TRANSFORMATION DE NOS QUATRE CONTRIBUTIONS DIRECTES EN UN IMPÔT SUR LE REVENU DIVISÉ EN CINQ CÉDULES.

La contribution directe est la part que chacun, citoyen ou étranger, résidant dans un pays, doit prélever sur ses ressources annuelles pour coopérer aux dépenses de l'État, en échange de la sécurité, de la protection dont il profite pour la jouissance de ses biens ou pour l'exercice de sa profession.

Elle ne saurait être égale pour tous, car les avantages que chacun retire de la société sont essentiellement variables, suivant le travail auquel il se livre ou les capitaux dont il dispose.

Quelques-uns soutiennent qu'elle doit être progressive ; c'est-à-dire croître, non seulement en raison du revenu, mais d'après une série progressive qui hausse le taux de l'impôt à mesure que s'élève le chiffre même du revenu. Mais quelle devrait être la raison de cette progression ? Il faudrait la fixer arbitrairement ; et, dans une matière où doit régner le plus grand esprit de justice, on comprend facilement que cette nécessité ne permette pas de donner à l'impôt le caractère de progressif.

Toutes les Constitutions que la France s'est données ont conclu en principe à la proportionnalité de l'impôt direct au revenu.

La Déclaration des droits de l'homme et du citoyen du 3-14 septembre 1791 s'exprime ainsi :

« Pour l'entretien de la force publique et pour les dépenses d'administration, une contribution commune est indispensable ; elle doit être également répartie entre tous les citoyens, en raison de leurs facultés. »

La Constitution de l'an III, dans son article 306, répète :

« Les contributions de toute nature sont réparties entre tous les contribuables à raison de leurs facultés. »

L'article 15 de la Constitution décrétée par le Sénat conservateur le 6 avril 1814 s'exprime ainsi :

« L'égalité de proportion dans l'impôt est de droit. »

Cette même idée reparaît sous les deux Chartes de 1814 et de 1830. Un même article chez elles, l'article 2, s'exprime ainsi :

« Les Français contribuent indistinctement dans la proportion de leur fortune aux charges de l'État. »

Enfin, la Constitution de 1848 dit, dans son article 15 :

« Tout impôt est établi pour l'utilité commune. Chaque citoyen y contribue en proportion de ses facultés et de sa fortune. »

Il résulte de ces déclarations que le principe de la proportionnalité de l'impôt à la fortune et aux facultés de chaque contribuable est un des fondements sur lesquels repose la société française.

En exagérant outre mesure le système des taxes indirectes, de manière à leur faire représenter presque les quatre cinquièmes du total des recettes du Trésor [1], l'Assemblée nationale a évidemment rompu l'équilibre qui doit nécessairement exister entre l'impôt direct et l'impôt indirect.

C'est comme si, au lieu du principe que chacun doit payer en raison de ses facultés et de sa fortune, elle avait inscrit dans la Constitution que chacun doit payer en raison de sa consommation. Or, ce dernier principe, s'il est favorable à celui qui possède, est en revanche très préjudiciable à celui qui ne subsiste que par l'exercice d'une profession et se trouve face à face avec une consommation obligatoire.

Les législateurs qui ont établi le système fiscal actuel avaient conscience du juste reproche qui sera toujours adressé à leur œuvre. Aussi ont-ils cru devoir signaler eux-mêmes la nécessité de la modifier.

« Nos successeurs, moins malheureux que nous, a dit M. Wolowski dans son rapport sur l'exercice 1876, pourront améliorer notre œuvre qui a été accomplie sous des conditions qu'ils n'auront plus à subir. Ils pourront songer à la réforme des impôts, alors que nous avons été condamnés à en procurer avant tout le prompt recouvrement. »

Et plus loin :

« Ce qui frappe surtout, quand on considère l'ensemble des impôts nouveaux, c'est de voir qu'ils tiennent presque tous à une même origine, l'impôt indirect, et que l'impôt direct immobilier a été laissé de côté...

« Les impôts directs n'ont été augmentés que de 42 millions sur un ensemble de 638 millions de recettes effectuées en 1874.

« Dans un avenir prochain, le gouvernement se trouvera en mesure de faire sur l'excédent du revenu public la part de la réduction de l'impôt; la question d'une réforme financière se trouvera simplifiée quand

1. Rapport de M. Wolowski, exercice 1876, page 23..

elle se posera non plus en face de l'équilibre du budget, mais en face des besoins de l'amortissement. »

— Un de nos collègues, M. Menier, peu touché du caractère de périodicité annuelle qu'ont à la fois et le budget de l'État et le revenu des citoyens, nous propose de ne pas chercher dans le revenu l'assiette de l'impôt direct; il a soumis à notre examen un projet de loi qui tend à remplacer un certain nombre de taxes indirectes par une taxe de 1 pour 1,000, sur la valeur vénale des capitaux fixes possédés en France.

Le projet de M. Menier vise évidemment le but même auquel tend la Commission, et qui consiste à tirer directement des facultés des contribuables une partie des sommes demandées aujourd'hui à la consommation et à la circulation. A ce titre, il aurait toutes nos sympathies, si nous pouvions le juger d'une application facile. Mais nous ne pouvons nous dissimuler qu'il fait double emploi avec plusieurs des contributions actuellement existantes et qu'il ne résout pas le difficile problème que nous avons devant nous : organiser les taxes directes de manière qu'elles donnent au Trésor toutes les ressources qu'elles peuvent lui fournir, et qu'elles tirent de chaque contribuable une somme proportionnelle à ses facultés et à sa fortune.

Nous n'avons pas à faire ici une étude théorique de la différence que M. Menier établit entre les capitaux fixes et les capitaux circulants. Pour nous, cette différence ne peut servir dans l'application. Avec le système moderne de la propriété mobilière, telle usine, considérée en elle-même comme édifice, est un capital fixe qui mériterait d'être appelé capital circulant si on venait à la considérer sous la forme des titres d'actions qui peuvent la représenter.

L'évaluation des capitaux, sans être un problème tout à fait insoluble, est une œuvre longue, difficile, ne pouvant aboutir à aucun résultat utile, variant incessamment suivant les évènements du jour et la politique générale. Atteler l'administration à un travail de ce genre, c'est lui infliger une occupation qui ne saurait être comparée qu'à la toile de Pénélope.

L'impôt sur le capital existe déjà dans notre organisation financière ; il figure parmi nos droits d'enregistrement, et s'applique à juste titre dès qu'il s'agit de successions. Nous-mêmes, comme on le verra plus loin, nous ne répugnons pas à en faire usage, quand nous avons à évaluer certain genre de capitaux qui ne peuvent s'apprécier que par le revenu ; mais, quant au système que propose M. Menier, il ne ferait qu'imposer aux contribuables une taxe nouvelle, similaire à celle que la plupart d'entre eux paient, soit sous la forme de taxe foncière, soit sous la forme de patentes.

D'ailleurs il ne satisfait point à la vraie préoccupation du législateur d'aujourd'hui, qui doit être d'atteindre les divers capitaux qui ne contribuent pas aux charges de l'État. De ce nombre, sont tous ceux qui sont employés en fonds sur l'État, en fonds étrangers, en pensions viagères ; et aussi ceux qu'accumulent avec soin sur elles-mêmes beaucoup des personnes qui se vouent aux professions libérales. Or, M. Menier n'atteint aucun de ces capitaux.

C'est pour toutes ces raisons que votre sous-commission n'a pas cru devoir s'arrêter à ce projet. Elle a jugé qu'elle avait à tenir beaucoup plus compte qu'il ne le fait de l'organisation actuelle, et surtout qu'elle ne pouvait imposer à nouveau toutes les sources de revenus qui paient déjà aujourd'hui leur contingent.

Le système actuel comprend quatre contributions directes, ayant une assiette complètement distincte.

La première est l'impôt foncier. Il a pour but d'atteindre les propriétaires d'immeubles, terres, bois, vignes, prés et maisons : il les frappe à raison du revenu imposable de toutes les parcelles cadastrales qu'ils possèdent. Ces parcelles ne sont pas soumises à un tant pour cent suivant le revenu ; l'impôt foncier est un impôt de répartition dont le principal est fixé par le pouvoir législatif, et réparti par lui entre les divers départements, réparti ensuite par les Conseils généraux entre les arrondissements, et par les Conseils d'arrondissement entre les communes. C'est seulement dans la commune qu'il est réparti, au centime le franc du revenu cadastral de chacun, entre les contribuables par les soins de la direction des contributions directes et des commissions municipales de répartiteurs.

La deuxième est l'impôt des portes et fenêtres. Celle-là est basée sur le nombre des ouvertures des habitations. Le tarif en est dressé d'après la population des villes où celles-ci sont bâties, d'après le nombre des ouvertures, et suivant les étages où elles sont pratiquées. Les cotes varient de 0,30 cent., taxe de la fenêtre la moins imposée, à 18 fr. 80 c., taxe de la porte cochère la plus chargée.

La troisième est la contribution personnelle-mobilière ; celle-ci a deux assiettes. L'une, c'est la personnelle, se compose tout simplement de la valeur de trois journées de travail dont le prix moyen, déterminé par les Conseils généraux, ne peut être inférieur à 50 centimes ni supérieur à 1 fr. 50 c. L'autre, c'est la mobilière, a pour base la valeur locative des habitations, au centime le franc du loyer payé. C'est un impôt de répartition ; du contingent total à fournir par la commune, on retranche d'abord le montant des cotes personnelles ; le reste est réparti ensuite proportionnellement à la valeur locative des habitations entre toutes les cotes mobilières. Le chiffre des loyers d'habitation n'est pas immuable comme celui du revenu foncier : il est déterminé annuellement par les répartiteurs et varie suivant les variations dûment constatées de la valeur locative des maisons.

La quatrième est l'impôt des patentes : elle se dé-

compose en deux droits : le droit fixe attaché aux
professions que la loi a distribuées en huit classes :
ce droit varie en raison du lieu où elles sont exercées,
c'est-à-dire qu'il s'accroît suivant que la population
s'élève ; le droit proportionnel variant du quinzième
au cinquantième de la valeur locative, tant des maisons d'habitation que des magasins, boutiques, usines,
ateliers, hangars, remises, chantiers et autres locaux
servant à l'exercice des diverses professions.

De cet exposé il résulte que, de ces quatre impôts,
il n'y en a vraiment qu'un qui, en harmonie avec le
principe fondamental de notre législation, cherche à
reposer sur la base du revenu ; c'est l'impôt foncier.
Encore s'agit-il d'un revenu imposable calculé depuis
longues années, et tout à fait disproportionné au profit réel que tirent aujourd'hui les propriétaires de leurs
fonds.

Pour les autres, le législateur a choisi des bases
tout à fait arbitraires, qui ne sont nullement d'accord avec les facultés réelles des contribuables.

C'est, pour les revenus provenant des propriétés
bâties, le nombre des ouvertures.

C'est, pour les revenus provenant du travail, l'imposition pour tous de trois journées de travail dont le
prix seul varie suivant les départements.

C'est, pour les profits venant du commerce et de
l'industrie, une classification arbitraire en huit classes,
et la présomption qu'on peut apprécier les produits
des professions d'après la valeur locative des maisons
où elles s'exercent.

C'est enfin, pour les revenus provenant d'un travail
non classé ou de la propriété mobilière, cette même
présomption que les ressources de chacun peuvent
s'apprécier d'après le chiffre de son loyer.

L'insuffisance de ce système qui laissait en dehors
de l'impôt une somme de revenus représentant aujourd'hui, avec les progrès de la civilisation moderne,

près de la moitié de tout le capital national, a été reconnue par l'Assemblée nationale le jour où, après un long discours de M. Magne, elle consentit à voter la loi taxant de 3 pour 100 le revenu de certaines valeurs mobilières.

Ces valeurs étaient les suivantes : 1° titres des sociétés financières, industrielles, commerciales et civiles ; 2° emprunts départementaux et communaux ; 3° parts de commandites non divisées en actions.

Il est évident que l'introduction de cette loi dans l'ensemble général de notre système fiscal a constitué un véritable progrès ; elle a eu en même temps deux autres résultats : d'abord, de démontrer combien peu on s'était préoccupé jusqu'à ce jour de proportionner la charge de l'impôt au revenu réel, puis de créer de nouvelles injustices en frappant certains revenus alors que d'autres restaient exempts.

Elle est aujourd'hui pour nous un nouveau stimulant à tenter ce que toutes les Commissions du budget qui se sont réunies depuis la dernière guerre ont reconnu de toute nécessité, c'est-à-dire, suivant les expressions de M. Magne, à donner à notre système fiscal l'harmonie et la justice distributive qui lui font défaut.

Le problème ainsi posé nous a paru, au point de vue du législateur, devoir être ainsi étudié :

1° Est-il possible de diviser toutes les sources du revenu imposable en France, de manière à les atteindre toutes sans en négliger aucune ?

2° Est-il possible de négliger chaque source de revenus de manière à baser exclusivement l'impôt sur les déclarations contrôlées par l'administration ?

3° Quelles sont les bases à fixer pour chaque source de revenus, de manière à faciliter la transition du régime actuel à un autre plus harmonique et plus juste, visant à la proportionnalité exacte de la contribution directe aux facultés de chacun ?

Nous vous demandons, Messieurs, la permission de

passer en revue ces trois questions. De leur examen découlera pour vous la compréhension du plan que nous vous proposons de suivre.

PREMIÈRE QUESTION

Est-il possible de diviser toutes les sources du revenu imposable en France, de manière à les atteindre toutes, sans en négliger aucune?

Il ne nous paraît pas que cette classification constitue un obstacle sérieux. Pour être bonne, elle doit sortir de la nature des choses ; il ne peut y avoir d'inventions en pareille matière; la division à adopter est celle qui correspond le mieux aux conditions actuelles de l'état social.

Or, à ce point de vue, il nous paraît d'abord de première nécessité de séparer dans les revenus des immeubles les propriétés non bâties, c'est-à-dire la terre qui sous toutes ses formes est destinée à la culture, des propriétés bâties, c'est-à-dire des maisons de tout genre destinées à être louées.

Cette division nous amène à concevoir deux cédules spéciales : l'une, que nous appellerons foncière, serait la représentation de la cote actuelle foncière, dégagée cependant de tout l'élément de la propriété bâtie vouée à la location. L'autre, plus spécialement désignée sous le titre d'immobilière, comprendrait exclusivement la propriété bâtie.

Nous ne demandons rien d'arbitraire en insistant sur la nécessité de cette séparation. Voici comment M. le ministre des finances s'exprime dans l'exposé des motifs du projet de loi sur le renouvellement des opérations cadastrales, présenté à la Chambre, le 23 mars 1876 :

« On est fondé à penser que, dans l'état actuel des choses, les propriétés bâties dont la valeur s'est accrue plus rapidement que celle des propriétés non bâties se trouvent relativement ménagées dans la répartition de la contribution foncière. Cette inégalité, contraire aux principes de la justice distributive, a paru devoir disparaître au double point de vue d'une meilleure répartition des charges publiques et d'un accroissement de produits au profit de l'État. »

C'est donc M. le ministre des finances lui-même qui insiste sur la nécessité d'établir cette séparation. Une évaluation directe du produit de toutes les propriétés bâties louées en France donnerait les meilleurs résultats. Nous ne devons pas oublier que l'administration, par l'enregistrement des baux, a déjà une connaissance très approfondie du revenu de la plus grande partie des immeubles; elle est aussi depuis de longues années déjà obligée de s'en enquérir pour dresser les rôles de la contribution mobilière et des patentes.

La séparation a existé pendant plusieurs années, de 1807 à 1821 : pendant ces quatorze ans les propriétés bâties aujourd'hui et confondues dans les matrices avec les propriétés non bâties en avaient été isolées. Elle existe d'ailleurs en Belgique, en Hollande et dans beaucoup d'autres États, où elle permet aux assemblées législatives d'agir séparément sur chaque catégorie d'immeubles.

Au moyen de la création d'une cédule *immobilière* spéciale, on conçoit qu'il deviendrait aisé de remplacer l'impôt des portes et fenêtres par une contribution assise sur le revenu réel des propriétés bâties.

Aussitôt après les revenus fonciers et immobiliers, viennent les profits industriels et commerciaux. Le système actuel a été entraîné à les frapper sous une forme spéciale; il a établi la contribution des patentes. Là, au lieu de chercher le chiffre vrai du revenu annuel de chaque industriel ou commerçant, il s'embarque dans une division par classes tout à fait arbitraire, et il prend pour base une présomption qui est bien loin le plus souvent de s'accorder avec la réalité. Votre sous-Commission n'a pas à étudier la contribution des patentes confiée à l'examen de plusieurs de nos collègues, elle ne l'indique ici que pour rappeler le rang élevé qu'occupent dans l'ensemble général des revenus du pays les profits industriels et commerciaux.

Il va sans dire que, parmi les profits industriels et commerciaux, nous comptons celui du fermier cultivateur qui n'exploite pas ses propres terres, mais prend à bail celles d'autrui, et consacre à leur culture ses capitaux, son bétail et son propre travail.

Il n'est plus possible, depuis la loi du 29 juin 1872, de ne pas faire entrer dans une catégorie à part les revenus de la propriété mobilière; seulement une logique invincible, du moment où l'impôt s'établit sur l'assiette du revenu, oblige à ne pas laisser de côté les fonds prêtés à l'État. Pourquoi l'argent ainsi employé ne contribuerait-il pas aux charges sociales alors qu'on y fait contribuer l'argent prêté aux communes et aux départements? La cédule dite mobilière doit forcément comprendre les rentes sur l'État, et les revenus payés en France par les mandataires des États étrangers, aussi bien que les revenus de toutes les Sociétés qui paient aujourd'hui la taxe de 3 pour 100. Elle doit aussi comprendre les pensions viagères de toute espèce, celles qui sont payées par l'État comme celles qui sont payées par les Compagnies d'assurances et les Sociétés financières de toute sorte, ainsi que les revenus annuels quelconques mobiliers payés en exécution de contrats authentiques par l'intermédiaire des officiers ministériels.

Nous aurons enfin atteint toutes les sources de revenus si, dans une cinquième et dernière cédule, nous inscrivons les revenus provenant des salaires, traitements et honoraires payés pour l'exercice d'une profession quelconque, en même temps que la jouissance personnelle des effets mobiliers et des maisons, parcs et jardins d'agrément. Dans cette cédule figurent le plus grand nombre des revenus qui sont atteints aujourd'hui par la contribution personnelle-mobilière. Seulement, comme nous avons assigné à la quatrième cédule le titre de mobilière, nous sommes obligés de donner à celle-ci un titre spécial, et nous l'appellerons personnelle et d'habitation.

Ainsi nous trouvons que, pour frapper tous les revenus, il est nécessaire d'instituer cinq cédules spéciales :

La première A, dite *foncière*, frappant les revenus de tous les fonds de terres, prés, bois, vignes, etc. ;

La seconde B, dite *immobilière* frappant les revenus de la propriété bâtie ;

La troisième C, dite *industrielle et commerciale*, s'adressant à tous les profits de l'entrepreneur, que ces profits viennent de l'industrie agricole, manufacturière ou commerciale ;

La quatrième D, dite *mobilière*, comprenant tous les revenus de la propriété mobilière.

La cinquième E, dite *personnelle et d'habitation*, comprenant d'une part tous les revenus provenant de salaires, traitements et honoraires, et d'autre part la jouissance des effets mobiliers, objets d'art, parcs d'agrément et maisons d'habitation ne produisant pas intérêt.

Il nous semble que cette classification répond à tous les besoins si variés de nos sociétés modernes : elle a surtout ce grand avantage de toucher à toutes les sources de revenus sans en excepter aucune.

Nous sommes ainsi amenés à aborder la deuxième question.

DEUXIÈME QUESTION.

Est-il possible de négliger les conditions spéciales déjà établies par les lois pour chaque source de revenus, et de baser l'impôt direct sur de simples déclarations contrôlées par l'administration ?

Si la moralité publique était arrivée à ce degré que

chaque contribuable considérât comme une faute contre l'honneur toute dissimulation de son revenu, et s'abstînt de tout acte qui pourrait diminuer le contingent qu'il a à fournir pour les dépenses sociales, il n'est pas douteux qu'il suffirait d'exiger de chacun une déclaration précise de ses ressources pour établir la cote de sa contribution directe.

Mais nous ne sommes pas encore arrivés à cet état de perfectionnement moral, et, quoique l'on puisse espérer qu'avec les progrès de la civilisation il sera possible d'y atteindre un jour, nous devons confesser que nous en sommes encore trop loin pour que nous osions vous conseiller de fonder sur cette base seule tout notre régime fiscal.

Il y aurait évidemment un trop grand risque à courir pour la société française si, en présence des charges de toute nature qui pèsent sur elle, elle se hasardait à remplacer tous ses impôts directs par une seule nature de contribution, reposant exclusivement sur la déclaration.

Pour que le résultat final ne fût pas inférieur à ce que donnent aujourd'hui les impôts directs, il serait peut-être nécessaire, à cause des fraudes et des dissimulations, d'élever la quotité de l'impôt à un taux qui serait vexatoire pour les plus loyaux et les plus honnêtes.

Il faudrait aussi donner un droit de contrôle très efficace à l'administration, et les formalités à établir pour assurer l'exercice de ce droit donneraient quelque apparence de raison à ceux qui repoussent la déclaration comme pouvant favoriser une inquisition insupportable de l'État et une intervention fâcheuse dans l'estimation de la fortune de chaque citoyen.

Ces reproches ont été exagérés à la tribune de l'Assemblée nationale par M. Thiers, lorsqu'il était président de la République, et qu'il attaquait les impôts sur le revenu, pour faire accepter son impôt sur les

matières premières repoussé par la grande majorité
de la nation. Quelque excessifs qu'ils aient été, nous
croyons cependant que nous ne devons pas nous y
exposer. On pourrait en faire un instrument d'hostilité contre le régime républicain qu'il importe avant
tout d'établir solidement en France, et nous nous
lancerions de nous-mêmes dans un grave danger qu'il
vaut mieux éviter.

Et cependant la déclaration n'est pas une chose
nouvelle dans notre législation financière : en maintes
circonstances le législateur l'a adoptée; ainsi elle intervient dans l'enregistrement des baux, dans les
droits de succession. Nul n'a jamais considéré qu'il fût
opportun de la négliger, sous prétexte qu'elle constituait une inquisition dangereuse.

Rien n'empêche donc qu'on ne l'emploie dans certains cas où elle est d'une utilité incontestable, et nous
vous proposons de l'adopter pour deux de nos cédules
à cause de leur caractère spécial. Nous pouvons, dans
les trois autres, maintenir avec avantage les procédés
usités aujourd'hui.

Les deux cédules où elle nous paraît intervenir utilement sont la cédule industrielle et commerciale et
la cédule personnelle et d'habitation.

Nous n'insisterons pas sur la première, puisque
l'étude en est confiée à une sous-commission qui aura
probablement cherché à étudier ce point spécial, et
pourrait d'ailleurs se maintenir dans la législation actuelle sans pour cela détruire l'économie générale de
notre plan. Quant à la seconde, il nous suffira de
faire observer qu'elle est susceptible d'un contrôle
assez facile. Les salaires, traitements et honoraires
dont a profité un contribuable pendant l'année antérieure à celle où il fait sa déclaration peuvent être
vérifiés le plus souvent sans soulever de grandes difficultés : tout ce qui est payé par l'État est immédiatement contrôlé ; on peut s'adresser aux établissements,

compagnies, sociétés, négociants, industriels qui ont fourni les salaires, traitements et honoraires. Rien de plus simple que de s'enquérir de ce qui a été reçu auprès de celui qui a payé.

Pour les effets mobiliers, objets d'art, il y a les polices d'assurance ; enfin les contrats de vente sont là pour témoigner de la valeur des maisons, parcs et jardins d'agrément.

Le plus souvent les déclarations n'auront pas besoin d'être contrôlées : mais il suffit qu'on puisse le faire pour qu'elles soient déjà astreintes à se conformer à la réalité.

Notre réponse à la seconde question peut donc se résumer ainsi : Il ne faut pas négliger les conditions actuelles établies par la législation partout où les revenus peuvent être atteints dans la réalité des choses comme quand il s'agit des revenus fonciers, immobiliers et mobiliers. Quand il est question du profit de l'entrepreneur, de l'exercice d'une profession salariée, de la jouissance des effets mobiliers et des maisons et parcs d'agrément, la déclaration du contribuable contrôlée par l'administration devient une nécessité qu'il convient d'inscrire dans la loi.

Ces considérations permettent de préjuger les diverses réponses que nous avons à faire à la troisième question.

TROISIÈME QUESTION.

Quelles sont les bases à fixer pour chaque source de revenus, de manière à faciliter la transition du régime actuel à un autre plus harmonique et plus juste, visant à la proportionnalité exacte de la contribution directe aux facultés de chacun ?

Il nous faut passer successivement en revue les diverses cédules.

1° *Cédule foncière A.*

La répartition entre les contribuables de la contribution foncière ayant lieu aujourd'hui au centime le franc du revenu imposable de chacun, il n'est pas nécessaire, pour passer d'un régime à un autre, de toucher dès à présent à la cote foncière. Il est possible de laisser à ceux qui nous succéderont le soin de résoudre tous les difficiles problèmes qui s'y rattachent spécialement : transformation de l'impôt de répartition en impôt de quotité, péréquation, refonte du cadastre, renouvellement des valeurs cadastrales. Toutes ces questions ne doivent pourtant pas être ajournées; elles ont besoin d'être dès à présent mises à l'étude. Une commission spéciale a d'ailleurs été chargée par la Chambre de s'en occuper : à elle d'examiner les deux projets de lois présentés sur ces matières par M. le ministre des finances. Nous devons espérer qu'il sortira des délibérations de cette commission quelque résolution qui nous fera faire un progrès réel et dans l'appréciation vraie du revenu foncier aujourd'hui imposable, et dans la péréquation entre les diverses régions dont se compose notre territoire.

Le seul point de vue sous lequel nous ayons en ce moment à considérer la cote foncière, c'est pour demander qu'il soit, dès l'année 1878, procédé à la distraction dans le contingent foncier de chaque département d'une somme égale à la part que les propriétés bâties y comptent aujourd'hui pour le revenu cadastral qui leur est afférent. Il ne peut y avoir de difficulté sur ce point. M. le ministre des finances, dans l'exposé des motifs du projet de loi sur le renouvellement des évaluations cadastrales, reconnaît lui-même l'utilité de cette distraction et est le premier à demander qu'elle soit immédiatement effectuée.

2° Cédule immobilière B.

Nous avons demandé au ministre des finances un état exact du revenu réel des propriétés bâties destinées à la location. Cet état ne nous a pas été donné, bien qu'il nous semble qu'avec la loi sur l'enregistrement de baux, avec la nécessité constante de recourir aux loyers soit pour dresser le rôle des patentes, soit pour dresser celui de la contribution mobilière, l'administration devrait être parfaitement en mesure de le fournir.

Il nous est donc impossible de fixer, dès à présent, la quotité du taux à établir sur le revenu des propriétés bâties; il nous manque pour cela une notion suffisamment approximative du chiffre qu'il atteint dans la réalité, mais nous sommes en droit de demander que cet état soit dressé sans perte de temps; et, en attendant qu'il soit fait et communiqué au pouvoir législatif, il nous semble que le contingent distrait de la cote foncière, ajouté au principal des portes et fenêtres, devrait être considéré comme constituant dès à présent le principal de la cédule immobilière.

Rien n'empêche de considérer ce principal ainsi formé comme le montant de l'impôt à percevoir sur le revenu du capital immobilier destiné à la location; pour la répartition, pour les centimes additionnels, on continuera provisoirement à suivre le système pratiqué aujourd'hui. Dès que l'administration aura fourni l'état que nous lui demandons, il suffira d'une simple division pour déterminer en parfaite connaissance de cause le taux qui doit être fixé, c'est-à-dire la quotité susceptible d'une part de suppléer aux ressources que perçoit aujourd'hui le Trésor, et d'autre part de ne point surcharger outre mesure la propriété.

3° Cédule industrielle et commerciale C.

Nous laissons à la sous-Commission chargée de l'examen de la législation sur les patentes le soin de vous dire quelles sont les modifications à introduire dans notre législation pour atteindre tous les profits du commerce et de l'industrie plus équitablement et plus proportionnellement qu'on ne l'a fait jusqu'ici. Par le mot industrie, nous entendons tout ce qui est entreprise industrielle sous quelque forme qu'elle se présente, qu'elle soit agricole ou manufacturière.

4° Cédule mobilière D.

En ce qui concerne cette cédule, on peut dire qu'il n'y a plus qu'à compléter et à généraliser les dispositions de la loi du 29 juin 1872.

Au moment où cette loi a été rendue, on ignorait encore quelle action elle pourrait avoir sur le marché des capitaux; l'opinion était préoccupée de certaines objections très passionnées qui avaient été faites à la tribune nationale. Il a depuis fallu se rendre à l'évidence; l'application de la loi a été faite, et nous ne nous trouvons plus aujourd'hui qu'en face d'une iniquité résultant de ce que certains revenus mobiliers sont frappés d'une taxe de 3 pour 100 alors que d'autres en sont exempts.

La Chambre, après l'expérience faite, se trouve dans l'obligation d'étendre les conditions de la loi du 29 juin 1872 aux revenus qui ont été indûment exemptés. C'est ainsi qu'il faut frapper de cette taxe de 3 pour 100 les intérêts des fonds d'État nationaux et ceux qui sont payés en France par les mandataires des États étrangers qui ont émis des emprunts sur notre marché. On ne conçoit pas pourquoi on a laissé de côté les pensions viagères payées soit par l'État, soit par les Compagnies d'assurances, soit par toute autre Société financière ou industrielle. Pourquoi encore avoir négligé tous les revenus quelconques annuels provenant de prêts de sommes d'argent payées en exécution de contrats authentiques par l'intermédiaire d'officiers ministériels? Il ne peut y avoir là ni difficulté de perception, ni doute sur le caractère mobilier des capitaux.

En admettant loyalement l'impôt actuel comme une taxe sur tous les revenus mobiliers payés en France, nous nous mettons en dehors de toutes les objections qui ont été faites contre le danger de frapper d'une manière spéciale les titres de la Rente française. Nous nous plaçons dans la situation des Anglais, qui ont bien eu soin de ne pas frapper leurs Consolidés d'un impôt spécial, mais n'ont pas manqué d'englober dans l'*income-tax* les revenus qui en proviennent.

Il ne sera nullement difficile de fixer par des règlements d'administration publique la situation spéciale des porteurs de titres non français et non résidants en France pour le paiement de leurs coupons, non plus que les moyens d'assurer le recouvrement des sommes dues par les Français et les résidants en France, sur les intérêts des fonds étrangers qui leur sont payés sur notre territoire par les mandataires des autres États.

Ce sont là des questions d'administration qui seront facilement résolues dès que le principe supérieur de la taxe sur tous les revenus mobiliers sera inscrit d'une manière générale dans notre législation.

Nous n'oublierons pas que l'introduction dans notre régime fiscal de la loi du 29 juin 1872 a soulevé certaines difficultés. Chacun de nous se souvient sans doute des arrêts de la cour de cassation qui l'ont interprétée, et de l'inquiétude qui s'empara du commerce, menacé de payer une seconde fois, sous forme d'impôt sur le revenu, ce qu'il payait déjà sous forme de patentes. Les difficultés alors soulevées eussent été réellement insolubles, si l'Assemblée nationale ne s'était décidée à interpréter elle-même la loi du 29 juin en admettant la proposition de M. Feray. On sait que cette proposition eut pour résultat d'établir que la taxe de 3 pour 100 ne serait pas applicable aux parts d'intérêt dans les sociétés en nom collectif, et ne s'appliquerait dans les sociétés en commandite dont le capital n'est pas divisé par actions, qu'au montant de la commandite.

Dans le régime que nous proposons, l'administration atteindrait sous forme de profits commerciaux et industriels tout ce qui lui échapperait à titre de revenu des capitaux mobiliers; aussi toutes les discussions perdraient-elles le caractère d'aigreur et d'inquiétude qu'elles manifestèrent alors. Nous ne les avons rappelées que pour démontrer que l'établissement de la taxe de 3 pour 100 entraîne comme conséquence nécessaire la modification de la législation des patentes. Nous subissons aujourd'hui l'inconvénient de laisser en dehors de la taxe de 3 pour 100 un grand nombre de capitaux qui devraient payer, parce que nous ne voulons pas frapper une seconde fois celui qui a déjà été atteint par la patente. On sortirait de cette impasse si, au lieu de prendre pour base de cette dernière contribution soit la division par classes, soit la valeur locative, soit le nombre des employés, on admettait franchement la déclaration du revenu réel. Le Trésor tirerait par ce moyen tout l'avantage qu'il est en droit d'attendre de la loi du 29 juin 1872, laquelle a eu la prétention de consacrer à ses besoins tout ce qui doit être demandé aux revenus provenant de la propriété mobilière.

5° Cédule personnelle et d'habitation E.

La contribution personnelle est une capitation ; c'est un impôt établi par tête d'une manière égale pour tous et sans proportion avec la fortune des contribuables ;

à ce titre on ne saurait la maintenir dans le nouveau régime fiscal qu'il s'agit d'inaugurer ; il faut franchement conclure qu'elle doit être supprimée.

De même, avec les nouvelles bases à donner aux patentes, avec la généralisation de la taxe de 3 pour 100 sur toutes les valeurs mobilières saisissables, il devient évident que l'ancienne contribution mobilière, portion des revenus mobiliers présumés d'après l'apparence et la valeur locative des habitations, ne peut plus être maintenue.

La nécessité de réformer la contribution mobilière a été indiquée par toutes les personnes qui se sont consacrées sérieusement à l'étude de notre système fiscal.

« Cette contribution, dit M. le marquis d'Audiffret dans son *Système financier de la France*, qui a subi les vicissitudes des circonstances et qui a été soumise à des combinaisons variées, n'a pas encore pu s'asseoir sur des bases aussi certaines et aussi régulières que celles de l'impôt foncier ; quoique beaucoup mieux conçue depuis 1806, elle ne remplit pas les conditions principales de toute imposition directe, celle de proportionner les taxes aux facultés réelles des redevables. »

« Ce qui existe, dit M. de Girardin dans son livre sur l'impôt, ne vit qu'au mépris des principes et des intentions proclamés en 1790 par l'Assemblée constituante ; c'est la violation de toutes les promesses solennelles faites à cette époque. »

Dans la dernière Assemblée, plusieurs propositions ont été faites au sujet de cette contribution. Elle a été l'objectif de la plupart des réformateurs ; ils comprenaient généralement qu'il y a là dans notre organisation un vice radical, et ils voulaient le faire disparaître. Mais ils ont été tous embarrassés par la difficulté qu'il y a à entamer le problème par un seul côté, alors qu'il ne peut être résolu qu'en l'abordant dans son entier comme nous l'entreprenons aujourd'hui.

Parmi les propositions auxquelles nous faisons allusion, il en est une qui a été présentée par MM. Houssard et Louis Passy, personnes dont la compétence en matière de finances ne saurait être niée. M. Louis Passy occupe aujourd'hui au ministère des finances les fonctions de sous-secrétaire d'État. Cette situation donne à ses vues et à ses opinions une valeur indiscutable. Or, c'est à ces deux réformateurs que nous empruntons le titre de la cinquième cédule restant à créer pour parfaire notre organisation. Comme nous, ils ont senti la nécessité, après avoir atteint les revenus fonciers, immobiliers, industriels, commerciaux et mobiliers, que l'État prélevât aussi une part soit sur les revenus des capitaux personnels, soit sur la jouissance des effets mobiliers accumulés dans les habitations aussi bien que des parcs et maisons d'agrément.

Enfin, votre Commission a été saisie par M. Guichard d'une proposition de loi ayant pour objet de changer la base de la contribution mobilière actuelle : nous empruntons à cette proposition certains détails dont la sagesse nous a paru évidente et l'utilité certaine.

Dans notre civilisation très compliquée, il arrive chaque jour que les familles consacrent une grande partie de leurs ressources à donner à un ou à plusieurs de leurs membres des connaissances spéciales, d'une acquisition très difficile et très longue, pour exercer telle ou telle profession. Elles créent alors ce que les économistes appellent souvent du nom de capital intellectuel, et ce qui mériterait plutôt d'être appelé capital personnel. Quand la loi cherche à atteindre toutes les sources de revenus, elle ne saurait négliger celle-là qui, d'ailleurs, ne peut aller qu'en progressant d'après la direction générale prise par nos sociétés modernes. Une place devait lui être réservée dans notre organisation, et nous aurions commis une faute à ne pas la lui assigner.

C'est d'ailleurs une des parties les plus considérables

de la population qui est appelée par cette taxe à payer
sa part des dépenses sociales. On ne comprendrait
pas, dans un pays de suffrage universel, que tous
ceux qui vivent de salaires, de traitements, d'honoraires, ne fussent pas directement taxés en raison
même des ressources qu'ils puisent dans l'exercice
de leur profession.

La participation du travailleur à l'impôt direct est
une conséquence naturelle de la jouissance et de l'exercice des droits politiques; il ne peut y avoir d'exception que pour celui qui est obligé de recourir à l'assistance publique.

La base rationnelle de l'impôt personnel étant ainsi
établie, il reste à déterminer comment il pourrait être
appliqué par l'Administration.

Nous croyons ici qu'il faut, comme pour les profits
industriels et commerciaux, admettre le principe de
la déclaration.

Chaque contribuable, Français ou étranger résidant
en France, devra, dans la première quinzaine du mois
de janvier, signer une déclaration des salaires, traitements et honoraires qu'il aura réalisés par son travail
pendant l'année précédente.

Un minimum sera établi pour déterminer la somme
nécessaire aux besoins de la vie dans chaque département; la quotité de ce minimum entre deux chiffres
donnés à l'avance par la loi pourrait être fixée par les
Conseils généraux, de la même manière qu'ils déterminent aujourd'hui le prix de la journée de travail.

Une commission de contrôle, par arrondissement,
constaterait l'exactitude des déclarations, les rectifie-
rait, et au besoin taxerait d'office. On pourrait appeler
devant les tribunaux en revision de ces taxations.

La même déclaration contiendrait le chiffre auquel
chaque contribuable exprime lui-même la valeur des
objets mobiliers qu'il possède dans son habitation;
nous disons le capital lui-même, et non le revenu, puis-

que celui-ci consiste dans la jouissance seule de ces mêmes objets.

Il estimerait de la même manière tous les objets d'art, les maisons, parcs et jardins exclusivement construits dans un but d'agrément.

Toutes les déclarations relatives à l'évaluation des objets mobiliers, objets d'art, parcs, jardins et maisons d'agrément, seraient contrôlées, par la même commission déjà chargée de contrôler les déclarations relatives au revenu professionnel.

Un règlement d'administration publique déterminerait les présomptions légales que ladite commission pourrait tirer du chiffre du loyer et des polices d'assurance pour apprécier les déclarations.

L'accès du foyer domestique continuerait à être interdit aux représentants du fisc, comme il l'est aujourd'hui.

Les peines et amendes, que la loi établirait pour assurer la sincérité des déclarations, ne pourraient être appliquées que par les tribunaux. Eux seuls auraient qualité pour ordonner l'expertise.

Dans les objets mobiliers ne seraient pas compris les outils et instruments de travail, la monnaie, le bétail, les produits du sol et les marchandises en magasin concernant le commerce et l'industrie à propos desquelles le possesseur serait déjà assujetti à la troisième cédule C.

Quel serait l'ensemble des revenus professionnels indiqué par la déclaration?

Quel serait le chiffre total des valeurs déclarées pour constituer le montant de la cédule d'habitation?

Ce sont deux inconnues à dégager; fixer avant de les connaître la quotité de la taxe à percevoir, serait s'aventurer d'une manière dangereuse. Nous ne croyons pas devoir nous y hasarder; mais en même temps il ne nous semble pas qu'il puisse y avoir d'objection sérieuse à percevoir provisoirement la contribution per-

sonnelle et d'habitation sous forme d'impôt de répartition.

On peut prendre le chiffre actuel de la contribution
personnelle-mobilière, et le répartir entre les départements au prorata de l'ensemble des déclarations de
chacun d'eux.

La distribution continuerait à se faire entre les arrondissements et les communes, d'après l'ensemble
de leurs mêmes déclarations : on parviendrait ainsi
jusqu'au contribuable qui pourrait être imposé au centime le franc des revenus et des valeurs déclarés.

Il ne faudrait pas longtemps de ce régime provisoire pour mettre le législateur et l'administration en
état de calculer le tant pour cent sur les salaires, et
le tant pour mille sur les valeurs déclarées qu'il conviendrait d'assigner à la contribution personnelle et
d'habitation.

On voit, par l'analyse de ces cinq cédules, comment
nous arrivons à transformer les quatre contributions
directes en un impôt sur le revenu. Le moment est
venu de jeter maintenant un coup d'œil sur les contributions indirectes.

DEUXIÈME PARTIE

DES DÉGRÈVEMENTS SUCCESSIFS A OPÉRER DANS LES CONTRIBUTIONS INDIRECTES

En adoptant l'amendement de M. Guyot qui tend à
ramener la taxe sur le sel à 10 fr. les cent kilos, et
abroge l'article 6 de la loi du 2 juin 1875, la Commission n'a pas entendu seulement proposer à la Chambre une réforme spéciale dont l'utilité lui était démontrée; elle a eu un but plus élevé.

Elle a voulu que, dans le budget de 1877, le premier
budget voté par la Chambre actuelle, le principe du

dégrèvement sur les taxes indirectes votées par l'Assemblée nationale fût expressément consigné.

Et, en effet, nous ne pouvons nous faire illusion sur la tâche qui nous est imposée; à côté d'une meilleure distribution de l'impôt direct, nous avons aussi à soulager le pays évidemment écrasé sous le grand nombre de taxes indirectes que la dernière Assemblée s'est crue obligée à établir.

Nous n'avons pas à revenir sur les déclarations de M. Wolowski, le rapporteur de la Commission du budget de l'Assemblée nationale : nous les avons reproduites plus haut. Elles suffisent à démontrer qu'avant de se séparer cette Commission eut la conscience du devoir qui allait incomber aux nouveaux législateurs, de modifier une partie de son œuvre. Nous manquerions à l'un des points les plus essentiels du programme que nous avons à remplir, si nous ne persévérions dans la ligne que nous nous sommes tracée lorsque nous avons proposé à la Chambre la réduction de l'impôt sur le sel.

S'il est évident que le maintien de l'équilibre budgétaire, qui est le premier de nos devoirs, nous interdit de supprimer inconsidérément une ressource quelconque du Trésor, avant de l'avoir utilement remplacée, il est non moins certain que nous avons l'obligation de consacrer à la suppression de certaines taxes indirectes, avant de les employer à l'amélioration des services publics, toutes les économies que nous pouvons réaliser, ainsi que toutes les ressources nouvelles que nous pourrons créer.

Il ne saurait nous convenir de critiquer aucune des taxes dont profite aujourd'hui le Trésor; ces critiques, possibles dans la bouche de tout député qui représente une des parties de la population particulièrement frappée, ne seraient pas à leur place dans la bouche du rapporteur d'une Commission financière qui doit être surtout dominée par le point de vue fiscal.

Il ne faut pas, d'ailleurs, qu'aucune de nos paroles puisse gêner le recouvrement de taxes pouvant encore pendant quelque temps être jugées nécessaires.

Nous devons cependant éviter, au moment où nous soumettons aux délibérations de la Commission un système de réforme de l'impôt direct qui peut augmenter dans une certaine proportion les ressources du Trésor, que la plus-value que nous créerons puisse être autrement employée qu'en un dégrèvement des taxes les plus lourdes. Autrement nous manquerions tout à fait au plan que nous nous sommes tracé. Il doit être expressément établi que les mesures proposées ne doivent jamais servir à accroître la part que prend déjà le fisc dans les ressources générales de la nation. Elles doivent servir à diminuer, dans une certaine proportion, la cherté de la vie, à rendre plus d'élasticité à la consommation, aujourd'hui restreinte par des prix déjà trop élevés, à favoriser enfin la circulation, aujourd'hui malheureusement gênée en trop de circonstances.

L'opinion publique, par exemple, est unanime à demander la suppression de l'impôt de 5 pour 100 sur la petite vitesse. Il a fallu, vous le savez, tout notre ardent désir de présenter à nos collègues le budget en équilibre, pour que nous ayons consenti à en proposer le recouvrement pour 1877. Il est bien entendu que la première plus-value que l'on obtiendrait, par exemple, de la généralisation de la taxe de 3 pour 100 à la rente et aux fonds étrangers devrait être employée à la suppression de cet impôt qui pèse sur toutes les industries, et particulièrement d'une manière si fâcheuse sur celle qui, comme l'industrie agricole, par exemple, opère sur des matières encombrantes.

Le Nord et le Midi sollicitent tous deux avec une égale insistance, le premier la suppression de la taxe sur la chicorée, le second la suppression de celles qui frappent les huiles et les savons. Il ne sera pas longtemps possible aux pouvoirs publics de résister aux réclamations que font entendre des centres aussi importants que Lille et Marseille : après l'impôt de la petite vitesse, ce sont ces impôts qu'il faudrait faire disparaître avec les ressources provenant de nos réformes.

Viendraient ensuite sur une même ligne les taxes sur le papier, les bougies, les vinaigres ; il y aurait là une nouvelle série à éliminer, et ces ressources permettraient sans doute encore de le faire.

Il resterait, ces premiers dégrèvements accomplis, à opérer des réductions sur le tarif actuel des sucres, des télégraphes, des lettres, des vins, des alcools, tarif évidemment trop élevé, et apportant, par ses excès, une très grande gêne aux progrès de la consommation. Mais ce serait entrer trop avant dans le domaine de l'hypothèse que de prétendre calculer à l'avance les conséquences d'une réforme dont toutes les bases ne peuvent être fixées à présent.

Il faut connaître auparavant les résolutions que la Commission voudra prendre sur divers points que nous soumettons à votre examen. De la nature de ces résolutions dépend le plus ou moins de ressources dont nous pourrons disposer pour opérer des dégrèvements reconnus indispensables.

Nous espérons d'ailleurs qu'on saura aussi leur destiner toutes les sommes que la conversion et la plus-value du produit de nos contributions pourraient faire entrer dans les caisses du Trésor.

Quelque difficile que soit le problème d'arriver à diminuer le chiffre de nos contributions indirectes, il n'est pas insoluble. Pourvu que la tâche soit entreprise avec résolution, on peut arriver à un résultat important, pour le budget de 1878, de même que, malgré les difficultés de tout genre au milieu desquelles nous nous débattions, nous avons pu, pour 1877, proposer à la Chambre la réduction de la taxe sur le sel.

En conséquence, Messieurs,

Dans le but de tendre à l'établissement d'un système financier plus harmonique, plus juste que le système actuel;

Dans le but de proportionner autant que possible l'impôt direct aux facultés réelles de chaque contribuable;

Nous vous proposons de soumettre à la Chambre des députés la proposition de loi suivante :

PROPOSITION DE LOI

Article premier

Un crédit de deux millions de francs est ouvert au ministère des finances pour opérer dans les pièces cadastrales la séparation des propriétés bâties et des propriétés non bâties; ladite somme sera inscrite au budget de 1877, sous un chapitre spécial (55 *ter*) qui aura pour titre :

Frais de remaniement des pièces cadastrales.

Article 2.

Dans le budget de 1878, un contingent distinct devra être affecté pour les propriétés non bâties et pour les bâties.

Article 3.

Le contingent des propriétés bâties prendra le titre d'immobilier; il sera formé de la partie distraite du contingent de l'impôt foncier, à laquelle on ajoutera le principal actuel de l'impôt des portes et fenêtres.

Cette contribution, dite immobilière, sera perçue comme impôt de répartition de la même manière que l'est l'impôt foncier. La distribution en sera faite entre les contribuables de chaque commune spéciale-

ment portés sur un état des propriétés bâties destinées à la location immobilière, état qui sera dressé
dans chaque commune.

Article 4.

Un projet de loi spécial sera présenté par M. le ministre des finances, dans le but :

1° De réglementer les conditions spéciales de répartition et de perception de cet impôt tant qu'il aura le
caractère d'impôt de répartition ;

2° D'organiser dans chaque commune un état des
propriétés bâties, dressé de telle sorte que le revenu
imposable se confonde avec le revenu réel, déduction
faite d'un tantième pour les frais d'entretien ;

3° De proposer la transformation de cet impôt de
répartition en impôt de quotité, pour le jour où le taux
pourra être fixé par le pouvoir législatif, après que l'é-
tat général du revenu imposable de la propriété bâtie
en France lui aura été communiqué.

Article 5.

Les usines, hangars, magasins, boutiques et chantiers qui ne sont pas loués, mais utilisés par les propriétaires eux-mêmes dans un but industriel et commercial, ne seront pas soumis à la contribution immobilière.

Les revenus que ceux-ci pourront en tirer par le
fait de leur exploitation seront atteints par l'impôt au
moyen de la contribution industrielle et commerciale,
établie au lieu et place de l'impôt des patentes.

La contribution commerciale et industrielle est assise sur les profits du commerce et de l'industrie, d'a-
près les déclarations préalables de chaque entrepreneur sur ses profits pendant l'année antérieure.

Un projet de loi spécial déterminera comment cette contribution remplacera l'impôt actuel des patentes.

ARTICLE 6.

Les dispositions de la loi du 29 juin 1872, établissant une taxe annuelle et obligatoire de 3 pour 100 sur certains revenus mobiliers, sont étendues ;

1° Aux intérêts de tous les fonds d'État nationaux ;

2° Aux intérêts de fonds d'État payés en France pour le compte des gouvernements étrangers ;

3° Aux pensions viagères payées soit par l'État, soit par les Compagnies d'assurances, soit par les Sociétés industrielles ;

4° Aux revenus annuels mobiliers quelconques, payés en exécution de contrats authentiques par l'intermédiaire des officiers ministériels.

ARTICLE 7.

Des règlements d'administration publique fixeront :

1° Les conditions au moyen desquelles les étrangers seront admis à prouver qu'ils sont légitimes propriétaires de titres de rente, et que, ne résidant point sur le territoire français, ils n'ont pas à contribuer aux charges de l'État ;

2° Les formalités au moyen desquelles devront être accrédités auprès du gouvernement français les mandataires chargés par les États étrangers de faire les paiements réguliers d'intérêt pour les emprunts émis sur nos places ;

3° Le mode d'après lequel la taxe de 3 pour 100 sur les pensions viagères et les revenus mobiliers de tout genre devra être perçue pour le compte de l'État par les diverses Compagnies, Sociétés et officiers ministériels sous leur responsabilité, au moment où ils en effectueront le paiement.

ARTICLE 8.

Une loi réglera la transformation de l'impôt personnel actuellement assis sur la tête de chaque citoyen et fixé à trois journées de travail, en un impôt sur les salaires, traitements et honoraires, proportionnel au revenu que tout contribuable non entrepreneur tire de l'exercice de sa profession.

La même loi réglera la transformation de la contribution mobilière actuelle en une taxe assise sur les objets mobiliers quelconques réunis par chaque contribuable dans ses habitations, en même temps que sur ces habitations, parcs et jardins, quand les unes et les autres ne servent pas à la production agricole, industrielle ou commerciale, qu'ils ne sont pas loués et ne servent qu'à l'agrément de leurs propriétaires.

Ces deux impôts, réunis en une seule contribution sous le titre de personnelle et d'habitation, seront établis sur la déclaration du contribuable, contrôlée par une commission de contrôle.

Ladite déclaration portera d'une part sur le revenu annuel obtenu par le contribuable dans l'année antérieure, et d'autre part sur la valeur des objets mobiliers accumulés par lui dans son habitation et de cette même habitation quand elle est d'agrément.

Les Conseils généraux seront appelés chaque année, entre un maximum et un minimum donnés par la loi, à désigner dans chaque département la somme nécessaire pour faire face aux nécessités de la vie, et celle qui représente le matériel indispensable. Ces deux sommes ne seront pas soumises à l'impôt.

ARTICLE 9.

La quotité de la contribution personnelle et d'habitation ne pouvant être sérieusement établie avant

que soit connu l'ensemble des déclarations, une loi
fixera comment cette contribution sera provisoirement perçue sous forme d'impôt de répartition.

Le principal actuel de la contribution personnelle-
mobilière sera réparti par cette loi entre les départements au prorata de l'ensemble des déclarations de
chacun d'eux.

ARTICLE 10.

Tous les accroissements de ressources dépassant le
montant des quatre contributions directes perçu en
1876 et provenant de leur transformation, seront dès
à présent consacrés à la suppression ou au dégrèvement des taxes indirectes dans l'ordre suivant :

1° Suppression de la taxe sur la petite vitesse;

2° Suppression des taxes sur la chicorée, les huiles
et les savons ;

3° Suppression des taxes sur le papier, les vinaigres,
la bougie et la stéarine;

4° Réduction des droits sur les sucres, les lettres et
les dépêches télégraphiques, les vins et les alcools.

M. le ministre des finances devra, sous sa responsabilité expresse, présenter aux Chambres un ou des
projets de lois sur ces suppressions ou dégrèvements, au fur et à mesure qu'une quantité équivalente
au produit qu'on retire de l'une ou l'autre de ces taxes
aura été assurée au Trésor par la mise en œuvre de
l'une quelconque de ces dispositions.

La Commission du budget discuta le rapport de M. Gambetta dans ses séances du 26, du 27, du 28 et du 31 octobre.
Après le rejet d'une question préjudicielle posée par M. Henri
Germain, M. Léon Say combattit le rapport de M. Gambetta
dans un discours dont nous empruntons l'analyse au *Journal
des Débats* du 1er novembre :

« M. le ministre des finances expose tout d'abord que le
projet de M. Gambetta qui fait en ce moment l'objet de la

discussion de la Commission du budget est un document
considérable qui soulève un grand nombre de questions
très graves et très intéressantes, sur lesquelles M. le ministre s'expliquera en détail quand il en aura terminé
l'étude. Mais il veut aujourd'hui faire part à la Commission
de quelques réflexions que la première lecture du document
a fait naître dans son esprit.

« Il y a un point sur lequel il est d'accord avec M. Gambetta, c'est que les impôts sont très lourds, qu'ils nuisent
au développement de la richesse publique, et qu'il faut
chercher constamment les moyens de revenir à une situation plus normale. Mais on peut se demander si le meilleur
moyen est de changer les bases de notre système financier
par une transformation générale de nos impôts les plus importants. Le ministre rappelle aux membres de la Commission la situation véritablement extraordinaire des esprits
dans l'Assemblée nationale et dans le pays à l'époque où
l'on a créé un si grand nombre d'impôts nouveaux. On
avait fini par être possédé comme d'une fièvre, et tous les
jours on voyait éclore des plans. Les intérêts se sentaient
incessamment menacés, et, sur les comptes-rendus que les
journaux donnaient des séances lors de la discussion du
budget, on expédiait, des chambres de commerce et des différents départements, des dépêches télégraphiques annon-
çant l'envoi de délégués et demandant qu'on ne prît pas de
parti avant de les avoir entendus.

« Il en résultait une agitation extrêmement nuisible aux
affaires, qui a duré pendant longtemps, et qui ne s'est guère
calmée qu'en 1875.

« Serait-il prudent de ramener une pareille émotion? N'y
a-t-il pas, tant au point de vue industriel et commercial qu'au
point de vue politique, des raisons très graves de procéder
autrement? S'il n'y avait pas d'autre moyen de sortir de
l'état actuel, on pourrait peut-être se décider à employer
un pareil remède, quelque regrettable qu'il soit. Le ministre admet qu'il y a lieu de faire des réformes, et il est
sensiblement d'accord avec M. Gambetta sur l'ordre dans
lequel ces réformes doivent être préparées. Mais il faut rechercher si l'on ne peut pas trouver un autre moyen de les
accomplir sans troubler notre système financier.

« Il y a deux moyens d'obtenir des fonds libres qui per-

mettent de réduire les impôts : le premier moyen, qui consiste dans la réduction du total des dépenses budgétaires,
ne paraît pas praticable ; le second moyen, qui consiste à
employer, au fur et à mesure qu'elles se produisent, les
plus-values, est au contraire d'une exécution facile, et le
ministre s'attachera à démontrer ce qu'on peut en attendre.
Mais, avant tout, M. Léon Say a voulu établir par des chiffres
qu'il était impossible de se procurer des fonds libres en
quantité suffisante par la réduction du total des dépenses.

« Il n'est pas utile d'insister sur la difficulté qui existe à
trouver des ressources dans des économies sur des dépenses
de différents ministères. La Commission du budget, qui a
beaucoup travaillé, a reconnu qu'on pouvait arriver à des
différences de quelques millions, mais qu'on était bien loin
de trouver les 40, 50 ou 60 millions qui seraient nécessaires
pour opérer ces réformes.

« Il n'y a qu'un chapitre sur lequel on a pu fonder des
plans qui pouvaient avoir une apparence pratique : c'est le
chapitre du remboursement des 150 millions de francs à la
Banque de France. Ces 150 millions constituent une dotation
annuelle qui doit durer pendant un temps assez long, et qui
est destinée à rembourser non seulement les 150 millions
dus à la Banque de France, mais encore tout ce qui a été et
sera dépensé au compte de liquidation de la guerre ; de
sorte qu'une diminution quelconque faite sur cette dotation,
et faite d'une façon permanente, c'est-à-dire pendant la
série d'années qu'elle devra figurer au budget, retarde
d'autant la libération définitive et transforme une opération
financière à régler en un petit nombre d'exercices, en une
opération financière de longue durée qu'on ne peut plus
faire par des moyens de trésorerie et qu'on ne pourrait plus
liquider que par un emprunt.

« Aux yeux du ministre, une diminution dans le chapitre
des 150 millions se traduirait infailliblement par un emprunt. Or, personne ne saurait admettre un seul instant que
le Grand Livre de la dette publique puisse être rouvert. Ce
serait vouloir perdre de gaieté de cœur toute l'amélioration
qu'on a conquise au profit du crédit public, et ce serait
d'autant moins excusable qu'il n'y a aucune nécessité d'entrer dans cette voie.

« Le procédé qui consiste à trouver des fonds libres

dans la réduction des dépenses, ne pouvant pas être employé, reste le système de la réforme des impôts au moyen de la plus-value. La plus-value, c'est-à-dire l'augmentation des recettes au moyen du dégrèvement des impôts, est certaine dans un avenir très prochain.

« Il ne faut pas se faire d'illusion, comme on paraît s'en être fait dans le public depuis quelque temps, mais il ne faut pas non plus négliger des indices certains d'une amélioration des produits. L'excédent des recouvrements sur les évaluations pour les contributions indirectes s'élève à 107 millions pour les neuf premiers mois de l'année 1876. Mais il ne faut pas oublier que cette plus-value est une différence entre un chiffre qui a été établi avec plus ou moins d'exactitude et la réalité des faits.

« Le ministre fait remarquer qu'il est plus facile d'avoir des plus-values si l'on abaisse au-dessous de ce qui est raisonnable le chiffre des prévisions. Or, sans qu'on ait agi avec imprudence, il se trouve néanmoins que les prévisions de 1876 sont beaucoup plus basses qu'elles n'auraient dû être, et que le chiffre de 107 millions comprend pour une forte proportion ce qu'on peut appeler des bases d'évaluation ne laissant, pour représenter la plus-value normale, qu'un cinquième environ de la somme réalisée, soit 20 millions. Cela tient à ce que les années 1873 et 1874 qui ont servi de base à la confection du budget de la seconde année, c'est-à-dire de 1875 et 1876, n'ont pas profité de la valeur totale et définitive des impôts qu'on venait d'établir.

« Ce n'est qu'à partir de 1875 qu'on est entré dans les vrais chiffres. Et comme les produits de 1875 n'ont pu servir de base qu'au budget de 1877, ce n'est qu'en 1877 qu'on pourra compter avoir des bases de comparaison sérieuses. Ce qui dépassera les prévisions de 1877 sera bien une plus-value, tandis que ce qui a dépassé les prévisions de 1876 contenait une somme considérable qui n'était pas une plus-value normale. Pour apprécier la plus-value probable de l'avenir, ce n'est pas sur le chiffre de 107 millions qu'il faut raisonner, mais sur la différence qui existe entre les recouvrements de 1876 et les recouvrements de 1875.

« Or, la différence entre 1875 et 1876 est, pour les neuf premiers mois de 20 millions de francs. C'est ce qui fait dire au ministre que le chiffre de 107 millions se décompose en

87 millions pour l'avenir, parce qu'on doit les considérer comme une rectification de chiffres, et en 20 millions qui constituent, à proprement parler, la plus-value normale.

« Il ne s'agit jusqu'à présent que des neuf premiers mois de l'année, et la situation du dernier trimestre est incertaine. Les relevés qui sont parvenus au ministre dans la première quinzaine d'octobre ne sont pas très favorables. Il est probable que le mois d'octobre ne donnera que des résultats très inférieurs au mois de septembre. Cependant il n'est pas imprudent d'évaluer à une trentaine de millions les plus-values normales qu'on peut espérer maintenir, même au minimum, si la tranquillité continue à régner à l'intérieur et à l'extérieur.

« Le ministre évalue à une trentaine de millions par an les bases d'opérations à entreprendre pour l'avenir. Mais il y a lieu de se demander si l'excédent réalisé cette année ne peut pas être employé utilement à préparer les réformes.

« Les 107 millions qui ont été réalisés en excédent sur les contributions indirectes ne constituent pas un excédent d'exercice. Le ministre fait remarquer que le compte d'exercice comprend beaucoup d'autres éléments, et avant tout il faut se rendre compte des suppléments de crédit qui ont été ouverts depuis le vote de la loi de finances.

« Le total des crédits supplémentaires votés ou à voter, c'est-à-dire des crédits acceptés ou présentés, s'élève à 82 millions de francs. Le ministre des finances annonce qu'il déposera lundi sur le bureau de la Chambre un projet de loi, portant ouverture d'un nouveau crédit supplémentaire s'élevant à 40 millions de francs. De sorte que le total des crédits supplémentaires de l'exercice de 1870 sera d'environ 122 millions de francs.

« Ces crédits supplémentaires seront couverts par les excédents réalisés, c'est-à-dire par 107 millions, par les annulations de crédits, que l'on peut évaluer à 20 millions en fin d'exercice, et par environ 10 millions qui proviennent d'une écriture de comptabilité dont il a été rendu compte il y a quelques mois à la commission du budget, et qui est la conséquence d'un des articles déjà votés de la loi des recettes. De sorte que, sauf une différence de 15 à 20 millions, toutes les plus-values de 1870 sont employées.

« Il est vrai qu'on peut espérer, pour le dernier trimestre, une plus-value à ajouter aux plus-values antérieures. Mais le ministre ne fait pas un grand état des ressources supplémentaires à réaliser pendant le dernier trimestre, parce qu'elles seront peut-être employées dans les liquidations de l'exercice courant.

« La commission du budget se rappelle que, même en 1876 durant la première session de la Chambre des députés, on a dû ouvrir des crédits supplémentaires à l'exercice 1875. On peut donc s'attendre à ce qu'en 1877 il y ait des reliquats de crédits à ouvrir pour l'exercice 1876.

« Plusieurs membres de la commission du budget ayant fait remarquer à M. Léon Say que ces crédits supplémentaires pouvaient se reproduire en 1877 aussi bien qu'en 1876, le ministre a répondu qu'une très grande partie des crédits supplémentaires de 1876 avait un caractère tout particulier; que des crédits demandés pour la marine n'avaient fait que relever le budget de 1876 au niveau du budget de 1877, et que, dans les 40 millions qui seront demandés lundi, il y en a 25 qui s'appliquent à la liquidation d'une ancienne dette relative aux garanties d'intérêt des chemins de fer.

« Après avoir exposé la situation actuelle, et avoir montré que les plus-values normales, tout en étant réduites, fournissaient encore une base sérieuse pour les réformes à venir, M. Léon Say a déclaré de nouveau qu'il était à peu de chose près d'accord avec M. Gambetta sur l'ordre dans lequel les réformes devaient être poursuivies. Cependant il a insisté sur la nécessité de dégrever d'abord l'industrie et le commerce avant d'arriver à la diminution des impôts de consommation. Suivant lui, le résultat des évènements de 1871 est de rendre la vie des Français plus chère : c'est une conséquence fatale de la guerre, et il n'est possible d'atténuer cette conséquence qu'en cherchant à augmenter les profits de la nation. Ces produits nouveaux ne peuvent être trouvés que dans un développement industriel; et, comme la clientèle intérieure ne peut pas développer sa consommation, en raison même de la cherté de la vie, c'est à la clientèle extérieure qu'il faut s'attacher avant tout.

« Ce résultat, M. Léon Say ne le demanderait certainement pas à des primes d'exportation, sous quelque forme que ce soit; mais il le demanderait à un dégrèvement de l'industrie et à une liberté plus grande de la fabrication.

« L'impôt de la petite vitesse paraît ne pas peser directement sur l'exportation, puisque l'exportation en est exempte ; mais il a une influence indirecte qui est désastreuse. C'est un des impôts qu'il faut s'occuper de réformer.

« Tout ce qui touche à la circulation doit être dégrevé autant que possible. Et c'est en se plaçant à ce point de vue que M. Léon Say est d'avis de procéder à bref délai à une réforme de la taxe postale et de la taxe télégraphique.

« On peut trouver les ressources nécessaires à ces réformes autre part que dans les plus-values normales, et laisser seulement à la charge de ces plus-values la réforme des impôts de consommation.

« Le ministre a exposé le système auquel il pense qu'on pourrait avoir recours, tant pour l'abolition de l'impôt sur la petite vitesse, pour l'abolition de l'impôt sur les savons et du droit d'entrée sur les huiles, que pour la réforme postale et télégraphique.

« La réforme télégraphique est facile, le système de la taxe fixe et basse, à laquelle on ajoute une taxe par chaque mot transmis, pourra donner une augmentation considérable dans l'expédition des dépêches, qui produira la même recette quoique le tarif moyen soit beaucoup plus bas, et à la seule condition d'une dépense première de 1,500,000 fr. à 2 millions.

« Le ministre de l'intérieur et le ministre des finances déposeront sous quelques jours le projet relatif à la réforme télégraphique. Quant à la réforme postale, elle peut être entreprise si l'on a dans les mains une sorte de provision de 15 à 18 millions de francs, et si on l'entame de manière à profiter des excédents probables de 1878 pour franchir les deux premières années qui constituent la charge de la réforme. Ces 15 à 18 millions de francs peuvent être trouvés dans les excédents de l'année courante, et, le jour où le ministre pourra venir dire à la commission du budget que, tout compte fait des excédents et des crédits supplémentaires de 1876, il reste 18 millions de francs, ce jour-là, le ministre déposera le projet de la réforme postale. Mais aucun parti ne pourra être pris avant qu'on ait pu constater la plus-value du mois d'octobre, qui donnera une idée de la situation du dernier trimestre de l'année.

« Quant à l'impôt de la petite vitesse, M. Léon Say croit

que son sort est lié au sort de la grande opération de la
conversion. Or personne ne saurait dire à quelle époque
la conversion pourra être entreprise. On peut même en
parler d'autant plus librement en ce moment qu'elle est absolument impossible. Mais, quels que soient l'époque de la
conversion et le mode qu'on emploiera, il est certain qu'on
y trouvera au minimum les 25 millions nécessaires à l'abolition de l'impôt de la petite vitesse.

« Le ministre fait néanmoins une réserve en ce qui concerne l'amortissement. Il estime qu'il sera absolument nécessaire de réserver quelque chose au profit de l'amortissement.

« Il est clair qu'il ne faut pas abuser de l'amortissement,
et qu'au point de vue de la richesse nationale, certains dégrèvements peuvent avoir une influence plus grande qu'un
remboursement de la dette. Mais on ne peut pourtant pas
laisser subsister dans les budgets un principe de perpétuité
qui n'est pas dans la nature des choses et qui, par cela
même, choque les esprits et nuit au crédit.

« Le ministre dit que, malgré les remboursements considérables faits à la Banque, la dette générale de l'État n'a pas
diminué d'un centime, et qu'il est impossible de rester plus
longtemps dans une situation pareille. Du reste, le ministre
reconnaît que les tentatives d'amortissement doivent être
faites avec une grande mesure.

« Quant à l'impôt sur les savons et aux droits d'entrée sur
les huiles, il sera possible de les abolir en trouvant des ressources correspondantes qui, d'ailleurs, n'ont pas besoin de
dépasser 11 millions dans l'évaluation du nouveau tarif des
douanes.

« M. Léon Say est d'avis que ce qu'il y a de plus raisonnable, c'est de rester, au point de vue des tarifs, dans le
statu quo, et il croit qu'il ne peut pas être question d'établir
des droits qui soient en aucune façon protecteurs. Mais il y
a quelques droits de consommation sans caractère protecteur, qui peuvent être très avantageusement substitués à
l'impôt sur les savons et sur les huiles.

« Ainsi, sans changer e système général de nos impôts, le
ministre croit pouvoir proposer à bref délai la réforme postale et télégraphique, comprendre dans le budget de 1878,
qui sera déposé au mois de janvier, la réforme de l'impôt sur

les savons et sur les huiles, préparer la réforme de l'impôt sur la petite vitesse en même temps que la conversion, et laisser les plus-values libres pour la réforme des impôts de consommation dans l'avenir.

« M. Léon Say entre ensuite dans l'examen du projet de M. Gambetta. Il est d'accord avec celui-ci sur la nécessité d'étudier l'impôt foncier et de séparer le contingent de la propriété bâtie du contingent de la propriété non bâtie. Mais la séparation telle que la conçoit le ministre diffère de la séparation telle que la comprend M. Gambetta.

« Ce que demande M. Léon Say, c'est de séparer matériellement des chiffres aujourd'hui confondus dans de mêmes états. On portera à part ce qui, dans les états actuels, est porté comme propriété bâtie.

« Il n'y a pas lieu de s'inquiéter de la distinction à faire entrer les propriétés bâties et les propriétés non bâties, puisque cette distinction est matériellement faite sur les états, et qu'il s'agit pour ainsi dire de copier sur deux feuilles différentes ce qui existe sur une seule feuille.

« C'est un travail assez long qui coûtera un million, mais qui ne présente aucune difficulté. Quand on aura séparé les deux contingents, on aura singulièrement rétréci la difficulté de la péréquation, car la péréquation, en ce qui concerne les propriétés bâties, se fera pour ainsi dire toute seule par un procédé qui a été exposé dans le projet de loi déposé à la dernière session par le Gouvernement, procédé à propos duquel M. Léon Say entre dans des détails circonstanciés.

« Mais, en ce qui concerne la contribution foncière, le ministre déclare qu'il s'est toujours placé au point de vue du système de la répartition. Il est opposé à la transformation de l'impôt en impôt de quotité. Il fait remarquer que, dans l'impôt de répartition, le fisc se trouve avec tous les contribuables contre le contribuable qui veut faire exonérer, car l'exonération d'un contribuable cause du dommage à ses voisins et n'en cause pas à l'État.

« Dans le système de la quotité, le fisc, au contraire, est seul contre tout le monde, car l'exonération d'un contribuable nuit au Trésor et est absolument indifférente à ses voisins.

« Le ministre rappelle qu'il y a eu des discussions très intéressantes sur ce sujet dans les anciennes Chambres, et que l'illustre M. Thiers a fait ses débuts en matière de finances sur cette question.

« M. Thiers, étant en 1830 sous-secrétaire d'État, a proposé de transformer en impôt de quotité l'impôt personnel et mobilier, et M. Dufaure disait ces jours-ci à M. Léon Say qu'il avait encore un souvenir présent de ces discussions, et que rien n'avait été plus admirable que les expositions de M. Thiers.

« Cependant la loi, qui n'avait d'ailleurs donné raison à M. Thiers que sur un point, a dû être rapportée, du consentement même de M. Thiers et de M. Laffitte, dès l'année suivante, à cause de l'agitation extraordinaire qu'elle avait produite, et des effets fâcheux qui en avaient été la conséquence.

« M. Léon Say donne quelques détails sur la législation belge en matière de contributions foncières. Il montre qu'on a tort de considérer l'impôt belge comme un impôt de quotité, parce qu'il est resté, en réalité, un impôt de répartition.

« Le ministre explique ensuite à quel point il serait dangereux de vouloir transformer l'impôt des patentes, et de jeter de l'incertitude dans l'esprit de tous les industriels et de tous les commerçants, qui se considéreraient comme menacés, et qui le seraient peut-être en réalité.

« M. Léon Say insiste surtout sur l'impossibilité d'établir un impôt sur la rente. Il démontre qu'il n'y a pas de différence entre un impôt sur la rente et une réduction pure et simple. Il rappelle la loi qui a déclaré que la rente serait à tout jamais exempte d'impôt. Il ajoute que, quand bien même on ne craindrait pas de blesser la conscience publique, il y aurait encore une raison de ne point imposer la rente, c'est que ce serait une mauvaise affaire d'argent.

« Mettre un impôt de 3 pour 100, c'est diminuer la valeur de la rente de 3 pour 100, et c'est justement détruire l'écart dont on aurait besoin pour faire la conversion.

« Pour gagner 22 millions, on se mettrait dans l'impossibilité de gagner les 34 millions qui seraient, au minimum, le bénéfice de la conversion.

« La conclusion du ministre est donc qu'il est imprudent de préparer les réformes comprises dans les premières cédules du projet de M. Gambetta, et qu'il est tout à la fois contraire aux vrais principes, et inefficace au point de vue des avantages financiers de comprendre dans les réformes l'impôt sur la rente.

« M. Léon Say, au cours de la discussion, a répondu à un certain nombre de questions qui lui ont été adressées. Il a été amené ainsi à parler de la proportion entre les impôts indirects et les impôts directs. Il a indiqué que, dans le budget français, les douanes et les contributions directes fournissaient 49 pour 100 de la recette totale du budget, tandis que, dans le budget anglais, les mêmes impôts fournissaient 62 pour 100 de la recette totale. Il a cru voir, dans la préoccupation de changer la proportion entre les impôts indirects et les impôts directs, le germe d'une théorie économique qui ne lui paraît pas exacte.

« On semble prétendre que, dans les impôts directs, la loi est plus maîtresse de l'incidence que dans les impôts indirects, et qu'on est sûr, dans l'impôt direct, que celui qui est frappé paie en réalité l'impôt qu'on lui a réclamé.

« En fait cela n'est pas exact, et, si l'impôt direct prélevé sur le revenu des commerçants est trop fort, le commerçant, pour employer l'expression de Franklin, mettra l'impôt dans la facture, tout comme si c'était un impôt indirect.

« M. Léon Say n'attache donc pas la même importance que M. Gambetta à la proportion à établir entre les deux natures d'impôts. Il croit qu'il y a lieu d'examiner chacun des impôts directs et des impôts indirects en eux-mêmes, pour rechercher ce qu'ils peuvent avoir d'excessif ou d'insuffisant sans s'arrêter à une question de proportion pour laquelle il n'est pas possible d'avoir de règle. »

M. Gambetta répondit à M. Léon Say :

Vous avez entendu, Messieurs, le discours de M. le Ministre. Permettez-moi de répondre en quelques mots, soit en examinant quelques-unes des idées générales qu'il émet, soit en analysant les divers points de vue plus particuliers auxquels il se place.

M. le Ministre tire d'abord contre le projet de la Sous-Commission un argument de la fièvre économique de 1871. Il se souvient de la rage d'invention d'impôts qui dominait alors les esprits, et il considère la pensée de chercher à modifier les bases de la législation financière comme susceptible d'exciter dans le pays le goût de l'innovation. Un tel argument me paraît tout-à-fait insuffisant.

Au lendemain de nos désastres, nous avions à faire face à une nouvelle charge de 6 à 700 millions. Il y eut comme un steeple-chase entre les diverses classes de contribuables pour jeter le fardeau sur le voisin; il y avait un intérêt pour chacun à être touché le moins possible.

La situation actuelle n'a rien d'analogue, et c'est précisément pour dissiper toute inquiétude que nous avons divisé notre tâche en deux, que nous avons discuté à part le budget afin de pouvoir étudier les réformes en toute liberté.

M. le Ministre affirme ensuite que le pays doit s'habituer à des impôts indirects très lourds, à une vie difficile, et qu'il doit surtout chercher à accroître les produits en accroissant ses échanges. Je crois qu'il n'est pas juste de dire que les assemblées législatives ne doivent pas s'occuper de rendre la vie meilleur marché : elles ont à se préoccuper incessamment de ce point que les règles financières ne chargent pas le salaire d'une façon excessive. Il n'y a pas dans la réponse du Ministre d'objection dirimante qui condamne cette juste préoccupation.

M. le Ministre nous fait, au début, beaucoup de promesses; il n'y a ensuite que bien peu de réalités.

Il nous parle des réformes télégraphiques et postales et de la petite vitesse; et encore, cette dernière, il la subordonne à la conversion. Au point de vue des plus-values, c'est sur elles qu'il base toutes ses espérances d'améliorations, et en même temps il n'en est pas très sûr. Nous croyons qu'il les restreint singulièrement, surtout dans la supputation à laquelle il se livre pour l'exercice 1877.

Il dédaigne d'indiquer aucune ressource pour opérer des réductions sur les vins et les alcools.

Il ne tient aucun compte d'un élément des plus importants dans la perception des impôts indirects, qui
est l'état atmosphérique. Nous avons jusqu'ici été assez
heureux pour qu'il ait conspiré en notre faveur au moment de nos nécessités financières; mais nous pouvons éprouver des déceptions.

Un état de choses qui nous livre à toutes les oscilla-
tions pouvant résulter des variations du climat, est
vraiment périlleux; notre situation financière ne doit
pas dépendre d'une bonne ou d'une mauvaise récolte.
En exagérant les contributions indirectes, on s'expose
à de grands mécomptes. La réforme proposée dans le
projet de loi aurait précisément pour résultat d'asseoir
notre système sur des bases plus solides.

Le Ministre nous dit qu'en 1878, pour 1879, on pourra
songer à supprimer l'impôt de la petite vitesse à l'aide
des produits de la conversion. Il porte sur elle un jugement assez bref et se contente de dire qu'elle est impossible pour le moment. C'est marcher, ce me semble,
à très petite vitesse; il faut un procédé plus expéditif.

Je ne crois pas, au reste, que la conversion soit bien
réclamée en dehors des gens d'affaires. Quand on évalue le nombre des inscriptions de 5 p. 100 et qu'on le
compare à celui des inscriptions de 3 p. 100, on voit que
le 5 p. 100 n'a qu'un million et demi d'inscriptions,
alors que le 3 p. 100 en a plus de trois millions et demi.

Les financiers, en souscrivant à nos derniers emprunts, ont eu plus en vue le capital que l'intérêt. Serait-il politique pour nous de faire actuellement l'opinion? Je ne le crois pas. Cela ne serait ni utile, ni avan-
tageux. Il vaudrait mieux employer un autre procédé.

Ceux-là même qui demandent aujourd'hui la conversion avec le plus d'insistance l'exploiteraient demain contre la République.

Au lendemain de si grands évènements peut-on considérer comme sage de chercher à diminuer l'intérêt
à donner aux créanciers de l'État?

C'est toujours quelque chose de violent que d'aller
à l'extrême limite de son droit. Le rentier serait aujourd'hui acculé à supporter la conversion.

L'impôt de 3 p. 100 que propose le projet de loi sur
la rente n'est pas du tout la même chose. Il ne s'agit
pas d'imposer la rente directement, mais de la frapper comme tous les autres titres mobiliers.

Il y a une différence profonde entre une contribution générale comprise dans l'ensemble de toutes les
valeurs d'une cédule et un impôt spécial sur la rente.

Quand on voit que l'income-tax n'a pas fait baisser
les consolidés anglais, et que l'impôt de 3 p. 100 n'a
exercé aucune influence sur le cours des obligations
des villes et des départements, on reconnaît combien
sont exagérées, dans les termes et dans la pensée,
toutes les objections que l'on fait contre le projet de
loi.

Après une discussion approfondie à laquelle MM. Germain, Bardoux, Menier, Rouvier et Cochery prennent la
part principale, le rapport de M. Gambetta est adopté par
la commission du budget.

TABLE DES MATIÈRES

Paris. — Typ. G. Chamerot, 19, rue des Saints-Pères. — 12404.

www.ingramcontent.com/pod-product-compliance
Lightning Source LLC
Chambersburg PA
CBHW072002270326
41928CB00009B/1522